THE BARBOUR COLLECTION OF CONNECTICUT TOWN VITAL RECORDS

THE BARBOUR COLLECTION OF CONNECTICUT TOWN VITAL RECORDS

FRANKLIN 1786–1850

GLASTONBURY 1690–1854

Compiled by
Greater Omaha Genealogical Society

General Editor
Lorraine Cook White

Copyright © 1999
Genealogical Publishing Co., Inc.
Baltimore, Maryland
All Rights Reserved
Second printing, 2004
Library of Congress Catalogue Card Number 94-76197
International Standard Book Number 0-8063-1590-3
Made in the United States of America

INTRODUCTION

As early as 1640 the Connecticut Court of Election ordered all magistrates to keep a record of the marriages they performed. In 1644 the registration of births and marriages became the official responsibility of town clerks and registrars, with deaths added to their duties in 1650. From 1660 until the close of the Revolutionary War these vital records of birth, marriage, and death were generally well kept, but then for a period of about two generations until the mid-nineteenth century, the faithful recording of vital records declined in some towns.

General Lucius Barnes Barbour was the Connecticut Examiner of Public Records from 1911 to 1934 and in that capacity directed a project in which the vital records kept by the towns up to about 1850 were copied and abstracted. Barbour previously had directed the publication of the Bolton and Vernon vital records for the Connecticut Historical Society. For this new project he hired several individuals who were experienced in copying old records and familiar with the old script.

Barbour presented the completed transcriptions of town vital records to the Connecticut State Library where the information was typed onto printed forms. The form sheets were then cut, producing twelve small slips from each sheet. The slips for most towns were then alphabetized and the information was then typed a second time on large sheets of rag paper, which were subsequently bound into separate volumes for each town. The slips for all towns were then interfiled, forming a statewide alphabetized slip index for most surviving town vital records.

The dates of coverage vary from town to town, and of course the records of some towns are more complete than others. There are many cases in which an entry may appear two or three times, apparently because that entry was entered by one or more persons. Altogether the entire Barbour Collection--one of the great genealogical manuscript collections and one of the last to be published--covers 137 towns and comprises 14,333 typed pages.

TABLE OF CONTENTS

FRANKLIN 1

GLASTONBURY 99

ABBREVIATIONS

ae.-----------age
b.------------born, both
bd.-----------buried
B. G.---------Burying Ground
d.------------died, day, or daughter
decd.---------deceased
f.------------father
h.------------hour
Int. Pub.-----Intentions Published
J. P.---------Justice of Peace
m.------------married
N. S.---------New Style
O. S.---------Old Style
res.----------resident
TM------------Town Meeting Records
s.------------son
st.-----------stillborn
V. D. M.------Voluns Dias (minister, one who serves God)
w.------------wife
wid.----------widow
wk.-----------week
y.------------year

THE BARBOUR COLLECTION OF CONNECTICUT TOWN VITAL RECORDS

FRANKLIN VITAL RECORDS
1786-1850

	Vol.	Page
ABBE, Jeremiah, of Willington, m. Mary ARMSTRONG, of Norwich, June 18, 1760, by Eben[ezer] Hartshorn, J. P.	2	2
ABELL, ABEL, Abiga[i]l, w. Ira, d. Nov. 15, 1809	1	65
Abigail, w. Martin, d. Sept. 19, 1810, ae 57	1	69
Abigail, w. Oliver, d. Dec. 14, 1823, ae 77	1	23
Abiga[i]l Bigelow, d. Ira & Abiga[i]l, b. Oct. 2, 1809; d. Jan. 3, 1818	1	65
Alexander Gurdon, s. Gurdon & Anna, b. in N. Y. City, June 29, 1818	1	170
Amy Ann, m. Cheney ARMSTRONG, Apr. 19, 1840, by Samuel Nott, Pastor	1	224
Andrew, d. Aug. 31, 1796	1	10
Asenath, d. Ira & Abiga[i]l, b. Sept. 27, 1795	1	65
Caroline C., d. Daniel [B] & Sybel, b. Nov. 5, 1849	2	293
Celinda Rebec[c]a, d. Daniel F. & Celinda A., b. July 13, 1830	1	204
Cherub, Capt., d. Jan. 4, 1830, ae 69	1	40
Daniel B., of Lisbon, m. Sybel M. MORGAN, of Franklin, May 16, 1847, by Dea. Comfort D. Fillmore	2	293
Daniel F., m. Celinda A. LADD, May 17, 1829, by Darius Frink, J. P.	1	204
Daniel Fillmore, s. Ira & Abiga[i]l, b. Nov. 1, 1807	1	65
Dudley, s. Ira & Abiga[i]l, b. Aug. 19, 1801; d. Sept. 3, 1819, ae 18	1	65
Elijah, m. Mary CLEVELAND, Oct. 30, 1768, by Ebenezer Hartshorn, J. P.	2	8
Elijah Weeden, s. Vaniah & Lucy, b. Feb. 4, 1826	1	121
Elijah Weeden, s. Vaniah & Lucy, b. Feb. 4, 1826; d. Jan. 27, 1843, ae 17	2	155
Elizabeth, w. Lavius H., d. at Salina, N. Y., Nov. [ ], 1840	1	56
Elizabeth L., of Lisbon, m. Benjamin R. SWEET, of Exeter, R. I., Apr. 15, 1849, by Rev. Hiram P. Arms	2	301
Emma Angelina, d. Daniel F. & Celinda A., b. Mar. 7, 1839	2	240
Eunice, of Franklin, m. Oliver SMITH, Apr. 7, 1793, by Sam[ue]ll Nott, Clerk	1	38
Gurden, s. Oliver & Abiga[i]l, b. Nov. 5, 1788	1	23
Gurdon, m. Anna MORGAN, b. of Norwich, Apr. 1, 1817, by John Sterry	1	170
Hannah, m. Elihu HYDE, Apr. 24, 1788, by Sam[ue]ll Nott, Clerk	1	19
Henry, s. Martin & Abiga[i]l, b. Sept. 19, 1783; d. Sept. 15,		

ABELL, ABEL (cont),

	Vol.	Page
1808, ae 25	1	69
Ira, m. Abiga[i]l HYDE, Oct. 28, 1794, by Samuel Nott	1	65
Ira, s. Ira & Abiga[i]l, b. Aug. 19, 1799; d. Aug. 14, 1819, ae 20	1	65
Ira, d. June 1, 1834	1	65
Ira, s. Daniel F. & Celinda A., b. Nov. 12, 1834	1	204
John Hyde, s. Vaniah & Susanna, b. Jan. 21, 1814	1	121
Joseph Hyde, s. Ira & Abiga[i]l, b. Aug. 23, 1803; d. Sept. 13, 1819, ae 16	1	65
Julitte, m. Joseph HYDE, Jan. 11, 1784, by Sam[ue]ll Nott, Clerk	1	24
Lavius H., of Salina, N. Y., m. Elizabeth A. FRINK, of Franklin, Sept. 22. 1831, by Samuel Nott, Pastor	1	56
Lavius H., of Salina, N. Y., m. Margaret M. FRINK, of Franklin, Mar. 14, 1841, by Comfort D. Fillmore, Local Deacon	1	56
Lavius Hyde, s. Ira & Abiga[i]l, b. Oct. 11, 1805	1	65
Lura, d. Ira & Abiga[i]l, b. Sept. 2, 1797	1	65
Lura, m. Arad ROBINSON, Nov. 30, 1820, by Darius Frink, J. P.	1	174
Lura, of Lisbon, m. Oliver C. POLLY, of Lebanon, Feb. 17, 1828, by Samuel Nott, Pastor	1	62
Lydia, d. Cherub & Lydia, b. Feb. 15, 1791	1	40
Lydia, d. Sept. 28, 1819, ae 53	2	97
Lydia, w. Capt. Cherub, d. Jan. 22, 1828, ae 67	1	40
Maria E., of Lisbon, m. Simon TRACY, of Norwich, Dec. 13, 1835, by Dea. Comfort D. Fillmore	1	157
Martha, d. Simeon, d. Sept. 5, 1819, ae 68	1	69
Martha, d. Sept. 5, 1819, ae 48	2	92
Martin, m. Abiga[i]l HUNTLEY, Dec. 10, 1779	1	69
Martin, s. Martin & Abiga[i]l, b. Jan. 21, 1792	1	69
Martin, m. Lydia PECK, of Franklin, Dec. 1, 1811, by Samuel Nott, Pastor	1	69
Martin, d. Apr. 13, 1817	1	69
Martin, d. July 13, 1851, ae 59	2	97
Mary Ann, d. Dan[ie]l F. & Celinda A., b. Jan. 8, 1837	2	240
Nabby, of Franklin, m. Jabez WILLES, Mar. 11, 1790, by Sam[ue]ll Nott, Clerk	1	36
Nathan Tho[ma]s, s. Vaniah & Lucy, b. Oct. 25, 1820	1	121
Nathan Thomas, s. Vaniah & Lucy, b. Oct. 25, 1820; d. Jan. 7, 1843, ae 22	2	155
Oliver, Jr., m. Mary LORD, b. of Franklin, Nov. 19, 1799, by Andrew Lee, Clerk	1	94
Oliver, d. Nov. 12, 1815, ae 83	1	23
Parnel, wid. Simeon, d. Apr. 6, 1808, ae 85	1	69
Polley, d. Martin & Abiga[i]l, b. July 27, 1781	1	69
Polly, d. May 5, 1850	2	151
Polly, d. May 6, 1850	2	97
Rebecca, w. Thomas, d. Mar. 10, 1814, ae 65	2	82
Rebeckah, of Lisbon, m. John PIERCE, of Mansfield, Mar. 27, 1833, by Comfort D. Fillmore, J. P.	1	59

	Vol.	Page
ABELL, ABEL (cont),		
Sarah A., of Colchester, m. James **BULKLEY**, Jan. 31, 1830, by Samuel Nott, Pastor	1	24
Simon, s. Cherub & Lydia, b. Apr. 4, 1794	1	40
Simon L., m. Susan **HOXSEY**, of Franklin, Dec. 31, 1818, by Samuel Nott, Pastor	1	184
Sophiah Augusta, d. Gurdon & Anna, b. in Augusta, Ga., Apr. 7, 1824	1	170
Surviah Abigail, d. Gurdon & Anna, b. in Norwich, Sept. 5, 1822	1	170
Surviah, see also Zerviah		
Susan, w. Vaniah, d. Nov. 7, 1818, ae 45	2	155
Susan Ann, d. Gurdon & Anna, b. Augusta, Ga., May 19, 1821	1	170
Thomas, of Franklin, m. Rebecca **HALE**, of Coventry, by Rev. J. Huntington, May 3, 1787	1	59
Thomas, d. Dec. 8, 1824, ae 82	2	82
Thurny, d. Aug. [ ], 1819, ae 50	2	250
Vaniah, of Franklin, m. Susanna **GRISWOLD**, of Norwich, Oct. 22, 1812, by Rev. Levi Nelson, of Lisbon	1	121
Vaniah, m. Lucy **GEAR**, Dec. 19, 1819	1	121
Virginia Victoria, d. Daniel F. & Celinda A., b. Dec. 3, 1841	2	240
Zerviah, w. Thomas, d. June 27, 1786	1	2
Zerviah, see also Surviah		
ACKLEY, Chauncey of East Haddam, m. Milla **SMITH**, of Franklin, Dec.	1	61
ALLEN, Elizabeth, d. Samuel, d. Sept. 11, 1824, ae 15	2	150
Elmira, m. James **HELME**, b. of Providence, R. I., May 27, 1844, by Samuel Nott, Pastor	2	5
Thankful, m. Gideon, s. Nathaniel **RUDD**, who was b. Feb. 2, 1722	2	314
AMESBURY, Charles H., of Mystic, m. Eunice W. **KINGSLEY**, of Franklin, Mar. 25, 1844, at Voluntown, by Rev. Cha[rle]s S. Weaver	2	308
ANDREWS, Sidney, of Hartford, m. Lucy **GOODWIN**, of Franklin, Jan. 8, 1841, by Samuel Nott, Pastor	1	226
ANTHONY,Peter, d. Jan. 3, 1817, ae 64	2	187
APLEY, Lyman N., of Canterbury, m. Bethiah T., d. Willard G. **PEMBER**, of Franklin, Aug. 22, 1849, by Rev. George J. Harrison	2	300
ARMSTRONG, Abiga[i]l, d. Aza[ria]h & Wealthy, b. Aug. 21, 1808	1	81
Adan, s. Isaiah & Deborah, b. Nov. 10, 1798	1	39
Adna, s. Levi & Rebecca, b. Nov. 22, 1796	1	78
Alma W., of Franklin, m. Jonathan **HATCH**, of Windham, Sept. 30, 1844, by Dea. Comfort D. Fillmore	2	280
Alma Wolcott, d. John & Lucinda, b. Oct. 14, 1824	1	134
Amaziah, s. Isaiah & Artemisia, b. Apr. 3, 1785	1	39
Ambros[e], s. Amos & Mary, b. Apr. 6, 1782	1	52
Ambrose, m. Elisabeth **ARMSTRONG**, of Franklin, Nov. 28, 1805, by Silas Hartshorn, J. P.	1	124
Ambrose, d. June 18, 1863, ae 82	2	159

BARBOUR COLLECTION

	Vol.	Page
ARMSTRONG (cont.),		
Amos, Capt., d. June 25, 1828	1	52
Amos, Capt., d. June 25, 1828, ae 72	2	71
Andrew, s. Isaiah & Artemisia, b. Dec. 10, 1782	1	39
Andrew Zac[c]heus, s. John & Lucinda, b. Jan. 23, 1821	1	134
Anna, d. Mar. 12, 1820, ae 72	1	25
Artemisia, w. Isaiah, d. at Colchester, Nov. 6, 1793, in 30th year	1	39
Artemisia, d. Isaiah & Deborah, b. Feb. 7, 1801	1	39
Asa, d. Oct. 26, 1810, ae 76	1	25
Asahel, s. Ambrose & Elisabeth, b. Feb. 22, 1821	1	124
Asahel, m. Lydia Ann **SWEET**, Jan. 26, 1848, by Samuel Nott, Pastor	2	296
Ashbel W., s. Cheney & Amey A., b. Dec. 25, 1849	2	261
Asher, s. Bela & Bethiah, b. Jan. 9, 1776	1	56
Azariah, s. Ezra & Abiga[i]l, b. June 27, 1771; m. Patty **WATERMAN**, b. of Franklin, Aug. 19, 1798; m. Wealthy **ROGERS**, Nov. 25, 1804, by Samuel Nott, Pastor	1	81
Bela, m. Bethiah **SANFORD**, Dec. 19, 1775, by John Ellis, Clerk	1	56
Bela, s. Bela & Bethiah, b. Apr. 30, 1790	1	56
Bethiah, d. Bela & Bethiah, b. July 18, 1783	1	56
Betsey, d. James & Nabby, b. June 14, 1786	1	1
Burton, s. Hiel & Elisabeth, b. Jan. 12, 1820	1	169
Calvin, s. Amos & Mary, b. Nov. 24, 1780	1	52
Cassius M., s. Cheney & Amey Ann, b. [ ]	2	261
Charles, s. Lee & Ednah, b. Aug. 2, 1787	1	50
Charles, m. Phebe **HYDE**, b. of Franklin, Dec. 15, 1811	1	121
Charles Cornelius, s. Cha[rle]s & Phebe, b. Mar. 16, 1819	1	121
Charles Rudd, s. Azariah & Wealthy, b. July 25, 1819	1	81
Charles Wright, s. Lee & Mary, b. Apr. 26, 1827	1	188
Charlotte Lovisa, d. Peletiah & Freelove, b. Oct. 27, 1830	1	202
Cheney, s. James & Nabby, b. May 4, 1808	2	2
Cheney, m. Amy Ann **ABELL**, Apr. 19, 1840, by Samuel Nott, Pastor	1	224
Cheney, Jr., d. Feb. 17, 1850, ae 24	2	261
Clarinda, d. Levi & Rebecca, b. at Warren, N. Y., Aug. 18, 1813	1	78
Clarissa, d. Lee & Ednah, b. May 10, 1781	1	50
Cornelia Matilda, d. Asahel & Lydia, b. Dec. 8, 1848	2	296
Daniel, d. Mar. 9, 1787	1	10
Daniel, d. Jan. 19, 1822, ae 84	2	70
Darias, s. James & Nabby, b. Feb. 14, 1795	1	1
David, s. Dan[ie]ll, Jr. & Dorcas, b. Mar. 4, 1778. Recorded Sept. 14, 1792	1	52
Dianthe, d. Jeremiah, Jr. & Anna, b. Sept. 5, 1785	1	10
Dimiss, d. Levi & Rebecca, b. May 18, 1803	1	78
Dorcas, w. Daniel, d. May 22, 1825, ae 82	2	70
Dudley, s. Jeremiah, Jr. & Anna, b. Jan. 6, 1787	1	10
Durkee, s. Ambrose & Elisabeth, b. Mar. 20, 1823	1	124
Earl, s. Daniel, Jr. & Dorcas, b. Sept. 1, 1772. Recorded Sept. 14,		

FRANKLIN VITAL RECORDS 5

	Vol.	Page
ARMSTRONG (cont.),		
1792	1	52
Ebenezer, s. Dan[ie]ll, Jr. & Dorcas, b. May 27, 1775. Recorded Sept. 14, 1792	1	52
Ednah, d. Lee & Ednah, b. Mar. 16, 1792	1	50
Elias, s. Amos & Mary, b. Feb. 28, 1797	1	52
Elias, m. Eunice **HEWITT**, b. of Franklin, Dec. 25, 1820, by Azariah Fillmore, Clerk	1	171
Eliza, d. Levi & Rebecca, b. July 20, 1805	1	78
Eliza P., of Franklin, m. Francis **KEABLES**, of Norwich, Nov. 29, 1838, by Samuel Nott, Pastor	1	223
Elisabeth, of Franklin, m. Ambrose **ARMSTRONG**, Nov. 28, 1805, by Silas Hartshorn, J. P.	1	124
Elizabeth, d. Dec. 19, 1829, ae 78	1	1
Elizabeth, of Franklin, m. William F. **KEABLES**, of New London, Jan. 1, 1832, by Samuel Nott, Pastor	1	195
Elizabeth, w. Ambrose, d. June 14, 1863, ae 78	2	159
Erastus, s. Lee & Ednah, b. Mar. 8, 1783	1	50
Eri, s. James & Nabby, b. Aug. 21, 1789	1	1
Eunice, d. John & Lucinda, b. Feb. 27, 1819	1	134
Eunice, d. Mar. [ ], 1825	1	18
Eunice, d. Apr. 25, 1825, ae 73	2	156
Eunice, of Franklin, m. Samuel O. **HATCH**, of Lebanon, Mar. 5, 1837, by Dea. Comfort D. Fillmore	1	180
Eunice Williams, d. Elias & Eunice, b. May 15, 1822	1	207
Fanny, d. Ambrose & Elisabeth, b. Mar. 26, 1815	1	124
Fitch, s. Bela & Bethiah, b. Feb. 27, 1798	1	56
Gates, s. Bela & Bethiah, b. Sept. 29, 1795	1	56
George Badger, s. Azariah & Patty, b. July 20, 1801	1	81
George Chandler, s. Lee & Mary, b. Feb. 18, 1826	1	188
George Wolcott, s. Elias & Eunice, b. Dec. 16, 1824	1	207
Giles Buckingham, s. Elias & Eunice, b. Aug. 19, 1823	1	207
Gurden, s. Isaiah & Artemisia, b. Dec. 1, 1786	1	39
Harriot, m. Mumford **HYDE**, Jan. 9, 1820, by Samuel Nott, Pastor	1	165
Henry, s. Isaiah & Deborah, b. Mar. 5, 1803	1	39
Henry Abell, s. Cha[rle]s & Phebe, b. Jan. 5, 1813	1	121
Herbert Hopestil[l], s. Cheney & Amey A., b. May 31, 1853	2	261
Hezekiah, m. Meriam **HAYNES**, Oct. 26, 1767, by Ebenezer Hartshorn, J. P.	2	8
Hiel, s. James & Nabby, b. June 24, 1797	1	1
Hiel, m. Elizabeth **DOW**, of Franklin, Sept. 6, 1818, by Samuel Nott, Pastor	1	169
Hopestil[l], d. Feb. 27, 1797 in 84th year	1	16
Hopestil[l], s. James & Nabby, b. Oct. 21, 1801	1	1
Horace, s. Levi & Rebecca, b. May 17, 1801	1	78
Ira, s. Amos & Mary, b. Nov. 17, 1793	1	53
Isaiah, m. Artemisia **FILLMORE**, July 15, 1782	1	39
Isaiah, m. Deborah **BIGELOW**, of Colchester, May 16, 1794	1	39

ARMSTRONG (cont.),

	Vol.	Page
Jaben, s. Amos & Mary, b. Feb. 24, 1791	1	52
Jaben, s. James & Nabby, b. Feb. 22, 1793	1	1
Jabin, of Camillus, N. Y., m. Rebecca **DOW**, of Franklin, Jan. 29, 1827, by Ira Abell, J. P.	1	61
James, s. Levi & Rebecca, b. Oct. 10, 1807	1	78
James, d. Nov. 17, 1829, ae 75	1	1
James Cheney, s. Cheney & Amy Ann, b. Sept. 25, 1841	1	224
Jane A., m. Isaac **HYDE**, Apr. 29, 1841, by Samuel Nott, Pastor	1	230
Jane Augusta, d. Lee & Mary, b. Apr. 6, 1822	1	188
Jeremiah, d. Mar. 26, 1807	1	52
Jeremiah, d. Mar. 26, 1807, ae 81	2	18
Joel, s. Isaiah & Deborah, b. May 4, 1797	1	39
John, s. Lee & Ednah, b. Aug. 8, 1785	1	50
John, d. Jan. 3, 1791	1	10
John, m. Lucinda **TENNY**, of Lebanon, N. Y., Aug. 11, 1811	1	134
John, s. Edward, b. [1816?]	1	66
John, d. Oct. [ ], 1841, ae 54	2	168
John Lee, s. John & Lucinda, b. June 14, 1813	1	134
John Stewart, s. Lee & Mary, b. June 30, 1829; d. June 29, 1831	1	188
Joseph, d. Jult 23, 1802, ae 95	1	190
Joseph, d. July 23, 1802, ae 94	2	18
Joseph, s. Edw[ar]d, b. Jan. 2, 1813	1	66
Judith, d. July 22, 1814, ae 72	1	54
Julia Ann, d. Lee & Mary, b. Aug. 29, 1824	1	188
Julia Ann, d. Ambrose & Elisabeth, b. Apr. 8, 1828; d. Sept. 11, 1830	1	124
Laurens, s. Bela & Bethiah, b. May 7, 1792	1	56
Lavius, s. Isaiah & Deborah, b. Jan. 20, 1795	1	39
Leander Alonzo, s. Lee & Mary, b. July 6, 1820	1	188
Lebbeus, m. Rebeckah **HIDE**, Oct. 23, 1765, by Ebenezer Hartshorn, J. P.	2	8
Lee, m. Ednah **SMITH**, Jan. 6, 1780	1	50
Lee, s. Lee & Ednah, b. Jan. 24, 1795	1	50
Lee, d. Nov. 15, 1816, ae 71	1	50
Lee, m. Mary **SPAFFORD**, Dec. 22, 1817, by Rev. Fisher	1	188
Lemuel, d. Oct. 30, 1796, ae 62	2	94
Levi, m. Rebecca **MARSHAL[L]**, Feb. 2, 1796	1	78
Lucius, s. Ambrose & Elisabeth, b. June 11, 1811	1	124
Lucy, d. Edward, b. July 16, 1819	1	66
Lura, d. Bela & Bethiah, b. Sept. 6, 1785	1	56
Luther, s. Ambrose & Elisabeth, b. Jan. 3, 1819	1	124
Lydia, m. Jedediah **SABIN**, Dec. 24, 1796, by Samuel Nott, Clerk	1	75
Lydia, d. Levi & Rebecca, b. Dec. 20, 1809	1	78
Lydia, d. July 4, 1822, ae 72	2	36
Lydia, d. July 4, 1823	1	18
Lydia, of Franklin, m. John **WHITE**, of Groton, Mar. 3,1833, by Comfort D. Fillmore, J. P.	1	57

FRANKLIN VITAL RECORDS 7

	Vol.	Page
ARMSTRONG (cont.),		
Lydia Lucinda, d. John & Lucinda, b. Dec. 6, 1814	1	134
Malissa, of Bozrah, m. James **McGAVISH**, formerly of Ireland, now of Bozrah, Jan. 25, 1846, by Dea. Comfort D. Fillmore	2	286
Martha, w. Jeremiah, d. June 8, 1784, ae 51 y. 9 m.	1	52
Martha, d. Amos & Mary, b. Mar. 29, 1786	1	52
Martha, of Franklin, m. Hezekiah **HIBBARD**, of Canterbury, July 12, 1812, by Samuel Nott, Pastor	1	85
Martha Hebard, d. Peletiah & Freelove, b. Apr. 1, 1835	1	202
Marverick, s. Isaiah & Artemisia, b. Aug. 15, 179[2 or 3]	1	39
Maverick, d. May 21, 1809, in 18th yr.	1	71
Marvin, s. James & Nabby, b. Dec. 29, 1790	1	1
Mary, of Norwich, m. Jeremiah **ABBE**, of Willington, June 18, 1760, by Eben[ezer] Hartshorn, J. P.	2	2
Mary, wid. John, d. Mar. 10, 1791	1	10
Mary, w. John, d. Mar. 10, 1791, ae 74	2	19
Mary, d. Azariah & Patty, b. Sept. 27, 1799	1	81
Mary, d. Ambrose & Elisabeth, b. Jan. 28, 1817	1	124
Mary, w. Capt. Amos, d. July 22, 1827, ae 71	1	52
Mary, w. Lee, d. Nov. 8, 1830	1	188
Mary Ann, d. Lee & Ednah, b. Jan. 31, 1804	1	50
Mary Ann, d. John & Lucinda, b. Jan. 12, 1823	1	134
Mary Ann, of Franklin, m. Chester P. **HATCH**, of Norwich, Sept. 15, 1841, by Dea. Comfort D. Fillmore	1	231
Mary Emma, d. Elias & Eunice, b. Jan. 13, 1829	1	207
Mary R., m. Charles T. **HAZEN**, Jan. 8, 1842, by Samuel Nott, Pastor	1	236
Matilda, m. Stephen **SWEET**, Jan. 28, 1829, by Samuel Nott, Pastor	1	201
Mercy, m. Abel **GUILD**, of Preston, Apr. 24, 1765, by Ebenezer Hartshorn, J. P.	2	8
Mindwell, d. Isaiah & Artemisia, b. Sept. 22, 1790	1	39
Nabby, d. Mar. 29, 1849, ae 85	2	2
Nancy, d. Amos & Mary, b. Mar. 19, 1788	1	52
Nancy, d. Ambrose & Elisabeth, b. Oct. 22, 1825; d. Apr. 7, 1839	1	124
Obediah, s. Lee & Ednah, b. Apr. 4, 1797; d. Aug. 28, 1800	1	50
Obadiah Smith, s. Cha[rle]s & Phebe, b. Mar. 22, 1814	1	121
Olive, d. Isaiah & Deborah, b. Nov. 30, 1806	1	71
Oliver Thomas, s. Elias & Eunice, b. Oct. 22, 1826	1	207
Oliver Wolcott, s. John & Lucinda, b. Apr. 7, 1817	1	134
Orson, s. Isaiah & Artemisia, b. July 20, 1788	1	39
Patty, w. Azariah, d. Jan. 20, 1803	1	81
Peletiah, of Franklin, m. Hannah **ROBERTSON**, of Coventry, Nov. 22, 1787, by Joseph Huntington, Clerk	1	14
Peletiah, s. James & Nabby, b. Sept. 24, 1804	1	1
Peletiah, m. Freelove **BABCOCK**, Mar. 15, 1829, by Darius Frink, J. P.	1	202
Peletiah, d. Dec. 24, 1829, ae 81	1	14
Phebe, d. Ambrose & Elisabeth, b. Nov. 20, 1808	1	124

ARMSTRONG (cont.),

	Vol.	Page
Phebe, m. Dwight BAILEY, b. of Franklin, Nov. 16, 1828, by Dea. Comfort D. Fillmore	1	199
Phebe Eliza, d. Cha[rle]s & Phebe, b. [ ] 17, 1816	1	121
Polly, d. Levi & Rebecca, b. Jan. 25, 1799	1	78
Priscilla, formerly w. Sam[ue]l HARTSHORN, Jr. d. Apr. 12, 1808	1	133
Prosper, s. Bela & Bethiah, b. Dec. 8, 1779	1	56
Rebeckah, m. Daniel LADD, June 12, 1765, by Ebenezer Hartshorn, J. P.	2	8
Rebecca, m. Samuel SMITH, May 9, 1782, by Eben[eze]r Hartshorn, J. P.	1	54
Rebecca, m. Asahel LADD, Apr. 21, 1797	1	82
Rebecca, d. Feb. 19, 1802, ae 94	2	1
Rebecca, wid. Hopestil[l], d. Aug. 20, 1806	1	16
R[e]uben, s. Bela & Bethiah, b. Apr. 28, 1778	1	56
Reuben, s. Ambrose & Elisabeth, b. July 26, 1807	1	124
Rubey, d. Peletiah & Hannah, b. Sept. 25, 1788	1	14
Ruby, of Franklin, m. Darius FRINK, of Stonington, Nov. 2, 1806	1	122
Russel[l], s. Dan[ie]ll, Jr. & Dorcas, b. Mar. 13, 1782. Recorded Sept. 14, 1792	1	52
Ruth, d. James & Nabby, b. Sept. 15, 1799	1	1
Ruth, m. Russel[l] LADD, Jan. 19, 1817, by Samuel Nott, Pastor	1	157
Ruth Wells, d. Aza[ria]h & Wealthy, b. Dec. 22, 1806	1	81
Sally, w. Andrew Z., d. Jan. 22, 1844, ae 20	2	134
Sally Dor[r]ance, d. Az[aria]h & Wealthy, b. Sept. 23, 1805	1	81
Samuel, m. Deliverance PITCHER, of Woodbury, June 16, 1762, by Ebenezer Hartshorn, J. P.	2	4
Sanford, s. Bela & Bethiah, b. Mar. 26, 1788	1	56
Silas Hyde, s. Azariah & Wealthy, b. Mar. 6, 1810	1	81
Solomon, s. Isaiah & Deborah, b. July 29, 1810	1	71
Solomon, d. Dec. 29, 1822, ae 82	1	16
Starling, s. Amos & Mary, b. June 22, 1784	1	52
Stephen, s. Lee & Ednah, b. Mar. 16, 1790	1	50
Stephen, s. John, d. Mar. 29, 1790	1	10
Stephen, d. Mar. 29, 1790, ae 32	2	28
Stephen, s. Charles & Phebe, b. Apr. 29, 1822	1	121
Thomas, s. Edward, b. Apr. 4, 1812	1	66
Thomas, d. at New London, Sept. 27, 1838, ae 26	1	66
William, d. Dec. 28, 1807, ae 88	1	56
William, d. Dec. 30, 1807, ae 89	2	124
William Decatur, s. Lee & Mary, b. June 5, 1819	1	188
Zac[c]heus, s. Lee & Ednah, b. Feb. 18, 1799; d. Sept. 4, 1800	1	50
Zac[c]heus, d. Mar. 24, 1811	1	10
Zac[c]heus, d. Mar. 24, 1811, ae 62	2	36
ARNOLD, James Lee, s. James W. & Hannah S., b. Aug. 22, 1830	1	232
AUSTIN, Reola, w. Alfred, d. Oct. 2, 1862, ae 63	2	77
AVERY, David, Jr., of Windham, m. Ruby FILLMORE, of Franklin, Jan. 1, 1824, by Isaac Jennison, Elder	1	5

FRANKLIN VITAL RECORDS

	Vol.	Page

AVERY (cont.),

George, of Norwich, m. Margaret S. E. **WILLES**, of Franklin,
Nov. 18, 1839, by Samuel Nott, Pastor — 1 — 223

M. Louisa, of Franklin, m. Dwight R. **SMITH**, of Colchester, Jan.
7, 1854, by Rev. J. R. Avery — 2 — 312

Margaret Olivia, d. George & Margaret S. E., b. Oct. 2, 1840 — 1 — 223

Ruby, w. David, d. [ ], 1839 — 1 — 5

Sally E., of Franklin, m. Henry **SWIFT**, of Windham, at Samuel
Avery's, in Franklin, Nov. 24, 1825, by Rev. Esek Brow[n],
of Lebanon — 1 — 131

Sarah F., of Franklin, m. Thomas M. **JEWITT**, of Norwich, Oct.
3, 1853, by Rev. J. R. Avery — 2 — 311

AYER, Anna, w. Eleazer, d. Aug. 11, 1829, ae 49 — 2 — 149

Anna Loiza, d. Cha[rle]s & Anna, b. Aug. 9, 1819 — 1 — 175

Austin, s. Bailey & Sabra, b. Oct. 5, 1805 — 1 — 63

Austin, m. Ruby A. **FRINK**, Apr. 21, 1829, by Samuel Nott,
Pastor — 1 — 71

Austin, d. Sept. 17, 1849 — 2 — 238

Austin H., of Amherst, N. Y., m. Ann N. **FRINK**, of Voluntown,
Oct. 9, 1833, by Darius Frink, J. P. — 1 — 202

Bailey, of Franklin, m. Sabra **BAILEY**, of Groton, Dec. 23, 1794,
by Rev. Aaron Winne — 1 — 63

Bailey, m. Polly **LADD**, b. of Franklin, Sept. 18, 1836, by Henry
Hazen, J. P. — 1 — 63

Bailey, d. Dec. 23, 1844, ae 72 — 2 — 88

Bets[e]y, d. Squier & Jerusha, b. Jan. 15, 1789 — 1 — 60

Charles, s. Timothy & Elisabeth, b. Feb. 10, 1787 — 1 — 44

Charles, of Franklin, m. Anna **CHAMPLIN**, of Windham, Sept.
19, 1816, by Rev. Cornelius B. Everest — 1 — 175

Charles Champlin, s. Cha[rle]s & Anna, b. Apr. 14, 1817 — 1 — 175

Charles Nelson, s. Eleazer & Anna, b. July 24, 1812 — 1 — 115

Charles Nelson, s. Eleazer & Anna, d. Oct. 13, 1892 — 2 — 149

Charlotte, d. Bailey & Sabra, b. May 23, 1799 — 1 — 63

Charlotte, of Franklin, m. Zac[c]heus **WALDO**, of Windham, Apr.
29, 1823, by Samuel Nott, Pastor — 1 — 108

Chester M., of Franklin, m. Florinda **CHAMPLIN**, of Windham,
Feb. 14, 1841, by Samuel Nott, Pastor — 1 — 227

Chester Marcus, s. Eleazer & Anna, b. July 26, 1814 — 1 — 115

Clarissa, d. Feb. 15, 1797, in 20th yr. — 1 — 63

Cyrus Austin, s. Austin & Ruby A., b. Mar. 29, 1836 — 2 — 99

Darias, s. Timothy & Elisabeth, b. Mar. 3, 1781 — 1 — 44

Darias Bailey, s. Austin & Ruby A., b. Oct. 10, 1832 — 2 — 99

Dolly W., w. J[oseph] B., d. Dec. 16, 1890, ae 87 — 2 — 236

Edney, w. Nath[anie]l, and d. Samuel **HARTSHORN**, Jr., d. Feb.
13, 1801 — 1 — 133

Edwin Eugene, s. Joseph B. & Dolly W., b. Nov. 12, 1832; d.
Dec. 16, 1899 — 2 — 236

Eleazer, s. Timothy & Elisabeth, b. Mar. 20, 1776 — 1 — 44

Eleazer, m. Anna **LADD**, Oct. 10, 1802, by Samuel Nott, Pastor — 1 — 115

BARBOUR COLLECTION

	Vol.	Page
AYER (cont.),		
Eleazer, m. Rebecca **LADD**, b. of Franklin, May 18, 1831, by Comfort D. Fillmore, J. P.	1	115
Eleazer, d. Oct. 25, 1851	2	149
Eliza, d. Timothy, d. Oct. 14, 1804, ae 5	2	61
Elizabeth, w. Timothy, d. May 26, 1826, ae 69	2	61
Frederick, s. Timothy & Elisabeth, b. Jan. 15, 1785	1	44
Frederick Augustus, s. Eleazer & Anna, b. Dec. 3, 1810	1	115
Fre[e]love, d. Bailey & Sabra, b. Jan. 12, 1798	1	63
Freelove, m. Othniel **GAGER**, Jr., b. of Franklin, Oct. 12, 1820, by Samuel Nott, Pastor	1	172
George Marcus, s. Chester M. & Florinda A., b. Dec. 5, 1842	2	263
Hannah, d. Squier & Jerusha, b. Aug. 13, 1786	1	60
Hannah Elizabeth, d. Cha[rle]s & Anna, b. Sept. 29, 1824	1	175
Irenus, s. Timothy & Elisabeth, b. Jan. 23, 1791; d. Feb. 11, 1791	1	44
Joanna Ladd, d. Cha[rle]s & Anna, b. May 2, 1827	1	175
John, s. Squier & Jerusha, b. Sept. 6, 1791	1	60
John, d. Apr. 13, 1831, ae 78	2	96
Joseph, d. Oct. 13, 1795, in 61st yr.	1	63
Joseph B., d. Aug. 12, 1860, ae 58	2	236
Joseph Bailey, s. Bailey & Sabra, b. Feb. 16, 1802	1	63
Joseph H., m. Dolly W. **HARTSHORN**, of Franklin, May 19, 1828, by Samuel Nott, Pastor	1	200
Joseph Hazen, s. Timothy & Elisabeth, b. May 8, 1792	1	44
Joseph Niles, s. Jehiel & Clarissa, b. Aug. 1, 1805	1	100
Joseph Sumner, s. Eleazer & Anna, b. Mar. 15, 1807	1	115
Julia S., d. Joseph H. & Dolly W., b. Nov. 28, 1829	1	200
Lydia, d. May 25, 1796, in 15th yr.	1	63
Maria, d. Wolcott H. & Lydia, b. Feb. 21, 1850	2	270
Marinett, d. Eleazer & Anna, b. Dec. 18, 1804	1	115
Marynett T., of Franklin, m. Benjamin F. **STEAD**, of Norwich, Oct. 25, 1846, by Samuel Nott, Pastor	1	253
Martha, m. Daniel **STORY**, b. of Norwich, Jan. 13, 1761, by Ebenezer Hartshorn, J. P.	2	2
Mary, d. Bailey & Sabra, b. Dec. 1, 1806	1	63
Mary, w. Joseph, d. Jan. 29, 1814, ae 73	1	63
Mary, d. Jan. 23, 1825, ae 50	1	63
Mary, m. George S. **HARTSHORN**, Apr. 23, 1829, by Samuel Nott, Pastor	1	203
Mary Delight, d. Cha[rle]s & Anna, b. Dec. 23, 1821	1	175
Noyes Edwin, s. Chester M. & Florinda A., b. Oct. 16, 1844	2	263
Oliver, s. Timothy & Elisabeth, b. Apr. 29, 1789; d. Jan. 20, 1790	1	44
Phebe, d. Timothy & Elisabeth, b. Dec. 18, 1782; d. Oct. 29, 1792	1	44
Phebe Eliza, d. Eleazer & Anna, b. Sept. 28, 1818	1	115
Phebe Eliza, d. Chester M. & Florinda A., b. July 19, 1850	2	263
Philetus P., of Franklin, m. Margaret S. **FRINK**, of Voluntown, May 4, 1831, by Samuel Nott, Pastor	1	179
Philetus Perkins, s. Eleazer & Anna, b. Aug. 29, 1803	1	115
Polly, d. Jan. 23, 1825, ae 50	2	212

FRANKLIN VITAL RECORDS 11

	Vol.	Page
AYER (cont.),		
Polly, w. Bailey, d. Oct. 11, 1847, ae 72	2	88
Sabra, d. Bailey & Sabra, b. Apr. 12, 1796; d. Feb. 17, 1797	1	63
Sabra, w. Bailey, d. May 11, 1826, ae 54	2	88
Sarah, d. Squier & Jerusha, b. July 3, 1784	1	60
Sarah, w. John, d. Jan. 14, 1827, ae 72	2	96
Sarah Elizabeth Sumner, d. Joseph B. & Dolly W., b. June 28, 1836; d. July 23, 1867	2	236
Timothy, m. Elisabeth **HAZEN**, Nov. 4, 1774	1	44
Timothy, d. Sept. 29, 1814, ae 60 y. 11 m. 14 d.	1	45
Uriah, s. Timothy & Elisabeth, b. Oct. 30, 1779	1	44
We[a]lthy A., of Franklin, m. Gideon **BROWN**, of Coventry, R. I., June 11, 1837, by Dea. Comfort D. Fillmore	1	137
Wealthy Alvira, d. Eleazer & Anna, b. Nov. 23, 1808	1	115
William, s. Timothy & Elisabeth, b. Feb. 11, 1778; d. Jan. 3, 1780	1	44
William Durkee, s. Eleazer & Anna, b. Sept. 13, 1816	1	115
Wolcott H., m. Lydia S. **FARGO**, b. of Franklin, Mar. 27, 1842, by Rev. Hiel Fillmore	1	239
Wolcott Huntington, s. Eleazer & Anna, b. Sept. 9, 1820	1	115
——, s. Timothy, d. Dec. 25, 1794, infant	2	61
BABCOCK, BADCOCK, Freelove, m. Peletiah **ARMSTRONG**, Mar. 15, 1829, by Darius Frink, J. P.	1	202
James N., of Norwich, Mass., m. Christiana **LADD**, of Franklin, Mar. 6, 1836, by Dea. Comfort D. Fillmore	1	176
Lester B., of Lebanon, m. Jerusha A. **GAGER**, of Franklin, Apr. 11, 1827, by Rev. Samuel Nott	1	30
Mary E., of Franklin, m. Zalmon L. **JACOBS**, of Lebanon, Aug. 12, 1851, by Rev. John Avery	2	297
Rhoda, d. June 18, 1816, ae 15	2	84
William H., m. Margarate **TWEEDEY**, of Norwich, May 22, 1849, by Rev. Nathan Wildman	2	297
BACKUS, Anna Hartshorn, d. Simeon & Clarissa, b. June 24, 1800	1	68
Asa, m. Parthena **JONES**, Feb. 10, 1790	1	118
Asa, s. Asa & Parthena, b. Apr. 7, 1803	1	118
Asa, m. Lucy **CROCKER**, Oct. 19, 1809	1	118
Azel, s. Simeon & Clarissa, b. Mar. 10, 1802	1	68
Bets[e]y, d. Ezekiel & Roxany, b. Aug. 9, 1783	1	41
Caroline, m. Henry B. **TRACY**, Apr. 5, 1838, by Samuel Nott, Pastor	1	129
Charles, s. Simeon & Clarissa, b. Jan. 9, 1808	1	68
Clarissa Hyde, d. Simeon & Clarissa, b. Oct. 28, 1805	1	68
Elijah, s. Asa & Parthena, b. July 15, 1796	1	118
Elijah J., of Norwich, m. Joanna R. **ELLIS**, of Franklin, Mar. 5, 1822, by Samuel Nott, Pastor	1	180
Elizabeth, twin with Mariah, d. Sim[eo]n & Clarissa, b. July 18, 1810	1	68
Emma Susan, d. Elijah J. & Joanna R., b. Aug. 5, 1824	1	180
Eunice, wid., m. Silas **HARTSHORN**, Nov. 15, 1792, by Samuel Nott, Clerk	1	53

BARBOUR COLLECTION

	Vol.	Page
BACKUS (cont.),		
Eunice Jane, d. Elijah J. & Joanna R., b. Mar. 10, 1833	1	215
Ezekiel, m. Roxany **BARKER**, Nov. 5, 1772; d. Aug. 7, 1791	1	41
Gurden, s. Ezekiel & Roxany, b. Sept. 28, 1788	1	41
Hannah, d. Dec. 26, 1815, ae 83	1	54
James, s. Ezekiel & Roxany, b. Mar. 26, 1779	1	41
John, s. Ezekiel & Roxany, b. May 24, 1786	1	41
Joseph Willes, s. Elijah J. & Joanna R., b. Feb. 19, 1823	1	180
Joseph Willes, s. Elijah J. & Joanna R., d. July 4, 1901	2	215
Josiah, s. Sim[eo]n & Clarissa, b. Jan. 31, 1813	1	68
Julia R., d. Elijah J. & Joanna R., b. Oct. 11, 1828	2	215
Julia R., m. Jabez **LATHROP**, Dec. 4, 1848, by Samuel Nott, Pastor	2	301
Laura, d. Simeon & Clarissa, b. Dec. 13, 1798	1	68
Laura, m. Backus **SMITH**, Mar. 16, 1817, by Samuel Nott, Pastor	1	161
Lavinia, d. Ezekiel & Roxany, b. Sept. 20, 1773	1	41
Love, m. Christopher **HYDE**, Feb. 22, 1795	1	65
Lucy Ann Janes, d. Elijah J. & Joanna R., b. Feb. 26, 1826; d. Apr. 16, 1826	1	180
Lydia, wid. James, d. July 27, 1811, ae 90	1	191
Lydia, w. James, d. July 27, 1811, ae 89	2	36
Mariah, twin with Elizabeth, d. Sim[eo]n & Clarissa, b. July 18, 1810	1	68
Mary, m. Nathaniel **RUDD**, s. Nathaniel, who was b. Apr. 6, 1707	2	314
Mary, d. Asa & Parthena, b. Sept. 21, 1798	1	118
Mary, m. Lewis **HYDE**, of Franklin, Jan. 5, 1822, by Samuel Nott, Pastor	1	179
Nabby, d. Ozias & Elisabeth, b. Mar. 10, 1789	1	26
Ozias, s. Ozias & Elisabeth, b. July 22, 1787	1	26
Parthena, w. Asa, d. Oct. 25, 1807, in her 40th yr.	1	118
Phebe, d. Ezekiel & Roxany, b. July 19, 1777	1	41
Polly, d. Ezekiel & Roxany, b. June 29, 1781	1	41
Roxany, w. Ezekiel, d. Aug. 28, 1790	1	41
Simeon, m. Clarissa **HYDE**, June 3, 1798	1	68
Simeon, d. Jan. 23, 1829, ae 50	1	68
Simon, s. Asa & Parthena, b. July 17, 1792	1	118
We[a]lthy, d. Ezekiel & Roxany, b. Oct. 19, 1775	1	41
BAILEY, BALEY, Aaron, m. Hannah **LADD**, Jan. 15, 1792, by Samuel Nott, Clerk	1	46
Aaron, s. Aaron & Hannah, b. July 28, 1796	1	46
Aaron, m. Matilda **GIDDINGS**, Dec. 22, 1799, by Sam[ue]ll Nott, Clerk	1	46
Aaron, Jr., m. Mary R. **GARDNER**, Nov. 19, 1818, by Samuel Nott, Pastor	1	163
Aaron, Jr., m. Eliza **LADD**, Nov. 2, 1836, by Rev. Comfort D. Fillmore	1	163
Aaron, d. Dec. 6, 1841, ae 77 y. 8 m.	2	63
Albert Gardner, s. Aaron & Mary R., b. Aug. 21, 1819	1	163
Annice, d. Aaron & Hannah, b. Sept. 16, 1792	1	46

	Vol.	Page
BAILEY, BALEY (cont.),		
Annice, m. Comfort D. **FILLMORE**, Mar. 16, 1813, by Amaziah Fillmore, Clerk	1	126
Asa Hartshorn, s. James & Betsey, b. Jan. 25, 1825	1	123
Avis Electa, w. Dwight, d. July 26, 1847	2	235
David, s. James & Betsey, b. Aug. 6, 1812; d. Oct. 5, 1813	1	123
David Loring, s. James & Betsey, b. Jan. 21, 1815	1	123
Dwight, s. Aaron & Matilda, b. June 22, 1803	1	46
Dwight, m. Phebe **ARMSTRONG**, b. of Franklin, Nov. 16, 1828, by Dea. Comfort D. Fillmore	1	199
Dwight, m. Avis Electa **COOK**, Jan. 23, 1831	2	235
Dwight, m. Maria A. **BROWN**, Jan. 23, 1848	2	235
Edwin Webster, s. Dwight & Avis E., b. Mar. 25, 1842	2	235
Electa, d. Aaron & Matilda, b. Mar. 5, 1808	1	46
Electe, d. Aaron & Matilda, d. Feb. 1, 1845	2	63
Ellen W., d. Dwight & Maria A., b. Sept. 30, 1850	2	235
Ezra, of Groton, m. Minerva **LADD**, of Franklin, Apr. 30, 1837, by Dea. Comfort D. Fillmore	1	221
Ezra Brewster, s. Aaron, Jr. & Eliza, b. Mar. 30, 1841	1	163
Hannah, w. Aaron, d. Feb. 14, 1799	1	46
Henry Eugene, s. Dwight & Avis E., b. Oct. 26, 1846; d. Dec. 22, 1846	2	235
Henry Perkins, s. James & Betsey, b. May 8, 1818	1	123
James, m. Betsey **BREWSTER**, 2d, Nov. 13, 1811, by Samuel Nott, Pastor	1	123
Jane Maria, d. Dwight & Avis E., b. Apr. 9, 1836	2	235
Jared, s. Aaron & Hannah, b. Jan. 12, 1799	1	46
Jared, d. Dec. 4, 1820, ae 21	2	63
Jared Day, s. Aaron & Mary R., b. Mar. 11, 1825	1	163
Jonathan, m. Ruth W. **ROGERS**, b. of Franklin, Feb. 18, 1813, by Silas Hartshorn, J. P.	1	107
Joseph W., d. Oct. 15, 1829, ae 24	2	63
Joseph Woodmansee, s. Aaron & Matilda, b. Aug. 4, 1805	1	46
Laura, d. Aaron & Matilda, b. Aug. 15, 1810	1	46
Laura, d. Aaron & Matilda, d. Aug. 28, 1829, ae 18	2	63
Marcia, d. Aaron & Matilda, b. Nov. 27, 1800; d. Nov. 24, 1802	1	46
Martha Cook, d. Dwight & Avis E., b. May 24, 1840; d. May 9, 1844	2	235
Mary, d. Aaron & Hannah, b. Jan. 28, 1794	1	46
Mary, m. Abner **HYDE**, Mar. 7, 1816, by Samuel Nott, Pastor	1	150
Mary Chapman, d. Aaron & Mary R., b. Oct. 6, 1821; d. Feb. 1, 1824	1	163
Mary E., d. Aaron, Jr., & Eliza, b. Oct. 26, 1837	1	163
Mary R., [w. Aaron, Jr.], d. June 24, 1836	1	163
Matilda, w. Aaron, d. Mar. 9, 1862, ae 91 y. 6 m.	2	63
Phebe, w. Dwight, d. June 23, 1830	1	199
Phebe Elizabeth, d. Dwight & Avis E., b. Apr. 6, 1833	2	235
Sabra, of Groton, m. Bailey **AYER**, of Franklin, Dec. 23, 1794, by Rev. Aaron Kinne	1	63

	Vol.	Page
BAILEY, BALEY (cont.),		
Sally Ann, d. Jona[tha]n & Ruth W., b. Apr. 1, 1814	1	107
Uriah Rogers, s. Jona[tha]n & Ruth W., b. Nov. 19, 1815	1	107
William Albert, s. Albert G. & Emily Sophia, b. Feb. 7, 1849	2	196
BALDWIN, Charles R., of Thompson, m. Tryphena H. **POTTER**, of Franklin, June 19, 1838, by Samuel Nott, Pastor	1	200
BALIS, Calista, of Franklin, m. Joseph W. **BIRCHARD**, of Norwich, Aug. 11, 1823, by Samuel Nott, Pastor	1	114
BARBER, Benjamin M., of South Kingstown, R. I., m. Mary C. **SWEET**, of Franklin, Mar. 15, 1842, by Samuel Nott, Pastor	1	238
Emeline, of Hebron, m. Thomas **FREEMAN**, of Franklin, Feb. 28, 1846, by Samuel Nott, Pastor	2	285
John B., of Richmondtown, R. I., m. Sabra Anna **BARBER**, of Franklin, Apr. 13, 1845, by Dea. Comfort D. Fillmore	2	281
Sabra Ann, of Franklin, m. John B. **BARBER**, of Richmondtown, R. I., Apr. 13, 1845, by Dea. Comfort D. Fillmore	2	281
BARKER, Eusebia, d. Sam[ue]ll H. & Sarah, b. Aug. 7, 1788	1	62
Jerusha, d. Dec. 19, 1793, ae 41	2	84
John, s. John & Olive, b. Apr. 7, 1791	1	63
Laura, d. Sam[ue]ll H. & Sarah, b. Aug. 11, 1791	1	62
Phebe, d. John & Olive, b. June 30, 1789	1	63
Roxany, m. Ezekiel **BACKUS**, Nov. 5, 1772	1	41
Samuel Hyde, m. Sarah **GAGER**, Sept. 16, 1787; d. June 11, 1794	1	62
Sarah, w. Sam[ue]ll H., d. Nov. 23, 1793	1	62
William, s. John & Olive, b. June 6, 1793	1	63
BARNAGE, Richard, d. Apr. 16, 1854, ae 50	2	104
BARNES, Lucy, w. Jesse, d. Dec. 19, 1808, ae 44	1	191
BARRETT, Caroline, of Norwich, m. Abial **LEBRET**, of Woodstock, res. of Norwich, Sept. 4, 1842, by Samuel Nott, Pastor	1	246
BARROWS, Asahel, s. Asahel & Pamelia, b. Jan. 30, 1826	1	206
David, s. Asahel & Olive, b. Oct. 14, 1816	1	206
Lucy, d. Asahel & Pamelia, b. Oct. 9, 1828	1	206
Marshall, s. Asahel & Pamelia, b. June 1, 1824	1	206
Olive, d. Asahel & Olive, b. Sept. 11, 1818	1	206
Stephen Shumway, s. Asahel & Olive, b. Oct. 28, 1814	1	206
BARSTOW, Abigail, wid. Jon[atha]n, d. Oct. 11, 1804, ae 89	1	190
Abigail, d. Oct. 11, 1804, ae 88	2	83
Alven, s. Jonathan & Mary, b. Nov. 11, 17[79]	1	22
Alvan, s. Jonathan & Mary, b. Nov. 11, 1779	1	193
Eliza, d. Jan. 29, 1857, ae 71	2	83
Hannah, w. Yetonce, d. Sept. 27, 1795	1	60
Riel, s. Jonathan & Mary, b. Dec. 19, [1782]	1	22
Riel, s. Jonathan & Mary, b. Dec. 19, 1782	1	193
Yetonce, d. Dec. 28, 1799	1	60
BARTLETT, Elizabeth, wid. John, d. Dec. 30, 1801, ae 90	1	190
BASS, Jonathan, of Windham, m. Hannah **PAYN[E]**, of Lebanon, June 2, 1761, by Ebenezer Hartshorn, J. P.	2	6
BATTY, William, m. Sally **HYDE**, Nov. 7, 1811, by Rev. Sam[ue]l		

	Vol.	Page
BATTY (cont.),		
Nott	1	82
BECKWITH, Elizabeth, of Franklin, m. Chauncey G. **PARK**, Dec. 3, 1832, by Cornelius B. Everest	1	213
Elizabeth Eells, d. Lemuel & Lucy, b. Feb. 14, 1825; d. Dec. 11, 1839	1	60
Lemuel, m. Lucy **CROCKER**, of Franklin, Oct. 24, 1824, by Rev. Eli Hyde	1	60
Mary, of Lyme, m. Charles **LOGAN**, of Franklin, Nov. 25, 1847, by Dea. C. D. Fillmore	2	201
Mercy, of Franklin, m. James **HILL**, of Lebanon, Oct. 9, 1828, by Rev. Samuel Nott	1	44
BENJAMIN, Samuel, d. Sept. 18, 1807, ae 86	2	30
BENNETT, BENNET, Nathan, of Windham, m. Harriet **WILLBUR**, of Franklin, Sept. 25, 1836, by Samuel Nott, Pastor	1	219
Nathan, of Plainfield, m. Abby S. **MANNING**, of Franklin, Nov. 17, 1842, by Dea. Comfort D. Fillmore	1	249
BENTLEY, Bethiah, d. Eleazer & Elisabeth, b. Dec. 24, 1791	1	29
Eleazer, m. Elisabeth **EDGERTON**, of Franklin, Feb. 14, 1788, by Sam[ue]ll Nott, Clerk	1	29
Eleazer, s. Eleazer & Elisabeth, b. May 17, 1796	1	29
Jasper, d. Nov. 12, 1801, ae 38	1	190
Margaret, d. Eleazer & Elisabeth, b. Aug. 4, 1789; d. Nov. 7, 1812, ae 23	1	29
BETTIS, Polly, of Franklin, m. Gurdon **WOODWORTH**, of Windham, Jan. 24, 1836, by Comfort D. Fillmore, J. P.	1	156
BIGELOW, Deborah, of Colchester, m. Isaiah **ARMSTRONG**, May 16, 1794	1	39
BILL, Benjamin, of Groton, d. Mar. 17, 1813, ae 73	1	74
Martha A., m. Harley H. **TRACY**, Jan. 12, 1823, by Samuel Nott, Pastor	1	86
Philip, d. Mar. 11, 1813, ae 46	1	74
BILLINGS, Lydia, of Norwich, m. James **LOWRY**, June 24, 1821, by Samuel Nott, Pastor	1	170
Peleg, of Preston, m. Mary **CALKINS**, Nov. 20, 1766, by Ebenezer Hartshorn, J. P.	2	8
BINGHAM, Lois, m. W[illia]m **HUTCHINS**, Aug. 24, 1763, by Ebenezer Hartshorn, J. P.	2	6
Thomas, Dea., m. Mary, d. Lt. Jonathan **RUDD**, of Saybrook	2	313
BIRCHARD, Jesse, Jr., of Bozrah, m. Hariot **SMITH**, of Franklin, Nov. 4, 1797, by Samuel Nott, Clerk	1	76
Joseph W., of Norwich, m. Calista **BALIS**, of Franklin, Aug. 11, 1823, by Samuel Nott, Pastor	1	114
Lydia, m. Elisha **GRISWOLD**, Dec. 13, 1772	1	67
Polly, m. Josiah **TRACY**, 3d, Feb. 20, 1796	1	73
BLACKMAN, Antoinette J., of Norwich, m. Samuel G. **HARTSHORN**, of Franklin, Mar. 17, 1875, by Rev. M. M. G. Dana	2	314
Antionette Johnson, d. Benjamin & Caroline F., b. Sept. 6, 1840	1	234

BARBOUR COLLECTION

	Vol.	Page
BLACKMAN (cont.),		
Benjamin, m. Caroline F. **CHAPMAN**, b. of Franklin, Jan. 16, 1831, by Henry Hazen, J. P.	1	234
Benjamin, d. Mar. 13, 1872, ae 62	2	268
Benjamin Burrel[l], s. [Benjamin & Caroline F.], b. Feb. 26, 1844	2	268
C. Charlotte, d. [Benjamin & Caroline F.], b. Mar. 20, 1852	2	268
Caroline Elizabeth, d. Benjamin & Caroline F., b. Nov. 17, 1838	1	234
Clarissa, d. B[enjamin] & Caroline [F.], d. Apr. 16, 1851	2	268
Cornelia Elison, d. Benjamin & Caroline F., b. Dec. 5, 1831	1	234
Harriet L., d. [Benjamin & Caroline F.], b. Aug. 13, 1846	2	268
Isaac Newton, s. Benjamin & Caroline F., b. Sept. 17, 1835	1	234
John Fountain, s. Benjamin & Caroline F., b. Aug. 2, 1833	1	234
Lucy Ann Williams, d. Benjamin & Caroline F., b. Mar. 1, 1837	1	234
Marion E., twin with Monroe E., [d. Benjamin & Caroline F.], b. Apr. 14, 1849	2	268
Monroe E., twin with Marion E., [s. Benjamin & Caroline F.], b. Apr. 14, 1849	2	268
Orelia, m. Jacob **HYDE**, Dec. 31, 1817, by Samuel Nott, Pastor	1	135
BLAKESLEY, Fan[n]y French, d. Benjamin & Sally, b. Apr. 27, 1807	1	112
William Almeron, s. Benj[ami]n & Sally, b. Jan. 16, 1809	1	112
BLISS, Harriet E., of Lisbon, m. Jonathan L. **LATHROP**, of Franklin, July 17, 1853, by Rev. J. R. Avery	2	310
BOSWELL, Caroline, m. Henry **BUSHNELL**, b. of Lisbon, Dec. 8, 1850, by Rev. Hiel Fillmore	2	166
BOSWORTH, BOZWORTH, Amaziah, d. Feb. 26, 1805, ae 79	1	20
Tabitha, wid. Amaziah, d. Mar. 16, 1815, ae 88	1	20
Zurviah, m. Comfort **FILLMORE**, June 22, 1763	1	20
Zeruiah, m. Comfort **FILLMORE**, June 22, 1763, in Norwich, by Ebenezer Hartshorn, J. P.	2	2
BRAMAN, John, d. Dec. 13, 1829, ae 90	2	33
BRAYTON, Thomas P., of Pomfret, m. Laura A. **FRANKLIN**, of Franklin, Sept. 1, 1833, by C. D. Fillmore, J. P.	1	103
BRETT, Silence, m. Ezekiel **WATERMAN**, b. of Norwich, June 10, 1762, by Ebenezer Hartshorn, J. P.	2	4
BREWER, Henry B., of Wilbraham, Mass., m. Laura L. **GIDDINGS**, of Franklin, Sept. 3, 1839, by Elias C. Scott, Traveling Elder	1	179
BREWSTER, Austin, s. Darius & Elisabeth, b. Dec. 12, 1809	1	127
Austin, of Cleveland, O., m. Eliza **HEMPSTE[A]D**, of Norwich, Oct. 25, 1835, by Dea. Comfort D. Fillmore	1	136
Betsey, d. Frederick & Anna, b. Feb. 4, 1792	1	84
Betsey, 2d., m. James **BAILEY**, Nov. 13, 1811, by Samuel Nott, Pastor	1	123
Darius, of Franklin, m. Elisabeth **NICOLDS**, of Preston, Oct. 13, 1805, by Elias Brown, J. P.	1	127
Darius, d. Jan. 10, 1855, ae 78	2	161
Eliza, twin with Lovisa, d. Frederick & Anna, b. Jan. 22, 1797	1	84
Eliza, m. Jedediah P. **LADD**, Mar. 16, 1820, by Darius Frink, J. P.	1	185
Eliza, of Franklin, m. Grosvenor D. **WILLIAMS**, of New Hampshire, Sept. 3, 1850, by Rev. Geo[rge] J. Harrison	2	305

BREWSTER (cont.),

	Vol.	Page
Elizabeth, w. Darius, d. Aug. 15, 1845, ae 58	2	161
Elizabeth C., of Franklin, m. Jeremiah WILBUR, of Norwich, Sept. 20, 1847, by Samuel Nott, Pastor	2	294
Erastus, m. Sarah DUNBAR, b. of Franklin, Nov. 26, 1845, by Samuel Nott, Pastor; d. Aug. 13, 1848	2	284
Ezra, s. Frederick & Anna, b. Aug. 22, 1794	1	84
Frederick, m. Anna FRINK, Dec. 23, 1789	1	84
Frederick, d. Feb. 19, 1845, ae 82	2	115
Hepzibah, w. Stephen, d. Oct. 11, 1820, ae 83	1	84
Laura, d. Albert, d. Mar. 26, 1850, infant	2	152
Loring, s. Frederick & Anna, b. Nov. 1, 1805	1	84
Lovisa, twin with Eliza, d. Frederick & Anna, b. Jan. 22, 1797	1	84
Lura, d. Frederick & Anna, b. Sept. 22, 1801	1	84
Lura, of Franklin, m. Seth PAYNE, of Camil[l]us, N. Y., June 6, 1822, by Dea. Elisha Frink	1	183
Lydia, of Franklin, m. Grant LADD, of Burlington, N. Y., Oct. 16, 1833, by C. D. Fillmore, J. P.	1	207
Lydia Andros, d. Frederick & Anna, b. Feb. 4, 1803	1	84
Lydia M., m. Cyrus FRINK, Apr. 6, 1846, at Hartford, by Elder R. R. Raymond	2	289
Lyman, s. Darius & Elisabeth, b. Jan. 23, 1808	1	127
Lyman, m. Susan G. FRINK, of Franklin, Sept. 2, 1834, by Samuel Nott, Pastor	1	177
Mary, w. Albert, d. Oct. 26, 1848, ae 22	2	152
Mary A. F., of Franklin, m. William VARNUM, of New London, Mar. 23, 1847, by Samuel Nott, Pastor	2	290
Meriah, d. Frederick & Anna, b. June 22, 1799	1	84
Nancy, w. Frederick N., d. Mar 8, 1841, ae 76	2	115
Oliver Nic[h]olds, s. Darius & Elisabeth, b. Aug. 17, 1806	1	127
Polly, d. Frederick & Anna, b. Oct. 1, 1790	1	84
Rachel D., m. Abner L. OTIS, Feb. 14, 1841, by Dea. Comfort D. Fillmore	1	228
Rachel Day, d. Darius & Elisabeth, b. Feb. 23, 1813	1	127
Stephen, m. Hepzibah RUDD, Feb. 21, 1763, in Norwich, by Ebenezer Hartshorn, J. P.	2	6
Stephen, d. Feb. 1, 1821, ae 76	1	84
William, s. Darius & Elisabeth, b. Sept. 24, 1811; d. Oct. 17, 1811	1	127
William, m. Susannah FOGG, Apr. 7, 1850, by Joseph P. Tracy, J. P.	2	304

BRIGGS,
Amelia, m. James FANNING, b. of Norwich, Jan. 15, 1846, by Dea. Comfort D. Fillmore	2	286

BRIGHAM,
Marcia, m. Hezekiah EDGERTON, Jr., Apr. 26, 1789, by Samuel Nott, Clerk	1	34

BRIGHT,
Eunice, d. Apr. 20,[ ], ae 94	1	190

BRITT,
William, d. Jan. 19, 1795, ae 91	2	61

BROWN,
Coddington, of Preston, m. Lucy ROBINSON, of Franklin, Apr. 13, 1825, by Ira Abell, J. P.	1	38
Cyrenee, of Franklin, m. Albert DANIELS, of Groton, at Mr.		

	Vol.	Page
BROWN (cont.),		
Brewster's, Dec. 23, 1827, by Rev. William Palmer	1	143
Gideon, of Coventry, R. I., m. We[a]lthy A. **AYER**, of Franklin, June 11, 1837, by Dea. Comfort D. Fillmore	1	137
Maria A., m. Dwight **BAILEY**, Jan. 23, 1848	2	235
Mary, m. Eleazer **HYDE**, Dec. 29, 1805, by John Sterry	1	106
Sanford, of North Stonington, m. Pamela **PARKS**, of Franklin, Feb. 13, 1825, by Henry Hazen, J. P.	1	13
Sanford, of Franklin, m. Elizabeth **LUCAS**, of Norwich, Sept. 16, 1846, by Joshua Tracy, J. P.	2	22
BRUEN, Barnabus, Rev., of Ogdensburgh, N. Y., m. Eliza **NOTT**, of Franklin, July 6, 1820, by Samuel Nott, Pastor	1	146
Eliza, of Franklin, m. Sherman **CONVERSE**, of New Haven, June 28, 1824, by Samuel Nott, Pastor	1	158
BUCKINGHAM, Charles H., of Saybrook, m. Anna M. **JOHNSON**, of Franklin, Sept. 16, 1833, by Samuel Nott, Pastor	1	117
Reuben, of Saybrook, m. Caroline **JOHNSON**, of Franklin, Nov. 30, 1837, by Samuel Nott, Pastor	1	204
BUGBEE, Betsey, d. Sam[ue]ll & Irena, b. Oct. 3, 1791	1	33
Henry, s. Sam[ue]ll & Irena, b. July 19, 1787	1	33
Samuel, of Franklin, m. Irena **MUNSEL**, Feb. 25, 1787, by Neh[emia]h Waterman, J. P.	1	33
——, s. Sam[ue]ll & Irena, b. Dec. 15, 1789; d. Jan. 20, 1790	1	33
BULKLEY, James, m. Sarah A. **ABELL**, of Colchester, Jan. 31, 1830, by Samuel Nott, Pastor	1	24
BURDICK, Frank, of Plainfield, m. Sarah Ann **LADD**, of Franklin, Sept. 24, 1854, by Dea. Comfort D. Fillmore	2	312
John, of Jewett City, m. Olivia S. **PEMBER**, of Franklin, Mar. 13, 1853, by Rev. J. R. Avery	2	310
BURGES[S], Emily Ann, d. Reuben & Olive, b. Aug. 29, 1812	1	129
Olive Frances, d. Reuben & Olive, b. Aug. 7, 1810	1	129
Philetus Miles, s. Reuben & Olive, b. June 19, 1808; d. Dec. 2, 1808	1	129
Reuben, m. Olive **HEBBARD**, at Canterbury, May 30, 1805	1	129
Reuben Darwin, s. Reuben & Olive, b. at Canterbury, May 15, 1806	1	129
BURNHAM, Eliza, d. Sam[ue]ll & Hannah, b. Oct. 6, 1804	1	108
Gurdon, s. Sam[ue]ll & Hannah, b. Aug. 22, 1796	1	108
Henry, s. Sam[ue]ll & Hannah, b. Mar. 24, 1793	1	108
Sally, d. Sam[ue]ll & Hannah, b. Jan. 3, 1800	1	108
Samuel, m. Hannah **WOODWORTH**, Dec. 28, 1785	1	108
BURTON, Calvin, of Griswold, m. Mildred E. **HYDE**, of Franklin, Mar. 19, 1837, by Samuel Nott, Pastor	1	220
Julia Elizabeth, d. Calvin & Mildred E., b. Dec. 17, 1837	1	220
BUSHNELL, Elisabeth, of Lisbon, m. Dea. Joshua **WILLES**, of Franklin, Feb. 14, 1793, by Abraham Lee, Clerk	1	59
Henry, m. Caroline **BOSWELL**, b. of Lisbon, Dec. 8, 1850, by Rev. Hiel Fillmore	2	166
Lyndes E., of Lisbon, m. Charlotte R. **PRENTICE**, of Franklin,		

FRANKLIN VITAL RECORDS 19

	Vol.	Page
BUSHNELL (cont.),		
Sept. 11, 1836, by Comfort D. Fillmore, J. P.	1	187
Mercy, m. Jonathan, s. Lt. Jonathan **RUDD**, of Saybrook	2	313
Samuel, m. Patience, d. Lt. Jonathan **RUDD**, of Saybrook	2	313
BUTTS, Elizabeth, d. June 4, 1840, ae 82	2	11
Esaias, h. Elizabeth, d. Aug. 1, 1840, ae 81	2	11
—**LES**, James, d. Oct. 28, 1805, ae 75. Town pauper	1	190
Molly, d. Apr. 6, 1809, ae 82. Town pauper	1	191
CALKINS, Mary, m. Peleg **BILLINGS**, of Preston, Nov. 20, 1766, by Ebenezer Hartshorn, J. P.	2	8
Philura, of Norwich, m. John **Yale**, Nov. 5, 1820, by Samuel Nott, Pastor	1	154
—**MP**, Mary, d. May 26, 1799, ae 65	1	190
Oliver, d. Sept. 10, 1798, ae 23, of yellow fever	1	190
CARPENTER, Achsah, d. Israel & Susanna, b. Aug. 7, 1798	1	81
Benjamin Thomas, s. Elias T. & Hannah, b. Sept. 21, 1831; d. Aug. 18, 1832	1	233
Darius Ladd, s. Elias T. & Hannah, b. Nov. 26, 1826	1	233
Electa, d. Israel & Susanna, b. Apr. 15, 1794	1	81
John Thompson, s. Elias T. & Mary, b. Sept. 23, 1821	1	233
Mary, w. Elias T., d. May 10, 1821, ae 27	1	233
Mary Emily, d. Elias T. & Hannah, b. Dec. 29, 1828	1	233
Persis, d. Israel & Susanna, b. May 26, 1796	1	81
William Stanton, s. Elias T. & Mary, b. Apr. 11, 1820	1	233
CARY, Alfred W., of Scotland, m. Sarah E. **CROSS**, of Franklin, Mar. 27, 1844, by Samuel Nott, Pastor	2	68
Martha, of Windham, m. Benjamin **GREENSLIT**, of Franklin, Nov. 22, 1787, by John Perkins, J. P.	1	18
CHAFFE[E], Ephraim, Jr., of Wilbraham, Mass., m. Cloe M. **HYDE**, of Franklin, Dec. 27, 1821, by Esek Brown, Pastor, of the Baptist Church in Lebanon	1	78
CHAMBERLAIN, Milla, of Hebron, m. Shubael **SMITH**, of Franklin, Apr. 14, 1796	1	83
CHAMPION, Parnal, m. Azariah **HUNTINGTON**, Jan. 9, 1791, by Samuel Nott, Clerk	1	42
CHAMPLIN, **CHAMPLAIN**, Anna, of Windham, m. Charles **AYER**, of Franklin, Sept. 19, 1816, by Rev. Cornelius B. Everest	1	175
Florinda, of Windham, m. Chester M. **AYER**, of Franklin, Feb. 14, 1841, by Samuel Nott, Pastor	1	227
John N., of Windham, m. Maria **PITCHER**, of Franklin, Nov. 27, 1823, by Samuel Nott, Pastor	1	188
Lydia, d. John, of Lebanon, d. Jan. 31, 1841	1	245
Zerviah, of Lebanon, m. Uriah **LADD**, of Franklin, at John Champlin's, Nov. 10, 1815, by Rev. Daniel Putnam	1	156
CHAPMAN, Anna, d. Stephen & Hannah, b. Oct. 27, 1781	1	21
Anna, d. Stephen & Hannah, b. Oct. 27, 1781	1	193
Caroline F., m. Benjamin **BLACKMAN**, b. of Franklin, Jan. 16, 1831, by Henry Hazen, J. P.	1	234
Clarissa, d. Stephen & Hannah, b. Mar. 29, 1793	1	21

	Vol.	Page
CHAPMAN (cont.),		
Clarissa, d. Stephen & Hannah, b. Mar. 29, 1793	1	193
Filana, d. Stephen & Hannah, b. Jan. 21, 178[8]	1	193
Filana, d. Stephen & Hannah, b. Jan. 21, 1789	1	21
Freeman C., m. Fanny H. **HYDE**, Oct. 1, 1829, by Samuel Nott	1	30
Hannah, d. Stephen & Hannah, b. Sept. 4, 1776	1	21
Hannah, d. Stephen & Hannah, b. Sept. 4, 1776	1	193
Hannah M., of N. Stonington, m. Thomas G. **KINGSLEY**, of Franklin, Mar. 25, 1844, at Voluntown, by Rev. C. S. Weaver	2	78
Luezer, m. Peletiah A. **FRINK**, June 30, 1829, by Rev. Amasa Taylor	1	205
Lura, d. Stephen & Hannah, b. Mar. 2, 1791	1	21
Lura, d. Stephen & Hannah, b. Mar. 2, 1791	1	193
Lury Ann, of Franklin, m. Eli **CORY**, of Coventry, R. I., Nov. 2, 1834, by Dea. Comfort d. Fillmore	1	214
Oliver, s. Stephen & Hannah, b. Jan. 30, 178[6]	1	193
Oliver, s. Stephen & Hannah, b. Jan. 30, 1787	1	21
Phebe, d. Stephen & Hannah, b. June 10, 1783	1	193
Phebe, d. Stephen & Hannah, b. June 10, 1785	1	21
Sanford, of Griswold, m. Laura A. **MILLER**, of N. Killingworth, Nov. 5, 1843, by Rev. Bela Hicks	2	27
Sarah A., m. Erastus S. **PARK**, b. of N. Stonington, Oct. 27, [ ], by T. G. Kingsley, J. P.	2	9
Stephen, m. Hannah **TAYLOR**, Jan. 1, 1776	1	21
Stephen, m. Hannah **TAYLOR**, Jan. 1, 1776	1	193
Stephen, s. Stephen & Hannah, b. Feb. 11, 1778	1	21
Stephen, s. Stephen & Hannah, b. Feb. 11, 1778	1	193
——, s. ——, d. Mar. 27, 1858, ae 2 y. 6 m.	2	182
CHAPPEL[L], Abiga[i]l, of Lebanon, m. Minor **SHOLES**, of Norwich, Mar. 16, 1786, by Sam[ue]ll Nott, Clerk	1	13
CHEESEBROUGH, CHEESBROUGH, CHEESBRO, Maria F., of Franklin, m. Ichabod C. **HALL**, of Hartford, (b. persons of colour), Apr. 10, 1821, by Ira Abell, J. P.	1	97
Priscilla, of Franklin, m. David F. **GEER**, of Lisbon, Oct. 14, 1823, by Comfort D. Fillmore, J. P.	1	28
Sally M., of Franklin, m. Cato **COOPER**, of Middletown, Nov. 27, 1822, by Elisha Frink	1	82
CLARK, CLARRK, Ann Elizabeth, d. J[ohn] G. & Lucy S., b. Oct. 28, 1832	1	210
Ann Elizabeth, d. John G. & Lucy S., b. Oct. 28, 1832; d. in Lebanon Aug. 15, 1907	2	246
Betsey, of Franklin, m. Origin **FORD**, of Lebanon, Dec. 23, 1817, by Samuel Nott, Pastor	1	117
Caroline, of South Glastenbury, m. Christopher **MA[Y]NARD**, Oct. 12, 1845, by Samuel Nott, Pastor	2	285
John G., of Windham, m. Lucy S. **HARTSHORN**, of Franklin, Mar. 25, 1830, by Samuel Nott, Pastor	1	210
Mercy, of Franklin, m. Edward **LATHROP**, of Norwich, Oct. 3,		

	Vol.	Page
CLARK, CLARRK (cont.),		
1824, by Rev. Samuel Nott	1	33
William, of Franklin, m. Meribah **ESSEX**, of Windham, Aug. 5, 1833, by Samuel Nott, Pastor	1	169
CLEVELAND, Mary, m. Elijah **ABELL**, Oct. 30, 1768, by Ebenezer Hartshorn, J. P.	2	8
CLOSSEN, CLOSSON, Amos C., of Lyme, m. Esther B. **LADD**, of Franklin, Aug. 31, 1834, by Darius Frink, J. P.	1	32
Jemima, wid. Nathan, d. Jan. 22, 1811, ae 81	1	191
COATS, Philury, of Franklin, m. David **HARTSHORN**, Mar. 31, 1822, by Samuel Nott, Pastor	1	164
COLEGROVE, Olive, of Plainfield, m. Edward **CORWIN**, Mar. 4, 1798, by Joel Benedict, Pastor	1	58
COLTON, Henry, of Hartford, m. Clarissa H. **KINGSLEY**, of Franklin, Oct. 8, 1826, by Samuel Nott, Pastor	1	196
CONE, Amasa B., of Willington, m. Eunice E. **TRAVIS**, of Franklin, May 16, 1847, by Elder Ella Dunham	2	293
Eunice E., w. Amasa B., d. Sept. 30, 1848, ae 24	2	293
Henry B., s. Amasa B. & Eunice E., d. Sept. 24, 1848, ae 2 m.	2	293
CONGDON, Diana F. C., m. Edmond **LATHROP**, b. of Franklin, Nov. 15, 1846, by Elder Ella Dunham	2	292
Elisha, d. Feb. 19, 1854, ae 34	2	118
Job, Jr., d. June 15, 1849	2	118
Job, d. Oct. [ ], 1849, ae 70	2	118
John, m. Caroline **FLETCHER**, Oct. 27, 1835, by Henry Hazen, J. P.	1	88
Lewis, d. Mar. 10, 1853, ae 44	2	118
Lucy, of Franklin, m. James **WILLIAMS**, of Penn, Feb. 17, 1836, by Comfort D. Fillmore, J. P.	1	70
Nancy, w. Job, d. Apr. 30, [ ], ae 71	2	118
Phebe, of Franklin, m. Charles **DAVIS**, of Colchester, Oct. 28, 1832, by C. D. Fillmore, J. P.	1	187
Rebecca, of Franklin, m. George P. **DAVIS**, of Colchester, Dec. 4, 1831, by C. D. Fillmore, J. P.	1	44
Stephen, d. Aug. 13, 1831, ae 42. Suicide	2	96
CONVERSE, Sherman, of New Haven, m. Eliza **BRUEN**, of Franklin, June 28, 1824, by Samuel Nott, Pastor	1	158
COOK, Anna, d. Feb. 12, 1835, ae 83	2	54
Avis Electa, m. Dwight **BAILEY**, Jan. 23, 1831	2	235
John, Jr., m. Anna **HUNTINGTON**, b. of Franklin, Feb. 25, 1813, by Silas Hartshorn, J. P.	1	141
John, d. May 15, 1813, ae 65	1	41
Lucy Lathrop, d. John & Anna, b. Nov. 13, 1822	1	141
Mary B., of Franklin, m. Cooke **FISH**, of Portsmouth, R. I., Dec. 20, 1813, by Samuell Nott, Pastor	1	144
Oliver Abell, s. John & Anna, b. Jan. 5, 1816; d. Oct. 16, 1817	1	141
Ruth Ann, d. John & Anna, b. Feb. 5, 1814; d. Oct. 7, 1817; d. John & Anna, b. Dec. 16, 1817	1	141
Sally, of Franklin, m. Abner **LADD**, Jr., Aug. 25, 1793, by		

	Vol.	Page
COOK (cont.),		
Sam[ue]ll Nott	1	95
Sarah Howard, d. John & Anna, b. Nov. 18, 1819	1	141
COOPER, Cato, of Middletown, m. Sally M. **CHEES[E]BROUGH**, of Franklin, Nov. 27, 1822, by Elisha Frink	1	82
COREY, CORY, Charles Henry, s. Eli & Lucy Ann, b. Apr. 15, 1840	2	250
Eli, of Coventry, R. I., m. Lury Ann **CHAPMAN**, of Franklin, Nov. 2, 1834, by Dea. Comfort D. Fillmore	1	214
Lucretia Rogers, d. Eli & Lucy Ann, b. June 18, 1837	2	250
CORWIN, Bester, s. Edward & Easter, b. Jan. 6, 1793	1	58
Edward, m. Olive **COLEGROVE**, of Plainfield, Mar. 4, 1798, by Joel Benedict, Pastor	1	58
East[h]er, w. Edward, d. Aug. 20, 1797	1	58
Harry, s. Edward & Olive, b. Dec. 5, 1798; d. Sept. 10, 1800	1	58
Ira, s. Phinehas & Phebe, b. Aug. 5, 1789; d. Sept. 16, 1795	1	43
Jason, s. Phinehas & Phebe, b. Feb. 16, 1792	1	43
COTTRELL, Wheaton A., of Norwich, m. Rebecca H. **LADD**, of Franklin, Aug. 8, 1842, by Samuel Nott, Pastor	1	244
COX, John, m. Elizabeth **EARSKINE**, b. of Norwich, Oct. 7, 1838, by Rev. Benj[ami]n M. Walker	1	159
CRANDALL, Joseph, of An[n]apolis, Md., m. wid. Sally **JONES**, of Franklin, Oct. 31, 1813, by Silas Hartshorn, J. P.	1	41
Mary Fanny Burdick, d. Alexander & Mary W., b. Feb. 9, 1837	1	168
CROCKER, Adonijah, d. June 1, 1813, ae 70	1	72
Andrew, d. Oct. 23, 1857, ae 44	2	99
Anna, d. Mar. 31, 1838, ae 69	1	72
Asa, d. July 31, 1806, ae 78	1	190
Asa, d. at Delhi, N. Y., Apr. 27, [1826-30], ae 58	1	72
Charles, s. Ezekiel & Sarah, b. July 8, 1762; d. July 31, 1762	1	34
Dyar, s. Ezekiel & Sarah, b. Sept. 15, 1763	1	34
Elisabeth, d. Oct. 31, 1826, ae 78	1	72
Elizabeth, 2d, d. Apr. 2, 1831, ae 58	1	72
Ezekiel, of Norwich, m. Sarah **SPENCER**, of East Haddam, Dec. 19, 1759	1	34
Ezekiel, d. Apr. 15, 1810, ae 74	1	70
Flavel, d. at New London, Sept. 11, 1814, ae 28	1	72
Hannah, d. Ezekiel & Sarah, b. Feb. 22, 1761; m. Joshua **WALSWORTH**; d. Oct. 23, 1795	1	34
Hannah, d. Jan. 31, [1826-30], ae 48	1	72
Lois, d. Ezek[ie]l & Sarah, b. Aug. 29, 1770	1	34
Lois, wid., m. Capt. Jonathan **PECK**, Mar. 2, 1806, by Silas Hartshorn, J. P.	1	37
Lucy, m. Asa **BACKUS**, Oct. 19, 1809	1	118
Lucy, of Franklin, m. Lemuel **BECKWITH**, Oct. 24, 1824, by Rev. Eli Hyde	1	60
Lydia, d. Ezekiel & Sarah, b. Dec. 18, 1765	1	34
Mary, d. Oct. 30, 1838, ae 63	1	72
Sarah, d. Ezekiel & Sarah, b. Oct. 2, 1768	1	34
Sarah, w. Ezekiel, d. June 13, 1811	1	34

	Vol.	Page

CROCKER (cont.),
Sarah, wid. Ezekiel, d. June 14, 1811, ae 70 — 1, 70
CROSBY, Emmala, m. Marvin **ROGERS**, b. of Chaplin, Nov. 21, 1826, by Samuel Nott, Pastor — 1, 50
CROSS, Sarah E., of Franklin, m. Alfred W. **CARY**, of Scotland, Mar. 27, 1844, by Samuel Nott, Pastor — 2, 68
CULVER, Frances, m. Charles H. **GOLDSMITH**, b. colored, Mar. 3, 1850, by Joseph P. Tracy, J. P. — 2, 303
CUNNINGHAM, Elizabeth E., of Abington, m. Henry W. **WEEKS**, May 13, 1845, by Samuel Nott, Pastor — 2, 283
Sarah J. S., of Pomfret, m. George S. **HARTSHORN**, Mar. [ ], 1842, by Rev. Nathan Hunt — 2, 239
CUTLER, John N., of Lisbon, m. Mary E. **LADD**, of Franklin, Nov. 20, 1837, by Samuel Nott, Pastor — 1, 197
DANFORTH, John, m. Elizabeth **HARTSHORN**, Sept. 10, 1767, by Ebenezer Hartshorn, J. P. — 2, 8
DANIELS, Albert, of Groton, m. Cyrenee **BROWN**, of Franklin, at Mr. Brewster's, Dec. 23, 1827, by Rev. William Palmer — 1, 143
Charles N., of Groton, m. Deborah **LOWRY**, of Machias, Me., July 23, 1826, by Henry Hazen, J. P. — 1, 49
DART, Leonard, of New London, m. Ellin S. A. **DOWNER**, of Franklin, Oct. 30, 1831, by Samuel Nott, Pastor — 1, 163
DAVIS, Charles, of Colchester, m. Phebe **CONGDON**, of Franklin, Oct. 28, 1832, by C. D. Fillmore J. P. — 1, 187
George P., of Colchester, m. Rebecca **CONGDON**, of Franklin, Dec. 4, 1831, by C. D. Fillmore, J. P. — 1, 44
Laura, d. Charles & Phebe, b. Apr. 23, 1835 — 2, 223
DEAN, DEANS, Anson F., m. Seba A. **LADD**, May 1, 1842, by Samuel Nott, Pastor — 1, 241
Edmond W., of Franklin, m. Harriet A. **LADD**, of Norwich, Nov. 25, 1847, by Dea. C. D. Fillmore — 2, 294
Esther, wid. Levi, d. [Ezekiel] **CROCKER**, d. Jan. 22, 1810, ae 49 — 1, 70
Levi, d. Sept. 16, 1807, ae 49 — 1, 70
Sabrina, m. Asa B. **TRACY**, b. of Franklin, July 16, 1843, by Samuel Nott, Pastor — 2, 278
DELANY, Betsa, d. John & Rhoda, b. Jan. 7, 1789 — 1, 38
DELEE, James M., m. Lydia An[n] **HOXEY**, Dec. 25, 1845, by Samuel Nott, Pastor — 2, 285
DENISON, Lucy, m. Joseph **KINGSLEY**, Jan. 29, 1815, by Samuel Nott — 1, 144
William, of Saybrook, m. Sally **LOOMIS**, of Franklin, Mar. 19, 1834, by Rev. Nathan E. Shailer — 1, 212
DICKINSON, Western, of Columbia, m. Parnel **HUNTINGTON**, of Franklin, Apr. 5, 1836, by Samuel Nott, Pastor — 1, 183
DIMOCK, Elizabeth, of Windham, m. Gilbert **LAMB**, of Franklin, Apr. 1850, by Rev. S. G. Willard — 2, 307
Otis, of Willimantic, m. Harriet C. **SMITH**, of Franklin, Sept. 12, 1849, by Samuel Nott, Pastor — 2, 299

	Vol.	Page
DOW, Anna S., wid. Thomas, d. Aug. 12, 1817, ae 44	1	89
Burton, s. Tho[ma]s & Anna, b. Jan. 19, 1798, in Plainfield	1	89
Charles, s. Jeremiah K. & Laura, b. Dec. 7, 1825	1	167
Curtis, s. Jeremiah K. & Laura, b. Mar. 12, 1824	1	167
Elisabeth, d. Tho[ma]s & Anna, b. Jan. 26, 1801	1	89
Elizabeth, of Franklin, m. Hiel **ARMSTRONG**, Sept. 6, 1818, by Samuel Nott, Pastor	1	169
Erastus, s. Jeremiah K. & Laura, b. Aug. 10, 1830	1	167
Eunice, d. Jeremiah K. & Laura, b. Apr. 27, 1821; d. June 11, 1821	1	167
Jeremiah K., m. Laura **HAZEN**, Dec. 11, 1818, by Samuel Nott, Pastor	1	167
Jeremiah Kinne, s. Tho[ma]s & Anna, b. July 6, 1796, in Plainfield	1	89
John, s. Jeremiah K. & Laura, b. Apr. 1, 1822	1	167
Martha, d. Tho[ma]s & Anna, b. July 21, 1799, in Plainfield	1	89
Mary Elizabeth, d. Jeremiah K. & Laura, b. Aug. 20, 1832; d. Nov. 6, 1834	1	167
Phebe Orora, d. Tho[ma]s & Anna, b. Nov. 27, 1804	1	89
Philetus, s. Jeremiah K. & Laura, b. Oct. 3, 1828	1	167
Rebecka, d. Tho[ma]s & Anna, b. Jan. 7, 1808	1	89
Rebecca, of Franklin, m. Jabin **ARMSTRONG**, of Camillus, N. Y., Jan. 29, 1827, by Ira Abell, J. P.	1	61
Royal, s. Jeremiah K. & Laura, b. Sept. 26, 1819	1	167
Thomas, d. Dec. 4, 1814, ae 42 last Sept.	1	89
Thomas Jefferson, s. Tho[ma]s & Anna, b. Nov. 10, 1812	1	89
DOWNER, Dudson, of Lebanon, m. Sophia **SCOTT**, of Franklin, Nov. 19, 1840, by Dea. Comfort D. Fillmore	1	225
Ellin S. A., of Franklin, m. Leonard **DART**, of New London, Oct. 30, 1831, by Samuel Nott, Pastor	1	163
Fenno, s. Sylvester & Anna, b. May 9, 1802	1	155
Jabez, d. Apr. 20, 1791	1	25
Salina, d. Sylvester & Anna, b. June 12, 1806	1	155
Samuel Franklin, s. Sylvester & Anna, b. May 7, 1815	1	155
Sylvester, m. Anna [ ], Nov. 26, 1799	1	155
DROWN, Lydia A., of Franklin, m. Thomas **OSBORN**, of Lebanon, June 6, 1841, by Dea. Comfort D. Fillmore	1	230
DUNBAR, Eliza, of Norwich, m. Albert **STERTESANT**, of Danvill, Vt., Sept. 9, 1838, by Samuel Nott, Pastor	1	178
Mary A., of Franklin, m. Albert **RAY**, of Norwich, May 1, 1850, by Rev. Geo[rge] J. Harrison	2	304
Sarah, m. Erastus **BREWSTER**, b. of Franklin, Nov. 26, 1845, by Samuel Nott, Pastor	2	284
DUNLAP, Amasa Hyde, s. Charles & Mary, b. Sept. 21, 1837	1	215
Charles, m. Mary T. **HYDE**, of Franklin, Nov. 16, 1834, by Samuel Nott, Pastor	1	215
Charles Lewis, s. Charles & Mary, b. Oct. 31, 1835	1	215
DURKEE, Eliza, of Franklin, m. Gurdon **GIFFORD**, Jr., of Bozrah, Sept. 26, 1825, by Samuel Nott, Pastor	1	100
Juliaett, d. Azor & Clarissa, b. Jan. 17, 1826	1	183
DYER, Joseph Ormenus, of Lisbon, m. Octavia **LATHROP**, of Plain-		

FRANKLIN VITAL RECORDS 25

	Vol.	Page
DYER (cont.),		
field, Nov. 27, 1845, by Dea. Comfort D. Fillmore	2	286
EAMES, EAMS, Amariah B., of Lisbon, m. Julia **MORGAN**, of Franklin, Sept. 29, 1844, by Dea. Comfort D. Fillmore	2	280
Clarissa B., of Lisbon, m. Henry S. **SPARKS**, of Glastonbury, Mar. 2, 1834, by Henry Hazen, J. P.	1	31
Wealthy B., of Lisbon, m. Luther M. **LADD**, of Franklin, Jan. 9, 1830, by Comfort D. Fillmore, J. P.	1	206
EARSKINE, Elisabeth, m. John **COX**, b. of Norwich, Oct. 7, 1838, by Rev. Benj[ami]n M. Walker	1	159
EDGERTON, Alpheus, s. Joseph Kingsbury & Irena, b. July 31, 1781	1	53
Anna, of Franklin, m. Ezra **EDGERTON**, Jan. 21, 1787, by Samuel Nott, Clerk	1	7
Anna, m. Eber **HYDE**, Nov. 6, 1793, by Samuel Nott	1	62
Asenath, sister of Zebulon, Jr., d. Oct. 24, 1836, ae 64	2	79
Asher, s. Elisha & Eunice, b. June 8, 1791	1	44
Bela, s. Elisha & Eunice, b. Jan. 2, 1786; d. Jan. 11, 1787; s. Elisha & Eunice, b. Sept. 28, 1787	1	44
Bethiah, of Franklin, m. Eliphalet **METCALF**, Oct. 12, 1788, by Sam[ue]ll Nott, Clerk	1	31
Bethiah, d. Aug. 31, 1810, ae 46	1	29
Daphne, m. Seth **JOHNSON**, b. of Franklin, Jan. 9, 1790, by Samuel Nott, Clerk	1	34
Doratha, s. Joseph K[ingsbury] & Irena, b. July 13, 1792	1	53
Ebenezer, m. Eunice **SMITH**, of Franklin. Mar. 24, 1791, by Sam[ue]ll Nott, Clerk	1	31
Elisha, s. Elisha, 3d, & Eunice, b. Feb. 29, 1776; d. Aug. 3, 1778; s. Elisha, 3d & Eunice, b. Oct. 19, 1783	1	44
Elisabeth, of Franklin, m. Eleazer **BENTLEY**, Feb. 14, 1788, by Sam[ue]ll Nott, Clerk	1	29
Eunice, d. Elisha, Jr. & Eunice, b. July 19, 1778	1	44
Eurydice, d. Joseph K[ingsbury] & Irena, b. June 9, 1785; d. Apr. 23, 1786	1	53
Ezra, m. Anna **EDGERTON**, of Franklin, Jan. 21, 1787, by Samuel Nott, Clerk	1	7
Hannah, wid. Peter, d. Jan. 18, 1817, ae 101 y. 6 m. 8 d.	1	191
Hezekiah, Jr., m. Marcia **BRIGHAM**, Apr. 26, 1789, by Samuel Nott, Clerk	1	34
Huldah, d. Feb. 19, 1810, ae 54	1	191
Irena, w. Joseph K[ingsbury], d. June 23, 1819, ae 55	1	53
Joseph, s. Hez[ekia]h & Bethiah, b. Aug. 25, 1788	1	4
Joseph Kingsbury, s. Jos[eph Kingsbury] & Irena, b. Mar. 30, 1795; d. Apr. 25, 1799	1	53
Joseph K[ingsbury], d. at Lebanon, July 16, 1819, ae 60	1	53
Levi, s. Zeb[ulo]n, Jr. & Abiga[i]l, b. June 14, 1781	1	57
Loadama, d. Joseph K[ingsbury] & Irena, b. Nov. 16, 1789	1	53
Lora, d. Joseph K[ingsbury] & Irena, b. July 11, 1787	1	53
Lucretia, d. Hezekiah & Bethiah, b. Oct. 16, 1786	1	4
Lydia, d. Zeb[ulo]n, Jr. & Abiga[i]l, b. July 9, 1783	1	57

BARBOUR COLLECTION

	Vol.	Page
EDGERTON (cont.),		
Marcia, d. Hez[ekiah] & Marcia, b. Sept. 20, 1789	1	34
Marietta Maria, d. Merana Huntington, b. July 6, 1810	1	94
Martha, m. Joshua **WILLES**, b. of Norwich, Sept. 30, 1760, by Eben[eze]r Hartshorn, J. P.	2	82
Mildred, d. Elisha & Eunice, b. Aug. 25, 1789	1	44
Mildred, of Coventry, m. Simeon B. **HYDE**, of Franklin, Sept. 28, 1809	1	114
Phebe, d. Elisha, Jr. & Eunice, b. Apr. 24, 1781	1	44
Phebe, s. Joseph K[ingsbury] & Irena, b. June 27, 1783	1	53
Reuben, s. Zebulon, Jr. & Abiga[i]l, b. May 29, 1779	1	57
Ruth, d. Zeb[ulo]n, Jr. & Abiga[i]l, b. Mar. 26, 1793	1	57
Sophia, d. Eben[eze]r & Eunice, b. Jan. 3, 1792	1	31
Whiting, s. Zeb[ulo]n, Jr. & Abiga[i]l, b. Feb. 28, 1785	1	57
ELLIS, Almira, d. Will[ia]m & Anna, b. Oct. 6, 1794	1	8
Benjamin, m. Sally **KINGSBURY**, Oct. 4, 1788, by Sam[ue]ll Nott, Clerk	1	11
Benjamin, Dr., d. [ ], 1825	2	20
Benjamin, Doct., d. [ ]	1	11
Benjamin Grant, s. Benj[ami]n & Sally, b. Dec. 9, 1792	1	11
Bethiah, d. Will[ia]m & Anna, b. Mar. 15, 1790	1	8
Bethiah, d. Benj[ami]n & Sally, b. Dec. 29, 1794	1	11
Bethiah, wid. Rev. John, d. Jan. 30, 1814, ae 87	1	190
Charles, s. Jabez & Eunice, d. Sept. 29, 1842, ae 19	2	208
Charles Kingsbury, s. Benj[ami]n & Sally, b. June 9, 1789	1	11
Clarissa Eunice, d. Jabez & Eunice, b. Oct. 16, 1820; d. Nov. 5, 1821	1	173
Daniel, d. Apr. 15, 1807	1	42
Daniel Denison, s. Benj[ami]n & Sally, b. Nov. 5, 1799	1	11
Delia, d. Sam[ue]l & Rachel, b. Jan. 29, 1793; m. [ ] **HARTSHORN**	1	49
Delia, of Franklin, m. Isaac J. **HARTSHORN**, Mar. 25, 1821, by Samuel Nott, Pastor	1	157
Emma, d. Daniel & Roxana, b. Mar. 31, 1792	1	42
Emma, m. Dudley **TRACY**, Jr., Apr. 17, 1811, by Samuel Nott, Pastor	1	145
Esther, d. Sam[ue]l & Rachel, b. Aug. 22, 1795; d.	1	49
Gurden, s. Will[ia]m & Anna, b. Mar. 24, 1798	1	8
Hazen, s. Jabez & Eunice, b. May 16, 1825	1	173
Hezekiah, s. Stephen & Rebecca, b. Oct. 5, 1791; d. May 18, 1795	1	4
Jabez, s. Sam[ue]ll & Rachel, b. Sept. 30, 1791	1	49
Jabez, m. Eunice **LADD**, Oct. 18, 1818, by Samuel Nott, Pastor	1	173
Joanna R., of Franklin, m. Elijah J. **BACKUS**, of Norwich, Mar. 5, 1822, by Samuel Nott, Pastor	1	180
Joanna Rudd, d. Dan[ie]ll & Roxana, b. Oct. 12, 1798	1	42
John, s. William & Anna, b. Feb. 1, 1787	1	8
Rev. John, d. Oct. 20, 1805, ae 79	1	190
Joseph, s. Benjamin & Rosanna, d. Feb. 6, 1787	1	11
Joseph, s. Sam[ue]l & Rachel, b. Aug. 12, 1797	1	49

		Vol.	Page

ELLIS (cont.),
Joseph, s. Jabez & Eunice, b. Aug. 21, 1819; d. June 3, 1820 — 1, 173
Joseph Cheney, s. Benj[ami]n & Sally, b. Dec. 11, 1790; d. July 13, 1795 — 1, 11
Joseph Peck, s. Daniel & Roxana, b. Feb. 2, 1803; d. Mar. 7, 1809, ae 6 — 1, 42
Nabby, d. Sam[ue]l & Rachel, b. Nov. 8, 1803 — 1, 49
Nabby, m. Ziba **HUNTINGTON**, Dec. 23, 1824, by Samuel Nott, Pastor — 1, 165
Orinda, d. Sam[ue]l & Rachel, b. June 29, 1799 — 1, 49
Polly, d. Stephen & Rebecca, b. Apr. 9, 1789 — 1, 4
Polly, m. Asher **PECK**, Aug. 1, 1813, by Samuel Nott, Pastor; d. May 7, 1866* (*death date is a handwritten addition to original manuscript) — 1, 135
Rachel, w. Samuel, d. Dec. 25, 1839, ae 75 — 1, 49
Rachel F., m. John P. **SMITH**, b. of Franklin, Mar. 25, 1824, by Samuel Nott, Pastor — 1, 123
Rachel Fitch, d. Dan[ie]ll & Roxana, b. Feb. 14, 1801 — 1, 42
Rebecca, d. Stephen & Rebecca, b. May 21, 1794; d. May 15, 1795 — 1, 4
Rosanna, w. Benjamin, d. May 7, 1787 — 1, 11
Sally P., m. Maj. Jacob **KINGSBURY**, Nov. 24, 1799, by Samuel Nott, Clerk — 1, 82
Sally P., m. Maj. Jacob **KINGSBURY**, Nov. 24, 1799, by Samuel Nott, Clerk — 1, 125
Samuel, m. Rachel **SMITH**, of Franklin, Mar. 17, 1791, by Sam[ue]ll Nott, Clerk — 1, 49
Samuel, s. Sam[ue]l & Rachel, b. Jan. 8, 1805 — 1, 49
Sarah, w. Benj[ami]n, d. Dec. 10, 1831 — 1, 11
Stephen, m. Rebecca **HUNTINGTON**, Nov. 20, 1785, by Samuel Nott, Clerk; d. Nov. 16, 1847; bur. Lyon St. Cem. 1 1/2 m. from Uniondale, Susquehanna Co. Pa.* (*death date and burial information is a handwritten addition to original manuscript) — 1, 4
Stephen, Jr., of Stafford, m. Lydia **MOTT**, of Franklin, Nov. 17, 1831, by Samuel Nott, Pastor — 1, 112
Susa Peck, d. Daniel & Roxana, b. Mar. 15, 1794; d. May 8, 1795; d. Dan[ie]ll & Roxana, b. May 20, 1796 — 1, 42
Susan P., m. Horatio **WILLES**, Oct. 24, 1821, by Samuel Nott, Pastor — 1, 178
Tabitha How, d. Benj[ami]n & Sally, b. May 3, 1797 — 1, 11
Tabitha How, of Franklin, m. Chester **LOOMIS**, of German Flatts, Herkimer Co., N. Y., Sept. 30, 1822, by Samuel Nott, Pastor — 1, 146
Urania, d. Stephen & Rebecca, b. Nov. 28, 1786 — 1, 4
William, s. W[illia]m & Anna, b. Feb. 12; d. Mar. 3, 1789; s. Will[ia]m & Anna, b. Aug. 1, 1792 — 1, 8
ESSEX, Meribah, of Windham, m. William **CLARK**, of Franklin, Aug. 5, 1833, by Samuel Nott, Pastor — 1, 169
FALES, Lucy, d. Apr. 29, 1797, ae 42 — 1, 190

	Vol.	Page
FANNING, James, m. Amelia **BRIGGS**, b. of Norwich, Jan. 15, 1846, by Dea. Comfort D. Fillmore	2	286
FARGO, FERGO, FURGO, Abner, s. Aaron & Ruth, b. Feb. 13, 1793	1	113
Abner, m. Sally **ROBINSON**, b. of Franklin, Nov. 28, 1811, by Silas Hartshorn, J. P.	1	152
Almira, m. Charles H. **TRACY**, Feb. 8, 1826, by Samuel Nott, Pastor	1	195
Amelia, of Franklin, m. Charles **LOGAN**, of Hampton, Apr. 2, 1839, by Charles Dunlap, J. P.	1	167
Amelia Agusty, d. Abner & Sally, b. Mar. 21, 1815	1	152
Frances A., m. Willard G. **PEMBER**, at Lebanon, Nov. 5, 1829, by Edward Bull	1	196
Gurdon, d. May 20, 1851, ae 76	2	258
Hannah, m. Albert **HYDE**, b. of Franklin, Apr. 6, 1834, by Rev. Hiel Fillmore	1	194
Hannah D., d. Abner & Sally, b. Sept. 10, 1812	1	152
Horace, of Franklin, m. Harriet **MATTOON**, of Norwich, Aug. 9, 1840, by Dea. C. D. Fillmore	1	166
Lavina P., of Franklin, m. William W. **KINNEY**, of Norwich, Dec. 31, 1840, by Rev. M. G. Clarke	1	201
Lydia S., m. Wolcott H. **AYER**, b. of Franklin, Mar. 27, 1842, by Rev. Hiel Fillmore	1	239
FARNAM, Phebe, of Lisbon, m. Jabez **LADD**, of Franklin, Jan. 6, 1803, by Andrew Lee, Clerk	1	93
FENNER, Gorton S., of Lyme, m. Frances E. **LADD**, of Franklin, Sept. 5, 1833, by Rev. Herman Perry	1	116
FILLMORE, FILLEMORE, Adan, s. Comfort & Zurviah, b. Mar. 1, 1781	1	20
Almira, m. Joseph B. **JENNING**, of Norwich, July 26, 1847, by Elder Ella Dunham	2	290
Amaziah, s. Comfort & Zurviah, b. Sept. 26, 1765	1	20
Amaziah, m. Hannah **LADD**, 2d, Dec. 21, 1786, by Sam[ue]ll Nott, Clerk	1	5
Amaziah, Rev., d. Apr. 5, 1847, ae 82	2	10
Artemisia, d. Comfort & Zurviah, b. Feb. 9, 1764	1	20
Artemisia, m. Isaiah **ARMSTRONG**, July 15, 1782	1	39
Asa, s. Amaziah & Hannah, b. Dec. 25, 1791	1	5
Asa, of Franklin, m. Sophia M. **PACKWOOD**, of Colchester, Dec. 25, 1813, by Amaziah Fillmore, Clerk	1	108
Brunetta, d. Comfort & Zurviah, b. Nov. 16, 1769	1	20
Charles Lavius, s. Comfort D. & Annice, b. June 23, 1830	1	126
Comfort, m. Zurviah **BOZWORTH**, June 22, 1763	1	20
Comfort, m. Zeruiah **BOSWORTH**, June 22, 1763, in Norwich, by Ebenezer Hartshorn, J. P.	2	2
Comfort, d. Jan. 24, 1814	1	20
Comfort D., m. Annice **BAILEY**, Mar. 16, 1813, by Amaziah Fillmore, Clerk	1	126
Comfort Day, s. Comfort & Zurviah, b. July 8, 1792	1	20
Daniel, s. Amaziah & Hannah, b. Dec. 29, 1787	1	5

	Vol.	Page
FILLMORE, FILLEMORE (cont.),		
Dorcas, m. Abel **PAGE**, of Haverhill, Mass., Oct. 16, 1759, by Ebenezer Hartshorn, J. P.	2	6
Earl, s. Comfort & Zurviah, b. Sept. 24, 1772; d. June 6, 1776; s. Comfort & Zurviah, b. Dec. 21, 1776	1	20
Earl Fayette, s. Comfort D. & Annice, b. Dec. 22, 1822; d. May 23, 1823	1	126
Elizabeth, w. Hiel, d. Aug. 19, 1852, ae 49	2	230
Eunice, d. Comfort & Zurviah, b. Aug. 29, 1783	1	20
Hannah, w. Rev. Amaziah, d. Sept. 3, 1841, ae 76	2	10
Hannah, w. John L., d. Sept. 23, 1841, ae 24	2	238
Hannah B., m. Jabez H. **TRACY**, b. of Franklin, Dec. 30, 1832, by Rev. Daniel Dorchester	1	205
Hannah Bailey, d. Comfort D. & Annice, b. Feb. 20, 1814	1	126
Heriot, d. Comfort & Zurviah, b. Nov. 14, 1788	1	20
Hiel, s. Amaziah & Hannah, b. July 27, 1797	1	5
Hiel, of Franklin, m. Elisabeth **HYDE**, of Norwich, Oct. 9, 1826, by Rev. Elias Marble	1	197
Jared Bailey, s. Comfort D. & Annice, b. Oct. 24, 1820	1	126
Jesse, s. Amaziah & Hannah, b. July 9, 1795	1	5
John L., m. Hannah L. **FRINK**, Mar. 25, 1838, by Samuel Nott, Pastor	1	203
John Lorinson, s. Comfort D. & Annice, b. Jan. 26, 1816	1	126
Laura, m. Walter **GIDDINGS**, June 30, 1811, by Amaziah Fillmore, Clerk	1	118
Lavius, s. Comfort & Zurviah, b. Oct. 5, 1767	1	20
Lavias, m. Philura **HARTSHORN**, Sept. 8, 1791	1	66
Lavias, s. Lavias & Philura, b. Apr. 9, 1792	1	66
Loisa Elizabeth, d. Hiel & Elizabeth, b. June 21, 1831	1	197
Lora, d. Comfort & Zurviah, b. July 1, 1790	1	20
Lorin, s. Lavias & Philura, b. May 9, 1794	1	66
Lydia, m. Jacob **PEMBER**, Jan. 29, 1767, by Ebenezer Hartshorn, J. P.	2	8
Mahale, d. Amaziah & Hannah, b. Dec. 2, 1806	1	5
Mary, wid. Capt. John, d. Apr. 23, 1798, ae 88	1	190
Mary, w. Capt. John, d. Apr. 23, 1798, ae 87	2	237
Mira, d. Amaziah & Hannah, b. Jan. 11, 1801	1	5
Ralph Hurlburt, s. Comfort D. & Annice, b. May 16, 1827	1	126
Rebecca, d. Amaziah & Hannah, b. July 12, 1789	1	5
Ruby, d. Amaziah & Hannah, b. Sept. 14, 1803	1	5
Ruby, of Franklin, m. David **AVERY**, Jr., of Windham, Jan. 1, 1824, by Isaac Jennison, Elder	1	5
Rufus Edwin, s. Comfort D. & Annice, b. Feb. 25, 1818	1	126
Sally, d. Amaziah & Hannah, b. Aug. 4, 1793	1	5
Septa, s. Comfort & Zurviah, b. Oct. 13, 1774	1	20
Septa, s. Comfort D. & Annice, b. Aug. 2, 1824	1	126
Theodosia, d. Comfort & Zurviah, b. Nov. 21, 1785	1	20
Theodosia, m. Thomas **PEMBER**, Jan. 1, 1804, by Samuel Nott, Pastor	1	94

	Vol.	Page
FILLMORE, FILLEMORE (cont.),		
Zurviah, d. Comfort & Zurviah, b. Feb. 28, 1779	1	20
Zerviah, wid. Comfort, d. Mar. 18, 1820, ae 72	1	20
FISH, Cooke, of Portsmouth, R. I., m. Mary B. **COOKE**, of Franklin, Dec. 20, 1813, by Samuel Nott, Pastor	1	144
Eliza Ann, d. Cooke & Mary B., b. Aug. 6, 1815	1	144
FITCH, Arathusa, of Lebanon, m. Azel **HYDE**, of Franklin, Mar. 26, 1791	1	119
Betsey, d. Harrison, d. Aug. 19, 1851, ae 13	2	127
L., m. Samuel, s. Jonathan **RUDD**, who was b. Sept. 14, 1722	2	315
Mary Jane, d. George & Hannah Ann, d. Sept. 10, 1839, ae 13 m.	1	193
FLETCHER, Caroline, m. John **CONGDON**, Oct. 27, 1835, by Henry Hazen, J. P.	1	88
FOGG, Susannah, m. William **BREWSTER**, Apr. 7, 1850, by Joseph P. Tracy, J. P.	2	304
FORD, Origin, of Lebanon, m. Betsey **CLARK**, of Franklin, Dec. 23, 1817, by Samuel Nott, Pastor	1	117
FOSTER, Daniel, Capt., m. Wealthy Almira **LADD**, Feb. 12, 1803, by Samuel Nott, Pastor	1	116
Daniel, d. Jan. 28, 1824, ae 79	2	150
Daniel S., m. Amanda **FOX**, Oct. 19, 1823, by Darius Frink, J. P.	1	187
Fayette Sabin, s. Dan[ie]l & Wealthy A., b. Nov. 22, 1806	1	116
Wealthy, w. Daniel, d. Feb. 11, 1851, ae 88	2	150
FOX, Alvin, s. Edm[un]d & Roxalena, b. July 2, 1807	1	136
Amanda, d. Edm[un]d & Roxalena, b. June 6, 1802	1	136
Amanda, m. Daniel S. **FOSTER**, Oct. 19, 1823, by Darius Frink, J. P.	1	187
Anson, s. David & Alethea, b. Dec. 7, 1797	1	2
Charles, s. Edmund & Roxalena, b. Feb. 18, 1793; d. Aug 2, 1794	1	136
Clarissa, d. David & Alethea, b. Jan. 23, 1791	1	2
Cynthia, d. David & Alethea, b. Nov. 5, 1800	1	2
David, of Norwich, m. Alethea **ROBINSON**, of Windham, Oct. 27, 1785, by James Cogswell, Clerk	1	2
David, s. David & Alethea, b. Nov. 19, 1788	1	2
Edmund, b. June 26, 1761; m. Roxalena **JANES**, Apr. 22, 1788	1	136
Eliphalet, d. Sept. 7, 1789	1	26
Elizabeth, d. Edm[un]d & Roxalena, b. Jan. 17, 1805	1	136
Est[h]er, m. Walter **LATHROP**, May 13, 1799	1	87
Fidelia, d. Edm[un]d & Roxalena, b. Sept. 8, 1815	1	136
Gurdon, s. Edmund & Roxalena, b. Jan. 30, 1791	1	136
Henry, s. Edm[un]d & Roxalena, b. Apr. 24, 1795	1	136
Horatio, s. Edm[un]d & Roxalena, b. Jan. 21, 1798	1	136
Jesse, s. David & Alethea, b. Oct. 21, 1786; d. May 10, 1789	1	2
Joel, s. David & Alethea, b. Jan. 24, 1793	1	2
John, s. Edm[un]d & Roxalena, b. Sept. 17, 1809	1	136
Martha, d. Feb. 22, 1801	1	26
Mildred, d. David & Alethea, b. May 17, 1795; d. Nov. 26, 1800	1	2
Nancy, d. Edmund & Roxalena, b. Apr. 10, 1789	1	136
Royal, s. Edm[un]d & Roxalena, b. Feb. 22, 1800	1	136

FRANKLIN VITAL RECORDS 31

	Vol.	Page
FOX (cont.),		
Sarah, d. Nov. 2, 1790	1	26
Semanthy, d. Edm[un]d & Roxalena, b. May 9, 1812	1	136
FRANCIS, Mary, m. Darias **PECK**, [Dec.] 14, 1793	1	28
FRANKLIN, Laura A., of Franklin, m. Thomas P. **BRAYTON**, of Pomfret, Sept. 1, 1833, by C. D. Fillmore, J. P.	1	103
FREEMAN, Erastus, of Cleveland, O., m. Lucy **HEMPSTE[A]D**, of Norwich, Oct. 25, 1835, by Dea. C. D. Fillmore	1	136
Thomas, of Franklin, m. Emeline **BARBER**, of Hebron, Feb. 28, 1846, by Samuel Nott, Pastor	2	285
FRENCH, Charity, d. Sept. 23, 1827, ae 52	1	19
Hannah, m. Robert **HYDE**, Jan. 29, 1806, by Samuel Nott, Pastor	1	102
Joshua, d. Nov. 19, 1820, ae 77	1	19
FRINK, Ann Elizabeth, d. Solomon A. & Nabby, b. Nov. 4, 1844	2	271
Ann Maria, d. Darius & Ruby, b. Aug. 21, 1825	1	122
Ann N., of Voluntown, m. Austin H. **AYER**, of Amherst, N. Y., Oct. 9, 1833, by Darius Frink, J. P.	1	202
Anna, m. Frederick **BREWSTER**, Dec. 23, 1789	1	84
Cyrus, s. Darius & Ruby, b. June 18, 1815	1	122
Cyrus, m. Lydia M. **BREWSTER**, Apr. 6, 1846, at Hartford, by Elder R. R. Raymond	2	289
Darius, of Stonington, m. Ruby **ARMSTRONG**, of Franklin, Nov. 2, 1806	1	122
Darius, d. Sept. 9, 1863, ae 86	2	157
Elizabeth A., of Franklin, m. Lavius H. **ABELL**, of Salina, N. Y., Sept. 22, 1831, by Samuel Nott, Pastor	1	56
Elizabeth Ann, d. Darius & Ruby, b. Nov. 17, 1812	1	122
Emogene, d. Cyrus & Lydia M., b. July 15, 1847	2	289
Fayette, s. Solomon A. & Nabby, b. June 17, 1843; d. May 6, 1844	2	271
George W., of Stonington, m. Lovisa E. **LADD**, of Franklin, Nov. 11, 1840, by Dea. Comfort D. Fillmore	1	225
Hannah, d. Darius & Ruby, b. June 22, 1817	1	122
Hannah L., m. John L. **FILLMORE**, Mar. 25, 1838, by Samuel Nott, Pastor	1	203
Imogene, see Emogene		
Isaac, s. Darius & Ruby, b. Aug. 23, 1830	1	122
John, s. Darius & Ruby, b. Oct. 28, 1827	1	122
Margaret M., of Franklin, m. Lavius H. **ABELL**, of Salina, N. Y., Mar. 14, 1841, by Comfort D. Fillmore, Local Deacon	1	56
Margaret Miranda, d. Darius & Ruby, b. Feb. 9, 1823	1	122
Margaret S., of Voluntown, m. Philetus P. **AYER**, of Franklin, May 4, 1831, by Samuel Nott, Pastor	1	179
Peletiah A., m. Luezer **CHAPMAN**, June 30, 1829, by Amasa Taylor, Pastor	1	205
Peletiah Armstrong, s. Darius & Ruby, b. at Derham, N. H., Feb. 28, 1808	1	122
Polly, of Stonington, m. Darias **LADD**, of Franklin, June 11, 1797	1	85
Ruby A., m. Austin **AYER**, Apr. 21, 1829, by Samuel Nott, Clerk	1	71

	Vol.	Page
FRINK (cont.),		
Ruby Armstrong, d. Darius & Ruby, b. July 25, 1810	1	122
Ruby Armstrong, w. Darius, d. May 7, 1858, ae 70	2	157
Ruby Hannah, d. Solomon A. & Nabby, b. Oct. 18, 1853	2	271
Solomon A., m. Nabby E. **HAZEN**, Mar. 27, 1842, by Dea. Comfort D. Fillmore	1	240
Solomon Armstrong, s. Darius & Ruby, b. Mar. 2, 1820	1	122
Susan G., of Franklin, m. Lyman **BREWSTER**, Sept. 2, 1834, by Samuel Nott, Pastor	1	177
William Orsamus, s. Darius & Ruby, b. Jan. 23, 1834	2	157
FULLER, Abby W., m. Luther **HARRIS**, Apr. 19, 1829, by Comfort D. Fillmore, J. P.	1	45
GAGER, Amelia A., of Franklin, m. Charles **MULKIN**, of Windham, Mar. 5, 1837, by Henry Hazen, J. P.	1	199
Amelia Anne, d. Gurdon & Amelia, b. Dec. 31, 1817	1	162
Amos, of Franklin, m. Sarah **THROOP**, of Lebanon, Sept. 18, 1791	1	111
Amos, s. Amos & Sarah, b. Aug. 6, 1798	1	111
Amos, d. Apr. 1, 1809, ae 36 y. 326 d.	1	111
Amos Edward, s. Gurdon & Amelia, b. Feb. 11, 1839	1	162
Amos Hart, s. Amos & Melenda, b. Mar. 25, 1827	1	112
Anna, d. Levi & Anna, b. Nov. 21, 1784	1	40
Anna, w. Levi, d. Dec. 31, 1830	1	40
Anne, d. Feb. 12, 1814, ae 32	1	17
Bela Peck, s. Levi, Jr. & Sibil, b. Apr. 28, 1816	1	109
Caroline Graves, d. Jason & Est[h]er, b. Nov. 15, 1812	1	107
Charles Rogers, s. Gurdon & Amelia, b. Apr. 23, 1824	1	162
Charlotte W., m. Fitch R. **TRACY**, Apr. 7, 1830, by Samuel Nott, Pastor	1	210
Charlotte Waldo, d. Jason & East[h]er, b. Sept. 28, 1807	1	107
Cornelia Ann, d. Daniel, Jr. & Phebe, b. Feb. 17, 1817	1	101
Dan Throop, s. Amos & Sarah, b. June 17, 1800	1	111
Daniel, Jr., m. Phebe **PECK**, Mar. 22, 1805, by Samuel Nott, Pastor	1	101
Daniel, Sr., d. Mar. 26, 1820, ae 75	1	101
Daniel , Jr., d. Oct. 24, 1838, ae 56	2	134
Delia Frances, d. Gurdon & Amelia, b. Mar. 19, 1822	1	162
Dwight Homer, s. Jason & East[h]er, b. Aug. 3, 1809	1	107
Edward Waldo, s. Jason & Esther, b. Jan. 16, 1825	1	107
Edwin Cary, s. Jason & Esther, b. Mar. 11, 1827	1	107
Eliza, d. Amos & Sarah, b. July 5, 1802	1	111
Elizabeth E., d. Herman & Emeline, b. Nov. 28, 1825	1	159
Elizabeth E., m. Joseph J. **HYDE**, Oct. 14, 1844, by Samuel Nott, Pastor	2	279
Elizabeth S., w. Herman, d. Aug. 31, 1821, ae 24 y. 9 m. 25 d.	1	159
Emeline, m. Herman **GAGER**, Nov. 3, 1822, by Samuel Nott, Pastor	1	159
Emily Angeline, d. Herman & Emeline, b. Feb. 14, 1828	1	159
Esther Lovett, d. Jason & Esther, b. Sept. 10, 1817	1	107

FRANKLIN VITAL RECORDS 33

	Vol.	Page
GAGER (cont.),		
Freelove, w. Othniel, Jr., d. Dec. 17, 1825, ae 27 y. 11 m. 5 d.	1	172
George Gustavus, s. Gurdon & Amelia, b. May 26, 1826	1	162
Gurden, s. Levi & Anna, b. July 19, 1791	1	40
Gurdon, m. Amelia **ROBINSON**, May 25, 1817, by Silas Hartshorn, J. P.	1	162
Gurdon, d. Feb. 22, 1850	2	195
Gurdon Oscar, s. Gurdon & Amelia, b. Nov. 27, 1819	1	162
Harriet Handen, d. Jason & Esther, b. May 15, 1821	1	107
Herman, s. John & Phebe, b. Apr. 16, 1791	1	17
Herman, m. Elizabeth S. **HARTSHORN**, Dec. 25, 1817, by Samuel Nott, Pastor	1	159
Herman, m. Emeline **GAGER**, Nov. 3, 1822, by Samuel Nott, Pastor	1	159
Hermon, s. John & Phebe, d. Feb. 24, 1878, ae 87	2	27
Jason, m. Zerviah **ROBERTS**, of Norwich, Dec. 8, 1762, by Ebenezer Hartshorn, J. P.	2	4
Jerusha A., of Franklin, m. Lester B. **BADCOCK**, of Lebanon, Apr. 11, 1827, by Rev. Samuel Nott	1	30
Jerusha Augusta, d. Daniel, Jr. & Phebe, b. Jan. 21, 1807	1	101
Job Barstow, s. John & Phebe, b. Aug. 25, 1792	1	17
John, m. Phebe **HYDE**, of Franklin, Aug. 17, 1788, by Sam[ue]ll Nott, Clerk	1	17
John, d. Nov. 10, 1817, ae 81 y. lacking 15 days	1	17
John, s. Othniel, Jr. & Freelove, b. Dec. 4, 1825; d. Mar. 29, 1826, ae 3 m. 24 d.	1	172
John, Jr., d. Mar. 20, 1851, ae 86 y. 7 m. 5 d.	2	27
John Avery, s. Amos & Sarah, b. Dec. 12, 1806	1	111
John Flavel, s. Gurdon & Amelia, b. Nov. 23, 1836	1	162
Jonathan Pratt, s. Daniel, Jr. & Phebe, b. July 4, 1814	1	101
Judson Galusha, s. Jason & Est[h]er, b. Mar. 27, 1815	1	107
Julia Backus, d. Gurdon & Amelia, b. June 29, 1834	1	162
Julia Elisabeth, d. Daniel, Jr. & Phebe, b. Oct. 13, 1808	1	101
Justin Merrill[l], s. Levi, Jr. & Sibil, b. Jan. 27, 1829	1	109
Laura A., m. Horatio **HYDE**, Jan. 10, 1847, by Samuel Nott, Pastor	2	278
Laura Alzira, d. Levi, Jr. & Sibil, b. May 19, 1822	1	109
Levi, m. Anna **SABIN**, May 23, 1783, by Sam[ue]ll Nott, Clerk	1	40
Levi, s. Levi & Anna, b. May 10, 1787	1	40
Levi, Jr., m. Sybil **HYDE**, Jr., Jan. 6, 1811, by Samuell Nott, Pastor	1	109
Levi, d. Sept. 16, 1830	1	40
Lucian Fayette, s. Daniel, Jr. & Phebe, b. Mar. 7, 1819	1	101
Lucretia Elizabeth, d. Levi, Jr. & Sibil, b. May 26, 1812	1	109
Lucy, d. Levi & Anna, b. May 19, 1795	1	40
Lucy Melinda, d. Gurdon & Amelia, b. Aug. 31, 1831	1	162
Lucy S., m. Henry **LEFFINGWELL**, b. of Franklin, May 18, 1823, by Samuel Nott, Pastor	1	185
Lydia, d. Levi & Anna, b. July 23, 1789	1	40

BARBOUR COLLECTION

	Vol.	Page
GAGER (cont.),		
Martha Calista, d. Daniel & Phebe, b. Dec. 16, 1820	1	101
Mary, w. Daniel, d. June 29, 1809	1	101
Mary Johnson, d. Daniel, Jr. & Phebe, b. July 21, 1812	1	101
Melenda Eldridge, d. Amos & Melinda, b. Nov. 20, 1829	1	112
Oliver Ayer, s. Othniel, Jr. & Freelove, b. Dec. 19, 1824	1	172
Othniel, m. Rebeckah **RUDD**, of Franklin, Aug. 25, 1790, by Sam[ue]ll Nott, Clerk	1	36
Othniel, m. Rebecca, d. Jonathan **RUDD**, who was b. Aug. 10, 1767	2	315
Othniel, s. Othniel & Rebecca, b. Jan. 11, 1794	1	36
Othniel, Jr., m. Freelove **AYER**, b. of Franklin, Oct. 12, 1820, by Samuel Nott, Pastor	1	172
Othniel, d. Apr. 18, 1841, ae 71 y. 7 m. 24 d.	1	36
Phebe, d. John & Phebe, b. Dec. 16, 1789	1	17
Phebe, w. Daniel, Jr., d. [ ], 1828	2	134
Phebe, w. John, d. Oct. 24, 1834, ae 84	2	27
Phebe, d. John & Phebe, d. June 4, 1875, ae 85	2	27
Phebe Peck, d. Dan[ie]l, Jr. & Phebe, b. Feb. 7, 1816; d. Mar. 17, 1816	1	101
Polly Hyde, d. Gurdon & Amelia, b. Dec. 11, 1828	1	162
[Re]becca, d. Othniel & Rebecca, b. June 20, 1791; d. May 9, 1795	1	36
Rebecca, wid. Othniel, d. Mar. 30, 1857, ae 89 y. 7 m. 20 d.	2	49
Rebecca, wid. Othniel & d. Lt. Jonathan & Tabitha **RUDD**, d. Mar. 30, 1857, ae 89 y. 7 m. 20 d.	2	315
Rebekah Rudd, d. Othniel & Freelove, b. Apr. 15, 1822; d. Feb. 8, 1839	1	172
Sally, d. Amos & Sarah, b. Nov. 3, 1794	1	111
Samuel H., m. Rosamond M. **ROBINSON**, Nov. 25, 1847, by Samuel Nott, Pastor	2	295
Samuel Hartshorn, s. Herman & Elizabeth S., b. Apr. 27, 1821	1	159
Sarah, m. Samuel Hyde **BARKER**, Sept. 16, 1787	1	62
Simon, s. Amos & Sarah, b. May 3, 1792	1	111
Sophia H., m. Adan F. **PEMBER**, b. of Franklin, Jan. 7, 1838, by Dea. C. D. Fillmore	1	222
Sophia Hyde, d. Levi, Jr. & Sibil, b. May 17, 1814	1	109
William Brewster, s. Daniel, Jr. & Phebe, b. Dec. 10, 1810; d. July 11, 1813	1	101
William Willis, s. Daniel & Phebe, b. Nov. 23, 1822	1	101
——, infant d. Herman & Elizabeth S., d. Mar. 29, 1820	1	159
GARDNER, Frederick, of Franklin, m. Lucretia **WRIGHT**, of Norwich, Dec. 27, 1840, by Samuel Nott, Pastor	1	226
Mary R., m. Aaron **BAILEY**, Jr., Nov. 19, 1818, by Samuel Nott, Pastor	1	163
GATES, Jesse, of Cooperstown, N. Y., m. Sophia **KINGSLEY**, of Franklin, Feb. 1, 1826, by Samuel Nott, Pastor	1	161
GEER, GEAR, David F., of Lisbon, m. Priscilla **CHEESBRO**, of Franklin, Oct. 14, 1823, by Comfort D. Fillmore, J. P.	1	28
Lucy, m. Vaniah **ABELL**, Dec. 19, 1819	1	121

	Vol.	Page
GEORGE, Betty, d. June 3, 1807, ae 100. An Indian.	1	190
GIDDINGS, Celicia C., of Franklin, m. George W. LOGAN, of Norwuch, June 7, 1842, by Dea. Comfort D. Fillmore	1	243
Celicia Carver, d. Walter & Laura, b. Aug. 21, 1822	1	118
Chandler, s. Walter & Laura, b. Dec. 4, 1815	1	118
Deborah, d. Apr. 26, 1826, ae 55	2	114
Earl, s. Walter & Laura, b. Sept. 29, 1814; d. Oct. 14, 1814	1	118
Frances, d. Oct. 10, 1848, ae 12	2	152
Jasper, of Franklin, m. Deborah PARTRIDGE, of Preston, Jan. 16, 1806, by Rev. Levi Hart	1	100
John W., s. W[alter], d. Sept. 18, 1848, ae 19	2	152
Joshua Day, s. Walter & Laura, b. Sept. 6, 1812	1	118
Laura, w. Walter, d. July 30, 1827	1	118
Laura, w. Walter, d. July 30, 1827, ae 37	2	152
Laura L., of Franklin, m. Henry B. BREWER, of Wilbraham, Mass., Sept. 3, 1839, by Elias C. Scott, Travelling Elder	1	179
Laura Lucretia, d. Walter & Laura, b. Dec. 29, 1817	1	118
Mary, d. Walter & Laura, b. July 9, 1826	1	118
Matilda, m. Aaron BAILEY, Dec. 22, 1799, by Sam[ue]ll Nott, Clerk	1	46
Nathaniel, d. Aug. 15, 1809, in his 70th yr.	1	100
Sarah, w. Nathaniel, d. Mar. 7, 1834, ae 90	2	132
Walter, s. Nath[anie]ll & Sarah, b. Sept. 21, 1788	1	100
Walter, m. Laura FILLMORE, June 30, 1811, by Amaziah Fillmore, Clerk	1	118
Walter, d. Apr. 23, 1854	2	152
GIFFORD, GIFFORDS, Gurdon, Jr., of Bozrah, m. Eliza DURKEE, of Franklin, Sept. 26, 1825, by Samuel Nott, Pastor	1	100
Sarah, of Bozrah, m. Henry HAZEN, of Franklin, Jan. 17, 1815, by John Sterry	1	137
Susanna, of Franklin, m. Hiel TRACY, Nov. 8, 1795, by Sam[ue]ll Nott, Clerk	1	69
GILBERT, Hannah, of Brooklyn, m. Christopher HYDE, of Franklin, at Coventry, Nov. 9, 1809, by Abiel Abbott, Pastor	1	66
GLADWIN, Gilbert A., of Saybrook, m. Abby W. LOOMIS, of Franklin, Mar. 31, 1852, by Rev. William Denison	2	298
GOLDSMITH, Charles H., m. Frances CULVER, b. colored, Mar. 3, 1850, by Joseph P. Tracy, J. P.	2	303
GOODWIN, Lucy, of Franklin, m. Sidney ANDREWS, of Hartford, Jan. 8, 1841, by Samuel Nott, Pastor	1	226
GRANT, Mary, m. William H. LADD, b. of Franklin, Oct. 6, 1850, by Buel Ladd, J. P.	2	1
GREEN, Abigail Rude, d. John & Martha, b. May 1, 1786	1	97
Asenath Bushnell, d. John & Martha, b. Sept. 14, 1798	1	97
Benjamin Knight, s. John & Martha, b. Aug. 31, 1795	1	97
Eleanor Wood, d. John & Martha, b. Feb. 23, 1784	1	97
Elijah Knight, s. John & Martha, b. June 1, 1788	1	97
Elizabeth, w. Elijah, and d. Dan[ie]ll LADD, d. Oct. 23, 1820, ae 41	1	191

BARBOUR COLLECTION

	Vol.	Page
GREEN (cont.),		
John, m. Martha **KNIGHT**, Aug. 5, 1781	1	97
John, d. Sept. 24, 1820, ae 62	1	97
Levi Waldo, s. John & Martha, b. Sept. 19, 1802; d. Mar. 27, 1819, ae 16	1	97
Martha, w. John, d. Nov. 15, 1817, ae 58	1	97
Patty Knight, d. John & Martha, b. May 6, 1782	1	97
Polly Lathrop, d. John & Martha, b. Sept. 30, 1790	1	97
Zeruiah Huntington, d. John & Martha, b. Dec. 31, 1792	1	97
GREENSLIT, Benjamin, m. Olive **HEBARD**, Apr. 28, 1785, by Joseph Strong, Clerk	1	18
Benjamin, of Franklin, m. Martha **CARY**, of Windham, Nov. 22, 1787, by John Perkins, J. P.	1	18
Benjamin, d. June 22, 1828	1	18
Benjamin F., m. Sarah M. **SWEET**, of Franklin, Nov. 7, 1848, by Rev. John C. Nichols	2	302
Benjamin Francis, s. Nathaniel C. & Melinda, b. June 10, 1828	1	196
Harriet, d. Benj[ami]n & Martha, b. Sept. 12, 1789	1	18
Lavinia, d. Benj[ami]n & Martha, b. Mar. 25, 1791	1	18
Lavinia, m. Azariah **HUNTINGTON**, Jr., Nov. 30, 1815, by Samuel Nott, Pastor	1	142
Lucy, d. Benj[ami]n & Martha, b. Nov. 19, 1792	1	18
Lucy Ann, d. Nath[anie]l C. & Melinda, b. Dec. 13, 1833	1	196
Martha, [w. Benjamin], d. Jan. 28, 1852	2	28
Nathaniel C., m. Melinda **HYDE**, of Franklin, Oct. 17, 1826, by Samuel Nott, Pastor	1	196
Nathaniel Cary, s. Benj[ami]n & Martha, b. Feb. 10, 1802	1	18
Olive, d. Benj[ami]n & Olive, b. Feb. 3, 1786	1	18
Olive, w. Benj[ami]n, d. Feb. 12, 1786	1	18
Sarah M., d. Benjamin F. & Sarah N., b. May 20, 1854	2	302
GREENWOOD, Joshua I., d. July 21, 1856, ae 38	2	112
GREGORY, Joanna, m. Jonathan, s. Nathaniel **RUDD**, Oct. 27, 1720	2	315
GRISWOLD, GRISWOULD, Asa, s. Elijah & Sallena, b. Jan. 1, 1802	1	92
Asa, of Franklin, m. Miranda **PIERCE**, of Norwich, Nov. 29, 1820, by Andrew Lee, Clerk	1	173
Caleb, m. Polly **MORSE**, Oct. 1, 1799	1	92
Caleb, d. May 7, 1853	2	123
Clark, s. Joshua & Clarissa, b. Jan. 26, 1792	1	47
Daniel Morse, s. Caleb & Mary, b. June [ ], 1815; d. Sept. 18, 1818, ae 3	1	92
Elijah, m. Sallena **HATCH**, Feb. 19, 1801	1	92
Elijah, d. Dec. 27, 1807	1	92
Elisha, m. Lydia **BIRCHARD**, Dec. 13, 1772	1	67
Elisha, d. June 8, 1796, ae 76	2	93
Eunice, d. Elisha & Lydia, b. May 18, 1779	1	67
Eunice, w. Joshua, d. Mar. 1, 1790	1	47
George Wright, s. Joshua & Clarissa, b. Nov. 19, 1794	1	47
Gurdon, s. Joshua & Eunice, b. Nov. 18, 1789	1	47
Hannah, d. Joshua & Clarissa, b. Aug. 14, 1793	1	47

	Vol.	Page
GRISWOLD, GRISWOULD (cont.),		
Joshua, m. Eunice **KINGSBURY**, Nov. 1, 1789	1	47
Joshua, m. Clarissa **WRIGHT**, Dec. 30, 1790, by Samuel Nott, Clerk	1	47
Lydia, d. Elisha & Lydia, b. Aug. 7, 1776	1	67
Lydia, w. Elisha, d. Sept. 11, 1795	1	67
Mahala, 2d w. Caleb, d. Sept. 21, 1840, ae 57	2	123
Mary, d. Elijah & Sallena, b. Oct. 16, 1804	1	92
Mary, w. Caleb, d. Jan. 11, 1821, ae 41	1	92
Mary, of Franklin, m. Rowland N. **ROBINSON**, of Canterbury, Sept. 28, 1823, by Samuel Nott, Pastor	1	170
Mary, w. Samuel, d. Mar. 31, 1825, ae 89	2	93
Mary Elizabeth, m. Enoch H. **LADD**, b. of Franklin, Dec. 26, 1841, by Rev. Hiel Fillmore	1	235
Samuel, d. Nov. 27, 1795, ae 67	2	93
Susannah, d. Elisha & Lydia, b. Nov. 7, 1773	1	67
Susanna, of Norwich, m. Vaniah **ABELL**, of Franklin, Oct. 22, 1812, by Rev. Levi Nelson, of Lisbon	1	121
——, s. Jedediah, d. Apr. 26, 1793	2	61
GUILD, Abel, of Preston, m. Mercy **ARMSTRONG**, Apr. 24, 1765, by Ebenezer Hartshorn, J. P.	2	8
Eunice, of Preston, m. David **LADD**, Feb. 28, 1765, by Ebenezer Hartshorn, J. P.	2	8
GUILE, Eunice, m. Calvin **HUNTLEY**, Dec. 2, 1784	1	72
HALE, Rebecca, of Coventry, m. Thomas **ABELL**, of Franklin, May 3, 1787, by Rev. J. Huntington	1	59
HALL, Amos A., of Mansfield, m. Eleethia L. **HUNTINGTON**, of Franklin, Sept. 29, 1845, by Samuel Nott, Pastor	2	283
Ichabod C., of Hartford, m. Maria F. **CHEESBROUGH**, of Franklin, (b. persons of colour) Apr. 10, 1821, by Ira Abell, J. P.	1	97
Rachel, w. Timothy, d. July 27, 1796, ae 81	2	93
Sylvester, d. Aug. 16, 1842, ae 65	2	112
Timothy, d. June 27, 1806, ae 82	1	190
Timothy, d. June 27, 1806, ae 81	2	112
HANNIBAL, Benajah, d. Mar. 12, 1814, ae 24	1	190
HARRIS, Luther, m. Abby W. **FULLER**, Apr. 19, 1829, by Comfort D. Fillmore, J. P.	1	45
HARTSHORN, Abigail, m. as 2d wife, Nathaniel **RUDD**, Jan. 31, 1706	2	314
Andrew, s. Isaac J. & Delia, b. Jan. 23, 1822	1	157
Anna, d. Silas & Eunice, b. Aug. 16, 1796; d. May 8, 1799	1	53
Anne, d. Samuel, Jr. & Priscilla, b. Aug. 22, 1768	1	133
Anne, d. Nathan & Irene, b. Apr. 9, 1787	1	47
Asa, s. Eli & Elisabeth, b. July 13, 1800	1	74
Asa, m. Julia A. E. **KINGSBURY**, b. of Franklin, Jan. 4, 1826, by Samuel Nott, Pastor	1	194
Asa, d. Lenox, O., July 16, 1884	2	229
Asher, s. Isaac J. & Delia, b. Mar. 25, 1825	1	157
Clarissa, w. Uri, d. Oct. 10, 1831 ae 32	1	153

	Vol.	Page
HARTSHORN (cont.),		
Cintha, d. Sam[ue]l, Jr. & Priscilla, b. Oct. 16, 1759	1	133
David, s. Elijah & Jerusha, b. Dec. 14, 1796	1	6
David, m. Philury **COATS**, of Franklin, Mar. 31, 1822, by Samuel Nott, Pastor	1	164
Delia, w. Isaac J., d. at Pembroke, N. Y.	1	157
Dimmis, w. Elijah, d. Mar. 15, 1809	1	110
Dolly W., of Franklin, m. Joseph H. **AYER**, May 19, 1828, by Samuel Nott, Pastor	1	200
Dolly Williams, d. Eli & Elisabeth, b. May 19, 1803	1	74
Ebenezer, Jr., d. July 12, 1788, ae 58	1	54
Ebenezer, d. Feb. 1, 1795	1	26
Edney, d. Sam[ue]l, Jr. & Priscilla, b. Feb. 8, 1756	1	133
Edney, d. Sam[ue]l, Jr., m. Nath[anie]l **AYER**, and d. Feb. 13, 1801	1	133
Eli, s. Sam[ue]l, Jr. & Priscilla, b. Jan. 5, 1758	1	133
Eli, s. Nathan & Irena, d. Nov. 11, 1787	1	47
Eli, of Franklin, m. Elisabeth **SUMNER**, of Pomphret, June 10, 1795, by Walter Lyon, Pastor	1	74
Eli, d. May 2, 1825, ae 67	1	74
Elijah, m. Jerusha **JOHNSON**, June 30, 1785, by Sam[ue]l Nott, Clerk	1	6
Elijah, s. Elijah & Jerusha, b. Nov. 30, 1790	1	6
Elijah, Dr., m. wid. Dimmis **HILLIARD**, of Bozrah, Oct. 2, 1808, by Samuel Nott, Pastor	1	110
Elijah, Dr., m. Susanna **HYDE**, May 30, 1810, by Samuel Nott, Pastor	1	110
Elijah, Dr., d. June 14, 1839, ae 85	1	110
Elijah, Jr., d. Sept. 15, 1840, ae 50	1	110
Elizabeth, m. John **DANFORTH**, Sept. 10, 1767, by Ebenezer Hartshorn, J. P.	2	8
Elisabeth, d. Eli & Elisabeth, b. Nov. 6, 1796	1	74
Elisabeth, m. Joshua **SMITH**, 3d, Feb. 18, 1797, by Samuel Nott, Clerk	1	73
Elizabeth, w. Eli, d. June 2, 1843, ae 74	2	102
Elizabeth S., m. Herman **GAGER**, Dec. 25, 1817, by Samuel Nott, Pastor	1	159
Emma Goodell, d. Geo[rge] S. & Sarah, b. Oct. 16, 1843	2	239
Eunice, d. Silas & Eunice, b. Nov. 24, 1793	1	53
Eunice, 3d, m. Jason W. **KINGSLEY**, Apr. 5, 1814, by Samuel Nott, Pastor	1	138
Eunice, w. Silas, d. Sept. 15, 1824, ae 70	1	53
Eunice, d. Sept. 12, 1840, ae 78	1	35
George S., m. Mary **AYER**, Apr. 23, 1829, by Samuel Nott, Pastor	1	203
George S., m. Sarah J. S. **CUNNINGHAM**, of Pomfret, Mar. [ ], 1842, by Rev. Nathan Hunt	2	239
George S., d. Jan. 22, 1866, ae 67	2	239
George Sumner, s. Eli & Elisabeth, b. Sept. 8, 1798	1	74
Gurdon, s. Elijah & Jerusha, b. May 31, 1798	1	6

FRANKLIN VITAL RECORDS 39

	Vol.	Page
HARTSHORN (cont.),		
Hannah, d. Nathan & Irena, b. Sept. 26, 1791	1	47
Hannah, of Franklin, m. George **SMITH**, of Middletown, R. I., Oct. 12, 1820, by Samuel Nott, Pastor	1	171
Irena, d. Nathan & Irena, b. Jan. 23, 1796	1	47
Isaac, s. Elijah & Jerusha, b. Oct. 7, 1792; d. Apr. 30, 1795	1	6
Isaac J., m. Delia **ELLIS**, of Franklin, Mar. 25, 1821, by Samuel Nott, Pastor	1	157
Isaac Johnson, s. Elijah & Jerusha, b. Apr. 7, 1795	1	6
Jacob Kingsbury, s. Asa & Julia A. E., b. in Lenox, O., Mar. 1, 1830; d. Sept. 14, 1850, in Lenox, O.	2	229
Jemima, d. Mar. 28, 1820, ae 72	1	191
Jerusha, w. Elijah, d. Dec. 20, 1807	1	110
Jerusha G., m. John L. **HYDE**, b. of Franklin, Dec. 31, 1820, by Samuel Nott, Pastor	1	175
Jerusha Gager, d. Elij[a]h & Jerusha, b. Sept. 15, 1800	1	6
Jesse, s. Nathan & Irena, b. June 10, 1789	1	47
John, d. May 12, 1812	1	110
Julia Frances, d. Uri & Clarissa, d. July 28, 1825, ae 11 m. 13 d.	1	153
Julia Kingsbury, d. Asa & Julia A. E., b. in Lenox, O., Dec. 2, 1833	2	229
Lois, m. Jabez R. **PACKARD**, Sept. 2, 1790, by Sam[ue]ll Nott, Clerk	1	35
Loisa, d. Nathan & Irena, b. Apr. 19, 1798	1	47
Louisa, of Franklin, m. Fredus **PARKER**, of Mansfield, Feb. 18, 1838, by Samuel Nott, Pastor	1	140
Lucretia, d. Sam[ue]l, Jr. & Priscilla, b. Mar. 15, 1766; d. Dec. 19, 1780	1	133
Lucy, d. Andrew, d. Oct. 21, 1802, ae 18	1	190
Lucy S., of Franklin, m. John G. **CLARK**, of Windham, Mar. 25, 1830, by Samuel Nott, Pastor	1	210
Lucy Sumner, d. Eli & Elisabeth, b. May 3, 1805	1	74
Lurena, m. Asa **KINGSBURY**, Jan. 30, 1783, by Tho[ma]s Brockway, Pastor	1	5
Lydia, wid. Zeb[adia]h, d. Dec. 22, 1811	1	54
Lydia, wid. Zebediah, d. Dec. 22, 1811	1	90
Martha, d. Samuel & Rebeckah, b. Sept. 12, 1732	1	133
Martha, d. Dec. 23, 1816, ae 83	1	191
Mary, d. Uri & Clarissa, d. May 17, 1820, ae 2 y. 4 m. 10 d.	1	153
Mary, w. Geo[rge] S., d. Sept. 30, 1839, ae 33	1	203
Mary Jane, d. Geo[rge] S. & Mary, b. July 30, 1833	1	203
Mary Jane, d. Geo[rge] S. & Mary, d. Jan. 11, 1909	2	239
Meriam, w. Eben[eze]r, d. Jan. 20, 1794	1	26
Molly, m. Jared **HYDE**, Oct. 25, 1798, by Samuel Nott, Clerk	1	77
Nabby, m. Peter **TRACY**, b. of Franklin, Nov. 30, 1788, by Ebene[zer] Hartshorn, J. P.	1	23
Olive, d. Sam[ue]l, Jr. & Priscilla, b. Sept. 26, 1761	1	133
Philura, m. Lavias **FILLMORE**, Sept. 8, 1791	1	66
Priscilla, wid. Samuel, Jr., m. [ ] **ARMSTRONG**, and		

	Vol.	Page
HARTSHORN (cont.),		
d. Apr. 12, 1808	1	133
Rebeckah, m. Samuel **HARTSHORN**, Oct. 25, 1713	1	133
Rebeckah, w. Samuel, d. May 6, 1743	1	133
Rebeckah, d. Sam[ue]l, Jr. & Priscilla, b. May 30, 1775	1	133
Reuben, s. Sam[ue]l, Jr. & Priscilla, b. Mar. 9, 1754; d. Oct. 10, 1757; s. Sam[ue]l, Jr. & Priscilla, b. Sept. 24, 1770; d. Dec. [ ], [ ]		
Samuel, 3rd s. David, b. at Redding, Mass., June 10, 1692, m. Rebeckah **HARTSHORN**, Oct. 25, 1713	1	133
Samuel, s. Sam[ue]l & Rebeckah, b. Apr. 10, 1725	1	133
Samuel, Jr., m. Priscilla **WILLIAMS**, b. of Norwich, May 17, 1753	1	133
Samuel , s. Sam[ue]l, Jr. & Pricilla, b. Feb. 9, 1764	1	133
Samuel, Jr., d. July 5, 1775, ae 50	1	133
Samuel, Sr., d. Jan. 17, 1784, ae 91	1	133
Samuel, s. Eli & Elisabeth, b. Aug. 30, 1808; d. Jan. 20, 1818	1	74
Samuel G., of Franklin, m. Antoinette J. **BLACKMAN**, of Norwich, Mar. 17, 1875, by Rev. M. M. G. Dana	2	314
Samuel George, s. Geo[rge] S. & Mary, b. Nov. 25, 1830	1	203
Sarah, d. Sam[ue]l & Rebeckah, b. Nov. 5, 1721	1	133
Sarah, d. Nathan & Irena, b. Jan. 11, 1794	1	47
Sarah Elizabeth Kingsbury, d. Asa & Julia A. E., b. Dec. 9, 1826	1	194
Sarah J. S., w. Geo[rge] s., d. July 22, 1906, ae 90 y. 6 m.	2	239
Silas, m. wid. Eunice **BACKUS**, Nov. 15, 1792, by Samuel Nott, Clerk	1	53
Silas, d. May 4, 1821, ae 75	1	53
Susanna, d. Sam[ue]l & Rebeckah, b. Aug. 9, 1728	1	133
Uri, s. Elijah & Jerusha, b. Sept. 29, 1788	1	6
Uri, d. Sept. 6, 1829, ae 41	1	153
Voadicea, d. Sam[ue]l, Jr. & Priscilla, b. Dec. 27, 1772	1	133
Zebadiah, d. Jan. 19, 1808	1	54
Zebediah, d. Jan. 19, 1808	1	90
HASTINGS, Bela T., m. Juliaett L. **HUNTINGTON**, b. of Franklin, Mar. 17, 1835, by Samuel Nott, Pastor	1	216
Bela Tracy, s. Benj[amin] S[umner] & Sophia, b. Apr. 15, 1812	1	119
Bela Tracy, s. Benjamin S. & Sophia, d. in ——, Mass.	2	153
Benjamin Sumner, s. Roswell & Lucy, b. Jan. 21, 1789	1	15
Benjamin Sumner, m. Sophia **TRACY**, b. of Franklin, Nov. 30, 1809, by Samuel Nott, Pastor	1	119
Chester, s. Roswell & Lucy, b. Apr. 1, 1787	1	15
Dan, m. Martha **SMITH**, Nov. 26, 1801, by Sam[ue]l Nott, Clerk	1	91
Dan, s. Benj[amin] S[umner] & Sophia, b. Nov. 14, 1816	1	119
Dan, d. Dec. 22, 1817	1	91
Dan, m. Antionette A. **JOHNSON**, b. of Franklin, Oct. 6, 1842, by Samuel Nott, Pastor	1	248
Dan, s. Benjamin S. & Sophia, d. in Norwich, Jan. 31, 1899	2	153
Frank E., s. Dan & Antoinette A., b. Nov. 27, 1849	2	275
Joseph, s. Roswell & Lucy, b. Nov. 10, 1785	1	15

FRANKLIN VITAL RECORDS 41

	Vol.	Page
HASTINGS (cont.),		
Joseph, d. Dec. 10, 1787	1	10
Lois, d. Sept. 22, 1820	1	91
Lucy, d. Roswell & Lucy, b. Sept. 22, 1790	1	15
Lucy McCall, d. Benj[amin] S[umner] & Sophia, b. May 23, 1820	1	119
Lucy McCall, d. Benjamin S., d. in Willimantic, Jan. 24, 1895	2	153
Martha, of Franklin, m. Joshua **TRACY**, Dec. 26, 1824, by Samuel Nott, Pastor	1	104
Martha M., d. B[enjamin] S[umner] & Sophia, b. Apr. 22, 1815; d. Sept. 23, 1815	1	119
Roswell, of Norwich, m. Lucy **SUMNER**, of Ashford, Mar. 18, 1784, by Andrew Judson, Pastor	1	15
Roswel[l], s. Roswell & Lucy, b. June 19, 1792	1	15
Sophia, w. Benj[amin] S[umner], d. Aug. 19, 1821	1	119
Zurviah, wid. Joseph, d. Dec. 20, 1787	1	10
HATCH, Chester P., of Norwich, m. Mary Ann **ARMSTRONG**, of Franklin, Sept. 15, 1841, by Dea. Comfort D. Fillmore	1	231
Jonathan, m. Elisabeth **PHILLIPS**, of Lebanon, Oct. 12, 1824, by Rev. Samuel Nott	1	32
Jonathan, of Windham, m. Alma W. **ARMSTRONG**, of Franklin, Sept. 30, 1844, by Dea. Comfort D. Fillmore	2	280
Mary Ann, w. Chester P., d. May 27, 1842, ae 19	1	231
Sallena, m. Elijah **GRISWOLD**, Feb. 19, 1801	1	92
Samuel O., of Lebanon, m. Eunice **ARMSTRONG**, of Franklin, Mar. 5, 1837, by Dea. Comfort D. Fillmore	1	180
HATHAWAY, George M., of Suffield, m. Harriet L. **HYDE**, of Franklin, Feb. 22, 1848, by Rev. Nathan Wildman	2	297
HAYNES, Margaret, m. Jabez **ROUSE**, b. of Norwich, Oct. 15, 1760, by Ebenezer Hartshorn, J. P.	2	2
Meriam, m. Hezekiah **ARMSTRONG**, Oct. 26, 1767, by Ebenezer Hartshorn, J. P.	2	8
HAZARD, Clarissa, m. Cyrus W. **WATSON**, b. said to be of Windham, Oct. 31, 1851, by Rev. Eli Hyde	2	173
HAZEN, Abigail, w. Jacob, d. Dec. 4, 1820, ae 64	1	7
Anna, d. Jacob & Abigal, b. Jan. 7, 1787	1	7
Anna, m. Amasa **HYDE**, Feb. 22, 1808	1	111
Anna Maria, d. Henry & Sarah, b. Apr. 25, 1825	1	137
Anna Maria, of Franklin, m. Leonard **WILLIAMS**, May 10, 1843, by Dea. Comfort D. Fillmore	1	252
Austin, d. Oct. 6, 1841, ae 18	1	238
Caroline, d. Sim[eo]n & Temperance, b. Dec. 2, 1810	1	139
Caroline, of Franklin, m. William **HAZEN**, of Munson, O., Dec. 4, 1836, by Dea. Comfort D. Fillmore	1	219
Charles Eli, s. Eli H. & Ruth R., b. July 21, 1838	2	257
Charles T., m. Mary R. **ARMSTRONG**, Jan. 8, 1842, by Samuel Nott, Pastor	1	236
Charles Thomas, s. Simeon & Temperance, b. July 13, 1818	1	139
Curtis Ladd, s. Eli H. & Ruth R., b. Mar. 26, 1852	2	257
Dwight Bailey, s. Eli H. & Ruth R., b. Sept. 4, 1842	2	257

HAZEN (cont.),

	Vol.	Page
Eli H., m. Ruth K. **LADD**, b. of Franklin, Apr. 2, 1837, by Dea. Comfort D. Fillmore	1	221
Eli Hartshorn, s. Sim[eo]n & Temperance, b. Feb. 27, 1816	1	139
Elizabeth, w. Joseph, d. May 29, 1797, ae 76	2	23
Eunice, d. Simeon & Nabba, b. June 20, 1791; d. Feb. 11, 1796	1	46
Eunice, m. Ambrose **PECK**, Sept. 9, 1810, by Samuel Nott, Pastor	1	116
Henry, s. Jacob & Abigal, b. Sept. 14, 1790	1	7
Henry, of Franklin, m. Sarah **GIFFORDS**, of Bozrah, Jan. 17, 1815, by John Sterry	1	137
Henry, d. Sept. 22, 1845, ae 55	2	171
Henry H., m. Betsey W. **STANTON**, b. of Franklin, May 9, 1843, by Samuel Nott, Pastor	1	251
Henry Hyde, s. Henry & Sarah, b. July 28, 1820	1	137
Jacob, d. May 11, 1834, ae 81	1	7
James, s. Jacob & Abigal, b. Feb. 17, 1793	1	7
James Hyde, s. Charles T. & Mary B., b. May 10, 1847	2	269
Joanna, wid. Moses, d. May 29, 1813, [ae 70]	1	22
Joanna, wid. Moses, d. May 29, 1813	1	139
John, s. Simeon & Nabba, b. July 7, 1793	1	46
John, s. Simeon & Nabba, d. Mar. 9, 1880, ae 86	2	62
Joseph, d. Sept. 26, 1796, ae 79	2	93
Laura, d. Sim[eo]n & Nabba, b. Nov. 2, 1797	1	46
Laura, m. Jeremiah K. **DOW**, Dec. 11, 1818, by Samuel Nott, Pastor	1	167
Lois, d. Simeon & Nabba, b. June 9, 1802	1	46
Lois, m. Calvin **LADD**, b. of Franklin, May 13, 1824, by Darius Frink, J. P.	1	96
Lydia, d. Sim[eo]n & Temperance, b. Dec. 6, 1812; d. Mar. 29, 1813	1	139
Marcus Morton, s. Eli H. & Ruth R., b. Nov. 30, 1848	2	257
Marriette Loisa, d. William & Laura, b. Aug. 31, 1842	2	287
Mary, d. Sim[eo]n & Nabba, b. Oct. 8, 1795	1	46
Mary, wid. Capt. Jacob, d. May 11, 1827, ae 93	1	7
Mary Elizabeth, d. Charles T. & Mary B., b. Nov. 4, 1842	2	269
Mary Gifford, d. Henry & Sarah, b. Feb. 6, 1828	1	137
Moses, d. July 11, 1812, ae 80	1	22
Moses, d. July 11, 1812, ae 80	1	139
Nabby, w. Simeon, d. Aug. 8, 1809	1	46
Nabby E., m. Solomon A. **FRINK**, Mar. 27, 1842, by Dea. Comfort D. Fillmore	1	240
Nabby Emeline, d. Sim[eo]n & Temperance, b. Sept. 7, 1820	1	139
Phebe Emeline, d. Charles T. & Mary R., b. Nov. 17, 1844	2	269
Philena B., m. Samuel J. P. **LADD**, b. of Franklin, May 12, 1845, by Rev. Robert Allyn, at Colchester	2	282
Philena Burn[h]am, d. Henry & Sarah, b. Mar. 21, 1822	1	137
Prosper, s. Simeon & Nabba, b. Mar. 25, 1800	1	46
Prosper, s. Simeon & Nabba, d. June 17, 1845, ae 45	2	62
Ruth Jenette, d. Eli H. & Ruth R., b. Sept. 24, 1840	2	257

	Vol.	Page
HAZEN (cont.),		
Sally, of Franklin, m. Wilkes HYDE, of Catskill, N. Y., Oct. 4, 1804, by Samuel Nott, Pastor	1	97
Sarah, m. Erastus LADD, Jan. 12, 1792	1	131
Sarah,w. Henry, d. Jan. 18, 1882, ae 82	2	171
Sarah Ann, d. Henry & Sarah, b. Apr. 15, 1816	1	137
Sarah Ann, of Franklin, m. Loring MORSE, of Norwich, Oct. 14, 1834, by Rev. Heman Perry	1	215
Simeon, m. Nabba SAMSON, of Franklin, Dec. 16, 1790, by Samuel Nott, Clerk	1	46
Simeon, m. Temperance SABIN, Feb. 28, 1810	1	139
Temperance, w. Simeon, d. Oct. 10, 1847, ae 68	2	62
William, s. Sim[eo]n & Temperance, b. June 23, 1814	1	139
William, of Munson, O., m. Caroline HAZEN, of Franklin, Dec. 4, 1836, by Dea. Comfort D. Fillmore	1	219
William, m. Laura LADD, b. of Franklin, May 9, 1841, by Dea. Comfort D. Fillmore	1	229
William, s. Simeon, d. June 26, 1850	2	62
William Wilson, s. William & Laura, b. Dec. 12, 1844	2	287
HEATH, Phebe, wid. Thomas HEWLING, m. as third wife, Stephen SWEET	2	236
HELME, James, m. Elmira ALLEN, b. of Providence, R. I., May 27, 1844, by Samuel Nott, Pastor	2	5
HEMPSTE[A]D, Eliza, of Norwich, m. Austin BREWSTER, of Cleveland, O., Oct. 25, 1835, by Dea. C. D. Fillmore	1	136
Lucy, of Norwich, m. Erastus FREEMAN, of Cleveland, O., Oct. 25, 1836, by Dea. C. D. Fillmore	1	136
HERSKELL, George L., of Preston, m. Dolly PARTRIDGE, of Griswold, Dec. 2, 1835, by Samuel Nott, Pastor	1	212
HEWITT, Charlotte, d. Lewis, d. Mar. 18, 1809, ae 8	1	191
Clarissa, d. Lewis & Charlotte, b. Mar. 9, 1782	1	70
Eunice, m. Elias ARMSTRONG, b. of Franklin, Dec. 25, 1820, by Azariah Fillmore, Clerk	1	171
James Dean, s. Lewis & Charlotte, b. Apr. 30, 1792	1	70
Polly, d. Lewis & Charlotte, b. Mar. 23, 1787	1	70
HEWLETT, Sarah E., of Franklin, m. Roswell S. SMITH, of Oxford, N. H., Feb. 4, 1850, by Rev. F. H. Bill	2	303
HEWLING, Phebe HEATH, wid. Thomas, m. as third wife, Stephen SWEET	2	236
HIBBARD, HEBARD, HEBBARD, George Henry, s. W[illia]m & Lucy, b. Nov. 12, 1826	1	116
Hezekiah, of Canterbury, m. Martha ARMSTRONG, of Franklin, July 12, 1812, by Samuel Nott, Pastor	1	85
Olive, m. Benjamin GREENSLIT, Apr. 28, 1785, by Joseph Strong, Clerk	1	18
Olive, m. Reuben BURGES[S], at Canterbury, May 30, 1805	1	129
Sterlin[g], s. Hez[ekia]h & Martha, b. Mar. 24, 1814	1	85
HIDE, [see under HYDE]		
HILDRETH, Harriet, d. John & Phebe, of Sag Harbor, L. I., d. at		

	Vol.	Page
HILDRETH (cont.),		
house of Joseph H. Willes, Jan. 28, 1844	2	131
HILL, James, of Lebanon, m. Mercy **BECKWITH**, of Franklin, Oct. 9, 1828, by Rev. Samuel Nott	1	44
HILLIARD, Dimmis, wid. of Bozrah, m. Dr. Elijah **HARTSHORN**, of Franklin, Oct. 2, 1808, by Samuel Nott, Pastor	1	110
HOUGH, Edward H., of Bozrah, m. Mary Ann **PRENTICE**, of Franklin, Dec. 27, 1832, by Rev. Esek Brown, of Lebanon	1	141
HOXEY, HOXSEY, Abby J., of Lebanon, m. Joshua **TRACY**, Jr., of Franklin, Mar. 20, 1833, by Rev. Esek Brown	2	247
Lydia An[n], m. James M. **DELEE**, Dec. 25, 1845, by Samuel Nott, Pastor	2	285
Susan, of Franklin, m. Simon L. **ABELL**, Dec. 31, 1818, by Samuel Nott, Pastor	1	184
HUNTINGTON, Abby Jane, d. Ziba & Nabby, b. Dec. 15, 1825	1	165
Abby Jane, m. Almond **TRACY**, Nov. 4, 1846, by Samuel Nott, Pastor	1	253
Alathia Lord, d. Az[aria]h, Jr. & Lavinia, b. Sept. 17, 1827	1	142
Anna, d. Azariah & Parnal, b. Sept. 2, 1791	1	42
Anna, m. John **COOK**, Jr., b. of Franklin, Feb. 25, 1813, by Silas Hartshorn, J. P.	1	141
Anne, d. Elisha & Nancy, b. Jan. 31, 1787	1	8
Asahel, s. Aza[ria]h & Parnal, b. Feb. 11, 1795	1	42
Asher, s. Elisha & Nancy, b. Aug. 14, 1791	1	8
Asher, m. Lydia **HYDE**, Feb. 27, 1816, by Samuel Nott, Pastor	1	91
Azariah, m. Parnal **CHAMPION**, Jan. 9, 1791, by Samuel Nott, Clerk	1	42
Azariah, s. Azariah & Parnal, b. Sept. 11, 1793	1	42
Azariah, Jr., m. Lavinia **GREENSLIT**, Nov. 30, 1815, by Samuel Nott, Pastor	1	142
Azariah, Dea., d. Nov. 7, 1833, ae 77	2	56
Azariah, Jr., d. Jan. 14, 1880, ae 86	2	125
Eleethia L., of Franklin, m. Amos A. **HALL**, of Mansfield, Sept. 29, 1845, by Samuel Nott, Pastor	2	283
Elisha, m. Nancy, d. Jonathan **RUDD**, who was b. July 3, 1765	2	315
Elisabeth, m. Matthew **HYDE**, Apr. 19, 1733	1	48
Ezra, m. Betsey **LATHROP**, Mar. 17, 1805	1	16
Henry, s. Az[aria]h & Parnel, b. Sept. 19, 1798; d. Oct. 3, 1817, ae 19	1	42
Hezekiah, s. Aza[ria]h, Jr. & Lavinia, b. Feb. 1, 1830	1	142
Hezekiah, d. Apr. 17, 1838	1	17
Hezekiah, m. Frances H. **SMITH**, of Franklin, Oct. 11, 1853, by Rev. J. R. Avery	2	311
Jonathan Rudd, s. Elisha & Nancy, b. Dec. 14, 1798	1	8
Juliaett L., m. Bela T. **HASTINGS**, b. of Franklin, Mar. 17, 1835, by Samuel Nott, Pastor	1	216
Juliet Lavinia, d. Az[aria]h & Lavinia, b. Oct. 1, 1816	1	142
Lavinia, w. Azariah, Jr., d. May 27, 1881, ae 90	2	125
Lucy Anna, d. Az[aria]h, Jr. & Lavinia, b. Nov. 16, 1825; d. Nov.		

FRANKLIN VITAL RECORDS 45

	Vol.	Page
HUNTINGTON (cont.),		
3, 1837, ae 12	1	142
Lydia, d. Elisha & Nancy, b. Dec. 29, 1795	1	8
Lydia, of Franklin, m. Asa PECK, Mar. 26, 1818, by Samuel Nott, Pastor	1	168
Merana, d. Elisha & Nancy, b. Apr. 23, 1789	1	8
Merana, had d. Marietta Maria EDGERTON, b. July 6, 1810	1	94
Parnel, d. Az[aria]h & Lavinia, b. Mar. 4, 1819	1	142
Parnel, w. Dea. Az[aria]h, d. Apr. 22, 1819, ae 62	1	42
Parnel, of Franklin, m. Western DICKINSON, of Columbia, Apr. 5, 1836, by Samuel Nott, Pastor	1	183
Rebecca, m. Stephen ELLIS, Nov. 20, 1785, by Samuel Nott, Clerk; d. May 24, 1852, bur. Lyon St. cemetery* (*death and burial is a handwritten addition to original manuscript)	1	4
Ruth, wid., m. Lieut. Ezekiel WATERMAN, Apr. 2, 1786, by Sam[ue]ll Nott, Clerk	1	13
Samuel Ellis, s. Ziba & Nabby, b. July 14, 1827	1	165
Sarah E., m. Henry W. KINGSLEY, b. of Franklin, Feb. 15, 1844, by Samuel Nott, Pastor	2	279
Sarah Eliza, d. Az[aria]h, Jr. & Lavinia, b. Oct. 18, 1822	1	142
Talitha, d. Elisha & Nancy, b. Feb. 13, 1794	1	8
Talatha, of Franklin, m. Azariah LATHROP, of Bozrah, Dec. 2, 1824, by Samuel Nott, Pastor	1	182
Ziba, s. Elisha & Nancy, b. Sept. 12, 1801	1	8
Ziba, m. Nabby ELLIS, Dec. 23, 1824, by Samuel Nott, Pastor	1	165
Ziba, d. Sept. 30, 1828	1	165
HUNTLEY, Abiga[i]l, m. Martin ABELL, Dec. 10, 1779	1	69
Anna, d. Elijah & Zurviah, b. Apr. 4, 1786	1	61
Calvin, m. Eunice GUILE, Dec. 2, 1784	1	72
Elijah, d. Nov. 19, 1815, ae 92	2	84
Elijah, d. Nov. 20, 1815, ae 92	1	54
Eunice, d. Elijah & Zurviah, b. Mar. 3, 1784	1	61
Gurdon, s. Calvin & Eunice, b. Nov, 21, 1792	1	72
Joel, s. Calvin & Eunice, b. Mar. 3, 1787	1	72
Lois, d. Elijah & Zurviah, b. June 6, 1790; d. Feb [ ], 1791	1	61
Louisa, d. Calvin & Eunice, b. Apr. 16, 1795	1	72
Lydia, d. Calvin & Eunice, b. Mar. 4, 1800	1	72
Polly, d. Calvin & Eunice, b. Jan. 18, 1789	1	72
Sally, d. Calvin & Eunice, b. Oct. 29, 1790	1	72
Sarah, d. Elijah & Zurviah, b. May 29, 1792	1	61
Susa, d. Calvin & Eunice, b. Sept. 19, 1797	1	72
Zurviah, d. Elijah & Zurviah, b. June 4, 1788	1	61
Zerviah, wid. Elijah, d. Nov. 19, 1806, ae 45	1	54
HUTCHINS, W[illia]m, m. Lois BINGHAM, Aug. 24, 1763, by Ebenezer Hartshorn, J. P.	2	6
HYDE, HIDE, Abba Ann, d. Amasa & Anna, b. July 21, 1811	1	111
Abby Ann, m. John H. PECK, b. of Franklin, Jan. 29, 1835, by Samuel Nott, Pastor	1	215
Abel, m. Margaret TRACY, 3d, May 23, 1782, by Sam[ue]ll		

HYDE, HIDE (cont.),

	Vol.	Page
Nott, Clerk	1	24
Abiga[i]l, m. Ira **ABELL**, Oct. 28, 1794, by Samuel Nott	1	65
Abigail H., of Franklin, m. Oliver **JOHNSON**, Jr., Dec. 28, 1814, by Samuel Nott, Pastor	1	147
Abigail H., of Franklin, m. Thomas B. **TILDEN**, of Lebanon, Feb. 9, 1825, by Samuel Nott, Pastor	1	184
Abigail Knight, d. Sam[ue]ll & Lydia, b. Oct 6, 1794	1	43
Abner, d. Dec. 7, 1787	1	19
Abner, s. Milton & Lovisa, b. June 4, 1793	1	55
Abner, m. Eunice **KIRTLAND**, Jan. 4, 1807, by Samuel Nott, Pastor	1	103
Abner, m. Mary **BAILEY**, Mar. 7, 1816, by Samuel Nott, Pastor	1	150
Abner, d. [ ], 1837	1	150
Adelaide Augusta, d. Albert & Hannah, b. Dec. 30, 1834	2	230
Albert, s. Joseph & Julitte, b. Dec. 24, 1800	1	24
Albert, m. Hannah **FARGO**, b. of Franklin, Apr. 6, 1834, by Hiel Fillmore, Minister	1	194
Almira, d. Milton & Lovisa, b. Mar. 16, 1799	1	55
Amandana Adaline, d. Eleazer & Mary, b. Feb. 13, 1809	1	106
Amasa, s. And[re]w & Mary, b. Feb. 22, 1787	1	79
Amasa, m. Anna **HAZEN**, Feb. 22, 1808	1	111
Amasa, d. Aug. 27, 1832, ae 45	1	111
Amasa Lewis, s. Amasa & Anna, b. Mar. 29. 1820	1	111
Andrew, s. Andrew & Mary, b. Mar. 6 1776	1	79
Andrew, d. 1836	1	79
Ann, w. Levi W., d. Feb. 7, 1862, ae 30	2	313
Anna, d. Eli & Rhoda, b. Apr 7, 1765	1	27
Arthur G., s. Horatio & Laura A., b. Feb. 11, 1856	2	278
Asa, d. May 30, 1812, ae 70	1	19
[Au]gusta Skinner, twin with Augustus, d. Eleazer & Mary, b. Dec. 27, 1821	1	106
Augustus, twin with [Au]gusta Skinner, s. Eleazer & Mary, b. Dec. 27, 1821; d. Nov. 22, 1824	1	106
Azariah, s. Matthew & Elisabeth, b. Aug. 30, 1748	1	48
Azel, of Franklin, m. Arathusa **FITCH**, of Lebanon, Mar, 26, 1791	1	119
Azel, s. Azel & Arethusa, b. June 7, 1799	1	119
Bela s. Eber & Anna, b. June 20, 1794	1	62
Bets[e]y, d. Jabez, Jr. & Martha, b. Aug. 12, 1781	1	25
Burrel[l] Woodworth, s. James H. & Eunice E., b. Dec. 23, 1839	2	245
Caroline, d. Azel & Arethusa, b. Sept. 13, 1795	1	119
Charles Arad, s. Nathaniel & Lura A., b. Mar. 10, 1848	2	244
Charles Backus, s. Chris[topher] & Hannah, b. Oct. 2, 1814	1	66
Charles Backus, s. Albert & Hannah, b. Dec. 17, 1842	2	230
Charlotte Orelia, d. Jacob & Orelia, b. Aug. 13, 1822	1	135
Charlotte Orelia, d. Jacob & Orelia, b. Aug. 13, 1822; d. May 20, 1843, ae 20	2	164
Chloa, w. Abell, Jr., d. Feb. 18, 1799	1	22
Chloe, w. Abel, d. Feb. 18, 1799	1	193

FRANKLIN VITAL RECORDS 47

	Vol.	Page

HYDE, HIDE (cont.),

	Vol.	Page
C[h]loe M., of Franklin, m. Ephraim **CHAFFE[E]**, of Wilbraham, Mass., Dec. 27, 1821, by Esek Brown, Pastor of the Baptist Church in Lebanon	1	78
Chloa Malinda, d. Abell, Jr. & Chloa, b. May 10, 1798	1	22
Chloe Malinda, d. Abel & Chloe, b. May 10, 1798	1	193
Christopher, s. Matthew & Elisabeth, b. Mar. 25, 1739; d. July 2, 1760	1	48
Christopher, s. Eli & Rhoda, b. Nov. 14, 1767	1	27
Christopher, m. Love **BACKUS**, Feb. 22, 1795	1	65
Christopher, of Franklin, m. Hannah **GILBERT**, of Brooklyn, at Coventry, Nov. 9, 1809, by Abiel Abbott, Pastor	1	66
Christopher, s. Christ[ophe]r & Hannah, b. Apr. 20, 1811; d. May 6, 1811	1	66
Claris[s]a, d. Eli & Rhoda, b. Apr. 5, 1780	1	27
Clarissa, of Franklin, m. Jonathan **SAMSON**, Nov. 7, 1784, by Samuel Nott, Pastor	1	154
Clarissa, d. Azel & Arethusa, b. July 26, 1792	1	119
Clarissa, m. Simeon **BACKUS**, June 3, 1798	1	68
Clarissa, d. Jacob & Orelia, b. July 5, 1825	1	135
Cynth[i]a, w. Joshua, d. Sept. 1, 1829, ae 71	1	12
Dan, m. Hannah **LADD**, Feb. 23, 1802, by Samuel Nott, Pastor	2	96
Dan, d. Oct. 9, 1835, ae 57	1	35
Daniel, m. Lydia **ROGERS**, b. of Franklin, Sept. 21, 1786 by Samuel Nott, Clerk	1	1
Daniel, s. Daniel & Lydia, b. Nov. 9, 1788	1	1
Daniel, Capt., d. June 27, 1798	1	22
Daniel, Capt., d. June 27, 1798	1	193
Daniel, d. Mar. 22, 1809	1	1
Daniel Mumford, s. Mumford & Harriot, b. July 27, 1821	1	165
David Avery, s. Jacob & Orelia, b. Aug. 24, 1818	1	135
David Edgerton, s. Sim[eo]n B. & Mildred, b. Aug. 7, 1810	1	114
Deborah, d. Matthew & Elisabeth, b. Apr. 5, 1746; d. Jan. 27, 1785	1	48
Deborah Huntington, d. Eleazer & Mary, b. Dec. 10, 1806; d. Oct. 15, 1825	1	106
Dudson Rogers, s. Daniel & Lydia, b. Aug. 20, 1787	1	1
Eber, m. Anna **EDGERTON**, of Franklin, Nov. 6, 1793, by Samuel Nott	1	62
Ednah, w. Capt. Thomas, d. Jan. 27, 1818, ae 79	1	77
Ednah, w. Andrew, d. Sept. 26, 1820	1	79
Edward Armstrong, s. Mumford & Harriet, b. June 27, 1828	2	199
Eleazer, s. Matthew & Hannah, b. Mar. 5, 1783	1	48
Eleazer, m. Mary **BROWN**, Dec. 29, 1805, by John Sterry	1	106
Eli, s. Matthew & Elisabeth, b. Oct. 12, 1736	1	48
Eli, m. Rhoda **LATHROP**, May 28, 1760	1	27
Eli, s. Eli & Rhoda, b. Jan. 20, 1778	1	27
Eli, Jr., m. Sally **NOTT**, Nov. 26, 1807, by Rev. Samuel Nott	1	67
Eli, d. Oct. 6, 1815, ae 79	1	27

BARBOUR COLLECTION

	Vol.	Page
HYDE, HIDE (cont.),		
Elihu, m. Hannah **ABELL**, Apr. 24, 1788, by Sam[ue]ll Nott, Clerk	1	19
Eliza Fitch, d. Azel & Arethusa, b. Aug. 9, 1806	1	119
Eliza Madison, d. Eleazer & Mary, b. Mar. 27, 1820	1	106
Elisabeth, d. Matthew & Elisabeth, b. Aug. 18, 1755; d. Oct. 2, 1781	1	48
Elizabeth, d. Eli & Rhoda, b. Feb. 25, 1776	1	27
Elisabeth, w. Matthew, d. May 20, 1776	1	48
Elisabeth, m. Jabez Fitch **RUDD**, Feb. 25, 1798	1	67
Elisabeth, of Norwich, m. Hiel **FILLMORE**, of Franklin, Oct. 9, 1826, by Rev. Elias Marble	1	197
Elizabeth G., of Franklin, m. Russel[l] **NEWEL[L]**, of Windham, Nov. 7, 1830, by Samuel Nott, Pastor	1	51
Elisabeth Geer, d. Levi & Mary, b. Jan. 5, 1814	1	109
Elizabeth Woodmansee, d. Abner & Mary, b. June 25, 1817	1	150
Emily Elizabeth, d. Joseph J. & Elizabeth E., b. May 15, 1852	2	279
Erepta, d. Christ[ophe]r & Hannah, b. June 29, 1812	1	66
Esther Lovisa, d. Milton & Lovisa, b. Dec. 6, 1814; d.	1	55
Eunice, d. Joseph, Jr. Susannah, b. Feb. 20, 1781; d. June 1, 1795; d. Joseph, Jr. & Susannah, b. June 17, 1799	1	9
Eunice, d. Robert & Hannah, b. Aug. 24, 1813	1	102
Eunice, w. Abner, d. Jan. 3, 1844, ae 54	2	133
Eunice Eliza, d. James H. & Eunice E., b. Feb. 28, 1834	2	245
Eunice Lucretia, d. Horatio & Laura A., b. Jan. 13, 1848	2	278
Ezra, s. Elihu & Hannah, b. Mar. 25, 1789	1	19
Fanny, d. Azel & Arethusa, b. Apr. 20, 1803	1	119
Fannie Barstow, d. Joseph J. & Elizabeth E., b. Oct. 16, 1855	2	279
Fanny H., m. Freeman C. **CHAPMAN**, Oct. 1, 1829, by Samuel Nott	1	30
Gates, s. Isaac & Sybel, b. Mar. 24, 1796; d. Jan. 5, 1797	1	11
Gates, s. Robert & Hannah, b. Aug. 21, 1809	1	102
George, s. And[re]w & Mary, b. Nov. 30, 1783	1	79
Gustavius, s. Matthew & Hannah, b. June 18, 1777	1	48
Hannah, d. Joseph, Jr. & Susannah, b. Aug. 11, 1789	1	9
Hannah, d. Robert & Hannah, b. Apr. 18, 1817	1	102
Hannah, w. Robert, d. Apr. 30, 1817, ae 38	1	102
Hannah, w. Christopher, d. July 28, 1823, ae 49	1	66
Harlan, s. Molton & Lovisa, b. July 24, 1811	1	55
Hariot, d. Daniel & Lydia, b. Apr. 18, 1800	1	1
Harriet, d. Azel & Arethusa, b. Mar 31, 1801	1	119
Harriet, w. Mumford, d. Jan. 26, 1843	2	199
Harriet B., d. James H. & Eunice E., b. Dec. 26, 1835	2	245
Harriet L., of Franklin, m. George M. **HATHAWAY**, of Suffield, Feb. 22, 1848, by Rev. Nathan Wildman	2	297
Harriet Lydia, d. Mumford & Harriet, b. Sept. 10, 1825	1	165
Harriet Roxana, d. Nathaniel & Lura A., b. Jan. 4, 1850	2	244
Henrietta Frances, d. Amasa & Anna, b. May 16, 1818	1	111
Henry Francis, s. Nathaniel & Ruth P., b. Sept. 21, 1834; d. May		

FRANKLIN VITAL RECORDS 49

	Vol.	Page
HYDE, HIDE (cont.),		
12, 1835	2	244
Henry Strong, s. Amasa & Anna, b. Feb. 28, 1825	1	111
Hetty Ann, d. James H. & Eunice E., b. July 4, 1843	2	245
Horace, s. Abel & Margaret, b. July 26, 1785; d. Oct. 19, 1785	1	24
Horatio, s. Joseph, Jr. & Susannah, b. Feb. 23, 1792; d. May 17, 1795; s. Joseph, Jr. & Susannah, b. Sept. 5, 1804	1	9
Horatio, m. Laura A. GAGER, Jan. 10, 1847, by Samuel Nott, Pastor	2	278
Ira, s. Matthew & Hannah, b. Mar. 26, 1779	1	48
Ira, s. Levi & Mary, b. Oct. 13, 1820	1	109
Ira, of Lisbon, m. Susan Caroline ROSS, of Franklin, Mar. 13, 1842, by Samuel Nott, Pastor	1	237
Isaac, d. July 22, 1811, ae 55	1	11
Isaac, s. Robert & Hannah, b. Apr. 17, 1815	1	102
Isaac, m. Jane A. ARMSTRONG, Apr. 29, 1841, by Samuel Nott, Pastor	1	230
Isaac[h]ar, s. Matthew & Hannah, b. June 23, 1787; d. Oct. 14, 1795	1	48
Jabez, d. Mar. 6, 1805	1	76
Jacob, s. Joseph & Julitte, b. Feb. 9, 1785	1	24
Jacob, m. Orelia BLACKMAN, Dec. 31, 1817, by Samuel Nott, Pastor	1	135
Jacob, d. Mar. 12, 1862, ae 76	2	164
James, s. Matthew & Elisabeth, b. Apr. 6, 1741; d. Jan. 25, 1785	1	48
James, s. Matthew & Hannah, b. Apr. 12, 1785; d. Jan. 24, 1789	1	48
James, m. Betsey STARR, Feb. 18, 1796, by Samuel Nott, Clerk	1	68
James, s. James & Betsey, b. May 27, 1797	1	68
James H., m. Eunice E. TRACY, b. of Franklin, Mar. 29, 1831, by Samuel Nott, Pastor	1	209
James Hazen, s. Amasa & Anna, b. Mar. 25, 1809	1	111
James Jarvis, m. Lydia TAYLOR, of Norwich, Dec. 3, 1844, by Samuel Nott, Pastor	2	173
James K., s. Levi & Mary, b. Oct. 30, 1817	1	109
Jane, d. Joseph, Jr. & Susannah, b. Mar. 9, 1802	1	9
Jane, twin with Julia, d. Jacob & Orelia, b. Sept. 23, 1820	1	135
Jane, of Franklin, m. Jabez B. LADD, Mar. 23, 1840, by Samuel Ladd, Pastor	1	181
Jane, s. Mumford & Harriet, b. Apr. 29, 1840	2	199
Jane E., d. Horatio & Laura A., b. Jan. 1, 1860	2	278
Jared, m. Molly HARTSHORN, Oct. 25, 1798, by Samuel Nott, Clerk	1	77
Jared, m. Anna Vera KIRTLAND, Dec. 31, 1809	1	77
Jared, d. at Norwich, May 17, 1836	1	77
Jerusha G. [wid. John L.], m. Alpheus KINGSLEY, Jr., Oct. 7, 1824, by Samuel Nott, Pastor	1	175-6
John, s. Abel & Margaret, b. June 24, 1791	1	24
John L., m. Jerusha G. HARTSHORN, b. of Franklin, Dec. 31, 1820, by Samuel Nott, Pastor	1	175

HYDE, HIDE (cont.),

	Vol.	Page
John Lathrop, s. Joseph, Jr. & Susannah, b. Oct. 10, 1794	1	9
John Lathrop, s. John L. & Jerusha G., b. Sept. 28, 1821; d. Jan. 7, [ ], at Norwich, ae 17	1	175
John Milton, s. Milton & Lovisa, b. Apr. 4, 1809	1	55
John Milton, s. John M. & Sarah M., b. Mar. 25, 1834	1	217
John T., s. Horatio & Laura A., b. Feb. 7, 1858	2	278
Joseph, Jr., m. Susannah WATERMAN, Sept. 6, 1780, by Benj[ami]n Throop, Clerk	1	9
Joseph, s. Joseph, Jr. & Susannah, b. Jan. 20, 1783; d. May 31, 1795; s. Joseph, Jr. & Susannah, b. Feb. 9, 1797	1	9
Joseph, m. Julitte ABELL, Jan. 11, 1784, by Sam[ue]ll Nott, Clerk	1	24
Joseph, s. Joseph & Julitte, b. Aug. 27, 1791	1	24
Joseph, d. Aug. 11, 1802, ae 67	1	24
Joseph, d. Aug. 21, 1802, ae 66	2	17
Joseph, d. Mar. 29, 1809	1	115
Joseph A., s. Jacob & Orilla, b. Dec. 26, 1833	2	164
Joseph Isham, s. Simeon B. & Mildred, b. Apr. 6, 1816; d. Feb. 21, 1889	2	148
Joseph J., m. Elizabeth E. GAGER, Oct. 14, 1844, by Samuel Nott, Pastor	2	279
Joseph Lathrop, s. Sam[ue]ll & Lydia, b. Nov. 13, 1804	1	43
Judah, s. And[re]w & Mary, b. Oct. 23, 1777	1	79
Julia, twin with Jane, d. Jacob & Orelia, b. Sept. 23, 1820	1	135
Julia, of Franklin, m. Eben F. YERRINGTON, of Griswold, Aug. 19, 1850, by Geo[rge] J. Harrison	2	305
Julia Ann, d. Mumford & Harriet, b. Mar. 14, 1837	2	199
Julia Parmelia, d. Nathaniel & Ruth P., b. Sept. 5, 1840	2	244
Juliette, d. Feb. 9, 1839, ae 76	1	24
Laura, d. Joshua & Cynth[i]a, b. May 21, 1787	1	12
Laura, d. Isaac & Sybel, b. Sept. 23, 1789	1	11
Laura, m. Burrel[l] WOODWORTH, Feb. 26, 1810	1	130
Laura Sybel, d. Horatio & Laura, b. Feb. 20, 1852	2	278
Lavius, s. Joseph & Julitte, b. Jan. 30, 1789	1	24
Levi, s. Matthew & Hannah, b. Feb. 21, 1781	1	48
Levi, of Franklin, m. Mary WENTWORTH, of Norwich, Mar. 1, 1809, by Eli Hyde, J. P.	1	109
Levi W., s. Levi & Mary, b. Nov. 13, 1816	1	109
Levi W., of Franklin, m. Ann MURPHY, of Norwich, Mar. 12, 1850, by Rev. H. P. Arms	2	139
Lewis, s. And[re]w & Mary, b. Nov. 13, 1792	1	79
Lewis, of Franklin, m. Mary BACKUS, Jan. 5, 1822, by Samuel Nott, Pastor	1	179
Love, w. Christopher, d. Mar. 1, 1800	1	66
Lovisa, d. Matthew & Elisabeth, b. Oct. 11, 1743; d. June 4, 1762	1	48
Lovisa, d. Eli & Rhoda, b. Dec. 26, 1773	1	27
Lovisa, m. Milton HYDE, Jan. 6, 1793, by Sam[ue]ll Nott, Clerk	1	55
Lovisa Cook, d. Sim[eo]n B. & Mildred, b. Jan. 16, 1812	1	114
Lucia, d. Joshua & Cynth[i]a, b. Aug. 21, 1783	1	12

FRANKLIN VITAL RECORDS

	Vol.	Page
HYDE, HIDE (cont.),		
Lucretia Love, d. Chris[tophe]r & Hannah, b. Mar. 16, 1819	1	66
Lucretia T., m. Oliver **JOHNSON**, Oct. 10, 1848, by Samuel Nott, Pastor	2	180
Lucy, w. Asa, d. Oct. 3, 1798, ae 55	1	19
Lucy, d. Robert & Hannah, b. July 29, 1806; d. Sept. 11, 1827, ae 21	1	102
Lucy, of Franklin, m.Shepherd **STEARNS**, of Mansfield, Nov. 29, 1827, by Samuel Nott, Pastor	1	148
Lucy Hartshorn, d. Jared & Molly, b. Nov. 17, 1806	1	77
Lucy Kirtland, d. Sam[ue]ll & Lydia, b. Oct. 24, 1800; d. May 30, 1810	1	43
Lura A., w. Nathaniel, d. Oct. 31, 1906, ae 84 y. 2 m. 14 d., in Willimantic	2	244
Lydia, d. Eli & Rhoda, b. Jan. 20, 1772; d. Dec. 16, 1802	1	27
Lydia, d. And[re]w & Mary, b. May 19, 1779	1	79
Lydia, d. Daniel & Lydia, b. Aug. 28, 1795	1	1
Lydia, d. Milton & Lovisa, b. Apr. 17, 1803	1	55
Lydia, w. Jabez, d. May 25, 1803	1	76
Lydia, d. Sam[ue]ll & Lydia, b. Dec. 25, 1810	1	43
Lydia, m. Asher **HUNTINGTON**, Feb. 27, 1816, by Samuel Nott, Pastor	1	91
Lydia, 2d, of Franklin, m. Oliver **STEARNS**, of Mansfield, Sept. 1, 1825, by Samuuel Nott, Pastor	1	172
Maria, d. Robert & Hannah, b. Mar. 28, 1811; d. Sept. 11, 1829, ae 18	1	102
Martha, d. Abel & Margaret, b. July 8, 1783	1	24
Martha Anna, d. James H. & Eunice E., b. Jan. 29, 1832	1	209
Mary, d. And[re]w & Mary, b. Nov. 21, 1785	1	79
Mary, d. Vaniah & Rebecca, b. May 8, 1790	1	35
Mary, w. Andrew, d. Dec. 8, 1804	1	79
Mary, d. July 16, 1832	1	35
Mary, w. Abner, d. [ ], 1837	1	150
Mary D., d, James H & Eunice E., b. Mar. 10, 1849	2	245
Mary Dean, d. Eleazer & Mary, b. Jan. 28, 1815	1	106
Mary Eliza, d. Mumford & Harriet, b. July 5, 1830	2	199
Mary Lovisa, d. Abner & Mary, b. Nov. 5, 1819	1	150
Mary T., of Franklin, m. Charles **DUNLAP**, Nov. 16, 1834, by Samuel Nott, Pastor	1	215
Mary Tracy, d. Amasa & Anna, b. Feb. 18, 1815	1	111
Matthew, m. Elisabeth **HUNTINGTON**, Apr. 19, 1733	1	48
Matthew, s. Matthew & Elisabeth, b. Apr. 27, 1734	1	48
Matthew, m. Hannah **PEMBER**, Aug. 26, 1776	1	48
Matthew, d. Mar. 18, 1792	1	48
Matthew Eleazer, s. Eleazer & Mary, b. Jan. 25, 1813	1	106
Mehitabel, d. Dec. 25, 1817	1	43
Melinda, of Franklin, m. Nathaniel C. **GREENSLIT**, Oct. 17, 1826, by Samuel Nott, Pastor	1	196
Melinda Peck, d. Jared & Molly, b. Apr. 1, 1803	1	77

	Vol.	Page
HYDE, HIDE (cont.),		
Mildred, d. Robert & Hannah, b. Nov. 13, 1807	1	102
Mildred E., of Franklin, m. Calvin **BURTON**, of Griswold, Mar. 19, 1837, by Samuel Nott, Pastor	1	220
Milton, m. Lovisa **HYDE**, Jan. 6, 1793, by Sam[u]el Nott, Clerk	1	55
Molly, w. Jared, d. Mar. 4, 1809	1	77
Mumford, s. Daniel & Lydia, b. Dec. 22, 1792	1	1
Mumford, m. Harriot **ARMSTRONG**, Jan. 9, 1820, by Samuel Nott, Pastor	1	165
Mumford, d. Sept. 22, 1848, ae 53	2	199
Nabby Huntington, d. Jared & Molly, b. May 8, 1801	1	77
Nancy, d. Dec. 28, 1852, ae 42	2	96
Nathaniel, s. Milton & Lovisa, b. Apr. 18, 1805	1	55
Nathaniel, Jr., of Franklin, m. Ruth P. **TAILOR**, of Mansfield, Mar. 15, 1831, by Samurl Nott, Pastor	1	208
Nathaniel, Doct., d. Nov. 1, 1832, ae 86	1	11
Nathaniel, m. Lura A. **ROBINSON**, b. of Franklin, Mar. 18, 1845, by Samuel Nott, Pastor	2	244
Nathaniel, d. Mar. 26, 1896, ae 90 y. 11 m. 8 d.	2	244
Octavia, d. Eli & Rhoda, b. Mar. 24, 1761; d. Oct. 24, 1789	1	27
Octavia, d. Milton & Lovisa, b. Mar. 22, 1795	1	55
Octavia, d. Milton & Lovisa, d. May 21, 1813	1	55
Otis B., s. Horatio & Laura A., b. Feb. 25, 1854	2	278
Perkins Kirtland, s. Abner & Eunice, b. Nov. 24, 1807	1	103
Phebe, of Franklin, m. John **GAGER**, Aug. 17, 1788, by Samuel Nott, Clerk	1	17
Phebe, d. Jabez, Jr. & Martha, d. Sept. 14, 1788	1	25
Phebe, d. Elihu & Hannah, b. June 22, 1791	1	19
Phebe, d. Joseph & Julitte, b. Dec. 15, 1794	1	24
Phebe, m. Charles **ARMSTRONG**, b. of Franklin, Dec. 15, 1811	1	121
Phebe, d. Jacob & Orelia, b. Feb. 29, 1828	1	135
Phebe, d. Jacob & Orelia, b. Feb. 29, 1828; d. Sept. 9, 1842	2	164
Phebe Elizabeth, [d. Levi W. & Ann], b. Aug. 20, 1854	2	313
Phebe Harris, d. Eleazer & Mary, b. May 5, 1818	1	106
Phebe Susannah, d. Horatio & Laura, b. Nov. 10, 1849	2	278
Philena Jane, d. Amasa & Anna, b. Mar. 11, 1822	1	111
Philena Jane, of Franklin, m. Benadam **PENDLETON**, of Natchez, Miss., June 29, 1840, by Samuel Nott, Pastor	1	152
Polly Hartshorn, d. Jared & Molly, b. Feb. 19, 1809; d. Mar. 22, 1821	1	77
Rebeckah, m. Lebbeus **ARMSTRONG**, Oct. 23, 1765, by Ebenezer Hartshorn, J. P.	2	8
Rebeckah, wid. Vaniah, d. Oct. 21, 1827	1	35
Rhoda, d. Eli & Rhoda, b. Apr. 30, 1770	1	27
Rhoda, of Franklin, m. Jesse **LATHROP**, of Norwich, Apr. 16, 1797	2	119
Rhoda, w. Eli, d. Feb. 10, 1821, ae 84	2	38
Robert, m. Hannah **FRENCH**, Jan. 29, 1806, by Samuel Nott, Pastor	1	102

HYDE, HIDE (cont.),

	Vol.	Page
Robert, m. Betsey **LADD**, June 21, 1818, by Samuel Nott, Pastor	1	102
Robert Albert, s. Robert & Betsey, b. July 24, 1823	1	102
Rodney, s. And[re]w & Mary, b. Dec. 29, 1789	1	79
Roxana, d. Jacob & Orelia, b. [ ], 1830	1	135
Roxana, d. Jacob & Orelia, d. Sept. 7, 1846, ae 16	2	164
Ruth Abby, d. Albert & Hannah, b. Jan. 24, 1838	2	230
Ruth P., w. Nathaniel, d. May 25, 1844	2	244
Sally, d. Vaniah & Rebecca, b. June 25, 1788	1	35
Sally, d, Solomon & Susanna, b. Nov. 30, 1789	1	21
Sally, d. Solo[mo]n & Susanna, b. Nov. 30, 1789	1	193
Sally, d. Abell, Jr. & Chloa, b. Aug. 2, 1795	1	22
Sally, d. Abel & Chloe, b. Aug. 2, 1795	1	193
Sally, m. William **BATTY**, Nov. 7, 1811, by Rev. Sam[ue]l Nott	1	82
Sally, of Franklin, m. Stephen **TRACY**, Oct. 9, 1814, by Samuel Nott, Pastor	1	148
Sally Roxana, d. Chris[tophe]r & Hannah, b. Aug. 31, 1821	1	66
Samuel, of Franklin, m. Lydia **KIRTLAND**, of Norwich, Mass., Jan. 19, 1792, by Rev. Stephen Tracy	1	43
Samuel, s. Abner & Eunice, b. Jan. 15, 1810; d. Dec. 26, 1811	1	103
Samuel, d. July 25, 1819	1	43
Samuel Nott, s. Amasa & Anna, b. Apr. 29, 1827	1	111
Samuel Nott, s. Nathaniel & Lura A., b. Aug. 16, 1846	2	244
Samuel Tersius, s. Eli, Jr. & Sally, b. at Oxford, N. Y., Jan. 24, 1809	1	67
Sarah, d. Abel & Margaret, b. Dec. 10, 1788	1	24
Sarah, wid. Daniel, d. June 26, 1800, ae 69	1	22
Sarah, wid. Capt. Daniel, d. June 26, 1800, ae 69	1	193
Sarah Eliza Temmia, d. Nathaniel & Ruth P., b. June 10, 1838	2	244
[Se]bra, s. Solomon & Susanna, b. Jan. 31, 1788	1	21
Sebra, s. Solomon & Susanna, b. Jan. 31, 1788	1	193
[Sher]man, s. Solomon & Susanna, b. Jan. 10, 1784	1	21
Sherman, s. Solomon & Susanna, b. Jan. 10, 1784	1	193
Silence, m. Joseph **LADD**, b. of Norwich, Jan. 16, 1763, by Eben[eze]r Hartshorn, J. P.	2	83
Simeon, s. Joseph, Jr. & Susannah, b. Mar. 12, 1785	1	9
Simeon, s. Christopher & Love, b. May 14, 1798	1	66
Simeon B., of Franklin, m. Mildred **EDGERTON**, of Coventry, Sept. 28, 1809	1	114
Simeon B., d.July [ ], 1834	1	114
Simeon B., d. July 8, 1834, ae 49 y. 3 m. 27 d.	2	148
Simon, s. Joseph & Julitte, b. Dec. 12, 1786	1	24
Solomon, d. Mar. 11, 1813, ae 60	1	21
Solomon, d. Mar. 11, 1813, ae 60	1	193
Sophronia, d. Jared & Molly, b. Aug. 11, 1799	1	77
Stephen, s. Jabez, Jr. & Martha, b. July 21, 1785	1	25
Susan N., of Franklin, m. Willard **LEAVENS**, of West Killingly, Nov. 14, 1843, by Rev. John Hyde	2	281
[Sus]anna, d. Solomon & Susanna, b. Feb. 11, 1786	1	21

	Vol.	Page

HYDE, HIDE (cont.),

	Vol.	Page
Susanna, d. Solo[mo]n & Susanna, b. Feb. 11, 1786	1	193
Susannah, d. Joseph, Jr. & Susannah, b. July 3, 1787	1	9
Susanna, m. Dr. Elijah **HARTSHORN**, May 30, 1810, by Samuel Nott, Pastor	1	110
Susanna, w. Solomon, d. Nov. 5, 1810	1	21
Susanna, w. Solomon, d. Nov. 5, 1810	1	193
Sybel, d. Isaac & Sybel, b. Apr. 8, 1787	1	11
Sybil, Jr., m. Levi **GAGER**, Jr., Jan. 6, 1811, by Samuel Nott, Pastor	1	109
Sybel, d. Oct. 23, 1826, ae 84	1	11
Temma, d. Milton & Lovisa, b. Jan. 24, 1797	1	55
Temma, of Franklin, m. Samuel **MANNING**, of Lebanon, Aug. 22, 1826, by Samuel Nott, Pastor	1	163
Temperance, wid. Abner, d. Apr. 30, 1809	1	55
Thomas, d. Oct. 4, 1819, ae 84	1	77
Tommy, s. Isaac & Sybel, b. Sept. 9, 1791	1	11
Tryphena, d. Vaniah & Rebecca, b. Apr. 24, 1786	1	35
Uri, s. Matthew & Elisabeth, b. Sept. 27, 1751; d. July 5, 1761	1	48
Uri, s. Eli & Rhoda, b. Mar. 4, 1763	1	27
Uri Lathrop, s. Milton & Lovisa, b. May 28, 1807; d. Apr. 25, 1809	1	55
Uriah, s. Daniel & Lydia, b. Feb. 16, 1802	1	1
Vera, d. Milton & Lovisa, b. Mar. 21, 1801	1	55
Vera Ann, w. Jared, d. May 28, 1837	1	77
Wilkes, of Catskill, N. Y., m. Sally **HAZEN**, of Franklin, Oct. 4, 1804, by Samuel Nott, Pastor	1	97
William, [s. Levi W. & Ann], b. Mar. 20, 1852	2	313
William Henry, s. Abner & Mary, b. Feb. 5, 1822	1	150
William Henry, s. Mumford & Harriot, b. Apr. 6, 1823	1	165
William Waterman, s. Eleazer & Mary, b. Feb. 5, 1811	1	106
INGRAHAM, Jemima, wid. Joseph, d. Sept. 7, 1808, ae 96	1	190
Joseph, d. Sept. 5, 1798, ae 93	1	190
JACOBS, Zalmon L., of Lebanon, m. Mary E. **BABCOCK**, of Franklin, Aug. 12, 1851, by Rev. John Avery	2	297
JANES, Roxalena, b. Nov. 29, 1770; m. Edmund **FOX**, Apr. 22, 1788	1	136
JENNING, Joseph B., of Norwich, m. Almira **FILLMORE**, July 26, 1847, by Elder Ella Dunham	2	290
JEWITT, Elizabeth, of Lyme, m. Josiah **NOTT**, of Saybrook, July 14, 1822, by Samuel Nott	1	62
Thomas M., of Norwich, m. Sarah F. **AVERY**, of Franklin, Oct. 3, 1853, by Rev. J. R. Avery	2	311
JILLSON, Richard, of Norwich, m. Lydia P. **ROBINSON**, of Franklin, Feb. 21, 1825, by Samuel Nott, Pastor	1	186
JOHNSON, Abigail K., w. Oliver, Jr., d. Sept. 9, 1846, ae 52	2	180
Anna M., of Franklin, m. Charles H. **BUCKINGHAM**, of Saybrook, Sept. 16, 1833, by Samuel Nott, Pastor	1	117
Anna Miner, d. Charles & Mary A., b. Jan. 31, 1813	1	117
Antionette A., m. Dan **HASTINGS**, b. of Franklin, Oct. 6, 1842,		

	Vol.	Page
JOHNSON (cont.),		
by Samuel Nott, Pastor	1	248
Antionette Abby, d. Oliver, Jr. & Abigail H., b. May 30, 1818	1	147
Betsey, d. Oliver & Martha, b. Nov. 29, 1796	1	29
Caroline, d. Cha[rle]s & Mary A., b. Jan. 6, 1817	1	117
Caroline, of Franklin, m. Reuben **BUCKINGHAM**, of Saybrook, Nov. 30, 1837, by Samuel Nott, Pastor	1	204
Charles, of Norwich, m. Mary A. **SHOLES**, of Franklin, Oct. 15, 1809, by Samuel Nott, Pastor	1	117
Charles Carpenter, s. Cha[rle]s & Mary A., b. Jan. 8, 1826	1	117
Charlotte Amelia, d. John P. & Lucy A., b. Aug. 4, 1845	2	254
Eleoner Peirce, d. Seth & Daphne, b. July 21, 1792	1	34
Eliza, d. Oliver & Martha, b. Apr. 7, 1802	1	29
Eliza, of Franklin, m. Edward **SWIFT**, of Windham, Oct. 13, 1824, by Rev. Samuel Nott	1	32
Harriet Louisa, d. John P. & Lucy A., b. Aug. 3, 1850	2	254
Henry Perkins, s. John P. & Lucy A., b. Feb. 19, 1841	2	254
Isaac, Dea., d. Nov. 5, 1814, in his 87th yr.	1	117
Isaac, s. Oliver, Jr. & Abigail H., b. Feb. 23, 1816	1	147
James Huntington, s. Charles & Mary Ackley, b. Mar. 18, 1810	1	117
James Warner, s. John P. & Lucy A., b. Nov. 5, 1838	2	254
Jerusha, m. Elijah **HARTSHORN**, June 30, 1785, by Sam[ue]ll Nott, Clerk	1	6
Jerusha, w. Dea. Isaac, d. Mar. 10, 1809, in her 74th yr.	1	117
John Brooks, s. John P. & Lucy A., b. Jan. 16, 1848	2	254
John P., m. Lucy A. **WARNER**, June 13, 1836, by Samuel Nott, Pastor	1	218
John Perkins, s. Oliver & Martha, b. Sept. 9, 1803	1	29
John Perkins, s. Oliver, Jr. & Abigail H., b. Apr. 16, 1824	1	147
John Perkins, s. Oliver, Jr. & Abigail [K.], b. Apr. 16, 1824; d. Jan. 11, 1848, ae 23	2	180
Lucretia H., d. Oliver L[ewis] & Martha Ann, b. June 21, 1849	2	299
Lucy Perkins, d. Oliver, [Jr.] & Abigail [H.], b. May 24, 1833	1	147
Lucy Perkins, d. Oliver, Jr. & Abigail K., b. May 24, 1833; d. June 30, 1841, ae 7	2	180
Lydia Martha, d. Oliver, [Jr.] & Abigail [H.], b. Apr. 1, 1836	1	147
Maria, twin with Mary, d. Cha[rle]s & Mary A., b. Jan. 9, 1815	1	113
Maria, of Franklin, m. Alver **KENYON**, of Otsego, N. Y., Sept. 1, 1841, by Samuel Nott, Pastor	1	228
Martha Rudna, d. John P. & Lucy A., b. Feb. 14, 1843	2	254
Mary, twin with Maria, d. Cha[rle]s & Mary A., b. Jan. 9, 1815	1	117
Oliver, of Franklin, m. Martha **PERKINS**, of Lisbon, Oct. 14, 1789, by Andrew Lee, Clerk	1	29
Oliver, s. Oliver & Martha, b. Mar. 9, 1794	1	29
Oliver, Jr., m. Abigail H. **HYDE**, of Franklin, Dec. 28, 1814, by Samuel Nott, Pastor	1	147
Oliver, m. Lucretia T. **HYDE**, Oct. 10, 1848, by Samuel Nott, Pastor	2	180
Oliver Cromwell, s. John P. & Lucy A., b. Apr. 23, 1837	2	254

	Vol.	Page
JOHNSON (cont.),		
Oliver Lewis, s. Oliver, Jr. & Abigail [H.], b. Mar. 28, 1828	1	147
Oliver Lewis, m. Martha Ann **MUMFORD**, Sept. 4, 1848, by Samuel Nott, Pastor	2	299
Patty, d. Oliver & Martha, b. Aug. 16, 1790	1	29
Rockwel[l], s. Seth & Daphne, b. Oct. 5, 1794	1	34
Samuel Edgerton, s. Seth & Daphne, b. Nov. 24, 1790	1	34
Samuel Hyde, s. Oliver, Jr. & Abigail H., b. Aug. 30, 1821	1	147
Seth, m. Daphne **EDGERTON**, b. of Franklin, Jan. 9, 1790, by Samuel Nott, Clerk	1	34
William Augustus, s. Charles & Mary Ackley, b. June 10, 1811	1	117
JONES, Parthena, m. Asa **BACKUS**, Feb. 10, 1790	1	118
Persis, d. July 3, 1790, ae 60	2	28
Sally, wid., of Franklin, m. Joseph **CRANDALL**, of An[n]apolis, Md., Oct. 31, 1813, by Silas Hartshorn, J. P.	1	41
William, m. Sally **TOMSON**, Feb. 22, 1801, by Silas Hartshorn, Esq.; d. Oct. 22, 1806, ae 57 y. 9 m. 27 d.	1	41
William, of Worcester, Mass., m. Sally **MUNSIL[L]**, of Franklin, Feb. 22, 1801, by Silas Hartshorn, J. P.	1	74
KEABLES, Francis, of Norwich, m. Eliza P. **ARMSTRONG**, of Franklin, Nov. 29, 1838, by Samuel Nott, Pastor	1	223
Francis J., of Norwich, m. Jane, d. Arad **ROBINSON**, of Franklin, June 14, 1849, by Rev. Geo[rge] J. Harrison	2	260
William F., of New London, m. Elizabeth **ARMSTRONG**, of Franklin, Jan. 1, 1832, by Samuel Nott, Pastor	1	195
KENYON, Alver, of Otsego, N. Y., m. Maria **JOHNSON**, of Franklin, Sept. 1, 1841, by Samuel Nott, Pastor	1	228
Angelina R., of Willimantic, m. Joseph P. **TRACY**, of Franklin, May 8, 1848, at Willimantic, by Rev. Tho[ma]s Dowling	1	254
KING, Abby S., of Lebanon, m. John O. **SMITH**, of Franklin, Aug. 25, 1841, by Rev. Israel T. Otis	2	119
Alice, of Coventry, R. I., m. William R. **RANDALL**, of Foster, R. I., Oct. 28, 1833, by C. D. Fillmore, J. P.	1	207
Eliza J[ane], of Lebanon, m. Prentice O. **SMITH**, of Franklin, Apr. 29, 1840, in Goshen Society, by Rev. Israel T. Otis	2	102
——, s. Jehiel, d. Jan. 9, 1839	1	169
KINGSBURY, Asa, m. Lurena **HARTSHORN**, Jan. 30, 1783, by Tho[ma]s Brockway, Pastor	1	5
Benjamin Ellis, s. Col. Jacob & Sally P., b. Sept. 25, 1812	1	82
Benjamin Ellis, s. Jacob & Sally P., b. Sept. 25, 1812; d. Mar. 29, 1813, ae 6 m.	1	125
Bethiah, d. Nath[anie]ll & Sarah, d. Feb. 24, 1790	1	26
Charles, s. Nath[anie]ll & Sarah, d. June 22, 1789	1	26
Charles Ellis, s. Col. Jacob & Sally P., b. July 12, 1818; d.	1	125
Clara, d. Asa & Lurena, b. Dec. 2, 1783	1	5
Eliza Rosanna Thayer, d. Maj. Jacob & Sally P., b. Sept. 28, 1800; d. Nov. 3, 1800	1	82
Eliza Rosanna Thayer, d. Jacob & Sally P., b. Sept. 28, 1800; d. Nov. 3, 1800, ae 36 d.	1	125

	Vol.	Page
KINGSBURY (cont.),		
Elizabeth, w. Eliphalet, d. Aug. 21, 1795, ae 67	2	64
Eunice, m. Joshua **GRISWOULD**, Nov. 1, 1789	1	47
Jacob, Maj., m. Sally P. **ELLIS**, Nov. 24, 1799, by Samuel Nott, Clerk	1	82
Jacob, Maj., m. Sally P. **ELLIS**, Nov. 24, 1799, by Samuel Nott, Clerk	1	125
Jacob, Col., d. July 2, 1837	1	125
James Wilkinson, s. Jacob & Sally P., b. Sept. 28, 1801	1	82
James Wilkinson, s. Jacob & Sally P., b. Sept. 28, 1801	1	125
Joseph, s. Asa & Lurena, b. May 8, 1785	1	5
Julia A. E., m. Asa **HARTSHORN**, b. of Franklin, Jan. 4, 1826, by Samuel Nott, Pastor	1	194
Julia Ann Ellis, d. Jacob & Sally [P.], b. Nov. 2, 1804	1	82
Julia Ann Ellis, d. Jacob & Sally P., b. Nov. 2, 1804	1	125
Sally, m. Benjamin **ELLIS**, Oct. 4, 1788, by Sam[ue]ll Nott, Clerk	1	11
Sarah, m. Dudley **TRACY**, b. of Franklin, formerly Norwich, Nov. 3, 1784	1	120
Sarah, wid. Nathaniel, d. Oct. 23, 1789	1	26
Sarah Hill, d. Jacob & Sally P., b. July 20, 1815; d. Feb. 10, 1840, ae 24	1	125
Tabitha Hill, d. Nathaniel, decd., & Sarah, d. Feb. 1, 1787	1	26
Thomas Humphrey Cushing, s. Jacob & Sally [P.], b. Dec. 23, 1806	1	82
Thomas Humphry Cushing, s. Jacob & Sally P., b. Dec. 23, 1806	1	125
William Eustis, s. Jacob & Sally [P.], b. Nov. 1, 1809	1	82
William Eustis, s. Jacob & Sally P., b. Nov. 1, 1809; d.	1	125
KINGSLEY, Alpheus, Jr., of Bozrah, m. Hannah B. **SMITH**, of Franklin, Feb. 4, 1821, by Samuel Nott, Pastor	1	176
Alpheus, Jr., m. Jerusha G. **HYDE**, [wid. John L. **HYDE**], Oct. 7, 1824, by Samuel Nott, Pastor	1	175-6
Alpheus, s. Elihu Marvin, b. Oct. 17, 1833	2	212
Alpheus, m. Eunice **WILLIAMS**	2	212
Alpheus, [s. Alpheus & Eunice], b.	2	212
Alpheus Eugene, s. Alpheus, Jr. & Hannah B., b. June 3, 1824; d. June 16, 1824	1	176
Betsey Knight, [d. Alpheus & Eunice], b.	2	212
Charles Albert, s. Jason W. & Eunice, b. [ ], 1828	2	171
Clarissa H., of Franklin, m. Henry **COLTON**, of Hartford, Oct. 8, 1826, by Samuel Nott Pastor	1	196
Clarissa Malvina, d. Simon & Dolly Ann E., b. Feb. 19, 1829. (Entry first written "Mary Eliza" and erased)	1	107
Eli, s. William & Polly, b. Aug. 3, 1792	1	75
Elihu Marvin, s. Alpheus & Eunice, b. Feb. 5, 1793	2	212
Eliphalet, d. Jan. 23, 1806, ae 84	2	112
Eunice, w. Jason W., d. Dec. 30, 1868, ae 75	2	171
Eunice W., of Franklin, m. Charles H. **AMESBURY**, of Mystic, Mar. 25, 1844, at Voluntown, by Rev. Cha[rle]s S. Weaver	2	308
Fannie M., d. Tho[ma]s G. & Hannah M., b. Feb 22, 1867	2	78

	Vol.	Page
KINGSLEY (cont.),		
Gerrard Lester, s. Joseph & Lucy, b. Feb. 6, 1831	1	144
Grace G., d. Tho[ma]s G. & Hannah M., b. Jan. 9, 1859	2	78
Hannah B., w. Alpheus, Jr., d. June 7, 1824	1	176
Henry, s. William & Polly, b. June 3, 1790	1	75
Henry H., s. Henry W. & Sarah, b. May 21, 1849	2	279
Henry W., d. in Norwich, July 10, 1902, ae 82	2	279
Henry W., m. Sarah E. **HUNTINGTON**, b. of Franklin, Feb. 15, 1844, by Samuel Nott, Pastor	2	279
Henry Williams, s. Jason W. & Eunice, b. Apr. 9, 1820	1	138
Jason W., m. Eunice **HARTSHORN**, 3d, Apr. 5, 1814, by Samuel Nott, Pastor	1	138
Jason W., d. Oct. 13, 1866, ae 77	2	171
Jason W., s. Alpheus & Eunice, d.	2	212
Jerusha G., w. Alpheus, Jr., d. Nov. 19, 1826	1	176
Joseph, m. Lucy **DENISON**, Jan. 29, 1815, by Samuel Nott	1	144
Joseph, s. Alpheus & Eunice, d. Dec. [ ], 1839	2	212
Lydia, d. Oct. 23, 1798, ae 41	2	5
Lydia, w. Lemuel, d. Aug. 13, 1846, ae 75	2	202
Sally, d. Feb. 26, 1862 ae 83	2	77
Sarah, d. William & Polly, b. Apr. 25, 1785	1	75
Sarah E., w. H[enry] W., d. in Norwich, Apr. 10, 1896	2	279
Silas H., s. H[enry] W. & Sarah E., b. June 1, 1846; d.	2	279
Silas Hartshorn, s. Jason W. & Eunice, b. June 27, 1816	1	138
Simon, d. Sept. 26, 1806, ae 39	1	190
Simon L., [s. Alpheus & Eunice], b.	2	212
Sophia, of Franklin, m. Jesse **GATES**, of Cooperstown, N. Y., Feb. 1, 1826, by Samuel Nott, Pastor	1	161
Thomas G., of Franklin, m. Hannah M. **CHAPMAN**, of N. Stonington, Mar. 25, 1844, at Voluntown, by Rev. C. S. Weaver	2	78
William, s. William & Polly, b. Mar. 6, 1788	1	75
William L., m. Mary P. **LATHROP**, Aug. 27, 1827, by Comfort D. Fillmore, J. P.	1	73
KINNEY, George Whiting, s. William & Susannah, b. Nov. 28, 1820	1	164
Henry Riley, s. William & Susannah, b. Sept. 29, 1818	1	164
Sybil Achsah, d. William & Susannah, b. Dec. 24, 1823	1	164
William W., of Norwich, m. Lavina P. **FURGO**, of Franklin, Dec. 31, 1840, by Rev. M. G. Clarke	1	201
KIRTLAND, Anna Vera, m. Jared **HYDE**, Dec. 31, 1809	1	77
Eunice, m. Abner **HYDE**, Jan. 4, 1807, by Samuel Nott, Pastor	1	103
Lydia, of Norwich, Mass., m. Samuel **HYDE**, of Franklin, Jan. 19, 1792, by Rev. Stephen Tracy	1	43
KNIGHT, Martha, m. John **GREEN**, Aug. 5, 1781	1	97
LADD, Abigail, d. Abner & Abigail, b. Sept. 19, 1773	1	132
Abigail, m. Samuel **LADD**, Jr., Jan. 30, 1794	1	143
Abigail, w. Sam[ue]l, Jr., d. Aug. 10, 1813	1	143
Abigail, w. Samuel, d. Aug. 10, 1813, ae 40	2	24
Abigail, wid. [Abner], d. Jan. 11, 1829, ae 82	1	132
Abner, m. Abigail **PERKINS**, b. of Norwich, Jan. 26, 1764	1	132

FRANKLIN VITAL RECORDS 59

	Vol.	Page
LADD (cont.),		
Abner, s. Abner & Abigail, b. Apr. 16, 1769	1	132
Abner, Jr., m. Sally **COOK**, of Franklin, Aug. 25, 1793, by Sam[ue]ll Nott	1	95
Abner, d. Feb. 2, 1819, ae 78	2	166
Abner, Jr., d. Jan. 5, 1820, ae 50	2	166
Abner, s. Israel S. & Lurinda, b. Feb. 27, 1829	1	198
Abner, s. Israel L. & Larinda, b. Feb. 27, 1829; d. Nov 17, 1843	2	233
Adaline, d. Hazen & Rhoda, b. Apr. 27, 1812	1	57
Albert, m. Betsey **LEFFINGWELL**, Nov. 13, 1803	1	105
Albert, d. Nov. 9, 1814, ae 37	1	105
Almira Kirtland, d. Hazen & Rhoda, b. Aug. 18, 1805	1	57
Alonzo, s. Sam[ue]l C. & Rosalinda, b. June 9, 1812	1	113
Alvira, d. Sam[ue]ll, Jr. & Abigail, b. Feb. 10, 1802; d. Nov. 5, 1804	1	143
Andrew, m. Hannah **SANFORD**, Apr. 17, 1788, by Sam[ue]ll Nott, Clerk	1	16
Andrew Jackson, s. Israel S. & Lurinda, b. June 16, 1833	1	198
Ann Maria, d. Israel S. & Lurinda, b. Dec. 8, 1840, d. Dec. 16, 1841	1	198
Anna, d. Abner & Abigail, b. Jan. 20, 1781	1	132
Anna, d. Hazen & Rhoda, b. Oct. 7, 1793	1	57
Anna, m. Eleazer **AYER**, Oct. 10, 1802, by Samuel Nott, Pastor	1	115
Anna, d. Sept. 26, 1842, ae 49	2	163
Annah Maria, d. Ezekiel H. & Ruth A., b. Oct. 19, 1843	2	256
Arthur Clinton, s. S[amuel] J. P. & Philena B., b. Jan. 30, 1855	2	282
Asa, m. Nancy **PECK**, Mar. 14, 1816, by Samuel Nott, Pastor	1	150
Asa Spaulding, s. Festus & Ruby, b. Apr. 18, 1802	1	93
Asahel, m. Rebecca **ARMSTRONG**, Apr. 21, 1797	1	82
Asahel, d. May 7, 1848	2	112
Austin, s. Festus & Ruby, b. Apr. 27, 1807; d. June 27, 1808	1	93
Austin, s. Samuel C. & Rosalinda, b. Jan. 30, 1820	1	113
Austin, of Franklin, m. Electra **NOBLE**, of Killingly, Mar. 8, 1846, at Willington, by Rev. Mr. Livermore	2	147
Benajah, d. Jan. 20, 1824, ae 62	2	36
Benjamin A., s. Uriah & Zerviah, b. Sept. 3, 1827	2	189
Betsey, d. Festus & Ruby, b. Dec. 1, 1811	1	93
Betsey, m. Robert **HYDE**, June 21, 1818, by Smuel Nott, Pastor	1	102
Betsey, m. Erastus P. **LADD**, Mar. 21, 1832, by C. D. Fillmore, J. P.	1	211
Betsey G., d. Hazen & Rhoda, d. Aug. 12, 1844, ae 34	2	78
Betsey Griswold, d. Hazen & Rhoda, b. Jan. 9, 1810	1	57
Betty, d. May 14, 1826, ae 67	2	61
Bradley, s. Eras[tu]s & Sarah, b. Dec. 2, 1798; d. Feb. 15, 1801	1	131
Buel, m. Clarissa **PECK**, b. of Franklin, Nov. 17, 1816	1	181
Calvin, s. Hazen & Rhoda, b. Aug. 16, 1800	1	57
Calvin, m. Lois **HAZEN**, b. of Franklin, May 13, 1824, by Darius Frink, J. P.	1	96
Car[o]line, d. David & Eunice, d. Mar. 23, 1796	1	96

LADD (cont.),

	Vol.	Page
Caroline M., of Franklin, m. Joseph **SMITH**, of Norwich, July 21, 1844, by Dea. Comfort D. Fillmore	2	64
Celinda A., m. Daniel F. **ABELL**, May 17, 1829, by Darius Frink, J. P.	1	204
Cylinda Angeline, d. Sam[ue]l C. & Rosalinda, b. Feb. 28, 1811	1	113
Charles, s. David & Eunice, b. Apr. 13, 1780; m. Lydia **WALES**, of Windham, May 2, 1802, by Timo[thy] Larraby, J. P.	1	98
Charles, d. Jan. 13, 1798, ae 28, of small-pox	2	23
Charles, s. Hazen & Rhoda, b. Oct. 16, 1811; d. May 11, 1812	1	57
Charles Fredus, s. Fredus & Lucy, b. June 30, 1837	1	189
Charlotte, d. Festus & Ruby, b. Sept. 20, 1821	1	93
Charlott[e], d. Samuel C. & Rosalinda, b. Nov. 23, 1821	1	113
Charlotte, d. Festus & Ruby, d. Apr. 5, 1843, ae 21	2	125
Charlotte Eliza, d. Erastus P. & Betsey, b. May 8, 1845	2	247
Chester Hyde, s. Buel & Clarissa, b. Dec. 29, 1821	1	181
Christiana, of Franklin, m. James N. **BABCOCK**, of Norwich, Mass., Mar. 6, 1836, by Dea. Comfort D. Fillmore	1	176
Clarissa, d. Hazen & Rhoda, b. Apr. 10, 1799	1	57
Clarissa, m. Horace **ROBINSON**, Feb. 20, 1825, by Samuel Nott, Pastor	1	186
Cornelia Jane, d. Erastus P. & Betsey, b. Feb. 20, 1833	2	247
Curtis, s. Darias & Polly, b. Oct. 6, 1799	1	85
Daniel, m. Rebeckah **ARMSTRONG**, June 12, 1765, by Ebenezer Hartshorn, J. P.	2	8
Daniel, Jr., d. Jan. 17, 1813, ae 60	1	38
Daniel, d. Apr. 6, 1819, ae 59	2	18
Daniel, d. Feb. 29, 1823, ae 87	1	15
Daniel Valson, s. Enoch & Mary, b. Apr. 30, 1818	1	72
Darius, of Franklin, m. Polly **FRINK**, of Stonington, June 11, 1797	1	85
Draius, d. May 19, 1833, ae 58	1	85
David, m. Eunice **GUILD**, of Preston, Feb. 28, 1765, by Ebenezer Hartshorn, J. P.	2	8
David, d. Apr. 28, 1796	1	96
David, d. Apr. 6, 1819, ae 60	1	151
Dudley, s. Joseph & Silence, d. Oct. 20, 1851	2	83
Edgar Theodore, s. Erastus P. & Betsey, b. May 31, 1836	2	247
Edward, twin with Edwin, s. Septa & Patty A., b. Jan. 7, 1839	1	149
Edwin, s. Septa & Patty A., b. Jan. 7, 1839, twin with Edward	1	149
Electa Jane, d. Samuel C. & Rosalinda, b. Nov. 27, 1830	2	147
Electa Jane, of Franklin, m. James G. **LAMB**, of Norwich, Jan. 30, 1848, by Dea. Comfort D. Fillmore	2	296
Elijah, s. Ezekiel & Ruth, d. Aug. 27, 1786	1	16
Elisha Abbe, s. Charles & Lydia, b. Jan. 26, 1806	1	98
Eliza, d. Festus & Ruby, b. Apr. 4, 1809	1	94
Eliza, m. Aaron **BAILEY**, Jr., Nov. 2, 1836, by Rev. Comfort D. Fillmore	1	163
Eliza Ann, d. Enoch & Mary, b. Dec. 20, 1814	1	72

FRANKLIN VITAL RECORDS 61

	Vol.	Page
LADD (cont.),		
Eliza Ann, of Franklin, m. Henry **PAYNE**, of Chesterfield, Mass., Nov. 6, 1836, by Henry Hazen, J. P.	1	197
Elizabeth, d. Dan[ie]l, and w. Elijah Green, d. Oct. 23, 1820, ae 41	1	191
Elizabeth Hartshorn, d. W[illia]m & Melissa, b. Apr. 13, 1822	1	166
Elizabeth Hyde Leffingwell, d. Albert & Betsey, b. May 18, 1805	1	105
Ellen Holmes, d. Ezekiel H. & Ruth A., b. Sept. 19, 1837	1	220
Emily, m. John **LEFFINGWELL**, Feb. 4, 1821, by Darius Frink, J. P.	1	160
Enoch, m. Mary **WILBOUR**, Mar. 2, 1814, by Samuel Nott, Pastor	1	72
Enoch H., m. Mary Elizabeth **GRISWOLD**, b. of Franklin, Dec. 26, 1841, by Rev. Hiel Fillmore	1	235
Enoch Haskin, s. Enoch & Mary, b. May 13, 1816	1	72
Erastus, s. Abner & Abigail, b. June 27, 1771	1	132
Erastus, m. Sarah **HAZEN**, Jan. 12, 1792	1	131
Erastus, d. Apr. 10, 1813, ae 41 y. 10 m.	1	131
Erastus, d. in New London, Apr. 10, 1813, ae 41	2	166
Erastus P., m. Betsey **LADD**, Mar. 21, 1832, by C. D. Fillmore, J. P.	1	211
Erastus Perkins, s. Eras[tu]s & Sarah, b. Apr. 29, 1808	1	131
Erastus Perkins, s. Fredus & Lucy, b. July 1, 1828; d. Dec. 1, 1828	1	189
Erastus Perkins, s. Erastus P. & Betsey, b. Aug. 10, 1834	2	247
Esther B., of Franklin, m. Amos C. **CLOSSEN**, of Lyme, Aug. 31, 1834, by Darius Frink, J. P.	1	32
Esther Brown, d. Sam[ue]l C. & Rosalinda, b. June 27, 1815	1	113
Eunice, d. Hazen & Rhoda, b. July 6, 1797	1	57
Eunice, w. David & d. B. **SABIN**, d. Feb. 24, 1808, ae 49	1	151
Eunice, m. Jabes **ELLIS**, Oct. 18, 1818, by Samuel Nott, Pastor	1	173
Eunice F., d. Darius & Polly, b. Dec. 23, 1806; Dec. 14, 1813, ae 7	1	85
Ezekiel, d. July 21, 1803	1	16
Ezekiel, d. July 20, 1803, ae 71	2	24
Ezekiel H., m. Ruth A. **SCOTT**, of Franklin, Jan. 1, 1837, by Dea. Comfort D. Fillmore	1	220
Ezekiel Hyde, s. Darius & Polly, b. Dec. 16, 1811	1	85
Festus, s. Abner & Abigail, b. Feb. 25, 1776	1	132
Festus, m. Ruby **LADD**, Oct. 18, 1801, by Samuel Nott, Pastor	1	93
Festus, d. May 18, 1848, ae 73	2	125
Frances E., of Franklin, m. Gorton S. **FENNER**, of Lyme, Sept. 5, 1833, by Rev. Herman Perry	1	116
Frances Emblen, d. Sam[ue]l C. & Rosalinda, b. July 25, 1814	1	113
Fredus, s. Eras[tu]s & Sarah, b. May 15, 1794	1	131
Fredus, s. W[illia]m & Melissa, b. Jan. 31, 1820	1	166
Fredus, m. Lucy **PECK**, b. of Franklin, Nov. 28, 1824, by Henry Hazen, J. P.	1	189
George, [twin with Orion, s. Abner & Abigail], b. June 2, 1783	1	132
George, s. Abner & Sally, b. Feb. 27, 1804	1	95
George Lewis, s. William L. & Abigail, b. Dec. 25, 1844	2	244
Geo[rge] W., d. Aug. 27, 1830, ae 26	2	183

LADD (cont.),

	Vol.	Page
George W., of Norwich, m. Lucy Augusta **MOTT**, of Franklin, Apr. 2, 1832, by Samuel Nott, Pastor	1	150
Grant, of Burlington, N. Y., m. Lydia **BREWSTER**, of Franklin, Oct. 16, 1833, by C. D. Fillmore, J. P.	1	207
Gurdon, s. Abner & Sally, b. Apr. 11, 1796	1	95
Gurdon, m. Polly **ROBINSON**, b. of Franklin, Feb. 13, 1823, by Ira Abell, J. P.	1	174
Hannah, 2d, m. Amaziah **FILLEMORE**, Dec. 21, 1786, by Sam[ue]ll Nott, Clerk	1	5
Hannah, m. Aaron **BA[I]LEY**, Jan. 15, 1792, by Samuel Nott, Clerk	1	46
Hannah, d. Sam[ue]l, Jr. & Abigail, b. Oct. 3, 1794	1	143
Hannah, m. Dan **HYDE**, Feb. 23, 1802, by Samuel Nott, Pastor	2	96
Harriot, d. Hazen & Rhoda, b. Dec. 13, 1794	1	57
Harriet, d. Eras[tu]s & Sarah, b. Aug. 21, 1796	1	131
Harriet, of Franklin, m. Robert **STANTON**, Jr., of Windham, Feb. 17, 1824, by Ira Abell, J. P.	1	92
Harriet A., of Norwich, m. Edmond W. **DEAN**, of Franklin, Nov. 25, 1847, by Dea. C. D. Fillmore	2	294
Hazen, m. Rhoda **SMITH**, of Franklin, Apr. 8, 1792, by Samuel Nott, Clerk	1	57
Hazen, d. [ ], 1835	1	57
Hazen, d. [ ], 1835, ae 63	2	78
Henrietta Maria, d. Erastus P. & Betsey, b. Jan. 17, 1838	2	247
Henry Merril[l], s. Calvin & Lois, b. Feb. 13, 1825	1	96
Henry Wales, s. Charles & Lydia, b. Oct. 4, 1803	1	98
Israel S., m. Lurinda **LADD**, Jan. 31, 1828, by Darius Frink, J. P.	1	198
Israel S., d. Apr. 24, 1860, ae 56	2	233
Israel Smith, s. Hazen & Rhoda, b. Jan. 4, 1804	1	57
Jabez, of Franklin, m. Phebe **FARNAM**, of Lisbon, Jan. 6, 1803, by Andrew Lee, Clerk	1	93
Jabez, d. Sept. 5, 1814, ae 38	1	93
Jabez Austin, s. Festus & Ruby, b. Nov. 9, 1814; d. Nov. 13, 1814	1	93
Jabez B., m. Jane **HYDE**, of Franklin, Mar. 23, 1840, by Samuel Nott, Pastor	1	181
Jabez Buel, s. Buel & Clarissa, b. Sept. 20, 1817	1	181
James Ephriam, s. Samuel C. & Rosalinda, b. Oct. 17, 1828	2	147
James Smith, s. Israel S. & Lurinda, b. July 6, 1835	1	198
James S[mith], [s. Israel L. & Lurinda, b. July 6, 1835; d. Apr. 30, 1853, ae 16	2	233
Jane, w. Jabez, d. Nov. 29, 1846, ae 26	2	217
Jane A., of Franklin, m. Owen **STEAD**, of Norwich, Sept. 27, 1829, by Rev. Leonard B. Griffing	1	106
Jane Adaline, d. Abner, Jr. & Sally, b. June 6, 1809	1	95
Jane Ellen, d. Fredus & Lucy, b. Dec. 3, 1831	1	189
Jane Maria, d. Septa & Patty A., b. Mar. 11, 1829; d. Sept. 3, 1831; d. Septa & Patty A., b. July 21, 1836	1	149
Jedediah, s. Abner & Abigail, b. Feb. 10, 1767	1	132

	Vol.	Page
LADD (cont.),		
Jedediah P., m. Eliza **BREWSTER**, Mar. 16, 1820, by Darius Frink, J. P.	1	185
Jedediah P., d. Jan. 22, 1836	1	185
Jedediah Perkins, s. Sam[ue]l, Jr. & Abigail, b. Aug. 3, 1796	1	143
Jeremiah, d. Sept. 13, 1800, ae 76	2	9
Jerusha, w. Jeremiah, d. May 13, 1798, ae 73	2	23
Joanna, d. Eras[tu]s & Sarah, b. Mar. 22, 1801	1	131
Joanna, of Franklin, m. Azariah **LASELL**, of St. Albans, Vt., July 18, 1842, by Dea. Comfort D. Fillmore	1	242
John Edwin, s. Israel S. & Lurinda, b. Oct. 30, 1837	1	198
John Enoch, s. Enoch H. & Mary Elizabeth, b.	2	269
John H., s. Uriah & Cat[h]erine, b. Oct. 20, 1849	2	306
John Tyler, s. Fredus & Lucy, b. Sept. 10, 1841	1	189
Joseph, m. Silence **HIDE**, b. of Norwich, Jan. 16, 1763, by Eben[eze]r Hartshorn, J. P.	2	83
Joseph, d. Feb. 25, 1815, ae 81	1	60
Joseph Dudley, s. Albert & Betsy, b. Aug. 26, 1811	1	105
Julia Ann Kingsbury, d. Fredus & Lucy, b. Dec. 25, 1825	1	189
Laura, d. Festus & Ruby, b. Jan. 7, 1819	1	93
Laura, m. William **HAZEN**, b. of Franklin, May 9, 1841, by Dea. Comfort D. Fillmore	1	229
Levi, s. Asahel & Rebecca, b. Mar. 18, 1800	1	82
Lewis, s. Asahel, d. Sept. 23, 1805, ae 5	2	112
Lois, w. Calvin, d. June 2, 1853, ae 51	2	128
Lois Ann Elisabeth, d. Calvin & Lois, b. Mar. 6, 1837	1	96
Lovisa E., of Franklin, m. George W. **FRINK**, of Stonington, Nov. 11, 1840, by Dea. Comfort D. Fillmore	1	225
Lovisa Eliza, d. Jedediah P. & Eliza, b. Feb. 23, 1821	1	185
Lucy, m. Harry **LATHROP**, May 7. 1802, by Eli Hyde, J. P.	1	91
Lura, d. Festus & Ruby, b. Jan. 7, 1805	1	93
Lurinda, d. Abner & Sally, b. Feb. 25, 1802	1	95
Lurinda, m. Israel S. **LADD**, Jan. 31, 1828, by Darius Frink, J. P.	1	198
Luther M., of Franklin, m. Wealthy B. **EAMS**, of Lisbon, Jan. 9, 1830, by Comfort D. Fillmore, J. P.	1	206
Luther Manning, s. Darius & Polly, b. Nov. 4, 1808	1	85
Lydia, d. Abner & Abigail, b. May 8, 1764; d. Jan. 10, 1768	1	132
Lydia, m. Ricardo **RUDD**, b. of Franklin, Mar. 2, 1805	1	75
Lydia Ann, d. Samuel C. & Rosalinda, b. Jan. 5, 1826	1	113
Lydia Spalding, d. Festus & Ruby, b. Mar. 17, 1828	1	93
Margaret F., m. Lucius **SCOTT**, b. of Franklin, May 2, 1833, by Rev. Hiel Fillmore	1	214
Margaret Frink, d. Darius & Polly, b. Aug. 16, 1813	1	85
Meria, d. Abner & Sally, b. Aug. 21, 1799	1	95
Marietta, d. Ezekiel H. & Ruth [A.], b. Sept. 20, 1845	2	256
Marinett, see under Marynett		
Marvin, s. Hazen & Rhoda, b. Apr. 4, 1796	1	57
Marvin, s. Israel S. & Lurinda, b. May 2, 1831	1	198
Mary, d. Nov. 27, 1788	1	19

BARBOUR COLLECTION

	Vol.	Page
LADD (cont.),		
Mary, d. Feb. 16, 1861, ae 95	2	162
Mary Ann, d. Sam[ue]l C. & Rosalinda, b. Oct. 26, 1817	1	113
Mary Ann, of Franklin, m. Newell WYLLYS, of Mansfield, June 11, 1837, by Rev. Hiram P. Arms	1	221
Mary Clarissa, d. Buel & Clarissa, b. Dec. 18, 1819	1	181
Mary E., of Franklin, m. John N. OUTLER, of Lisbon, Nov. 20, 1837, by Samuel Nott, Pastor	1	197
Mary Frances Elizabeth, d. Enoch H, & Mary Elizabeth, b. Feb. 17, 1845	2	269
Marynett, d. Samuel C. & Rosalinda, b. Sept. 2, 1823	1	113
Merril[l], s. Eras[tu]s & Sarah, b. July 27, 1803	1	131
Menerva, d. Darias & Polly, b. July 17, 1802	1	85
Minerva, of Franklin, m. Ezra BAILEY, of Groton, Apr. 30, 1837, by Dea. Comfort D. Fillmore	1	221
Miran Ferdinand, s. Ferdus & Lucy, b. Nov. 17, 1829	1	189
Miranda, d. Sam[ue]l, Jr. & Abigail, b. Nov. 3, 1805; d. Dec. 5, 1809	1	143
Nancy, d. Abner & Sally, b. Feb. 24, 1794	1	95
Naomi, d. Sept. 3, 1827, ae 25	2	84
Noble Austin, s. Austin & Electa, b. Sept. 1, 1848	2	147
Noy[e]s, s. Darias & Polly, b. Apr. 17, 1798	1	85
Noyes, of Franklin, m. Harriot Z. WILLIAMS, of Stonington, May 14, 1821, by Rev. Ira Hart	1	192
Noyes, s. Noyes & Harriot Z., b. Mar. 31, 1822	1	192
Noyes, d. at Groton, Nov. [ ], 1830, ae 41	1	192
Ora, m. Eliphalet PERKINS, Nov. 28, 1816, by Amariah Fillmore, Clerk	1	155
Orion, [twin with George, s. Abner & Abigail], b. June 2, 1783	1	132
Oscar Barton, s. Erastus P. & Betsey, b. May 25, 1841	2	247
Patty A., m. Septa LADD, May 22, 1825, by Darius Frink, J. P.	1	149
Patty Amanda, d. Abner, Jr. & Sally, b. Aug. 13, 1806	1	95
Peletiah Armstrong, s. Hazen & Rhoda, b. Nov. 8, 1807	1	57
Phebe, d. Joseph, d. Apr. 7, 1844, ae 73	2	83
Philena, d. Jan. 20, 1815	1	16
Philena B., w. S[amuel] J. P., d.	2	282
Philena Josephine, d. S[amuel] J. P. & Philena B., b. Feb. 27, 1846	2	282
Philura, d. Feb. 1, 1814, ae 54	2	74
Polly, m. Bailey AYER, b. of Franklin, Sept. 18, 1836, by Henry Hazen, J. P.	1	63
Rachel, d. Daniel, Jr. & Rachel, b. Aug. 20, 1794	1	38
Rebecca, d. Abner & Abigail, b. Jan. 26, 1779	1	132
Rebecca, m. Eleazer AYER, b. of Franklin, May 18, 1831, by Comfort D. Fillmore, J. P.	1	115
Rebecca, w. Asahel, d. Jan. 26, 1856, ae 82	2	112
Rebecca H., of Franklin, m. Wheaton A. COTTRELL, of Norwich, Aug. 8, 1842, by Samuel Nott, Pastor	1	244
Reuben B., d. Jan. 23, 1851	2	128
Reuben Burgess, s. Calvin & Lois, b. Dec. 16, 1832	1	96

FRANKLIN VITAL RECORDS 65

	Vol.	Page
LADD (cont.),		
Rhoda, w. Hazen, d. July 27, 1861, ae 88	2	78
Ruby, m. Festus **LADD**, Oct. 18, 1801, by Samuel Nott, Pastor	1	93
Rufus Marvin, s. Asa & Nancy, b. Aug. 21, 1818	1	151
Rufus Spalding, s. Festus & Ruby, b. Aug. 17, 1824	1	93
Russel[l], m. Ruth **ARMSTRONG**, Jan. 19, 1817, by Samuel Nott, Pastor	1	157
Ruth, w. Ezekiel, d. Sept. 17, 1821, ae 81	2	26
Ruth K., m. Eli H. **HAZEN**, b. of Franklin, Apr. 2, 1837, by Dea. Comfort D. Fillmore	1	221
Ruth Kingsbury, d. Darius & Polly, b. Feb. 11, 1817	1	85
Sally, d. Eras[tu]s & Sarah, b. Aug. 17, 1805; d. July 15, 1808; d. Eras[tu]s & Sarah, b. Oct. 1, 1811	1	131
Sally, of Franklin, m. Charles **PERRY**, of Beetman, N. H., Oct. 9, 1833, by Samuel Nott, Pastor	1	168
Samuel, s. Daniel & Elisabeth, b. Mar. 4, 1789	1	15
Samuel, Jr., m. Abigail **LADD**, Jan. 30, 1794	1	143
Samuel, d. Apr. 19, 1797	1	143
Samuel, d. Apr. 19, 1797, ae 66	2	24
Samuel, d. Sept. 23, 1841, ae 73	2	238
Samuel C., m. Rosalinda **OTIS**, b. of Franklin, Nov. 30, 1809, by Samuel Nott, Pastor	1	113
Samuel C., s. Daniel, d. Apr. 27, 1853, ae 64	2	147
Samuel J. P., m. Philena B. **HAZEN**, b. of Franklin, May 12, 1845, by Rev. Robert Allyn, at Colchester	2	282
Samuel Jedediah Perkins, s. Jedediah P. & Eliza, b. Sept. 9, 1822	1	185
Samuel Jedediah Perkins, d. Nov. 10, 1909	2	221
Samuel Pierpont, s. S[amuel] J. P. & Philena B., b. Dec. 5, 1847	2	282
Sarah, wid. Erastus, d. Nov. 11, 1842	1	131
Sarah Ann, d. Septa & Patty A., b. June 8, 1826	1	149
Sarah Ann, of Franklin, m. Frank **BURDICK**, of Plainfield, Sept. 24, 1854, by Dea. Comfort D. Fillmore	2	312
Sarah Emma, d. William L. & Abigail, b. June 3, 1838	2	244
Sarah Jane, d. Ezekiel H. & Ruth A., b. Oct. 1, 1841	2	256
Seba A., m. Anson F. **DEAN**, May 1, 1842, by Samuel Nott, Pastor	1	241
Septa, s. Hazen & Rhoda, b. Dec. 6, 1801	1	57
Septa, m. Patty A. **LADD**, May 22, 1825, by Darius Frink, J. P.	1	149
Septa G., d. Mar. 3, 1858, ae 26	2	182
Septa George, s. Septa & Patty A., b. Sept. 20, 1831	1	149
Silence, w. Joseph, d. May 8, 1793	1	60
Simeon Hazen, s. Calvin & Lois, b. Aug. 5, 1827	1	96
Simon H., d. July 30, 1853, at Norfolk, Va., ae 26	2	128
Sophronia, d. Darius & Polly, b. Oct. 27, 1804	1	85
Sophron[i]a, m. Elias **POTTER**, Jr., Sept. 7, 1823, by Darius Frink, J. P.	1	170
Ulysses, s. Andrew & Hannah, b. Nov. 8, 1790	1	16
Uriah, s. Daniel, Jr. & Rachel, b. Apr. 12, 1791	1	38
Uriah, of Franklin, m. Zerviah **CHAMPLIN**, of Lebanon, at John		

BARBOUR COLLECTION

	Vol.	Page
LADD (cont.),		
Champlin's, Nov. 10, 1816, by Rev. Daniel Putnam	1	156
Uriah, s. Uriah & Zerviah, b. Sept. 8, 1819	1	156
Wealthy, d. Abner & Abigail, b. Aug. 15, 1787	1	132
Wealthy, of Franklin, m. Stephen **PRENTICE**, of Preston, Jan. 1, 1810, by Samuel Nott, Pastor	1	128
Wealthy Almira, m. Capt. Daniel **FOSTER**, Feb. 12, 1803, by Samuel Nott, Pastor	1	116
William, s. Eras[tu]s & Sarah, b. July 19, 1792	1	131
William, s. Festus & Ruby, b. Feb. 7, 1816	1	93
William, m. Melissa **PECK**, Oct. 3, 1816, by Sam[ue]l Nott, Pastor	1	166
William H., m. Mary **GRANT**, b. of Franklin, Oct. 6, 1850, by Buel Ladd, J. P.	2	1
William L., m. Abagail **ROBINSON**, b. of Franklin, Sept. 10, 1837, by Dea. Comfort D. Fillmore	1	208
William Lewis, s. Abner, Jr. & Sally, b. Oct. 16, 1811	1	95
William Lewis, s. Septa & Patty A., b. Jan. 21, 1841	1	149
Wulliam Nelson, s. W[illia]m & Melissa, b. Feb. 7, 1818	1	166
William Nelson, s. Erastus P. & Betsey, b. Mar. 11, 1843	2	247
Zac[c]heus, s. Daniel & Elisabeth, b. Aug. 6, 1786	1	15
Zac[c]heus, s. Daniel & Elisabeth, d. Oct. 6, 1799	1	15
Zurviah Williams, d. Noyes & Harriet Z., b. Oct. 28, 1823	1	192
LAMB, Archie, s. Gilbert & Elizabeth, b.	2	307
Eva, d. Gilbert & Elizabeth, b. July 16, 1853; d. Oct. 10, 1854; d. Gilbert & Elizabeth, b. Sept. 2, 1855	2	307
Gilbert, of Franklin, m. Elizabeth **DIMOCK**, of Windham, Apr. [ ], 1850, by Rev. S. G. Willard	2	307
Gilbert D., s. Gilbert & Elizabeth, b. Oct, [ ], 1857	2	307
Ira, s. Gilbert & Elizabeth, b.	2	307
James G., of Norwich, m. Electa Jane **LADD**, of Franklin, Jan. 30, 1848, by Dea. Comfort D. Fillmore	2	296
John J., s. Gilbert & Elizabeth, d. Nov. 18, 1887	2	307
Lillian E., d. Gilbert & Elizabeth, b. Sept. 1, 1851	2	307
Mary A., d. Gilbert & Elizabeth, b.	2	307
Warren, s. James G. & Electa, b. Mar 6, 1850	2	296
LANGDON, A. W., of New York, m. Adaline **TRACY**, of Franklin, Nov. 26, 1829, by Samuel Nott, Pastor	1	175
LASELL, Azariah, of St. Albans, Vt., m. Joanna **LADD**, of Franklin, July 18, 1842, by Dea. Comfort D. Fillmore	1	242
LATHAM, Anna G., d. Cary & Emily, b. Aug. 22, 1849	2	307
LATHROP, LOTHROP, Abel, s. Jesse & Rhoda, b. Aug. 4, 1801; d. Nov. 10, 1802	1	88
Amanda, d. Jesse & Rhoda, b. Dec. 21, 1798	1	88
Amanda, d. Jesse & Lydia, d. Apr. 1, 1884, ae 88	2	119
Azariah, of Bozrah, m. Talatha **HUNTINGTON**, of Franklin, Dec. 2, 1824, by Samuel Nott, Pastor	1	182
Azariah Willes, s. Aza[ria]h & Talatha, b. Apr. 24, 1826	1	182
Benjamin, s. Walter & Est[h]er, b. June 24, 1784	1	87

LATHROP, LOTHROP (cont.),

	Vol.	Page
Betsey, d. Jesse & Rhoda, b. Apr. 21, 1800	1	88
Betsey, m. Ezra **HUNTINGTON**, Mar. 17, 1805	1	16
Daniel, s. Walter & Est[h]er, b. Mar. 23, 1789	1	87
Dudley, s. Jesse & Rhoda, b. Aug. 8, 1803	1	88
Dudley, s. Jesse & Rhoda, d. Oct. 18, 1851	2	119
Edmond, m. Diana F. C. **CONGDON**, b. of Franklin, Nov. 15, 1846, by Elder Ella Dunham	2	292
Edward, of Norwich, m. Mercy **CLARRK**, of Franklin, Oct. 3, 1824, by Rev. Samuel Nott	1	33
Elisha Huntington, s. Aza[ria]h & Talatha, b. Aug. 17, 1827	1	182
Elisabeth, d. Walter & Est[h]er, b. July 26, 1800	1	87
Ephraim, d. Oct. 13, 1798, in his 50th y.	1	190
Eunice, m. Elisha **PECKHAM**, Nov. 26, 1818, at Andrew Lathrop's in Bozrah, by Rev. David Austin	1	182
Hannah, d. Walter & Est[h]er, b. Feb. 25, 1780	1	87
Harry, m. Lucy **LADD**, May 7, 1802, by Eli Hyde, J. P.	1	91
Huldah, wid. Benj[ami]n, d. Jan. 30, 1822, ae 82	1	90
Jabez, m. Julia R. **BACKUS**, Dec. 4, 1848, by Samuel Nott, Pastor	2	301
James, m. Lucy **WHITING**, June [ ], 1787	1	51
James, s. James & Lucy, b. Feb. 27, 1790	1	51
Jesse, of Norwich, m. Rhoda **HYDE**, of Franklin, Apr. 16, 1797	2	119
Jesse, d. Aug. 11, 1845	2	119
John, d. Oct. 8, 1803	1	76
Jonathan John Scudder, m. Prescilla **WOOD**, July 27, 1763, by Ebenezer Hartshorn, J. P.	2	6
Jonathan L., of Franklin, m. Harriett E. **BLISS**, of Lisbon, July 17, 1853, by Rev. J. R. Avery	2	310
Lois, d. James & Lucy, b. Nov. 27, 1787	1	51
Lydia, d. Jesse & Rhoda, b. Mar. 17, 1812	1	88
Lydia, wid. John, d. July 13, 1822, ae 78	1	76
Lydia, d. Jesse & Rhoda, d. Sept. 22, 1903, ae 91	2	119
Mary, d. Feb. 26, 1789	1	19
Mary P., m. William L. **KINGSLEY**, Aug. 27, 1827, by Comfort D. Fillmore, J. P.	1	73
Mercy, m. Elijah **WOOD**, , Feb. 23, 1763, by Ebenezer Hartshorn, J. P.	2	6
Octavia, of Plainfield, m. Joseph Ormenus **DYER**, of Lisbon, Nov. 27, 1845, by Dea. Comfort D. Fillmore	2	286
Patty, d. Walter & Est[h]er, b. July 4, 1792	1	87
Philena Maria, d. Aza[ria]h & Talatha, b. Apr. 26, 1829; d. July 11, 1831	1	182
Rhoda, m. Eli **HYDE**, May 28, 1760	1	27
Rhoda, w. Jesse, d. Jan. 20, 1864	2	119
Rodney, s. Walter & Est[h]er, b. Apr. 15, 1794	1	87
Sally Hyde, d. Jesse & Rhoda, b. Oct. 9, 1807	1	88
Simeon, of Bozrah, m. Phebe **PECKHAM**, of Franklin, Dec. 10, 1820, by Samuel Nott, Pastor	1	171
Walter, m. Est[h]er **FOX**, May 13, 1799	1	87

BARBOUR COLLECTION

	Vol.	Page
LATHROP, LOTHROP (cont.),		
Weltha, d. Walter & Est[h]er, b. Feb. 27, 1782; d.	1	87
Weltha, d. Walter & Est[h]er, b. July 27, 1786	1	87
William B., of Norwich, m. Emilie R. **SMITH**, of Franklin, Oct. 14, 1851, by Geo[rge] J. Harrison	2	304
William B., of Norwich, m. Emilie R. **SMITH**, of Franklin, Oct. 14, 1851, by Rev. George Justis Harrison	2	309
LAWTON, James, of Norwich, m. Fidelia Ann **PRENTICE**, of Franklin, May 20, 1846, by Dea. Comfort D. Fillmore	2	61
LEACH, Elijah H., m. Angelina A. **RUDD**, Nov. 11, 1849, by Buel Ladd, J. P.	2	302
LEAVENS, Willard, of West Killingly, m. Susan N. **HYDE**, of Franklin, Nov. 14, 1843, by Rev. John Hyde	2	281
LEBRET, Abial, of Woodstock, res. Norwich, m. Caroline **BARRETT**, of Norwich, Sept. 4, 1842, by Samuel Nott, Pastor	1	246
LEFFINGWELL, Ambrose, s. Phineas, d. May 4, 1802	1	190
Betsey, m. Albert **LADD**, Nov. 13, 1803	1	105
Charles Hazen, twin with Henry Hyde, s. John & Emily, b. Dec. 18, 1826	1	160
George Lewis, s. John & Emily, b. Apr. 30, 1822	1	160
Henry, m. Lucy S. **GAGER**, b. of Franklin, May 18, 1823, by Samuel Nott, Pastor	1	185
Henry Hyde, twin with Charles Hazen, s. John & Emily, b. Dec. 18, 1826	1	160
John, m. Emily **LADD**, Feb. 4, 1821, by Darius Frink, J. P.	1	160
Levi Henry, s. Henry & Lucy S., b. Feb. 28, 1828	1	185
Lucy S., w. Henry, d. Sept. 30, 1830	1	185
Nathaniel, m. Mary, d. Jonathan **RUDD**, who was b. Oct. 15, 1686	2	314
LITTLE, Philip F., of Little Compton, R. I., m. Martha **TEW**, of Salem, Oct. 17, 1830, at Franklin, by Rev. William Palmer	1	142
LOCK, Mary E., d. Benjamin R. & Abby, b. Feb. 6, 1849	2	297
LOGAN, Amelia, w. Cha[rle]s, d. June 12, 1846, ae 31	2	201
Charles, of Hampton, m. Amelia **FURGO**, of Franklin, Apr. 2. 1839, by Charles Dunlap, J. P.	1	167
Charles, of Franklin, m. Mary **BECKWITH**, of Lyme, Nov. 25, 1847, by Dea. C. D. Fillmore	2	201
Eugene W., s. George W. & Celicia C., b. Sept. 10, 1848	2	273
George W., of Norwich, m. Celicia C. **GIDDINGS**, of Franklin, June 7, 1842, by Dea. Comfort D. Fillmore	1	243
LOOMIS, Abby w., of Franklin, m. Gilbert A. **GLADWIN**, of Saybrook, Mar. 31, 1852, by Rev. William Denison	2	298
Chester, of German Flatts, Herkimer Co., N. Y., m. Tabitha How **ELLIS**, of Franklin, Sept. 30, 1822, by Samuel Nott, Pastor	1	146
Lucy A., of Franklin, m. Morris **LYON**, of Weston, Mar. 15, 1838, by Levi Meech, Elder	1	209
Lucy Ann, d. Simon, b. Sept. 10, 1812	1	149
Sally, of Franklin, m. William **DENISON**, of Saybrook, Mar. 19, 1834, by Rev. Nathan E. Shailer	1	212
Sally Holbrook, d. Simon, b. July 3, 1811	1	149

	Vol.	Page
LOOMIS (cont.),		
Simon, s. Simon, b. July 5, 1815	1	149
LORD, David, s. Nathan & Mary, d. Mar. 2[2, 1791]	1	22
David, s. Nathan & Mary, d. Mar. 22, 1791	1	192
David, s. Nathan & Mary, b. Mar. 4, [1792]	1	22
David, s. Nathan & Mary, b. Mar. 4, 1792	1	192
Eleazer, s. Nathan & Mary, b. Sep[t. 9, 1788]	1	22
Eleazer, s. Nathan & Mary, b. Sept. 9, 1788	1	192
Henry, s. Nathan & Mary, b. Sept. 11, [1790]	1	22
Henry, s. Nathan & Mary, b. Sept. 11, 1790	1	192
Lynde, s. Nathan & Mary, b. [Mar. 7, 1776]	1	22
Lynde, s. Nathan & Mary, b. Mar. 7, 1787	1	192
Mary, m. Oliver **ABELL**, Jr., b. of Franklin, Nov. 19, 1799, by Andrew Lee, Clerk	1	94
Mary H., m. Simeon **WOODWORTH**, Oct. 18, 1789	1	70
Nathan, d. Oct. 1, 1833, ae 95	2	227
Sarah Adeline, d. Henry & Sarah, b. Apr. 11, 1824	1	178
LOWRY, Deborah, of Machias, Me., m. Charles N. **DANIELS**, of Groton, July 23, 1826, by Henry Hazen, J. P.	1	49
James, m. Lydia **BILLINGS**, of Norwich, June 24, 1821, by Samuel Nott, Pastor	1	170
LUCAS, Elizabeth, of Norwich, m. Sanford **BROWN**, of Franklin, Sept. 16, 1846, by Joshua Tracy, J. P.	2	22
LUCE, Abigail, of Windham, m. Elijah **SABIN**, of Franklin, June 23, 1789	1	100
LYMAN, Elisabeth, m. Cary **THROOP**, Nov. 26, 1789, at Lebanon, by Rev. Z. Ely	1	30
LYON, Morris, of Weston, m. Lucy A. **LOOMIS**, of Franklin, Mar. 15, 1838, by Levi Meech, Elder	1	209
MANNING, Abby S., of Franklin, m. Nathan **BENNETT**, of Plainfield, Nov. 17, 1842, by Dea. Comfort D. Fillmore	1	249
Abby Sally, d. Harris L. & Tabitha, b. Mar. 6, 1827	1	87
Emeline A., of Franklin, m. Gurdon **WOODWORTH**, of Windham, June 4, 1843, at the Inn of Elias T. Carpenter, of Franklin, by Joshua Tracy, J. P.	2	189
Freelove, of Franklin, m. William **MORGAN**, of Lisbon, Mar. 20, 1823, by Samuel Nott, Pastor	1	108
Harris L., of Franklin, m. Tabitha **MORGAN**, of Lisbon, Oct. 25, 1826, by Comfort D. Fillmore, J. P.	1	87
Lydia L., of Franklin, m. Charles B. **SHERMAN**, of Norwich, Feb. 26, 1826, by Comfort D. Fillmore, J. P.	1	75
Maria, d. H[arris L.] & Tabitha, d. June 10, 1843	2	117
Samuel, of Lebanon, m. Temma **HYDE**, of Franklin, Aug. 22, 1826, by Samuel Nott, Pastor	1	163
Sophronia, d. Dan, d. July 11, 1817, ae 18	1	191
Sybil, d. Mar. 16, 1837	1	108
Temma, w. Samuel, d. [ ], 1837	1	163
MARSHAL[L], Rebecca, m. Levi **ARMSTRONG**, Feb. 2, 1796	1	78
MASON, Mary, wid. Jeremiah, d. Apr. 11, 1799, ae 91	1	190

BARBOUR COLLECTION

	Vol.	Page
MATTOON, Harriet, of Norwich, m. Horace **FARGO**, of Franklin, Aug. 9, 1840, by Dea. C. D. Fillmore	1	166
MAY, George, Rev. of East Windsor, m. Sophia **SMITH**, of Montville, Oct. 28, 1833, by Heman Perry	1	161
MAYNARD, MANARD, Christopher, m. Caroline **CLARK**, of South Glastenbury, Oct. 12, 1845, by Samuel Nott, Pastor	2	285
——, d. Asahel, d. Oct. 2, 1793	2	83
McDONALD, ——, Mr., d. Nov. 12, 1856, ae 54	2	112
McGAVISH, James, formerly of Ireland, now of Bozrah, m. Malissa **ARMSTRONG**, of Bozrah, Jan. 25, 1846, by Dea. Comfort D. Fillmore	2	286
MELOTT, John, d. May 15, 1812, ae 83. A German	1	191
MERRICK, MERICK, Charlotte, w. Caleb, d. Nov. 21, 1805, ae 35	1	64
Charlotte, w. Dr. Caleb, d. Nov. 21, 1805, ae 35	1	190
Mark, s. Caleb & Charlotte, b. Nov. 14, 1794	1	64
Saphrona, d. Caleb & Charlotte, b. Apr. 1, 1797	1	64
METCALF, Eliphalet, m. Bethiah **EDGERTON**, of Franklin, Oct. 12, 1788, by Sam[ue]ll, Nott, Clerk	1	31
Eliphalet, s. Eliph[ale]t & Bethiah, b. Nov. 19, 1792	1	31
Harriot, d. Eliph[ale]t & Bethiah, b. Nov. 4, 1798	1	31
Ira, s. Eliph[ale]t & Bethiah, b. Sept. 10, 1794	1	31
Mary, m. Daniel, s. Nathaniel **RUDD**, who was b. Mar. 12, 1710	2	314
Uri, s. Eliph[ale]t & Bethiah, b. Dec. 31, 1788	1	31
MILLER, John Porter, s. Samuel & Lucy A., b. Sept. 12, 1843	2	233
Laura A., of N. Killingworth, m. Sanford **CHAPMAN**, of Griswold, Nov. 5, 1843, by Rev. Bela Hicks	2	27
Samuel, of Plainfield, m. Lucy A. **PORTER**, of Franklin, Nov. 20, 1836, by Dea. Comfort D. Fillmore	1	198
MORGAN, Abby Rosetta, d. W[illia]m & Freelove, b. July 28, 1840	1	76
Anna, m. Gurdon **ABELL**, b. of Norwich, Apr. 1, 1817, by John Sterry	1	170
Harvey, d. Aug. 24, 1820, ae 37, s. Seth & Desire	1	85
Julia, of Franklin, m. Amariah B. **EAMES**, of Lisbon, Sept. 29, 1844, by Dea. Comfort D. Fillmore	2	280
Julinett Talitha, d. W[illia]m & Freelove, b. Feb. 19, 1826	1	76
Julitha*, b. Dec. 23, 1734. (Taken from the records in Norwich). *Perhaps "Tabitha".	1	20
Seth, d. Apr. 2, 1821, ae 67	1	85
Sophrona, of Franklin, m. James **PORTER**, of Lisbon, Jan. 1, 1843, by Dea. C. D. Fillmore	1	250
Sophrona Manning, d. W[illia]m & Freelove, b. Feb. 20, 1824	1	76
Sybel M., of Franklin, m. Daniel B. **ABELL**, of Lisbon, May 16, 1847, by Dea. Comfort D. Fillmore	2	293
Sibil Maria, d. W[illia]m & Freelove, b. Apr. 10, 1828	1	76
Tabitha, d. Nov. 9, 1825, ae 95	2	114
Tabitha, of Lisbon, m. Harris L. **MANNING**, of Franklin, Oct. 25, 1826, by Comfort D. Fillmore, J. P.	1	87
Tempy, d. Seth & Desire, d. Sept. 19, 1814, on her birthday, ae 19	1	85
William, of Lisbon, m. Freelove **MANNING**, of Franklin, Mar. 20,		

FRANKLIN VITAL RECORDS

	Vol.	Page
MORGAN (cont.),		
1823, by Samuel Nott, Pastor	1	108
William, d. Apr. 1, 1853, ae 56	2	105
Zurviah, d. Oct. 31, 1816, ae 19, d. Seth & Desire	1	85
MORSE, Loring, of Norwich, m. Sarah Ann **HAZEN**, of Franklin, Oct. 14, 1834, by Rev. Heman Perry	1	215
Polly, m. Caleb **GRISWOULD**, Oct. 1, 1799	1	92
MOSELEY, Sarah, m. Joseph, s. Nathaniel **RUDD**, who was b. Oct. 31, 1708	2	314
MOTT, Lucy A[u]gusta, of Franklin, m. Geroge W. **LADD**, of Norwich, Apr. 2, 1832, by Samuel Nott, Pastor	1	150
Lydia, of Franklin, m. Stephen **ELLIS**, Jr., of Stafford, Nov. 17, 1831, by Samuel Nott, Pastor	1	112
MULKIN, Charles, of Windham, m. Amelia A. **GAGER**, of Franklin, Mar. 5, 1837, by Henry Hazen, J. P.	1	199
MUMFORD, Ashbel Woodworth, s. James H. & Clarissa, b. Sept. 9, 1836; d. Nov. 12, 1841	2	291
Elizabeth Helm, d. James H. & Clarissa, b. Feb. 13, 1834	2	291
James Arthur, s. James H. & Clarissa, b. Mar. 9, 1839	2	291
Martha Ann, m. Oliver Lewis **JOHNSON**, Sept. 4, 1848, by Samuel Nott, Pastor	2	299
Martha Ann, d. James H. & Clarissa, b. in R. I.; d. Aug. 1, 1857	2	291
Mary Anthony, d. James H. & Clarissa, b. July 14, 1843; d. Nov. 12, 1881	2	291
Robert Bernon, s. James H. & Clarissa, b. June 10, 1841; d. Mar. 26, 1889	2	291
MUNSEL[L], MUNSIL[L], Henry, d. June 23, 1816, ae 81	1	41
Irena, m. Samuel **BUGBEE**, of Franklin, Feb. 25, 1787, by Neh[emia]h Waterman, J. P.	1	33
Sally, of Franklin, m. William **JONES**, of Worcester, Mass., Feb. 22, 1801, by Silas Hartshorn, J. P.	1	74
Sarah, w. Henry, d. Aug. 10, 1829, ae 91`	2	54
MURPHY, Ann, of Norwich, m. Levi W. **HYDE**, of Franklin, Mar. 12, 1850, by Rev. H. P. Arms	2	139
NEWEL[L], Russel[l], of Windham, m. Elizabeth G. **HYDE**, of Franklin, Nov. 7, 1830, by Samuel Nott, Pastor	1	51
NIC[H]OLDS, Elisabeth, of Preston, m. Darius **BREWSTER**, of Franklin, Oct. 13, 1805, by Elias Brown, J. P.	1	127
NOBLE, Electa, of Killingly, m. Austin **LADD**, of Franklin, Mar. 8, 1846, at Willington, by Rev. Mr. Livermore	2	147
NOTT, Abigail, wid. Stephen, d. Dec. 14, 1804, ae 85	1	190
Deborah, d. Rev. Sam[ue]ll & Lucretia, b. Oct. 14, 1792	1	6
Diodate, d. July 7, 1817	1	6
Eliza, d. Rev. Sam[ue]ll & Lucretia, b. Aug. 21, 1797	1	6
Eliza, of Franklin, m. Rev. Barnabas **BRUEN**, of Ogdensburgh, N. Y., July 6, 1820, by Samuel Nott, Pastor	1	146
Harriet, d. Sam[ue]ll & Roxana, b. at Bombay, May 24, 1813	1	158
Josiah, of Saybrook, m. Elizabeth **JEWITT**, of Lyme, July 14, 1822, by Samuel Nott	1	62

72   BARBOUR COLLECTION

	Vol.	Page
NOTT (cont.),		
Lucretia, d. Rev. Sam[ue]ll & Lucretia, b. Sept. 16, 1790	1	6
Sally, d. Rev. Samuel & Lucretia, b. July 25, 1786	1	6
Sally, m. Eli **HYDE**, Jr., Nov. 26, 1807, by Rev. Samuel Nott	1	67
Samuel, s. Rev. Sam[ue]ll & Lucretia, b. Sept. 11, 1788	1	6
Samuel, Rev., Jr., Missionary to the East Indies, m. Roxana **PECK**, Feb. 8, 1812, by Samuel Nott, Pastor	1	158
Samuel, s. Samuel & Roxana, b. at Bombay, Apr. 28, 1815	1	158
Samuel, Rev. D. D., d. May 26, 1852, ae 98 y. 4 m. 3 d.	2	13
Stephen, s. Rev. Sam[ue]ll & Lucretia, b. Feb. 1, 1796; d. June 20, 1796	1	6
Stephen, s. Rev. Sam[ue]ll & Lucretia, b. Feb. 4, 1800; d. Feb. 5, 1800	1	6
Stephen Tertius, s. Rev. Sam[ue]ll & Lucretia, b. June 20, 1802; d. July 23, 1828	1	6
William Money, s. Sam[ue]l, Jr. & Roxana, b. at Franklin, Apr. 13, 1817	1	158
OLMSTED, OLMSTEAD, Abby Jane, d. Charles C. & Larrissa, b. Sept. 2, 1834	1	216
Charles Edward, s. Charles C. & Larrisha, b. Feb. 9, 1843	2	253
ORMSBY, Asenath, d. Ephraim & Ruth, b. Feb. 9, 1787	1	9
Bets[e]y, d. Ephraim & Ruth, b. Nov. 10, 1785	1	9
Lucretia, d. Ephra[i]m & Ruth, b. Mar. 29, 1784	1	9
Ruth, wid. Ephraim, d. at Lebanon, Aug. 26, 1805	1	9
Tabitha, m. Jonathan, s. Jonathan **RUDD**, Dec. 9, 1762	2	315
Talatha, m. Jonathan **RUDD**, Dec. 9, 1762, in Norwich, by Ebenezer Hartshorn, J. P.	2	4
Thomas, of Lebanon, m. Lydia A. **DROWN**, of Franklin, June 6, 1841, by Dea. Comfort D. Fillmore	1	230
OTIS, Abner Day, s. Abner L. & Rachel D., b. Jan. 23, 1843	1	228
Abner L., m. Rachel D. **BREWSTER**, Feb. 14, 1841, by Dea. Comfort D. Fillmore	1	228
Ordelia, w. James, d. June 1, 1816, ae 52	1	191
Rachel Day, w. Abner L., d. Feb. 1, 1843	2	228
Rosalinda, m. Samuel C. **LADD**, b. of Franklin, Nov. 30, 1809, by Samuel Nott, Pastor	1	113
PACKARD, Elisabeth, Jr., d. Apr. 22, 1809	1	35
Elisabeth, w. John, d. June 2, 1811	1	35
Eunice, of Franklin, m. Gurdon **TRACY**, Jan. 30, 1791, by Samuel Nott, Clerk	1	36
Jabez R., m. Lois **HARTSHORN**, Sept. 2, 1790, by Sam[ue]ll Nott, Clerk	1	35
John, d. Aug. 19, 1794	1	35
Lois, w. Jabez R., d. Mar. 27, 1840	1	35
Lucy, d. Jabez R. & Lois, b. Nov. 6, 1800	1	35
Maria, d. Jabez R. & Lois, b. June 16, 1791; d. Mar. 4, 1856	1	35
PACKWOOD, Sophia M., of Colchester, m. Asa **FILLMORE**, of Franklin, Dec. 25, 1813, by Amaziah Fillmore, Clerk	1	108
PAGE, Abel, of Haverhill, Mass., m. Dorcas **FILLMORE**, Oct. 16,		

	Vol.	Page

PAGE (cont.),
    1759, by Ebenezer Hartshorn, J. P. — 2 — 6
PALMER, Cha[rle]s, s. Salome, d. July 18, 1795, ae 3 — 2 — 64
    Charles Henry, s. Cyrus & Charlotte, b. July 23, 1830 — 2 — 268
    Daniel Huntington, s. Cyrus & 2d w., Eliza, b. June 10, 1845;
        d. July 5, 1852 — 2 — 268
    Emily Maria, d. Joseph & Sarah M., b. Oct. 2, 1851 — 2 — 268
    Walter, s. Cyrus & Eliza, b. Feb. 12, 1847 — 2 — 268
PARK, PARKS, Chauncey G., m. Elizabeth **BECKWITH**, of Franklin, Dec. 3, 1832, by Cornelius B. Everest — 1 — 213
    Erastus S., m. Sarah A. **CHAPMAN**, b. of N. Stonington, Oct. 27, [ ], by T. G. Kingsley, J. P. — 2 — 9
    Pamela, of Franklin, m. Sanford **BROWN**, of North Stonington, Feb. 13, 1825, by Henry Hazen, J. P. — 1 — 13
PARKER, Fredus, of Mansfield, m. Louisa **HARTSHORN**, of Franklin, Feb. 18, 1838, by Samuel Nott, Pastor — 1 — 140
PARTRIDGE, Deborah, of Preston, m. Jasper **GIDDINGS**, of Franklin, Jan. 16, 1806, by Rev. Levi Hart — 1 — 100
    Dolly, of Griswold, m. George L. **HERSKELL**, of Preston, Dec. 2, 1835, by Samuel Nott, Pastor — 1 — 212
PAT, W[illia]m, d. Apr. 1, 1858, ae 23 — 2 — 182
PAYNE, PAYN, Hannah, of Lebanon, m. Jonathan **BASS**, of Windham, June 2, 1761, by Ebenezer Hartshorn, J. P. — 2 — 6
    Henry, of Chesterfield, Mass., m. Eliza Ann **LADD**, of Franklin, Nov. 6, 1836, by Henry Hazen, J. P. — 1 — 197
    Seth, of Camil[l]us, N. Y., m. Lura **BREWSTER**, of Franklin, June 6, 1822, by Dea. Elisha Frink — 1 — 183
PECK, Ambrose, m. Eunice **HAZEN**, Sept. 9, 1810, by Samuel Nott, Pastor — 1 — 116
    Anna, d. Darias & Mary, b. Mar. 22, 1794 — 1 — 28
    Asa, s. Seril & Bethiah, b. Jan. 15, 1787 — 1 — 3
    Asa, m. Lydia **HUNTINGTON**, of Franklin, Mar. 26, 1818, by Samuel Nott, Pastor — 1 — 168
    Asa Crocker, s. Jonathan & Lois, b. Oct. 25, 1806; d. Aug. 6, 1809 [twin with Dyar Spencer **PECK**] — 1 — 37
    Asher, s. Seril & Bethiah, b. Feb. 18, 1791 — 1 — 3
    Asher, m. Polly **ELLIS**, Aug. 1, 1813, by Samuel Nott, Pastor* (*In the margin is written ——ay 28, 1877; —— 7, 1866; ——k cem. ——le, Penn.) — 1 — 135
    Clarissa, m. Buel **LADD**, b. of Franklin, Nov. 17, 1816 — 1 — 181
    Cyril [see under Syril]
    Darias, m. Mary **FRANCIS**, [Dec.] 14, 1793 — 1 — 28
    Darias, d. Apr. 13, 1804 — 1 — 28
    Dyar Spencer, s. Jonathan & Lois, b. Oct. 25, 1806; d. Nov. 13, 1806 [twin with Asa Crocker **PECK**] — 1 — 37
    Ebenezer, d. Oct. 14, 1788 — 1 — 25
    Ebenezer, m. Polly **TRACY**, Aug. 5, 1798, by Samuel Nott, Clerk — 1 — 79
    Ebenezer Wilson, s. Eben[eze]r & Polly, Dec. 5, 1804 — 1 — 79
    Elisha, s. Darias & Mary, b. June 18, 1796 — 1 — 28

PECK (cont.),

	Vol.	Page
Elisabeth, d. Seril & Bethiah, b. Jan. 5, 1783	1	3
Eunice, d. Jonathan & Martha, b. Dec. 4, 1791	1	37
George Whitefield, s. Asa & Lydia, b. Jan. 12, 1832	1	168
Gurdon Tracy, s. Eben[eze]r & Polly, b. Feb. 17, 1799	1	79
Hannah, w. Darias, d. Sept. 16, 1789	1	28
Hannah, d. July 22, 1805, ae 65	1	190
Joan[n]a, d. Dec. 26, 1821, ae 68	1	90
John Ellis, s. Eben[eze]r & Polly, b. Aug. 31, 1802	1	79
John H., m. Abby Ann **HYDE**, b. of Franklin, Jan. 29, 1835, by Samuel Nott, Pastor	1	215
John Hazen, s. Ambrose & Eunice, b. July 10, 1811	1	116
Jonathan, m. Martha **WILLES**, of Franklin, Oct. 14, 1790, by Sam[ue]ll Nott, Clerk	1	37
Jonathan, Capt., m. Wid. Lois **CROCKER**, Mar. 2, 1806, by Silas Hartshorn, J. P.	1	37
Jonathan Huntington, s. Jon[a]th[an] & Martha, b. July 15, 1801	1	37
Joseph, m. Joanna, d. Jonathan **RUDD**, who was b. Dec. 23, 1729	2	315
Joseph, d. Mar. 26, 1807	1	90
Joshua Willes, s. Jon[a]th[an] & Martha, b. Aug. 19, 1803	1	37
Lora, d. Seril & Bethiah, b. Jan. 23, 1789	1	3
Lucious, s. Jon[a]th[an] & Martha, b. Nov. 9, 1797	1	37
Lucy, d. Seril & Bethiah, d. Jan. 28, 1799	1	3
Lucy, d. Darias & Mary, b. June 25, 1799	1	28
Lucy, d. Seril & Bethiah, b. Feb. 5, 1800	1	3
Lucy, m. Fredus **LADD**, b. of Franklin, Nov. 28, 1824, by Henry Hazen, J. P.	1	189
Lydia, w. Bradford; d. Yetonce **BARSTOW**; d. June 6, 1798, ae 24	1	60
Lydia, of Franklin, m. Martin **ABELL**, Dec. 1, 1811, by Samuel Nott, Pastor	1	69
Lydia, d. Asa & Lydia, b. June 16, 1819	1	168
Lydia T., of Franklin, m. Clemmons **SMITH**, of Smithfield, R. I., Jan. 25, 1838, by Samuel Nott, Pastor	1	222
Maria, d. Seril & Bethiah, b. Nov. 2, 1794	1	3
Maria, d. Asa & Lydia, b. Aug. 5, 1821; d. Oct. 20, 1841	1	168
Martha, w. Jonathan, d. July 17, 1805	1	37
Malissa, d. Seril & Bethiah, b. Mar. 20, 1797	1	3
Melissa, m. William **LADD**, Oct. 3, 1816, by Sam[ue]ll Nott, Pastor	1	166
Nancy, m. Asa **LADD**, Mar. 14, 1816, by Samuel Nott, Pastor	1	151
Patty, d. Jonathan & Martha, b. Aug. 12, 1794	1	37
Phebe, m. Daniel **GAGER**, Jr., Mar. 22, 1805, by Samuel Nott, Pastor	1	101
Phineas, Capt., d. Sept. 15, 1813, ae 70	2	36
Roxana, d. Seril & Bethiah, b. Jan. 21, 1785	1	3
Roxana, m. Rev. Samuel **NOTT**, Jr., Missionary to the East Indies, Feb. 8, 1812, by Samuel Nott, Pastor	1	158
Samuel Rudd, s. Asa & Lydia, b. Mar. 17, 1825	1	168
Syril, s. Asher & Polly, b. Jan. 5, 1814	1	135

FRANKLIN VITAL RECORDS 75

	Vol.	Page
PECK (cont.),		
Thomas Scott, s. Asa & Lydia, b. Nov. 19, 1829	1	168
Warner, s. Darias & Hannah, b. Sept. 10, 1789	1	28
PECKHAM, Elisha, m. Eunice **LATHROP**, Nov. 26, 1818, at Andrew Lathrop's in Bozrah, by Rev. David Austin	1	182
Lucretia S., d. Elisha & Eunice, b. May 3, 1819	1	182
Lucy L., d. Elisha & Eunice, b. Apr. 2, 1821	1	182
Phebe, of Franklin, m. Simeon **LATHROP**, of Bozrah, Dec. 10, 1820, by Samuel Nott, Pastor	1	171
PEMBER, Adan F., m. Sophia H. **GAGER**, b. of Franklin, Jan. 7, 1838, by Dea. C. D. Fillmore	1	222
Aden Fillmore, s. Tho[ma]s & Theodosia, b. May 30, 1807	1	94
Azel, s. Thomas & Theodosia, b. May 5, 1814; d. Oct. 28, 1814	1	94
Bethiah J., w. Willard G., d. Apr. 1, 1829	1	196
Bethiah T., d. Willard G., of Franklin, m. Lyman N. **APLEY**, of Canterbury, Aug. 22, 1849, by Rev. George J. Harrison	2	300
Bethiah Tracy, d. Willard G. & Bethiah, b. Mar. 26, 1829	1	196
Frances, d. Thomas & Theodosia, b. Feb. 28, 1809	1	94
Hannah, m. Matthew **HYDE**, Aug. 26, 1776	1	48
Harriet, d. Thomas & Theodosia, b. Apr. 11, 1826; d. at Vienna, N. Y., May 22, 1834	1	94
Jacob, m. Lydia **FILLMORE**, Jan. 29, 1767, by Ebenezer Hartshorn, J. P.	2	8
Jacob, s. Tho[ma]s & Theodosia, b. Apr. 22, 1820; d. Sept. 2, 1827	1	94
John Luzerne, s. Willard G. & Frances A., b. Aug. 18, 1834	1	196
Julia Frances, d. Willard G. & Frances A., b. Jan. 24, 1844	2	232
Julian Thomas, s. Willard G. & Frances A., b. Oct. 2, 1830	1	196
Leonard Thomas, s. Tho[ma]s & Theodosia, b. June 5, 1812	1	94
Lucius, s. Tho[ma]s & Theodosia, b. Feb. 7, 1817	1	94
Lucius Gordon, s. Willard G. & Frances A., b. Mar. 30, 1841	2	232
Mary Etheridge, d. Willard G. & Frances A., b. Dec. 7, 1846	2	232
Olivia Janette, d. Willard G. & Frances A., b. Sept. 19, 1832	1	196
Olivia S., of Franklin, m. John **BURDICK**, of Jewett City, Mar. 13, 1853, by Rev. J. E. Avery	2	310
Theodosia, d. Tho[ma]s & Theodosia, b. Nov. 2, 1822	1	94
Theodocia, w. Thomas, d. Jan. 26, 1832	1	94
Thomas, m. Theodosia **FILLMORE**, Jan. 1, 1804, by Samuel Nott, Pastor	1	94
Thomas, d. Aug. 29, 1827	1	94
Willard Dwight, s. Willard G. & Frances A., b. Sept. 20, 1836	1	196
Willard Dwight, s. W[illard] G. & F[rances] A., d. Feb. 18, 1910, in Willimantic	2	232
Willard G., m. Bethiah J. **TRACY**, b. of Franklin, Apr. 1, 1827, by Samuel Nott, Pastor	1	196
Willard G., m. Frances A. **FARGO**, at Lebanon, Nov. 5, 1829, by Edward Bull	1	196
Willard Gordon, s. Thomas & Theodosia, b. Feb. 5, 1805	1	94
PENDLETON, Benadam, of Natchez, Miss., m. Philena Jane **HYDE**, of Franklin, June 29, 1840, by Samuel Nott, Pastor	1	152

	Vol.	Page
PENHOLLOW, PENHALLOW, Mary, d. Richard & Huldah, b. June 2, 1787	1	12
Thomas, s. Richard & Huldah, b. Sept. 2, 1789	1	12
PERIGO, Lucy, of Lisbon, m. David **SCOTT**, of Franklin, Oct. 4, 1810	1	103
Lydia, m. Jonathan **WILLES**, Nov. 5, 1778, by Andrew Lee, Clerk	1	32
PERKINS, Abby Emeline, d. Eliphalet & Orra, b. June 5, 1818	1	155
Abigail, m. Abner **LADD**, b. of Norwich, Jan. 26, 1764	1	132
Abner Ladd, s. Eliphalet & Orra, b. Apr. 3, 1820	1	155
Caroline Matilda, d. Eliphalet & Anna, b. Aug. 10, 1826	1	155
Eliphalet, m. Ora **LADD**, Nov. 28, 1816, by Amariah Fillmore, Clerk	1	155
Elisabeth W., of Franklin, m. Albert G. **WELLS**, of Lebanon, June 16, 1822, by Ira Abell, J. P.	1	164
Martha, of Lisbon, m. Oliver **JOHNSON**, of Franklin, Oct. 14, 1789, by Andrew Lee, Clerk	1	29
Ora, w. Eliphalet, d. Sept. 13, 1822	1	155
Ora Ann, d. Eliphalet & Anna, b. July 17, 1823	1	155
Temperance, w. Capt. Jedediah, d. Oct. 31, 1811, ae 87	2	36
PERRY, Albert D., of Lisbon, m. Eliza L. **SMITH**, of Plainfield, Mar. 22, 1847, by Dea. C. D. Fillmore	2	291
Betsey, m. Silas **SCOTT**, Apr. 16, 1798	1	83
Charles, of Beetman, N. Y., m. Sally **LADD**, of Franklin, Oct. 9, 1833, by Samuel Nott, Pastor	1	168
Edward, of Buchmantown, N. Y., m. Caroline **PRENTICE**, of Franklin, Oct. 23, 1832, by C. D. Fillmore, J. P.	1	212
Fanny Eliza, d. Edward & Caroline, b. Apr. 9, 1834	1	212
Lois, d. Seth, d. Sept. 11, 1795	2	218
Thomas B., of Cholchester, d. July 27, 1849	2	248
PETTIS, PETTES, Abiga[i]l, d. Jehiel & Elisabeth, b. Sept. 8, 1786	1	90
Charles, s. Jehiel & Elisabeth, b. Nov. 15, 1792	1	90
Charles, m. Rachel **TRACY**, of Franklin, Jan. 8, 1815, by Samuel Nott, Pastor	1	146
Dick, d. Aug. 29, 1806, ae 67. A black man	1	190
Elizabeth, d. Dec. 2, 1827, ae 67	1	90
Jehiel, s. Jehiel & Elisabeth, b. July 6, 1789; d. Jan. 31, 1826, ae 37	1	90
Jehiel, d. Feb. 25, 1798, ae 41	1	190
Joel, s. Jehiel & Elisabeth, b. May 25, 1797	1	90
Peter, s. Jehiel & Elisabeth, b. Jan. 7, 1783	1	90
Peter, of Franklin, m. Sabrina **WEST**, of Groton, Mar. 19, 1846, by Alpheus West, J. P. of Tompkins County, N. Y. Witness: Gurdon Cummings, of Groton	2	298
PHELPS, Eunice, d. May 1, 1794, ae 21	2	84
PHILLIPS, Elisabeth, of Lebanon, m. Jonathan **HATCH**, Oct. 12, 1824, by Rev. Samuel Nott	1	32
PIERCE, PEIRCE, John, of Mansfield, m. Rebeckah **ABELL**, of Lisbon, Mar. 27, 1833, by Comfort D. Fillmore, J. P.	1	59

	Vol.	Page
PIERCE, PEIRCE (cont.),		
Mial, d. Dec. 19, 1851, ae 84	2	114
Miranda, of Norwich, m. Asa **GRISWOLD**, of Franklin, Nov. 29, 1820, by Andrew Lee, Clerk	1	173
Phebe, d. Mar. 30, 1840, ae 44	2	34
——, w. Mial, d. Mar. 6, 1855	2	114
PILSBURY, Tobias, d. Mar. 31, 1815, ae 59	1	12
PITCHER, Deliverance, of Woodbury, m. Samuel **ARMSTRONG**, June 16, 1762, by Ebenezer Hartshorn, J. P.	2	4
Elisha, s. Elisha & Jane, b. May 10, 1811	1	98
Hariot Ann, d. Elisha & Jane, b. Aug. 10, 1807	1	98
Jane Melissa, d. Elisha & Jane, b. Dec. 27, 1815	1	98
Maria, of Franklin, m. John N. **CHAMPLIN**, of Windham, Nov. 27, 1823, by Samuel Nott, Pastor	1	188
POLLY, Oliver C., of Lebanon, m. Lura **ABELL**, of Lisbon, Feb. 17, 1828, by Samuel Nott, Pastor	1	62
PORTER, Daniel L., s. James & Sophronia, b. Apr. 2, 1849	2	275
James, of Lisbon, m. Sophrona **MORGAN**, of Franklin, Jan. 1, 1843, by Dea. C. D. Fillmore	1	250
Lucy A., of Franklin, m. Samuel **MILLER**, of Plainfield, Nov. 20, 1836, by Dea. Comfort D. Fillmore	1	198
Sarah, w. Capt. Gideon, d. Mar. 31, 1841, ae 54	2	115
POST, Mary, m. Nathaniel, s. Lt. Jonathan **RUDD**, of Saybrook	2	313
Mary, m. Nathaniel **RUDD**, of Norwich West Farms, in Norwich, Apr. 16, 1685	2	314
POTTER, Elias, Jr. m. Sophron[i]a **LADD**, Sept. 7, 1823, by Darius Frink, J. P.	1	170
Tryphena H., of Franklin, m. Charles R. **BALDWIN**, of Thompson, June 19, 1838, by Samuel Nott, Pastor	1	200
PRENTICE, Asahel Laroy, s. Stephen & Wealthy, b. Oct. 29, 1821	1	128
Caroline, of Franklin, m. Edward **PERRY**, of Buckmantown, N. Y., Oct. 23, 1832, by C. D. Fillmore, J. P.	1	212
Caroline M., d. Samuel T. & Mary, b. July 1, 1850	2	300
Caroline Semantha, d. Stephen & Wealthy, b. Oct. 23, 1812	1	128
Charlotte Abigail, d. Stephen & Wealthy, b. Aug. 10, 1814	1	128
Charlotte R., of Franklin, m. Lyndes E. **BUSHNELL**, of Lisbon, Sept. 11, 1836, by Comfort D. Fillmore, J. P.	1	187
Clarissa, of Franklin, m. Erastus **TRACY**, Nov. 29, 1792, by Samuel Nott, Clerk	1	58
Erastus Perkins, s. Stephen & Wealthy, b. Aug. 20, 1825	1	128
Fidelia Abby, d. Stephen & Wealthy, b. June 29, 1823	1	128
Fidelia Ann, of Franklin, m. James **LAWTON**, of Norwich, May 20, 1846, by Dea. Comfort D. Fillmore	2	61
John Tyler Mott, s. George & Polly, b. Nov. 22, 1821	1	183
Joseph Burton, s. Stephen & Wealthy, b. July 25, 1817	1	128
Mary Ann, of Franklin, m. Edward H. **HOUGH**, of Bozrah, Dec. 27, 1832, by Rev. Esek Brown, of Lebanon	1	141
Samuel T., m. Mary, d. Peleg **MASON**, decd., b. of Franklin, Aug. 26, 1849, by Rev. George J. Harrison	2	300

	Vol.	Page
PRENTICE (cont.),		
Stephen, of Preston, m. Wealthy **LADD**, of Franklin, Jan. 1, 1810, by Samuel Nott, Pastor	1	128
Wealthy, w. Stephen, d. May 10, 1860, ae 72	2	162
QUY, Lebbeus, d. Feb. 21, 1809, ae 33. A black man	1	191
RANDALL, William R., of Foster, R. I., m. Alice **KING**, of Coventry, R. I., Oct. 28, 1833, by C. D. Fillmore, J. P.	1	207
RAY, Albert, of Norwich, m. Mary A. **DUNBAR**, of Franklin, May 1, 1850, by Rev. Geo[rge] J. Harrison	2	304
RAYMOND, Lucinda, wid. Sam[ue]l, d. Jan. 17, 1811, ae 88	1	190
Samuel, d. Sept. 18, 1807, ae 86	1	190
REYNOLDS, Elisha Leonard, s. Lester R. & Mary Ann, b. July 3, 1839	1	138
Elisha S., of Norwich, m. Arminda C. **TUCKER**, of Bozrah, Sept. 26, 1842, by Dea. Comfort D. Fillmore	1	247
Giles Lester, s. Lester R. & Mary Ann, b. July 3, 1834	1	138
James Lester, s. Lester R. & Mary Ann, b. Sept. 30, 1826	1	138
Mary Ann, w. Lester, d. Oct. 29, 1831	1	138
Mary Ann, w. Lester R., d. Oct. 29, 1832, ae 24	2	172
William Wallace, s. Lester R. & Mary Ann, b. Nov. 13, 1828	1	138
RICE, Molly, d. Aug. 6, 1804, ae 50	1	190
RIDER, Sarah, d. William, d. Oct. 26, 1812, ae 20	1	191
ROBERTS, Anna Eliza, of Hartford, m. Harvey **WOODWORTH**, of Coventry, Nov. 8, 1845, by Samuel Nott, Pastor	2	285
Zerviah, of Norwich, m. Jason **GAGER**, Dec. 8, 1762, by Ebenezer Hartshorn, J. P.	2	4
ROBERTSON, Hannah, of Coventry, m. Peletiah **ARMSTRONG**, of Franklin, Nov. 22, 1787, by Joseph Huntington, Clerk	1	14
ROBINSON, Abigail, d. Peter & Polly, b. Jan. 14, 1809, at Franklin	1	140
Abagail, m. William L. **LADD**, b. of Franklin, Sept. 10, 1837, by Dea. Comfort D. Fillmore	1	208
Alethea, of Windham, m. David **FOX**, of Norwich, Oct. 27, 1785, by James Cogswell, Clerk	1	2
Amelia, d. Patrick & Sophia, b. June 20, 1796	1	153
Amelia, m. Gurdon **GAGER**, May 25, 1817, by Silas Hartshorn, J. P.	1	162
Arad, s. Peter & Polly, b. Jan. 30, 1797, at Lebanon	1	140
Arad, m. Lura **ABELL**, Nov. 30, 1820, by Darius Frink, J. P.	1	174
Asenath Abell, d. Arad & Lura, b. Feb. 10, 1830	1	174
Betsey, d. Peter & Polly, b. Apr. 3, 1806, at Union	1	140
Horace, s. Patrick & Sophia, b. Oct. 29, 1803	1	153
Horace, m. Clarissa **LADD**, Feb. 20, 1825, by Samuel Nott, Pastor	1	186
Horace Leander, s. Horace & Clarissa, b. Nov. 19, 1825	1	186
Jane, d. Arad, of Franklin, m. Francis J. **KEABLES**, of Norwich, June 14, 1849, by Rev. Geo[rge] J. Harrison	2	260
Levius Arad, s. Arad & Lura, b. Oct. 6, 1834	1	174
Lucy, d. Peter & Polly, b. Dec. 3, 1803, at Union	1	140
Lucy, of Franklin, m. Coddington **BROWN**, of Preston, Apr. 13, 1825, by Ira Abell, J. P.	1	38
Lucy Elizabeth, d. Arad & Lura, b. Aug. 31, 1832	1	174

FRANKLIN VITAL RECORDS 79

	Vol.	Page
ROBINSON (cont.),		
Lura A., m. Nathaniel **HYDE**, b. of Franklin, Mar. 18, 1845, by Samuel Nott, Pastor	2	244
Lura Abby, d. Arad & Lura, b. Aug. 17, 1822	1	174
Lydia, d. Patrick & Sophia, b. Jan. 16, 1810	1	153
Lydia P., of Franklin, m. Richard **JILLSON**, of Norwich, Feb. 21, 1825, by Samuel Nott, Pastor	1	186
Mary Taylor, d. Arad & Lura, b. Mar. 7, 1828	1	174
Nancy Jane, d. Arad & Lura, b. Apr. 14, 1826	1	174
Nelson Dexter, s. Arad & Lura, b. Oct. 8, 1836	1	174
Olive, d. Peter & Polly, b. Nov. 18, 1799, at Union	1	140
Peter, of Lebanon, m. Polly **TAYLOR**, of Union, Feb. 19, 1794, at Union, by Solomon Wales, J. P.	1	140
Peter, d. July 2, 1830	1	140
Peter, d. July 2, 1830, ae 64	2	173
Polly, d. Peter & Polly, b. July 21, 1801, at Union	1	140
Polly, m. Gurdon **LADD**, b. of Franklin, Feb. 13, 1823, by Ira Abell, J. P.	1	174
[Polly], w. Peter, d. Sept. 16, 1846, ae 81	2	173
Rosamond, d. Peter & Polly, b. Dec. 2, 1794, at Lebanon; d. May 19, 1819, ae 25	1	140
Rosamond M., m. Samuel H. **GAGER**, Nov. 25, 1847, by Samuel Nott, Pastor	2	295
Rosamond Maranda, d. Arad & Lura, b. Dec. 16, 1823	1	174
Rowland N., of Canterbury, m. Mary **GRISWOLD**, of Franklin, Sept. 28, 1823, by Samuel Nott, Pastor	1	170
Sally, d. Patrick & Sophia, b. Sept 15, 1792	1	153
Sally, m. Abner **FARGO**, b. of Franklin, Nov. 28, 1811, by Silas Hartshorn, J. P.	1	152
Sally Cornelia, d. Horace & Clarissa, b. Oct. 23, 1827	1	186
Sophia, d. Apr. 10, 1850	2	185
Whiting B., s. Patrick & Sophia, b. Mar. 30, 1801	1	153
Whiting B., m. Mary H. **RUDD**, Dec. 9, 1824, by Samuel Nott, Pastor	1	182
Whiting B., d [ ], 1834	1	182
ROGERS, Benjamin, s. Uriah, Jr. & Ruth, b. Apr. 5, 1779	1	112
Elisabeth, d. Uriah, Jr. & Ruth, b. Nov. 8, 1803	1	7
Elizabeth W., m. Asa **WOODWORTH**, Oct. 17, 1821, by Samuel Nott, Pastor	1	177
Elizabeth Waterman, d. Uriah & Ruth, b. Nov. 8, 1803	1	112
Horris, s. Uriah, Jr. & Ruth, b. May 3, 1799	1	7
Horace Canfield, s. Uriah & Ruth, b. May 3, 1799	1	112
Lydia, m. Daniel **HYDE**, b. of Franklin, Sept. 21, 1786, by Samuel Nott, Clerk	1	1
Marvin, of Chaplin, m. Emmala **CROSBY**, of Chaplin, Nov. 21, 1826, by Samuel Nott, Pastor	1	50
Pruda, of Franklin, m. Eleazer **TRACY**, Sept. 14, 1788, by Sam[ue]ll Nott, Clerk	1	80
Ruth, d. Uriah, Jr. & Ruth, b. Oct. 4, 1786	1	7

	Vol.	Page
ROGERS (cont.),		
Ruth, w. Uriah, d. Apr. 17, 1820, ae 60	1	112
Ruth W., m. Jonathan **BAILEY**, b. of Franklin, Feb. 18, 1813, by Silas Hartshorn, J. P.	1	107
Ruth Wells, d. Uriah, Jr. & Ruth, b. Oct. 4, 1786	1	112
Uriah, s. Uriah, Jr. & Ruth, b. Mar. 1, 1781	1	112
Wealthy, m. Azariah **ARMSTRONG**, Nov. 25, 1804, by Samuel Nott, Pastor	1	81
Wealthy Ann, d. Uriah, Jr. & Ruth, b. June 26, 1783	1	112
ROSE, Russell, d. Apr. 18, 1856, ae 84	2	112
ROSS, Sarah E., w. George, d. July 18, 1857, ae 36	2	83
Susan Caroline, of Franklin, m. Ira **HYDE**, of Lisbon, Mar. 13, 1842, by Samuel Nott, Pastor	1	237
ROUSE, Alice, m. Thomas **STORY**, Oct. 2, 1763, by Ebenezer Hartshorn, J. P.	2	6
Jabez, m. Margaret **HAYNES**, b. of Norwich, Oct. 15, 1760, by Ebenezer Hartshorn, J. P.	2	2
RUDD, Abigail, d. Jonathan, of Preston, b. Feb. 2, 1688	2	314
Abigail, [d. Nathaniel & Abigail (**HARTSHORN**)], b. Aug. 6, 1713	2	314
Angelina A., m. Elijah H. **LEACH**, Nov. 11, 1849, by Buel Ladd, J. P.	2	302
Ann, [d. Nathaniel & Abigail (**HARTSHORN**)], b. Feb. 7, 1717	2	314
Anna, Prosper & Eliza, d. Nov. 19, 1790	1	3
Bela, s. Prosper & Eliza, b. Mar. 25, 1790; d. July 10, 1795	1	3
Benjamin, s. Prosper & Eliza, b. May 10, 1786	1	3
Caroline, [d. Jonathan & Joanna], b. Mar. 13, 1731; d. Apr. 9, 1732	2	315
Clarissa, d. Dan[ie]ll, Jr. & Rachel, b. Apr. 3, 1797	1	38
Daniel, [s. Nathaniel & Abigail (**HARTSHORN**)], b. Mar. 12, 1710; m. Mary **METCALF**	2	314
Eliza, d. Jabez F[itch] & Elisabeth, b. May 1, 1802	1	67
George Washington, s. Jabez F[itch] & Elisabeth, b. Dec. 30, 1799	1	67
Gideon, [s. Nathaniel & Abigail (**HARTSHORN**)], b. Feb. 2, 1722; m. Thankful **ALLEN**	2	314
Hepzibah, m. Stephen **BREWSTER**, Feb. 21, 1763, in Norwich, by Ebenezer Hartshorn, J. P.	2	6
Jabez Fitch, m. Elisabeth **HYDE**, Feb. 25, 1798	1	67
Jedediah, [s. Jonathan & Tabitha], b. Aug. 28, 1763; d. Feb. 20, 1764	2	315
Joanna, d. [Jonathan & Joanna], b. Dec. 23, 1729; m. Joseph **PECK**	2	315
Jonanna, w. Jonathan, d. Oct. 12, 1774, ae 82	2	315
Jonathan, of Preston, m. Dec. 19, 1678, Mary **BUSHNELL**; d. Aug. 19, 1689	2	314
Jonathan, s. Lt. Jonathan, of Saybrook, m. Marcy **BUSHNELL**	2	313
Jonathan, s. Jonathan, of Preston, b. Mar. 18, 1682	2	314
Jonathan, [s. Nathaniel & Mary (**POST**)], b. May 22, 1693; m.		

FRANKLIN VITAL RECORDS 81

	Vol.	Page
RUDD (cont.),		
Joanna **GREGERY**	2	314
Jonathan, [s. Nathaniel & Mary (**POST**)], b. May 22, 1693; m. Joanna **GREGORY**, Oct. 27, 1720; d. Aug. 29, 1772, ae 79	2	315
Jonathan, [s. Jonathan & Joanna], b. Sept. 13, 1733; m. Tabitha **ORMSBY**, Dec. 9, 1762; d. Mar. 17, 1777, ae 43	2	315
Jonathan, m. Talatha **ORMSBY**, Dec. 9, 1762, in Norwich, by Ebenezer Hartshorn, J. P.	2	4
Jonathan, d. Mar. 17, 1777, in 44th yr.	2	315
Jonathan, d. Aug. 4, 1821, ae 65 y. 4 m. 26 d.	1	75
Joseph, [s. Nathaniel & Abigail (**HARTSHORN**)], b. Oct. 31, 1708; m. Sarah **MOSELEY**	2	314
Liddia, [d. Nathaniel & Mary (**POST**)], b. Jan. 22, 1697	2	314
Lydia, [d. Nathaniel & Abigail (**HARTSHORN**)], b. Apr. 12, 1715; m. Joseph **WELCH**	2	314
Lydia, [d. Jonathan & Tabitha], b. 1769; m. Oliver **TRACY**	2	315
Lydia, m. Oliver **TRACY**, June 14, 1792, by Samuel Nott, Clerk	1	64
Mary, d. Lt. Jonathan, of Saybrook, m. Dea. Thomas **BINGHAM**	2	313
Mary, d. Jonathan & Mary [**BUSHNELL**], b. Oct. 8, 1679; [d. y.]	2	314
Mary, d. Jonathan, of Preston, b. Oct. 15, 1686; m. Nataniel **LEFFINGWELL**	2	314
Mary, [d. Nathaniel & Mary (**POST**)], b. Feb. 3, 1695; m. Ebenezer **WOOD**	2	314
Mary, [w. Nathaniel], d. Nov. [ ], 1705	2	314
Mary, of Franklin, m. Whiting B. **ROBINSON**, Dec. 9, 1824, by Samuel Nott, Pastor	2	219
Mary H., m. Whiting B. **ROBINSON**, Dec. 9, 1824, by Samuel Nott, Pastor	1	182
Mary Huntington, d. Ricardo & Lydia, b. Dec. 19, 1805	1	75
Nancy, [d Jonathan & Tabitha], b. July 3, 1765; m. Elisha **HUNTINGTON**	2	315
Nathaniel, s. Jonathan, of Preston, b. May 22, 1684; m. Rebecca **WALDO**	2	314
Nathaniel, [s. Nathaniel & Abigail (**HARTSHORN**)], b. Apr. 6, 1707, m. Mary **BACKUS**	2	314
Nathaniel, s. Lt. Jonathan, of Saybrook, m. Mary **POST**	2	313
Nathaniel, of Norwich West Farms, m. Mary **POST**, Apr. 16, 1685, in Norwich; m. (2), Abigail **HARTSHORN**, Jan. 31, 1706	2	314
Patience, [d. Nathaniel & Abigail (**HARTSHORN**)], b. Nov. 6, 1723	2	314
Patience, d. Lt. Jonathan, of Saybrook, m. Samuel **BUSHNELL**	2	313
Rebecca, [d. Jonathan & Joanna], b. Jan. 14, 1727; m. Abner **SMITH**	2	315
Rebecca, [d. Jonathan & Tabitha], b. Aug. 10, 1767; m. Othniel **GAGER**	2	315
Rebeckah, m. Othniel **GAGER**, Aug. 25, 1790, by Sam[ue]ll, Nott Clerk	1	36
Ricardo, m. Lydia **LADD**, b. of Franklin, Mar. 2, 1805	1	75
Samuel, s. [Jonathan & Joanna], b. Sept. 14, 1722; m. L. **FITCH**	2	315

BARBOUR COLLECTION

	Vol.	Page
RUDD (cont.),		
Samuel, [s. Jonathan & Tabitha], b. 1771; m. Cornelia **ANNA**	2	315
Samuel, d. Sept. 22, 1795	1	2
Sarah, [d. Nathaniel & Abigail (**HARTSHORN**)], b. Jan. 23, 1712	2	314
Sarah, m. Philemon **WOOD**, of Windham, Nov. 26, 1761, by Ebenezer Hartshorn, J. P.	2	6
Susanna, [d. Nathaniel & Abigail (**HARTSHORN**), b. May 15, 1719	2	314
Tabitha, w. Jonathan, d. Sept. 19, 1829, ae 84	2	315
Talitha, d. Sept. 19, 1827, ae 84	1	2
Wyllys, s. Prosper & Eliza, b. Feb. 12, 1794; d. Aug. 3, 1795	1	3
Wyllys Lord, s. Prosper & Eliza, b. Oct. 19, 1796	1	3
RUDE, Hannah, d. Apr. 13, 1793	1	25
SABIN, Anna, m. Levi **GAGER**, May 23, 1783, by Sam[ue]ll Nott, Clerk	1	40
Anna, wid. Dea. Benajah, d. July 15, 1804, ae 85	1	190
Anna, w. Capt. Benajah, d. July 15, 1804, ae 84	2	54
Anna, wid. Elijah, d. July 6, 1809	1	100
Benajah, Capt., d. June 17, 1792, ae 72	2	54
Chloe, d. Nov. 20, 1822, ae 66	2	54
Elijah, of Franklin, m. Abigail **LUCE**, of Windham, June 23, 1789	1	100
Eunice, d. B[ ], and w. David Ladd, d. Feb. 24, 1808, ae 49	1	151
Francis, d. Oct. 15, 1853, ae 43	2	103
Jedediah, m. Lydia **ARMSTRONG**, Dec. 24, 1796, by Samuel Nott, Clerk	1	75
John, d. Mar. 4, 1853, ae 64	2	103
Lydia S., w. Francis, d. Feb. 26, 1854, ae 28	2	103
Nabby, d. June 28, 1840, ae 63	2	103
Oramel, s. Jedidiah & Lydia, b. Dec. 24, 1797	1	75
Permelia, d. Feb. 15, 1862, ae 78	2	103
Temperance, m. Simeon **HAZEN**, Feb. 28, 1810	1	139
Wealthy, d. July 10, 1832, ae 46	2	54
SAMPSON, SAMSON, Abigail, d. Aug. 8, 1820, ae 83	2	187
Apollos, s. Jonathan & Clarissa, b. Dec. 1, 1793	1	154
Apollos, [s. Jonathan & Clarissa], d. Apr. 30, 1813	1	154
Betsey, d. Jona[tha]n & Clarissa, b. Sept. 28, 1788	1	154
Calvin, s. Jon[atha]n & Clarissa, b. Dec. 1, 1804	1	154
Clarissa, d. Jon[atha]n & Clarissa, b. Feb. 20, 1799	1	154
Clarissa, w. Jonathan, d. May 5, 1813	1	154
David, twin with Jonathan, s. Jona[tha]n & Clarissa, b. Feb. 15, 1786	1	154
Eunice, d. Jos[eph], and w. Asahel Smith, d. Nov. 21, 1800, ae 33	1	190
Jonathan, m. Clarissa **HYDE**, of Franklin, Nov. 7, 1784, by Samuel Nott, Pastor	1	154
Jonathan, twin with David, s. Jona[tha]n & Clarissa, b. Feb. 16, 1786	1	154
Joseph, d. Sept. 8, 1819, ae 84	2	187
Levi, s. Jon[athan] & Clarissa, b. Sept. 28, 1796	1	154

	Vol.	Page
SAMPSON, SAMSON (cont.),		
Mary, d. Dec. 9, 1810, ae 34	2	187
Nabba, of Franklin, m. Simeon **HAZEN**, Dec. 16, 1790, by Samuel Nott, Clerk	1	46
SANFORD, Asa, s. Kingsbury & Lavina, b. Sept. 20, 1789	1	71
Bethiah, m. Bela **ARMSTRONG**, Dec. 19, 1775, by John Ellis, Clerk	1	56
Ezra, s. Kingsbury & Lavina, b. Sept. 5, 1785	1	71
Giles, s. Kingsbury & Lavina, b. Sept. 18, 1783	1	71
Hannah, m. Andrew **LADD**, Apr. 17, 1788, by Sam[ue]ll Nott, Clerk	1	16
Joseph, s. Kingsbury & Lavina, b. Sept. 29, 1778	1	71
Kingsbury, s. Kingsbury & Lavina, b. Nov. 16, 1792	1	71
Laura, d. Kingsbury & Lavina, b. Apr. 20, 1799	1	71
Lavina, d. Kingsbury & Lavina, b. Aug. 28, 1787	1	71
Ralph, s. Kingsbury & Lavina, b. Jan. 13, 1781	1	71
Rodney, s. Kingsbury & Lavina, b. Feb. 25, 1794	1	71
SCOTT, Abigail, w. Joseph, d. Sept. 26, [1819], ae 82	2	250
Anna, d. Silas & Betsey, b. Sept. 3, 1801	1	83
Austin, s. Silas & Betsey, b. Nov. 11, 1805	1	83
Betsey, d. Silas & Betsey, b. Sept. 3, 1807	1	83
Charlotte, of Franklin, m. John **SCOTT**, of Mansfield, [ ], 1850, by Rev. Samuel Nott	2	308
David, of Franklin, m. Lucy **PERIGO**, of Lisbon, Oct. 4, 1810	1	103
David, d. Mar. 16, 1814	1	103
David, d. Mar. 16, 1814, ae 26	2	134
David Andrew, s. David & Lucy, b. Sept. 5, 1813	1	103
Ezra, d. Nov. 22, 1796, ae 20	2	94
Fanny M., d. Silas & Betsey, b. Feb. 16, 1816	1	83
Fanny M., d. Silas & Betsey, b. Feb. 16, 1816; d. Aug. 1833, ae 17	2	114
Harriot,. d. Silas & Betsey, b. Sept. 11, 1799	1	83
Harriet, d. May 27, 1832, ae 32	2	114
John, of Mansfield, m. Charlotte **SCOTT**, of Franklin, [ ], 1850, by Rev. Samuel Nott	2	308
Joseph, d. Oct. 21, 1819, ae 77	2	250
Lois L., m. Wait S. A. **STRICKLAND**, Apr. 4, 1833, by Cornelius B. Everest	1	145
Lucius, s. Silas & Betsey, b. July 7, 1809	1	83
Lucius, m. Margaret F. **LADD**, b. of Franklin, May 2, 1833, by Rev. Hiel Fillmore	1	214
Nancy, d. David & Lucy, b. Mar. 10, 1812	1	103
Palmer, s. Silas & Betsey, b. July 1, 1811	1	83
Polly, w. Ichabod, d. Dec. 31, 1796, ae 84	2	93
Ruth A., m. Ezekiel H. **LADD**, b. of Franklin, Jan. 1, 1837, by Dea. Comfort D. Fillmore	1	220
Silas, m. Betsey **PERRY**, Apr. 16, 1798	1	83
Silas, d. Dec. 31, 1859, ae 88	2	114
Sophia, d. Silas & Betsey, b. Aug. 16, 1803	1	83

	Vol.	Page
SCOTT (cont.),		
Sophia, of Franklin, m. Dudson **DOWNER**, of Lebanon, Nov. 19, 1840, by Dea. Comfort D. Fillmore	1	225
SEERS, Jerusha, d. Mary Taylor, d. Dec. 23, 1803, ae 36	1	190
SHERMAN, Abiel, of Norwich, m. Wealthy **TRACY**, of Franklin, Feb. 27, 1823, by Esek Brown, of Lebanon	1	164
Charles B., of Norwich, m. Lydia L. **MANNING**, of Franklin, Feb. 26, 1826, by Comfort D. Fillmore, J. P.	1	75
SHOLES, Abel, s. Minor & Abiga[i]l, b. May 23, 1790	1	13
Dolley Hartshorn, d. Minor & Abigail, b. Jan. 24, 1815	1	13
Eunice, d. Minor & Abiga[i]l, b. Mar. 18, 1806	1	13
Gurdon Abell, s. Minor & Abigail, b. Feb. 9, 1811	1	13
James, s. Minor & Abiga[i]l, b. Jan. 27, 1792	1	13
John, s. Minor & Abiga[i]l, b. Aug. 12, 1786	1	13
Laura, d. Minor & Abiga[i]l, b. June 18, 1802	1	13
Mary, d. Minor & Abiga[i]l, b. Mar. 10, 1788	1	13
Mary A., of Franklin, m. Charles **JOHNSON**, of Norwich, Oct. 15, 1809, by Samuel Nott, Pastor	1	117
Minor, of Norwich, m. Abiga[i]l **CHAPPEL[L]**, of Lebanon, Mar. 16, 1786, by Sam[ue]ll Nott, Clerk	1	13
Minor, s. Minor & Abiga[i]l, b. Nov. 29, 1797	1	13
Nabby, d. Minor & Abiga[i]l, b. Dec. 30, 1793; d, May 11, 1795; d. Minor & Abiga[i]l, b. Dec. 24, 1795	1	13
Patten Fitch, s. Minor & Abiga[i]l, b. July 24, 1799	1	13
SMITH, Abner, m. Rebecca, d. Jonathan **RUDD**, who was b. Jan. 14, 1727	2	315
Andrew Backus, [s. Backus & Laura], b. Agu. 23, 1818	1	161
Anna, d. Andrew & Allice, b. Jule 11, 1790	1	28
Asher Ladd, s. Shubael & Milla, b. Apr 29, 1803	1	83
Backus, s. Andrew & Allice, b. Aug. 17, 1792	1	28
Backus, m. Laura **BACKUS**, Mar. 16, 1817, by Samuel Nott, Pastor	1	161
Beriah Hartshorn, s. Joshua & Elisabeth, b. June 11, 1803	1	73
Betsey, m. Eliud **SMITH**, July 3, 1798, by Samuel Nott, Clerk	1	78
Caesar, d. Feb. 1, 1813, ae 88. A black man.	1	191
Charles Edward, [s. Backus & Laura], b. Jan. 24, 1831	1	161
Christopher, s. Andrew & Allice, b. Feb. 23, 1795	1	28
Clemmons, of Smithfield, R. I., m. Lydia T. **PECK**, of Franklin, Jan 25, 1838, by Samuel Nott, Pastor	1	222
David, twin with Jonathan, s. Samuel & Rebecca, b. Jan. 27; d. Jan. 28, 1784	1	54
Diantha, d. Shubael & Milla, b. Aug. 6, 1805	1	83
Diansa, of Franklin, m. Charles W. **THOMAS**, of Lebanon, Mar. 21, 1825, by Samuel Nott, Pastor	1	98
Dwight R., of Colchester, m. M. Louisa **AVERY**, of Franklin, Jan. 7, 1854, by Rev. J. R. Avery	2	312
Ednah, m. Lee **ARMSTRONG**, Jan. 6, 1780	1	50
Eliud, m. Betsey **SMITH**, July 3, 1798, by Samuel Nott, Clerk	1	78
Eliza L., of Plainfield, m. Albert D. **PERRY**, of Lisbon, Mar. 22,		

	Vol.	Page
SMITH (cont.),		
1847, by Dea. C. D. Fillmore	2	291
Ella I (Ella J.), d. Prentice O. & Eliza Jane, b. Dec. 28, 1854	2	89,102
Emilie R., of Franklin, m. William B. **LATHROP**, of Norwich, Oct. 14, 1851, by Rev. George Justis Harrison	2	309
Eunice, of Franklin, m. Ebenezer **EDGERTON**, Mar 24, 1791, by Sam[ue]ll Nott, Clerk	1	31
Eunice, w. Asahel, d. Nov. 4, 1800, ae 33	2	9
Eunice, w. Asahel, and d. Jos[eph]**SAMSON**, d. Nov. 21, 1800, ae 33	1	190
Frances H., of Franklin, m. Hezekiah **HUNTINGTON**, Oct. 11, 1853, by Rev. J. R. Avery	2	311
Frank Hamilton, s. John O. & Abby S., b. May 28, 1852	2	119
George, of Middletown, R. I., m. Hannah **HARTSHORN**, of Franklin, Oct. 12, 1820, by Samuel Nott, Pastor	1	171
Hannah B., of Franklin, m. Alpheus **KINGSLEY**, Jr., of Bozrah, Feb. 4, 1821, by Samuel Nott, Pastor	1	176
Hannah Barstow, d. Joshua & Elisabeth, b. Sept. 13, 1800	1	73
Hariot, of Franklin, m. Jesse **BIRCHARD**, Jr., of Bozrah, Nov. 4, 1797, by Samuel Nott, Clerk	1	76
Harriet C., of Franklin, m. Otis **DIMOCK**, of Willimantic, Sept. 12, 1849, by Samuel Nott, Pastor	2	299
Jared Hyde, s. Joshua & Elisabeth, b. Nov. 29, 1811	1	73
John, d. Apr. 27, 1808	1	83
John O., of Franklin, m. Abby S. **KING**, of Lebanon, Aug. 25, 1841, by Rev. Israel T. Otis	2	119
John P., m. Rachel F. **ELLIS**, b. of Franklin, Mar. 25, 1824, by Samuel Nott, Pastor	1	123
John Pomeroy, s. Shubael & Milla, b. Feb. 13, 1801	1	83
Jonathan, twin with David, s. Samuel & Rebecca, b. Jan. 27; d. Jan. 28, 1784	1	54
Joseph, of Norwich, m. Caroline M. **LADD**, of Franklin, July 21, 1844, by Dea. Comfort D. Fillmore	2	64
Joshua, 3d, m. Elisabeth **HARTSHORN**, Feb. 18, 1797, by Samuel Nott, Clerk	1	73
Joshua, Capt., d. Oct. 4, 1798, ae 69	2	101
Joshua, Sr., d. Oct. 6, 1805, ae 67	1	73
Joshua, s. Joshua & Elisabeth, b. Mar. 1, 1809	1	73
Joshua, d. Mar. 17, 1813, ae 38	1	73
Leonard Owen, s. Prentice O. & Eliza Jane, b. Jan. 18, 1843	2	89, 102
Levia, d. Sam[ue]ll & Rebecca, b. May 12, 1788	1	54
Louisa Augusta, d. Prentice O. & Eliza Jane, b. Nov. 3, 1844, or Nov. 5, 1844	2	89, 102
Lovell King, s. Prentice O. & Eliza Jane, b. Oct. 1, 1841	2	89, 102
Martha, m. Dan **HASTINGS**, Nov. 26, 1801, by Sam[ue]l Nott, Clerk	1	91
Mary Melissa, d. W[illia]m & Betsey, b. Mar. 8, 1829	1	100
Milla, d. Shubael & Milla, b. Mar. 9, 1799	1	83
Milla, of Franklin, m. Chauncey **ACKLEY**, of East Haddam, Dec.		

	Vol.	Page

SMITH (cont.),

6, 1821, by Samuel Nott, Pastor	1	61
Mindwell, w. John, d. Apr. [ ], 1837	1	83
Nathan Fay, [s. Backus & Laura], b. Feb. 22, 1822	1	161
Obadiah, d. Apr. 13, 1797	1	25
Olive, d. Sam[ue]ll & Rebecca, b. Apr. 24, 1785	1	54
Oliver, m. Eunice **ABELL**, of Franklin, Apr. 7, 1793, by Sam[ue]ll Nott, Clerk	1	38
Owen Shapley, s. John O. & Abby S., b. June 29, 1848	2	119
Pearly, s. Sam[ue]ll & Rebecca, b. Mar. 15, 1790	1	54
Prentice O., of Franklin, m. Eliza J. **KING**, of Lebanon, Apr. 29, 1840, in Goshen Society, by Rev. Israel T. Otis	2	102
Rachel, of Franklin, m. Samuel **ELLIS**, Mar. 17, 1791, by Sam[ue]ll Nott, Clerk	1	49
Rhoda, m. Hazen **LADD**, Apr. 8, 1792, by Samuel Nott, Clerk	1	57
Roswell Chamberlain, s. Shubael & Milla, b. Apr. 6, 1797	1	83
Roswell S., of Oxford, N. H., m. Sarah E. **HEWLETT**, of Franklin, Feb. 4, 1850, by Rev. F. H. Bill	2	303
Ruth, d. Andrew & Allice, b. May 20, 1797	1	28
Samuel, m. Rebecca **ARMSTRONG**, May 9, 1782, by Eben[eze]r Hartshorn, J. P.	1	54
Samuel, s. Sam[ue]ll & Rebecca, b. Oct. 28, 1791	1	54
Sarah, d. Eliud & Betsey, b. Jan. 18, 1799	1	78
Shubael, of Franklin, m. Milla **CHAMBERLAIN**, of Hebron, Apr. 14, 1796	1	83
Shubael, d. Dec. 24, 1858, ae 78	2	113
Sophia, of Montville, m. Rev. George **MAY**, of East Windsor, Oct. 28, 1833, by Heman Perry	1	161
Susan Palmer, d. Lewis A. & Sophia, b. May 9, 1838	1	201
Thankful, d. Andrew & Allice, b. May 22, 1788	1	28
Thankful, w. Thomas, d. Aug. 9, 1851, ae 93	2	211

SPAFFORD, Mary, m. Lee **ARMSTRONG**, Dec. 22, 1817, by Rev. Fisher — 1 — 188

SPARKS, Henry S., of Glastonbury, m. Clarissa B. **EAMES**, of Lisbon, Mar. 2, 1834, by Henry Hazen, J. P. — 1 — 31

SPENCER, Sarah, of East Haddam, m. Ezekiel **CROCKER**, of Norwich, Dec. 19, 1759 — 1 — 34

STANTON, Betsey W., m. Henry H. **HAZEN**, b. of Franklin, May 9, 1843, by Samuel Nott, Pastor — 1 — 251

Robert, Jr., of Windham, m. Harriet **LADD**, of Franklin, Feb. 17, 1824, by Ira Abell, J. P. — 1 — 92

STARKEWE[A]THER, W[illia]m, s. John & Hannah, b. July 5, 1796 — 1 — 110

STARR, Abiga[i]ll, wid., m. Lieut. Hezekiah **TRACY**, Feb. 1, 1795, by Samuel Nott — 1 — 65

Betsey, m. James **HYDE**, Feb. 18, 1796, by Samuel Nott, Clerk — 1 — 68

STEAD, Benjamin F., of Norwich, m. Marynett T. **AYER**, of Franklin, Oct. 25, 1846, by Samuel Nott, Pastor — 1 — 253

Owen, of Norwich, m. Jane A. **LADD**, of Franklin, Sept. 27, 1829, by Rev. Leonard B. Griffing — 1 — 106

	Vol.	Page
STEARNS, Oliver, of Mansfield, m. Lydia HYDE, 2d, of Franklin, Sept. 1, 1825, by Samuel Nott, Pastor	1	172
Shepherd, of Mansfield, m. Lucy HYDE, of Franklin, Nov. 29, 1827, by Samuel Nott, Pastor	1	148
STERDESANT, Albert, of Danvill, Vt., m. Eliza DUNBAR, of Norwich, Sept. 9, 1838, by Samuel Nott, Pastor	1	178
STODDARD, Anner, wid. Solomon, d. Nov. 10, 1798, ae 86	1	190
Hannah, w. Solomon, d. Sept. 29, 1824, ae 92	2	146
Solomon, d. Sept. 4, 1813, ae 82	1	113
STORY, Daniel, m. Martha AYER, b. of Norwich, Jan. 13, 1761, by Ebenezer Hartshorn, J. P.	2	2
Ephraim, d. May 27, 1794, ae 77	2	84
Irena, d. W[illia]m, decd., d. Sept. 16, 1814, ae 28	1	191
Thomas, m. Alice ROUSE, Oct. 2, 1763, by Ebenezer Hartshorn, J. P.	2	6
STRICKLAND, Wait S. A., m. Lois L. SCOTT, of Franklin, Apr. 4, 1833, by Cornelius B. Everest	1	145
SUMNER, Elisabeth, of Pomphret, m. Eli HARTSHORN, of Franklin, June 10, 1795, by Walter Lyon, Pastor	1	74
Lucy, of Ashford, m. Roswell HASTINGS, of Norwich, Mar. 18, 1784, by Andrew Judson, Pastor	1	15
SWEET, Armida H., d. Stephen & Matilda, b. Oct. 2, 1839	2	236
Benjamin R., of Exeter, R. I., m. Elizabeth L. ABELL, of Lisbon, Apr. 15, 1849, by Rev. Hiram P. Arms	2	301
Benoni, s. Stephen & Matilda, b. July 11, 1836	2	236
Charles E., s. Stephen & Matilda, b. June 23, 1845; d. Jan. 26, 1849	2	236
Cha[rle]s F., d. Mar. 23, 1855	2	114
Clara P., [d. Stephen & Phebe], b. Dec. 11, 1861	2	236
Cornelia F., d. Stephen & Matilda, b. Mar. 21, 1834; d. Dec. 5, 1865, ae 31	2	236
Ella L., [d. Stephen & Phebe], b. Aug. 9, 1852	2	236
Hannah E., [d. Stephen & Phebe], b. Feb. 9, 1856	2	236
Harriet E., d. Thomas & Cloa, b. May 24, 1850	2	306
Harriet Eliza, d. Stephen & Matilda, b. May 23, 1837	2	236
James D., [s. Stephen & Phebe], b. May 16, 1854	2	236
John Byron, [s. Stephen & Phebe], b. May 16, 1854	2	236
Lydia Ann, d. Stephen & Matilda, b. Nov. 22, 1829	2	236
Lydia Ann, m. Asahel ARMSTRONG, Jan. 26, 1848, by Samuel Nott, Pastor	2	296
Mary C., of Franklin, m. Benjamin M. BARBER, of South Kingstown, R. I., Mar. 15, 1842, by Samuel Nott, Pastor	1	238
Sarah J., d. Aug. 14, 1858, ae 22	2	306
Sarah M., of Franklin, m. Benjamin F. GREENSLIT, Nov. 7, 1848, by Rev. John C. Nichols	2	302
Sarah Matilda, d. Stephen & Matilda, b. Oct. 10, 1831	2	236
Stephen, m. Matilda ARMSTRONG, Jan. 28, 1829, by Samuel Nott, Pastor	1	201
Stephen, m. (3), Phebe HEATH, widow of Thomas HEWLING	2	236

	Vol.	Page
SWIFT, Edward, of Windham, m. Eliza **JOHNSON**, of Franklin, Oct. 13, 1824, by Rev. Samuel Nott	1	32
Henry, of Windham, m. Sally E. **AVERY**, of Franklin, at Samuel Avery's, in Franklin, Nov. 24, 1825, by Rev. Esek Brow[n], of Lebanon	1	131
TAYLOR, TAILOR, Hannah, m. Stephen **CHAPMAN**, Jan. 1, 1776	1	21
Hannah, m. Stephen **CHAPMAN**, Jan. 1, 1776	1	193
Jerusha, d. Mary, b. Oct. 16, 1767; d. Dec. 23, 1803	1	68
John, d. Apr. 26, 1799, ae 76. A foreigner	1	190
John, d. Jan. 29, 1809, ae 79	2	54
Lydia, of Norwich, m. James Jarvis **HYDE**, Dec. 3, 1844, by Samuel Nott, Pastor	2	173
Mary, had d. Jerusha **SEERS**, who d. Dec. 23, 1803, ae 36	1	190
Mary, wid. John, d. Jan. 21, 1809, ae 80	1	190
Mary, w. John, d. Jan. 29, 1809, ae 79	2	96
Polly, of Union, m. Peter **ROBINSON**, of Lebanon, Feb. 19, 1794, at Union, by Solomon Wales, J. P.	1	140
Ruth P., of Mansfield, m. Nathaniel **HYDE**, Jr., of Franklin, Mar. 15, 1831, by Samuel Nott, Pastor	1	208
TENNY, Lucinda, of Lebanon, N.Y., m. John **ARMSTRONG**, Aug. 11, 1811	1	134
TEW, Martha, of Salem, m. Philip F. **LITTLE**, of Little Compton, R. I., at Franklin, Oct. 17, 1830, by Rev. William Palmer	1	142
THOMAS, Charles W., of Lebanon, m. Diansa **SMITH**, of Franklin, Mar. 21, 1825, by Samuel Nott, Pastor	1	98
T[H]OM[P]SON, Sally, m. William **JONES**, Feb. 22, 1801, by Silas Hartshorn, Esq.	1	41
THORNTON, Samuel, s. Samuel, d. Jan. 1, 1858, ae 10	2	99
THROOP, Betsey, d. Cary & Elisabeth, b. Nov. 29, 1793	1	30
Cary, m. Elisabeth **LYMAN**, Nov. 26, 1789, at Lebanon, by Rev. Z. Ely	1	30
Sarah, d. Cary & Elisabeth, b. Sept. 7, 1790	1	30
Sarah, of Lebanon, m. Amos **GAGER**, of Franklin, Sept. 18, 1791	1	111
Sarah, wid., d. Nov. 8, 1791	1	43
TILDEN, Thomas B., of Lebanon, m. Abigail H. **HYDE**, of Franklin, Feb. 9, 1825, by Samuel Nott, Pastor	1	184
TITUS, Alfred, d. Apr. 12, 1854, ae 18	2	104
TORREY, Wealthy, d. Micajah, d. Dec. 24, 1821, ae 37	1	90
TRACY, Ad[a]line, d. Eleaz[e]r & Pruda, b. July 26, 1807	1	80
Adaline, of Franklin, m. A. W. **LANGDON**, of New York, Nov. 26, 1829, by Samuel Nott, Pastor	1	175
Alice Abel, d. Harley H. & Martha A., b. Mar. 29, 1827	1	86
Almond, s. Oliver & Lydia, b. Nov. 18, 1800	1	64
Almond, m. Abby Jane **HUNTINGTON**, Nov. 4, 1846, by Samuel Nott, Pastor	1	253
Almond, d. Aug. 8, 1861, ae 60 y. 8 m.	2	90
Andrew Williams, s. Peter & Nabby, b. Apr. 7, 1805	1	23
Asa B., m. Sabrina **DEAN**, b. of Franklin, July 16, 1843, by Samuel Nott, Pastor	2	278

	Vol.	Page
TRACY (cont.),		
Asa B., d. Mar. 31, 1849, ae 33	2	278
Asa Brockway, s. Dudley, Jr. & Emma, b. Mar. 31, 1816; d. Mar. 31, 1849, ae 33	1	145
Asa Kingsbury, s. Dudley & Sarah, b. Feb. 6, 1804	1	120
Azel, s. Dudley & Sarah, b. July 7, 1795	1	120
Bela, s. Gurdon & Eunice, b. Aug. 23, 1793; d. June 4, 1795	1	36
Bela, s. John, Jr. & Easter, b. Apr. 19, 1794	1	3
Benjamin Frank[lin], s. Harley H. & Martha A., b. May 6, 1834	1	86
Bethiah, w. John, d. Dec. 13, 1803	1	96
Bethiah J., m. Willard G. **PEMBER**, b. of Franklin, Apr. 1, 1827, by Samuel Nott, Pastor	1	196
Bethiah Johnson, d. Eras[tu]s & Clarissa, b. Nov. 3, 1803	1	58
Bethiah Williams, d. Eleaz[e]r & Pruda, b. June 20, 1803	1	80
Carlos, s. Eleaz[e]r & Pruda, b. Aug. 8, 1793	1	80
Car[o]line Augusta, d. Dudley & Sarah, b. Jan. 24, 1808	1	120
Chandler, s. Dudley & Sarah, b. June 9, 1788	1	120
Charles H., m. Almira **FARGO**, Feb. 8, 1826, by Samuel Nott, Pastor	1	195
Charles Huntington, s. Eras[tu]s & Clarissa, b. Oct. 4, 1801	1	58
Chester, s. Calvin & Elisabeth, b. Nov. 6, 1787	1	14
Chester Payne, s. Stephen & Sally, b. Aug. 14, 1817; d. Feb. 5, 1818	1	148
Clara, d. Elisha & Dorothy, b. Nov. 19, 1790; d. May 31, 1795	1	10
Clara, d. Gurdon & Eunice, b. May 9, 1798	1	36
Clarissa, d. Eras[tu]s & Clarissa, b. Aug. 16, 1799	1	58
Clarissa, [w. Erastus], d. Dec. 11, 1838, ae 66	1	58
Cornelia Jane, d. Cha[rle]s H. & Almira, b. Aug. 10, 1829	1	195
Cynthia, d. Eleaz[e]r & Pruda, b. Mar. 13, 1790	1	80
Dolly Ann Elizabeth, d. Gurdon & [Eunice], b. Jan. 15, 1810	1	36
Dorothy, d. at Scotland, Feb. 1, 1838	1	10
Dudley, m. Sarah **KINGSBURY**, b. of Franklin, formerly Norwich, Nov. 3, 1784	1	120
Dudley, s. Dudley & Sarah, b. Jan. 8, 1786	1	120
Dudley, Jr., m. Emma **ELLIS**, Apr. 17, 1811, by Samuel Nott, Pastor	1	145
Dudley, d. Mar. 18, 1839	2	154
Dudley, s. Dudley, d. Oct. 12, 1852, ae 67	2	154
Dyer, s. Peter & Nabby, b. June 19, 1791	1	23
Ebenezer Hartshorn, s. Peter & Nabby, b. July 13, 1798	1	23
Edwin Day, s. Jabez H. & Hannah B., b. Feb. 19, 1836	1	205
Eleazer, m. Pruda **ROGERS**, of Franklin, Sept. 14, 1788, by Sam[ue]ll Nott, Clerk	1	80
Eleazer, s. Eleaz[e]r & Pruda, b. Sept. 28, 1791	1	80
Elijah Abell, s. Harley H. & Martha A., b. Sept. 28, 1841	2	117
Eliphalet, d. Mar. 21, 1807	1	10
Elisha, d. Jan. 27, 1808	1	10
Eliza, d. James & Ruth, b. Oct. 9, 1792; d. Apr. 16, 1799	1	62
Eliza, d. Eleaz[e]r & Pruda, b. Aug. 11, 1798	1	80

TRACY (cont.),

	Vol.	Page
Eliza, d. Hiel & Susanna, b. Oct. 26, 1800	1	69
Elisabeth, d. Calvin & Elisabeth, b. Nov. 4, 1789; d. June 28, 1795	1	14
Elisabeth, d. Calvin & Elisabeth, b. June 17, 1796	1	14
Elizabeth, d. Dudley & Sarah, b. Aug. 29, 1790; d. at Carthage, Oneida Co., N.Y., Nov. 27, 1838, ae 48	1	120
Elisabeth, w. Hezekiah, d. Nov. 9, 1791	1	65
Elizabeth Hill, d. Eleaz[e]r & Pruda, b. June 11, 1800; d. Aug. 24, 1820	1	80
Ellen Sophia, d. Jabez H. & Hannah B., b. Dec. 19, 1833	1	205
Emily, d. John, Jr. & Est[h]er, b. Nov. 8, 1798	1	3
Emma, w. Dudley, Jr., d. Mar. 31, 1823, ae 31	1	145
Emma Elvira, d. Peter & Nabby, b. Jan. 6, 1813	1	23
Erastus, m. Clarissa PRENTICE, of Franklin, Nov. 29, 1792, by Samuel Nott, Clerk	1	58
Erastus, d. Mar. 1, 1832, ae 61	1	58
Erastus Philip, s. Harley H. & Martha A., b. Mar. 5, 1829	1	86
Est[h]er, d. John, Jr. & Est[h]er, b. Nov. 10, 1796	1	3
Esther, w. Josiah, d. Aug. 30, 1799	1	19
Eunice, d. Gurdon & Eunice, b. Aug. 22, 1795	1	36
Eunice E., m. James H. HYDE, b. of Franklin, Mar. 29, 1831, by Samuel Nott, Pastor	1	209
Eunice Eliza, d. Joshua & Sally, b. Aug. 13, 1811	1	104
Fitch R., m. Charlotte W. GAGER, Apr. 7, 1830, by Samuel Nott, Pastor	1	210
Fitch Rogers, s. Eleaz[e]r & Pruda, b. Mar. 30, 1806	1	80
Frances Emily, d. Cha[rle]s H. & Almira, b. Feb. 14, 1827	1	195
George Albert, s. [Joseph P. & Angelina R.], b. Apr. 11, 1851	1	254
Gurdon, m. Eunice PACKARD, of Franklin, Jan. 30, 1791, by Samuel Nott, Clerk	1	36
Gurdon Huntington, s. Calvin & Elisabeth, b. July 13, 1798	1	14
Harley H., m. Martha A. BILL, Jan. 12, 1823, by Samuel Nott, Pastor	1	86
Harle Hi, s. Eras[tu]s & Clarissa, b. Sept. 2, 1796	1	58
Harriot, d. John, Jr. & Easter, b. May 16, 1792	1	3
Henry B., m. Caroline BACKUS, Apr. 5, 1838, by Samuel Nott, Pastor	1	129
Henry Brown, s. Joshua & Sally, b. Sept. 22, 1805	1	104
Henry Fitch, s. Jabez H. & Hannah B., b. June 22, 1838	1	205
Henry Nelson, s. Joshua, Jr. & Abby Jane, b. Jan. 4, 1834	1	213
Hezekiah, s. Joshua & Sally, b. Feb. 27, 1792	1	104
Hezekiah, Lieut., m. wid. Abigail STARR, Feb. 1, 1795, by Samuel Nott	1	65
Hezekiah Abell, s. Harley H. & Martha A., b. Nov. 28, 1836	1	86
Hezekiah Huntington, s. Eleazer, Jr. & Hannah, b. Nov. 8, 1817; d. Sept. 4, 1821, ae 4	1	160
Hiel, m. Susanna GIFFORDS, of Franklin, Nov. 8, 1795, by Sam[ue]ll Nott, Clerk	1	69
Hiram Dunois, s. Cha[rle]s H. & Almira, b. Oct. 27, 1835	1	195

	Vol.	Page
TRACY (cont.),		
Horatio, s. Dudley & Sarah, b. Mar. 27, 1800	1	120
Irena, d. Calvin & Elisabeth, b. July 2, 1792	1	14
Jabez Avery, s. Josiah, 3d & Polly, b. Apr. 26, 1798	1	73
Jabez H., m. Hannah B. **FILLMORE**, b. of Franklin, Dec. 30, 1832, by Rev. Daniel Dorchester	1	205
Jabez Hartshorn, s. Peter & Nabby, b. July 8, 1810	1	23
Jacob, s. Elisha & Dorothy, b. Feb. 2, 1787; d. Jan. 15, 1789	1	10
Jane Ellen, d. Joshua, Jr. & Abby J., b. Mar. 11, 1843	2	247
John, d. Aug. 20, 1786	1	2
John, d. Mar. 28, 1810	1	96
John, s. Harley H. & Martha A., b. May 8, 1831	1	86
John, s. Almond & Abby Jane, b. Aug. 21, 1847	1	253
Joseph, s. Charles H. & Almira, b. Feb. 27, 1832; d. Dec. 26, 1832	1	195
Joseph P., of Franklin, m. Angelina R. **KENYON**, of Willimantic, May 8, 1848, in Willimantic, by Rev. Tho[ma]s Dowling	1	254
Joseph Peck, s. Dudley, Jr. & Emma, b. Apr. 27, 1813	1	145
Joshua, s. Joshua & Sally, b. Oct. 15, 1808	1	104
Joshua, m. Martha **HASTINGS**, of Franklin, Dec. 26, 1824, by Samuel Nott, Pastor	1	104
Joshua, Jr., of Franklin, m. Abby J. **HOXSEY**, of Lebanon, Mar. 20, 1833, by Rev. Esek Brown	2	247
Joshua, d. Aug. 9, 1834	1	104
Josiah, 3d, m. Polly **BIRCHARD**, Feb. 20, 1796	1	73
Josiah, s. Josiah, 3d, & Polly, b. Oct. 1, 1796	1	73
Josiah, d. Mar. 26, 1803, ae 85	1	19
Josiah, d. Jan. 24, 1806, ae 76	1	80
Julia Francis, d. Eleaz[e]r & Pruda, b. Aug. 10, 1809	1	80
Loisa, d. Peter & Nabby, b. Oct. 2, 1808	1	23
Lucy, d. Gurdon & Eunice, b. Mar. 2, 1803	1	36
Lucy Clark, d. Dudley & Sarah, b. Dec. 22, 1802	1	120
Lura, d. Theophilus & Sarah, b. May 11, 1788	1	17
Lydia, d. Oliver & Lydia, b. Oct. 8, 1793; d. May 20, 1795	1	64
Lydia, d. Eleaz[e]r & Pruda, b. May 15, 1795	1	80
Lydia, w. Oliver, d. Mar. 5, 1826, ae 56	1	64
Lydia Ellis, d. Almond & Abby Jane, b. Dec. 18, 1855	2	289
Margaret, 3d, m. Abel **HYDE**, May 23, 1782, by Sam[ue]ll Nott, Clerk	1	24
Margaret, wid. Josiah, d. Sept. 6, 1821, ae 81	1	80
Margaret Pettis, d. Eliaz[e]r & Pruda, b. Jan. 28, 1802	1	80
Maria Louisa, d. Harley H. & Martha A., b. Jan. 26, 1824	1	86
Martha, wid. Joshua, d. Jan. 20, 1842	1	104
Martha Maria, d. Stephen & Sally, b. Jan. 31, 1815	1	148
Marvin, s. Joshua & Sally, b. Aug. 21, 1797	1	104
Mary, d. Calvin & Elisabeth, b. June 8, 1800	1	14
Mary Henday, d. Eleaz[e]r & Pruda, b. Nov. 23, 1811	1	80
Melissa, d. Hiel & Susanna, b. Aug. 8, 1798	1	69
Nabby B., d. Peter & Nabby, b. Aug. 26, 1802	1	23
N[a]omi, m. Joseph H. **WILLES**, Sept. 14, 1802, by Samuel Nott,		

	Vol.	Page
TRACY (cont.),		
Pastor	1	99
Nelson, s. Joshua & Sally, b. May 26, 1800	1	104
Oliver, m. Lydia, d. Jonathan **RUDD**, who was b. 1769	2	315
Oliver, m. Lydia **RUDD**, June 14, 1792, by Samuel Nott, Clerk	1	64
Oliver, s. Oliver & Lydia, b. Oct. 17, 1797	1	64
Oliver, d. May 8, 1846, ae 77	2	90
Patty, d. Joshua & Sally, b. May 21, 1795	1	104
Peter, m. Nabby **HARTSHORN**, b. of Franklin, Nov. 30, 1788, by Eben[eze]r Hartshorn, J. P.	1	23
Peter, s. Peter & Nabby, b. July 16, 1800	1	23
Peter, d. July 3, 1830	1	23
Polly, m. Ebenzer **PECK**, Aug. 5, 1798, by Samuel Nott, Clerk	1	79
Pruda, d. Eleaz[e]r & Pruda, b. Feb. 20, 1789	1	80
Pruda, w. Eleazer, d. Nov. 22, 1813, ae 47	1	80
Rachel, d. Eleaz[e]r & Pruda, b. Jan. 4, 1797	1	80
Rachel, of Franklin, m. Charles **PETTIS**, Jan. 8, 1815, by Samuel Nott, Pastor	1	146
Sally, d. Dudley & Sarah, b. Aug. 6, 1797	1	120
Sally, w. Joshua, d. June 25, 1821	1	104
Sally Wilson, d. Gurdon & Eunice, b. May 19, 1805	1	36
Samuel, d. Oct. 17, 1789	1	25
Samuel Rudd, s. Oliver & Lydia, b. July 10, 1795; d. Oct. 7, 1796	1	64
Sarah, d. May 3, 1809	1	10
Sarah, w. Dudley, d. Feb. 1, 1842	2	154
Simon, s. Peter & Nabby, b. May 3, 1796	1	23
Simon, of Norwich, m. Maria E. **ABELL**, of Lisbon, Dec. 13, 1835, by Dea. Comfort D. Fillmore	1	157
Sophia, d. Gurdon & Eunice, b. June 25, 1791	1	36
Sophia, m. Benjamin Sumner **HASTINGS**, b. of Franklin, Nov. 30, 1809, by Samuel Nott, Pastor	1	119
Sophia Williams, d. Peter & Nabby, b. Nov. 17, 1793	1	23
Sophronia Fuller, d. Stephen & Sally, b. June 9, 1816	1	148
Stephen, s. Joshua & Sally, b. Sept. 30, 1789	1	104
Stephen, m. Sally **HYDE**, of Franklin, Oct. 9, 1814, by Samuel Nott, Pastor	1	148
Susan, d. Gurdon & Eunice, b. Sept. 30, 1800	1	36
Ulysses, s. John, Jr. & Easter, b. Aug. 13, 1790; d. July 28, 1791	1	3
Uriah, s. Dudley & Sarah, b. Nov. 1, 1792	1	120
Uriah Ripley, s. Gurdon & Eunice, b. Apr. 26, 1807	1	36
Wealthy, d. Joshua & Sally, b. Aug. 26, 1802	1	104
Wealthy, of Franklin, m. Abiel **SHERMAN**, of Norwich, Feb. 27, 1823, by Esek Brown, of Lebanon	1	164
William John, s. Almond & Abby Jane, b. July 15, 1852	2	289
Zebediah Lathrop, s. John, Jr. & Easter, b. Oct. 8, 1786	1	3
TRAVIS, Charles Francis, s. John J. & Betsey, b. Dec. 12, 1828	1	33
Eunice E., of Franklin, m. Amasa B. **CONE**, of Willington, May 16, 1847, by Elder Ella Dunham	2	293
Eunice Elizabeth, d. John J. & Betsey, b. Mar. 31, 1824	1	33

	Vol.	Page
TRAVIS (cont.),		
John J., d. Feb. 4, 1862, ae 71	2	45
John Nelson, s. John J. & Betsey, b. May 9, 1826	1	33
Meriah Abigail, d. John J. & Betsey, b. Mar. 21, 1831	1	33
TUCKER, Arminda C., of Bozrah, m. Elisha S. **REYNOLDS**, of Norwich, Sept. 26, 1842, by Dea. Comfort D. Fillmore	1	247
TWEEDEY, Margarate, of Norwich, m. William H. **BABCOCK**, May 22, 1849, by Rev. Nathan Wildman	2	297
VARNUM, William, of New London, m. Mary A. F. **BREWSTER**, of Franklin, Mar. 23, 1847, by Samuel Nott, Pastor	2	290
WALDO, Rebecca, m. Capt. Nathaniel, s. Jonathan **RUDD**, who was b. May 22, 1684	2	314
Zac[c]heus, Jr., of Windham, m. Charlotte **AYER**, of Franklin, Apr. 29, 1823, by Samuel Nott, Pastor	1	108
WALES, James Moulton, s. Eliel & Anne, b. Aug. 22, 1811	1	92
Joseph Denison, s. Eliel & Anne, b. Mar. 22, 1797	1	92
Lydia, of Windham, m. Charles **LADD**, of Franklin, May 2, 1802, by Timo[thy] Larraby, J. P.	1	98
Ruby Armstrong, d. Eliel & Anne, b. Nov. 16, 1800	1	92
WALSWORTH, Hannah, w. Joshua and d. Ezekiel & Hannah **CROCKER**, d. Oct. 23, 1795	1	34
WARNER, Lucy A., m. John P. **JOHNSON**, June 13, 1836, by Samuel Nott, Pastor	1	218
WATERMAN, Daniel, s. Ezekiel, d. Jan. 16, 1803, ae 26	1	13
Ezekiel, m. Silence **BRETT**, b. of Norwich, June 10, 1762, by Ebenezer Hartshorn, J. P.	2	4
Ezekiel, m. wid. Ruth **HUNTINGTON**, Apr. 2, 1786, by Sam[ue]ll Nott, Clerk	1	13
Ezekiel, d. Feb. 24, 1808, ae 79	1	13
Ezekiel, d. May 19, 1819, ae 83	2	9
Patty, m. Azariah **ARMSTRONG**, b. of Franklin, Aug. 19 1798	1	81
Ruth, wid. Ezekiel, d. May 9, 1819, ae 83	1	13
Susannah, m. Joseph **HYDE**, Jr., Sept. 6, 1780, by Benj[ami]n Throop, Clerk	1	9
WATSON, Cyrus W., m. Clarissa **HAZARD**, b. said to be of Windham, Oct. 31, 1851, by Rev. Eli Hyde	2	173
WEAVER, Benjamin, d. Dec. 6, 1838	1	88
WEEKS, Henry W., m. Elizabeth E. **CUNNINGHAM**, of Abington, May 13, 1845, by Samuel Nott, Pastor	2	283
WELCH, Joseph, m. Lydia, d. Nathaniel **RUDD**, who was b. Apr. 12, 1715	2	314
WELLS, Albert G., of Lebanon, m. Elisabeth W. **PERKINS**, of Franklin, June 16, 1822, by Ira Abell, J. P.	1	164
WENTWORTH, Mary, of Norwich, m. Levi **HYDE**, of Franklin, Mar. 1, 1809, by Eli Hyde, J. P.	1	109
WEST, Sabrina, of Groton, m. Peter **PETTES**, of Franklin, Mar. 19, 1846, by Alpheus West, J. P., of Tompkins County, N. Y. Witness: Gurdon Cummings, of Groton	2	298
WHEELER, John, d. Feb. 28, 1813	1	12

	Vol.	Page
WHITE, John, of Groton, m. Lydia **ARMSTRONG**, of Franklin, Mar. 3, 1833, by Comfort D. Fillmore, J. P.	1	57
WHITING, Lucy, m. James **LATHROP**, June [ ], 1787	1	51
WHITMAN, Charles, m. Susanna **WILBUR**, Nov. 29, 1818, by Samuel Nott, Pastor	1	153
WIGHTMAN, Josiah Butts, s. Silas & Ruby, b. Feb. 1, 1800	1	86
Silas, s. Silas & Ruby, b. Dec. 6, 1802	1	86
WILBUR, WILLBUR, WILBER, WILBOUR, Harriet, of Franklin, m. Nathan **BENNET[T]**, of Windham, Sept. 25, 1836, by Samuel Nott, Pastor	1	219
Jeremiah, of Norwich, m. Elizabeth C. **BREWSTER**, of Franklin, Sept. 20, 1847, by Samuel Nott, Pastor	2	294
Joseph, s. Nicholas & Margaret, b. May 9 1812	1	25
Mary, m. Enoch **LADD**, Mar. 2, 1814, by Samuel Nott, Pastor	1	72
Susanna, m. Charles **WHITMAN**, Nov. 29, 1818, by Samuel Nott, Pastor	1	153
William, s. Nicholas & Margaret, b. June 13, 1814; d. Nov. 6, 1814	1	25
WILCOX, Charles Winthrop, s. John C. & Dorcas, b. Dec. 29, 1804	1	89
Hannah, d. John C. & Dorcas, b. Mar. 26, 1799	1	89
John Clark, s. John C. & Dorcas, b. Dec. 13, 1800	1	89
Mary, d. John C. & Dorcas, b. Dec. 24, 1802	1	89
WILLES, WILLS, [see also **WYLLYS**], Abel Huntington, s. Jabez & Nabby, b. Jan. 9, 1804	1	37
Abigail Pettis, d. Jabez & Nabby, b. Apr. 9, 1811	1	37
Anson Gleason, s. Joseph H. & Naomi, b. Oct. 7, 1826; d. Apr. 4, 1827	1	99
Catharine Janes, d. Joseph H. & Naomi, b. Apr. 17, 1817; d. Apr. 9, 1839	1	99
Celia Susan, d. Horatio & Floretta P., b. June 7, 1829	1	178
Daniel Ellis, s. Horatio & Susan P., b. Oct. 27, 1822	1	178
Eleazer, of Lebanon, d. Oct. 20, 1820, ae 40	1	191
Elisabeth, d. Jon[a]th[an] & Lydia, b. May 10, 1784	1	32
Elisabeth, w. Dea. Joshua, d. Nov. 8, 1814	1	59
Floretta P., m. Horatio **WILLES**, Sept. 14, 1828, by Samuel Nott, Pastor	1	178
Floretta P., w. Horatio, d. at Norwich, Sept. 14, 1839, ae 31	1	178
Floretta Perkins, d. Joseph H. & Naomi, b. Apr. 22, 1808; m. Horatio **WILLES**; d. at Norwich, Sept. 12, 1839	1	99
Harriet Tracy, d. Herman H. & Mary A., b. Dec. 25, 1845; d. Jan. 16, 1849	2	253
Harry, s. Jabez & Nabby, b. Aug. 25, 1797	1	37
Harry, s. Jabez & Nabby, d. Dec. 18, 1849, ae 52	2	50
Henry, s. Jabez & Nabby, b. Dec. 25, 1790; d. Oct. 21, 1795	1	36
Henry, d. Jan. 31, 1796	1	16
Hermon H., m. Mary A. **WOODWORTH**, of Franklin, Apr. 5, 1835, by Samuel Nott, Pastor	1	217
Hermon Huntington, twin with Hermione Warner, s. Joseph H. & Naomi, b. July 22, 1812	1	99
Herman Tracy, s. Herman H. & Mary A., b. Oct. 9, 1840	1	217

	Vol.	Page
WILLES, WILLS [see also WYLLYS] (cont.),		
Herman Tracy, s. Herman H. & Mary A., b. Oct. 9, 1840; d. Dec. 28, 1842	2	253
Hermione Warner, twin with Herman Huntington, d. Joseph H. & Naomi, b. July 23, 1812; d. Apr. 1, 1813	1	99
Horatio, s. Jabez & Nabby, b. Apr. 26, 1800	1	37
Horatio, m. Susan P. **ELLIS**, Oct. 24, 1821, by Samuel Nott, Pastor	1	178
Horatio, m. Floretta P. **WILLES**, Sept. 14, 1828, by Samuel Nott, Pastor	1	178
Huntington, s. Jabez & Nabby, b. Apr. 13, 1793; d. Nov. 8, 1802	1	36
Jabez, m. Nabby **ABELL**, of Franklin, Mar. 11, 1790, by Sam[ue]ll Nott, Clerk	1	36
Jabez, d. May 28, 1814, ae 48	1	37
James Warner, s. Herman H. & Mary A., b. June 10, 1848; d. Feb. 6, 1849	2	253
John, s. Jon[a]th[an] & Lydia, b. Dec. 30, 1786	1	32
Jonathan, m. Lydia **PERIGO**, Nov. 5, 1778, by Andrew Lee, Clerk	1	32
Joseph H., m. N[a]omi **TRACY**, Sept. 14, 1802, by Samuel Nott, Pastor	1	99
Joseph Hunt Chappel[l], s. Joseph H. & Naomi, b. Apr. 5, 1804; d. July 7, 1820	1	99
Joseph Josiah, s. Hermon H. & Mary A., b. Feb. 26, 1836	1	217
Joseph Josiah, s. Herman H. & Mary A., b. Feb. 26, 1836; d. Dec. 28, 1842	2	253
Joshua, m. Martha **EDGERTON**, b. of Norwich, Sept. 30, 1760, by Ebenezer Hartshorn, J. P.	2	82
Joshua, Dea., m. Elisabeth **BUSHNELL**, of Lisbon, Feb. 14, 1793, by Abraham Lee, Clerk	1	59
Joshua, Dea., d. Dec. 2, 1815	1	59
Joshua Henry, s. Joseph H. & Naomi, b. Mar. 25, 1824; d. Apr. 26, 1830	1	99
Josiah Tracy, s. Joseph H. & Naomi, b. Jan. 20, 1810	1	99
Josiah Tracy, s. Joseph H. & Naomi, d. Nov. 30, 1843	2	131
Laurin, s. Jabez & Nabby, b. June 29, 1795	1	37
Lucinda, d. Jon[a]th[an] & Lydia, b. July 29, 1779	1	32
Lucy Peck, d. Joseph H. & Naomi, b. Apr. 20, 1806; d. May 14, 1821	1	99
Lydia, d. Dec. 16, 1816, ae 91	1	59
Margaret S. E., of Franklin, m. George **AVERY**, of Norwich, Nov. 18, 1839, by Samuel Nott, Pastor	1	223
Margaret Selina Elmiet, d. Joseph H. & Naomi, b. Mar. 14, 1821	1	99
Martha, of Franklin, m. Jonathan **PECK**, Oct. 14, 1790, by Sam[ue]ll Nott, Clerk	1	37
Mary Abell, d. Jabez & Nabby, b. Nov. 5, 1807	1	37
Mary Naomi, d. Herman H. & Mary A., b. Apr. 26, 1843	2	253
Mehetabel, d. Dec. 18, 1834, ae 83	2	82
Nabby, w. Jabez, d. Sept. 27, 1849, ae 80	2	50
Polly, d. Jon[a]th[an] & Lydia, b. May 17, 1782	1	32
Reuben, s. Jon[a]th[an] & Lydia, b. Nov. 27, 1780	1	32

	Vol.	Page
WILLES, WILLS, [see also **WYLLYS**] (cont.),		
Salla, d. Jon[a]th[an] & Lydia, b. Jan. 19, 1788; d. ae about 10 months	1	32
Susan P., w. Horatio, d. Nov. 6, 1822	1	178
WILLIAMS, Charles Crary, s. George & Eunice, b. Apr. 23, 1809	1	105
Esther, wid. Tho[ma]s, d. Apr. 29, 1799, ae 90	1	190
Eunice, m. Alpheus **KINGSLEY**	2	212
Eunice Smith, d. George & Eunice, b. Apr. 29, 1816	1	105
Grosvenor D., of New Hampshire, m. Eliza **BREWSTER**, of Franklin, Sept. 3, 1850, by Rev. Geo[rge] J. Harrison	2	305
Harriot Z., of Stonington, m. Noyes **LADD**, of Franklin, May 14, 1821, by Rev. Ira Hart	1	192
Har[r]y Clark, s. George & Eunice, b. Sept. 25, 1806	1	105
Henry Hazen, s. Leonard & Anna Maria, b. Apr. 15, 1845	2	277
James, of Penn., m. Lucy **CONGDON**, of Franklin, Feb. 17, 1836, by Comfort D. Fillmore, J. P.	1	70
Latham H., s. Lathrop & Abby, b. Aug. 19, 1825; d. Nov. 21, 1825	1	105
Leonard, s. Lathrop & Abby, b. Feb. 17, 1821	1	105
Leonard, m. Anna Maria **HAZEN**, of Franklin, May 10, 1843, by Dea. Comfort D. Fillmore	1	252
Priscilla, m. Samuel **HARTSHORN**, Jr., b. of Norwich, May 17, 1753	1	133
Ruth, d. Tho[ma]s & Esther, d. Dec. 16, 1798, ae 56	1	190
Sarah Abby, d. Lathrop & Abby, b. Apr. 21, 1832	1	105
WILLS, [see under **WILLES**]		
WINSHIP, Abiga[i]l, m. Amasa **WOODWORTH**, Apr. 15, 1787	1	51
WOOD, Ebenezer, m. Mary, d. Nathaniel **RUDD**, who was b. Feb. 3, 1695	2	314
Elijah, m. Mercy **LATHROP**, Feb. 23, 1763, by Ebenezer Hartshorn, J. P.	2	6
Philemon, of Windham, m. Sarah **RUDD**, Nov. 26, 1761, by Ebenezer Hartshorn, J. P.	2	6
Prescilla, m. Johathan John Scudder **LOTHROP**, July 27, 1763, by Ebenezer Hartshorn, J. P.	2	6
WOODWARD, Patrick Henry, s. Ashbel & Emeline, b. Mar. 19, 1833	1	218
Richard William, s. Ashbel & Emeline, b. Dec. 8, 1846	1	255
WOODWORTH, Amasa, m. Abiga[i]l **WINSHIP**, Apr. 15, 1787	1	51
Asa, m. Elizabeth W. **ROGERS**, Oct. 17, 1821, by Samuel Nott, Pastor	1	177
Burrel[l], m. Laura **HYDE**, Feb. 26, 1810	1	130
Gurdon, of Windham, m. Polly **BETTIS**, of Franklin, Jan. 24, 1836, by Comfort D. Fillmore, J. P.	1	156
Gurdon, of Windham, m. Emeline A. **MANNING**, of Franklin, June 4, 1843, at the Inn of Elias T. Carpenter, of Franklin, by Joshua Tracy, J. P.	2	189
Hannah, m. Samuel **BURNHAM**, Dec. 28, 1785	1	108
Harvey, of Coventry, m. Anna Eliza **ROBERTS**, of Hartford, Nov. 8, 1845, by Samuel Nott, Pastor	2	285
Horatio, s. Simeon & Mary H., b. June 22, 1795; d. June 26, 1795	1	70

	Vol.	Page
WOODWORTH (cont.),		
Jesse, s. Amasa & Abiga[i]l, b. Mar. 12, 1792	1	51
Joshua Hyde, s. Burrel[l] & Laura, b. July 6, 1811; d. July 8, 1811	1	130
Joshua Hyde, s. Burrel[l] & Laura, b. Nov. 26, 1812; d. Jan. 6, 1814	1	130
Joshua Hyde, s. Burrel[l] & Laura, b. Nov. 1, 1814	1	130
Lura, d. Sim[eo]n & Mary H., b. Dec. 7, 1799	1	70
Margaret Martha Sarah, d. Burrel[l] & Laura, b. Oct. 22, 1816	1	130
Mary A., of Franklin, m. Hermon H. **WILLES**, Apr. 5, 1835, by Samuel Nott, Pastor	1	217
Mary Lord, d. Simeon & Mary H., b. May 30, 1797	1	70
Polly, d. Amasa & Abiga[i]l, b. Oct. 14, 1789	1	51
Sally Tracy, d. Burrel[l] & Laura, b. May 17, 1821	1	130
Sarah, wid. Asa, d. Apr. 2, 1804, ae 82	1	190
Simeon, m. Mary H. Lord, Oct. 18, 1789	1	70
Simeon, s. Simeon & Mary H., b. Apr. 7, 1791	1	70
Stedman, s. Amasa & Abiga[i]l, b. Oct. 12, 1787	1	51
WRIGHT, Clarissa, m. Joshua **GRISWOULD**, Dec. 30, 1790, by Samuel Nott, Clerk	1	47
Lucretia, of Norwich, m. Frederick **GARDNER**, of Franklin, Dec. 27, 1840, by Samuel Nott, Pastor	1	226
WYLLYS, [see also **WILLES**], Newell, of Mansfield, m. Mary Ann **LADD**, of Franklin, June 11, 1837, by Rev. Hiram P. Arms	1	221
YALE, John, m. Philura **CALKINS**, of Norwich, Nov. 5, 1820, by Samuel Nott, Pastor	1	154
YERRINGTON, Eben F., of Griswold, m. Julia **HYDE**, of Franklin, Aug. 19, 1850, by Rev. Geo[rge] J. Harrison	2	305
NO SURNAME		
Anna, m. Sylvester **DOWNER**, Nov. 26, 1799	1	155

GLASTONBURY VITAL RECORDS
1690-1854

	Vol.	Page
ABBEY, ABBY, Agness, d. Benjamin & Mary, b. Oct. 29, 1716	1	57
Benjamin, s. Samuel, of Windham, m. Mary **TRYON**, d. Dr. Joseph, of Glassenbury, Jan. 24, 1715/16	1	57
Hannah, d. Benjamin & Mary, b. July 17, 1719	1	57
Horace, of Enfield, m. Caroline H. **SPARKS**, of Glastonbury, Mar. 29, 1837, by Jeremiah Stocking, Elder	3	140
Mary, d. Benjamin & Mary, b. Oct. 16, 1724	1	57
Samuel, s. Benjamin & Mary, b. July 27, 1726	1	57
William, of Portland, m. Mary **GOODRICH**, of Glastonbury, Mar. 27, 1844, by Rev. G. Huntington	3	170
William W., of Chatham, m. Sophronia **TRYON**, of Glastonbury, Mar. 27, 1836, by Rev. Samuel H. Riddell	3	136
William W., of Chatham, m. Emily **ANDRUS**, of Glastonbury, Dec. 25, 1838, by Rev. William B. Ashley	3	149
William W., of Portland, m. Charlotte **TAYLOR**, of Glastonbury, Aug. 7, 1849, by Rev. L. W. Blood	3	213
ABENDEN, Catharine, m. Daniel **WEZEL**, of Glastonbury, Apr. 9, 1854, by Rev. James A. Smith	3	237
ACKER, Sophia L., of Glastonbury, m. Simon N. **PHYLER**, of Colchester, May 18, 1851, by Jeremiah Stocking, Elder	3	221
ACKLEY, Anna, d. Thomas, of Sharon, m. William **POTTER**, s. Edward, Jan. 27, 1791	2	132
Cynthia C., of Haddam, m. William A. **SNOW**, of East Haddam, Feb. 20, 1845, by Rev. Aaron Snow	3	182
Eunice J., of Glastonbury, m. Owin **HILLS**, of East Hartford, Sept. 18, 1853, by Frederick W. Chapman	3	233
Fidelia, d. Chester & Olive, b. Aug. 22, 1819	2	187
Fidelia H., of So. Glastonbury, m. Ralph T. **CARIER**, of Colchester, Sept. 25, 1846, by L. W. Blood	3	209
Noah D., of Weathersfield, m. Harriet **HAMLINTON**, of Glastonbury, Oct. 25, 1846, by Rev. Erastus Benton	3	194
Parmelia C., of So. Glastonbury, m. George H. **BOWNS**, of Torrington, Sept. 25, 1848, by Rev. L. W. Blood	3	209
Wealthy, m. Alanson **WIER**, b. of Glastonbury, Feb. 28, 1821, by Rev. Elisha B. Cooke, of East Hartford	3	64
ADAMS, Rebecca, m. George **PHILLIPS**, b. of Glastonbury, Aug. 7, 1836, by Tho[ma]s J. Davis	3	136
ALFORD, Benjamin, m. Jemima **STRATTON**, b. of Glastonbury, Oct. 10, 1833, by Rev. Samuel H. Riddell	3	124

	Vol.	Page
ALFORD (cont.),		
Betsy, [m.] Abner **PRATT**, [ ]	3	81
Caroline, m. Jesse **JUDSON**, Nov. 7, 1842, by Jay W. Fairchild	3	81
Mary, of Glastonbury, m. John D. **PAGE**, of East Hartford, May 13, 1840, by James A. Smith	3	154
ALGER, Alvira, m. George **HUNT**, b. of Glastonbury, Oct. 22, 1837, by Elder Jeremiah Stocking	3	142
Betsey Ann, of Glastonbury, m. James P. **CARY**, of Hartford, Jan. 1, 1849, by Jeremiah Stocking, Elder	3	211
Govinia*, m. Daniel **HOLMES**, b. of Glastonbury, Dec. 26, 1835, by Rev. James Shepard *("Lavinia"?)	3	134
Hudson, m. Martha **HOUSE**, of So. Glastonbury, Apr. 13, 1846, by Rev. Warren G. Jones	3	188
James, s. Simeon & Mary, b. Apr. 22, 1759	1	76
Lavinia(?), m. Daniel **HOLMES**, b. of Glastonbury, Dec. 26, 1835, by Rev. James Shepard *(Arnold Copy has "Govinia")	3	134
Lester, m. Jennett E. **EVERTS**, b. of Glastonbury, Dec. 24, 1839, by Elder Jeremiah Stocking	3	153
Lester, m. Cornelia **CILLS**, b. of Glastonbury, Sept. 15, 1845, by Elder Jeremiah Stocking	3	185
Louisa, m. Ralph **CHAPMAN**, Dec. 25, 1823, by Rev. Caleb Burge	3	76
Lucius, m. Marinda M. **SAUNDERS**, b. of Glastonbury, Nov. 27, 1845, by Elder Jeremiah Stocking	3	188
Mary, d. Simeon & Mary, b. Dec. 12, 1754	1	76
Mary, d. Simeon & Mary, b. Dec. 12, 1754	1	126
Mary, m. Alva C. **HOLMES**, b. of Glastonbury, Oct. 19, 1831, by Jeremiah Stocking, J. P.	3	113
Roger, s. Simeon & [Mary], b. June 13, 1757	1	76
Simeon, s. Simeon & Mary, b. Nov. 25, 1761	1	76
ALLEN, Harriet White, d. Jacob & Mercy, b. July 16, 1823	2	191
AMES, Celia A., of Marlborough, m. Orren A. **GOODRICH**, of Rocky Hill, June 7, 1846, by Elder Jeremiah Stocking	3	190
AMSTEAD, [see under **OLMSTEAD**]		
ANDERSON, Alexander, s. [Samey, Jr. & Abigail], colored, b. Sept. 1, 1798; d. Sept. 12, 1812	2	0
Benjamin, s. [Samey, Jr. & Abigail], colored, b. Sept. 19, 1802	2	0
Catharine, d. Sonny & Susannah, b. Aug. 17, 1784	2	2
Daniel, s. Sonney & Susanna, b. Feb. 2, 1765; d. Oct. 21, 1801	2	2
Else, d. Sonny & Susannah, b. Mar. 1, 1772	2	2
Else, d. Sonny, m. Daniel **SUSAN**, s. Hannah, May 16, 1791	2	12
Phebee, d. [Samey, Jr. & Abigail], colored, b. Apr. 3, 1804	2	0
Phillis, d. Sonny & Susannah, b. Dec. 27, 1776	2	2
Phillis, m. Antony **ELDER**, b. of Glastonbury, July 30, 1830, by Rev. S. H. Riddell	3	109
Rebecca, d. Sonny & Susannah, b. May 8, 1768; d. Jan. 27, 1810	2	2
Rebeckah, m. Fortune **RUSSELL**, [ ]	2	2
Richard, s. Sonny & Susannah, b. June 24, 1779; d. Apr. 1, 1812	2	2

	Vol.	Page
ANDERSON (cont.),		
Sally, d. [Samey, Jr. & Abigail], colored, b. Dec. 3, 1806	2	0
Samey, Jr., m. Abigail **ROGERS** (colored), Sept. 27, 1792	2	0
Sonney, m. Susanna **FREEMAN**, Nov. 2, 1764	2	2
Sonney, s. Sonney & Susannah, b. Dec. 8, 1766	2	2
Sonny, d. Jan. 26, 1815, ae 71 y.	2	2
Sukey, d. [Samey, Jr. & Abigail], colored, b. Nov. 18, 1800	2	0
Susanna, w. Sonny, d. July 14, 1806	2	2
ANDREWS, ANDREW, ANDRUS, ANDRUSS, Abigail, d.		
[Solomon & Sarah], b. Mar. 15, 1770	2	92
Albert, s. [Ansel & Catherine], b. July 2, 1815	2	87
Almira, d. [Ansel & Catherine], b. May 17, 1804	2	87
Almira, of Glastonbury, m. David **KING**, of Vernon, Apr. 13, 1828, at the house of Ansel Andrews, by Rev. Nathan B. Burgess	3	98
Anne, d. Charles, Jr. & Anne, b. Jan. 9, 1774	2	64
Anny, m. Edwin **HILLS**, b. of Glastonbury, Mar. 19, 1834, by Jeremiah Stocking, Elder	3	125
Ansel, s. Joseph & Susannah, b. Mar. 19, 1775	2	50
Ansel, s. Joseph, m. Catherine **ATHERTON**, Aug. 13, 1801	2	87
Asa, s. Joseph & Susannah, b. Jan. 20, 1773	2	50
Asa, s.[John & Anna], b. Apr.14, 1800	2	142
Aurrilia, d. [Ansel & Catherine], b. May 24, 1802	2	87
Aurelia, m. Henry A. **RISLEY**, b. of Glastonbury, Sept. 13, 1835, by Rev. Thomas J. Davis	3	131
Benjamin, s. Charles & Elizabeth, b. Aug. 16, 1750	2	63
Benjamin, Jr., s. Charles, m. Abigail **COVEL**, d. James, decd., Jan. 23, 1778	2	69
Benjamin, s. [David 2nd & Sebyel], b. Oct. 14, 1800	2	60
Catherine M., d. [Ansel & Catherine], b. July 30, 1822	2	87
Catherine M., of Glastonbury, m. Arthur E. **BREWER**, of East Hartford, May 3, 1842, by Rev. Warren G. Jones	3	166
Charles, s. Stephen, m. Elizabeth **STRICTLAND**, d. Benjamin, June 10, 1740	2	63
Charles, Jr., s. Charles & Elizabeth, b. Aug. 11,1744	2	63
Charles, Jr., s. Charles, m. Anne **FOX**, d. William, Apr. 27, 1769	2	64
Charles, s. Charles, Jr. & Anne, b. Dec. 24, 1778	2	64
Chauncey, m. Electa **HUNT**, Nov. 27, 1820, by Jeremiah Stocking, J. P.	3	62
Chester, of Glastonbury, m. Caroline **HANFORD**, of Marlborough, Apr. 21, 1827, by Rev. Amasa Taylor	3	93
Cornelia, of Glastonbury, m. Philo **HILLS**, of East Hartford, Dec. 23, 1832, by Rev. Jesse Baker	3	119
Daniel C., of Glastonbury, m. Harriet **CHENEY**, of Manchester, Apr. 3, 1828, by Rev. Jacob Allan	3	97
David, s. Charles & Elizabeth, b. Nov. 7, 1754	2	63
David, s. Charles, m. Rebecca **STRATTON**, d. John, decd., Oct. 19. 1775	2	71
David, 3rd, b. July 3, 1791; m. Hannah **KENNEY**, Oct. 19, 1815	2	187

ANDREWS, ANDREW, ANDRUS, ANDRUSS (cont.),

	Vol.	Page
David, 2nd, s. Benjamin, m. Sebyel **HIGGINS**, d. Israel, decd., of Chatham, Jan. 24, 1799	2	60
David, 3rd, m. Honoria **SPARKS**, Dec. 30, 1819	2	187
David Churchill, s. [David, 2nd & Sebyel], b. Dec. 15, 1806	2	60
Delight, d. [Solomon & Sarah], b. Feb. 11, 1774	2	92
Dinah, d. Stephen, m. Robert **LOVELAND**, s. Sergt. Robert, May 2, 1728	1	85
Dorcas, d. Daniel, m. Ephraim **BIDWELL**, s. Samuel, Jan. 6, 1785	2	100
Edwin, s. [John & Anna], b. Feb. 24, 1806	2	142
Eldredge, m. Henrietta Ann **HALE**, b. of Glastonbury, Sept. 17, 1832, by Rev. Jacob Allen	3	117
Eliza Marinda, m. Orlanza **LOVELAND**, b. of Glastonbury, Feb. 13, 1842, by Elder Jeremiah Stocking	3	166
Elizabeth, d. Charles & Elizabeth, b. Oct 30, 1762	2	63
Elizur, s. Charles, Jr. & Anne, b. Feb. 8, 1770	2	64
Elizur, s. Charles, Jr. & Anne, b. Sept 17, 1771	2	64
Eltruda E., m. Edwin **CROSBY**, b. of Glastonbury, Sept. 12, 1839, by Rev. James A. Smith	3	151
Emeline Eltruda, d. David & Honoria, Mar. 15, 1821	2	187
Emeline Eltruda, [d. David & Honoria], d. Dec 5, 1843	2	187
Emily, of Glastonbury, m. William W. **ABBY**, of Chatham, Dec. 25, 1838, by Rev. William B. Ashley	3	149
Eunice, d. [Ansel & Catherine], b. July 11, 1818	2	87
Eunice, m. Charles **BROADWAY**, Oct. 19, 1841, by Rev. Warren G. Jones	3	164
George, s. Joseph & Susannah, b. Oct. 13, 1780	2	50
George, s. Joseph, m. Rebeckah **STEVENS**, d. Elijah, July 4. 1802	2	158
George, m. Louisa **KELLAN**, Nov. 17, 1841, by Rev. W[illia]m Bliss Ashley	3	164
Hannah, w. David, 3rd, d. Aug. 25, 1819	2	187
Harriet, d. [David & Honoria], b. Oct. 7, 1826	2	187
Harriet, m. Samuel W. **ANDRUS**, b. of Glastonbury, Nov. 28, 1832, by Rev. Samuel H. Riddell	3	120
Harriet, m. Edwin **CROSBY**, of Glastonbury, Feb. 9, 1845, by Ella Dunham, Elder	3	181
Isabella, d. [David & Honoria], b. Oct. 12, 1834	2	187
James Monroe, s. [David, 3rd & Hannah], b. Nov. 17, 1816	2	187
Janney, of Glastonbury, m. Emory **GOODWIN**, of Lebanon, Oct. 2, 1840, by Elder Jeremiah Stocking	3	156
John, s. Charles & Elizabeth, b. Aug. 12, 1748	2	63
John, s. Joseph & Susannah, b. Dec. 21, 1777	2	50
John, s. Joseph, m. Anna **JONES**, d. Parker, of Chatham, Oct. 25, 1798	2	142
Jonathan, s. [Solomon & Sarah], b. Oct. 7, 1775	2	92
Joseph, s. Daniel, m. wid. Elizabeth **WILLCOX**, Dec. 13, 1733, by Thomas Welles, J. P.	1	77
Joseph, s. Joseph, m. Susannah **BROOKS**, d. Thomas, May 25, 1769	2	50

GLASTONBURY VITAL RECORDS 103

	Vol.	Page
ANDREWS, ANDREW, ANDRUS, ANDRUSS (cont.),		
Joseph, m. Prudence WILLIAMS, d. Samuel, decd. Aug. 8, 1790	2	50
Josephine M. T., d. [David, 2nd & Sebyel], b. May 16, 1809	2	60
Loring, of Hebron, m. Sally H. HOUSE, of Glastonbury, Nov. 27, 1827, by Rev. Jacob Allen	3	96
Lovina, of Glastonbury, m. Philo CARRIER, of Marlborough, Nov. 27, 1833, by Jesse Baker	3	123
Luman J., m. Mary LYON, b. of Glastonbury, Nov. 22, 1846, by Rev. Giles H. Deshon	3	195
Lydia, d. Caleb, m. David WEBSTER, s. Jonathan, June 20, 1750	1	95
Marcy, d. [George & Rebeckah], b. Jan. 25, 1803	2	158
Mary F., of Glastonbury, m. Walter W. CONE, of Thompsonville, Jan. 9. 1847, by Rev. Aaron Snow	3	197
Nehemiah, s. Charles & Elizabeth, b. Feb. 28, 1741; d. Dec. 25, 1741	2	63
Nehemiah, 2nd, s. Charles & Elizabeth, b. May 28, 1746	2	63
Obed, s. [Ansel & Catherine], b. Apr. 7, 1810	2	87
Obed, m. Lauretta CASWELL, b. of Glastonbury, May 1, 1832, by Rev. C. Chapin	3	116
Olle, d. [Solomon & Sarah], b. May 21, 1772	2	92
Parmele, d. [John & Anna], b. Mar. 25, 1802	2	142
Parmela, m. Oziel HILLS, b. of Glastonbury, Jan. 9, 1821, by Rev. Leonard Bennett	3	63
Phila, of Manchester, m. Timothy WOOD, of East Hartford, May 26, 1829, by Samuel F. Jones, J. P.	3	102
Philena, d. [George & Rebeckah], b. July 30, 1811	2	158
Prudence, d. Charles & Elizabeth, b. Sept. 1, 1758	2	63
Prudence, d. [David & Honoria], b. June 4, 1830	2	187
Prudence H., of Glastonbury, m. Sylvester EMMONS, of New York, Sept. 8, 1852, by Rev. Samuel Fox	3	229
Ralph P., s. [David, 2nd & Sebyel], b. Feb. 20, 1803	2	60
Roger, s. Charles, Jr. & Anne, b. Mar. 19, 1776	2	64
Samuel, s. [Solomon & Sarah], b. Oct. 1, 1768	2	92
Samuel W., s. [Ansel & Catherine], b. Aug. 10, 1807	2	87
Samuel W., m. Harriet ANDRUS, b. of Glastonbury, Nov. 28, 1832, by Rev. Samuel H. Riddell	3	120
Sarah, d. Charles & Elizabeth, b. July 28, 1752	2	63
Silas J., m. Eunice F. HILLS, b. of Glastonbury, Nov. 27, 1849, by Rev. Aaron Snow	3	214
Solomon, s. Charles & Elizabeth, b. Nov. 5, 1742	2	63
Solomon, s. Charles, m. Sarah FOX, d. Thomas, Oct. 8, 1767	2	92
Solomon, d. Oct. 8, 1776	2	92
Solomon, s. [Solomon & Sarah], b. May 15, 1777; d.[ ] 7, 1777	2	92
Susan, d. [John & Anna], b. Feb. 21, 1804	2	142
Susannah, w. Joseph, d. Apr. 17, 1790	2	50
Tenty, d. Benjamin, Jr. & Abigail, b. Nov. 30, 1778	2	69
Thede, P., d. [Joseph & Susannah], b. July 3, 1784	2	50
Theda P., d. Joseph & Susannah, d. Apr. 5, 1814	2	50

	Vol.	Page
ANDREWS, ANDREW, ANDRUS, ANDRUSS (cont.),		
William, s. [George & Rebeckah], b. Apr. 17, 1804	2	158
W[illia]m Edward, s. David & Honoria, b. Feb. 3. 1824	2	187
W[illia]m Edward, [s. David & Honoria], d. Nov. 30, 1843	2	187
Wyllys Andrews, s. [George & Rebeckah], b. Feb. 7, 1806	2	158
ARMS, Abigail, wid. of Chatham, m. Rev. Jeremiah **STOCKING**, of Glastonbury, May 11, 1829, by H. Brownson, V. D. M.	3	102
ARMSTRONG, L. H., of Newark, N. J., m. Anne M. **SMITH** of Glastonbury, Apr. 2, 1851, by Frederick W. Chapman	3	220
ARNOLD, Elizabeth, d. Henry, Sr., m. Ebenezer **FOX**, Jan. 27, 1713/14	1	31
Joseph W., of East Hartford, m. Mary M. **GREENLY**, of Hamilton, N. Y., May 27, 1832, by Jesse Baker	3	116
ARTEST, Peter, of Cobles Hills, N. Y., m. Butta **HODGE**, of Glastonbury, Sept. 14, 1828, by Jeremiah Stocking, J. P.	3	100
ASPENWALL, Carloine, of the State of New Jersey, m. Sidney **BROWN**, of Glastonbury, Oct. 29, 1837, by Elder Jeremiah Stocking	3	143
ATHERTON, Almarin, of Bolton, m. Lydia **HURLBURT**, of Glastonbury, Feb. 12, 1825, by Jeremiah Stocking, J. P.	3	83
Catherine, m. Ansel **ANDREWS**, s. Joseph, Aug. 13, 1801	2	87
Cornelius C., of Manchester, m. Josephine M. **TREAT**, of Glastonbury, Apr. 17, 1838, by Rev. R. W. Allen	3	144
Eunice, d. Simon, of Hebron, m. Frary **HALE**, s. Isaac, Oct. [ ], 1776	2	38
Lydia M., of Glastonbury, m. James A. **PELTON**, of Middletown, Nov. 16, 1843, by Ella Dunham, Elder	3	173
ATTWOOD, Henry, m. Sally **HALE**, of So. Glastonbury, Oct. 14, 1838, by Warren S. Jones	3	147
AUSTIN, Nathan, m. Mary Ann **BILL**, b. of Glastonbury, Feb. 9, 1829, by H. Brownson	3	101
Samuel A., of Lebanon, m. Harriet E. **PENFIELD**, of Chatham, Sept. 14, 1835, by Rev. Thomas J. Davis	3	132
AVERY, Roland, of Norwich, Mass., m. Roxey **FOX**, of Glastonbury, Sept. 29, 1824, by Samuel F. Jones, J. P.	3	80
AYLESWORTH, George H., of Troy, O., m. E. Cordelia **HALE**, of Glastonbury, Oct. 26, 1854, by Rev. A. B. Chaplin	3	240
BABCOCK, Patience, of East Haddam, m. James M. **DUTTON**, of Chatham, Apr. 1, 1849, by Jeremiah Stocking, Elder	3	211
BACHELDER, Josiah G., of Boston, Mass., m. Maria **CHURCH**, of Glastonbury, Nov. 13, 1844, by Rev. Warren G. Jones	3	180
BACKUS, Hannah, m. Ephraim **CROFOOT**, May 2, 1732	1	43
BACON, Jefferson, of Middletown, m. Jerusha **CASWELL**, of South Glastonbury, July 9, 1837, by Rev. Warren G. Jones, of So. Glastonbury	3	141
Luther, m. Temperance L. **FOOT**, b. of Glastonbury, [Jan.] 26, [1851], by Frederick W. Chapman	3	219
BAILEY, Joshua, of Cohoes, N. Y., m. Almira **MILLER**, d. William & Esther, [ ]	2	85
BAKER, Bathsheba, d. Ephraim & Martha, b. May 2, 1775	2	18

GLASTONBURY VITAL RECORDS 105

	Vol.	Page
BAKER (cont.),		
Edwin R, of Chatham, m. Ellice **CLARK**, of Glastonbury, Dec. 29, 1851, by Rev. James A. Smith	3	224
Ephraim, s. John of Glossester, R. I., m. Martha **SCOTT**, d. Ebenezer, Mar. 27, 1770	2	18
Ephraim, s. Ephraim & Martha, b. Nov. 23, 1782	2	18
Esther, d. Ephraim & Martha, b. Dec. 13, 1776	2	18
George, s. Ephraim & Martha, b. Nov. 21, 1778	2	18
John, s. Ephraim & Martha, b. Aug. 18, 1780	2	18
John, of Stafford Springs, m. Lucy C. **WHITE**, of Hartford, May 1, 1849, by John A. Smith	3	211
Lucretia, d. Ephraim & Martha, b. Feb. 5, 1774	2	18
Martha, d. Ephraim & Martha, b. Oct. 11, 1770	2	18
Mary, d. Ephraim & Martha, b. Apr. 13, 1787	2	18
Oliver, s. Ephraim & Martha, b. July 30, 1791	2	18
Prudence, d. Ephraim & Martha, b. June 19, 1772	2	18
Robert, s. Ephraim & Martha, b. Feb. 10, 1785	2	18
Sam[ue]l, m. Jemima **HILLS**, b. of Glastonbury, June 2, 1825, by Rev. Jacob Allen	3	84
William, s. Ephraim & Martha, b. Sept. 17, 1789	2	18
BARBER, Asa B., of Hartford, m. Prudence **RHODES**, of Glastonbury, Nov. 20, 1836, by Rev. Samuel H Riddell	3	139
Frederick M., of Manchester, m. Mercy W. **TURNER**, of Glastonbury, June 8, 1854, by Rev. James A. Smith	3	238
BARNES, Charles W., of Glastonbury, m. Frances H. **INGRAHAM**, of Marlborough, July 14, 1850, by Jeremiah Stocking, Elder	3	220
BARNHAM, [see also **BURNHAM**], Martin, m. Fidelia **COOP**, b. of East Hartford, Oct. 23, 1836, by Rev. Daniel Waldo	3	138
BARROWS, W[illia]m O., m. Elizabeth J. **COVELL**, b. of Glastonbury, May 5, 1847, by Rev. Aaron Snow	3	198
BARRS, Sally, of Glastonbury, m. Joseph **DONNEL**, of Weathersfield, Nov. 13, 1832, by George Merrick, J. P.	3	118
BARTLETT, Benony, s. John & Sarah, b. Apr. 26, 1726	1	68
Charles, s. John & Sarah, b. Sept. 21, 1739	1	68
Elizabeth, d. John & Sarah, b. Oct, 13, 1745	1	68
Irena, d. John & Sarah, b. Nov. 5, 1732	1	68
Irenea, had s. Stephen **HUTCHINSON**, b. Feb. 11, 1754	1	105
John, s. John & Sarah, b. Dec. 20, 1728	1	68
Joseph, s. John & Sarah, b. Jan. 9, 1736/7	1	68
Noah, s. John & Sarah, b. Apr. 16, 1747	1	68
Prudence, d. John & Sarah, b. Nov. 10, 1742	1	68
Sarah, d. John & Sarah, b. Apr. 8, 1731	1	68
Sarah, m. Samuel **LYMAN**, Aug. 24, 1757	1	57
Stephen, s. John & Sarah, b. Feb. 12, 1729/30; d. Nov. 9, 1731	1	68
Stephen, s. John & Sarah, b. Sept. 13, 1734	1	68
Thankfull, d. John & Sarah, b. Apr. 17, 1727	1	68
William, of Berlin, m. Lucy **MATTSON**, of Glastonbury, Mar. 28, 1832, by Jeremiah Stocking, Elder	3	115
BATES, David, m. Eliza **MILLER**, Sept. 7, 1826, by Rev. Nathaniel		

	Vol.	Page
BATES (cont.),		
S. Wheaton, of Hartford	3	90
Elizabeth H., d. Phineas **ROBINSON**, of Greenfield, Mass. and niece of Hon. Isaac C. **BATES**, of Northampton, Mass., m. Ogden **KILBORN**, [Aug. 31, 1841, at Hartford]	2	159
Elizabeth Howland, niece of Hon. Isaac **BATES**, of Northampton, Mass.; m. Ogden **KILBORN**, Aug. 31, 1841 at Hartford	2	159
Perry Green, of Providence, R. I., m. Melissa **SHERMAN**, of Marlborough, Sept. 19, 1852, by Rev. A. A. Chapin, of So. Glastonbury	3	236
BEACH, Phebe A., of Winchester, m. Sylvester **ROOT**, of Marlborough, Jan 22, 1837, by Jeremiah Stocking, Elder	3	139
William S., of Marlbough, m. Lucy S. **GOODALE**, of Glastonbury, Dec. 12, 1833, by Jesse Baker	3	123
BEALE, Thomas, m. Eunice **LOVELAND**, b. of Glastonbury, Aug. 7, 1825, by Rev Jacob Allen	3	85
[**BEAMON**], **BEMONT**, [see also **BEAUMONT**], Leonard, of East Hartford, m. Mary **WEIR**, of Glastonbury, Sept. 26, 1826, by Rev. James Allen	3	90
BEAUMONT, [see also **BEAMON**], W[illia]m D., of East Hartford, m. Julia Ann **HOUSE**, of Glastonbury, Aug. 12, 1847, by Rev. James A. Smith	3	205
BECK, John, m. Susan **QUIRK**, b. of Glastonbury, Sept. 5, 1853, by Rev. James A. Smith	3	233
BECKMAN, Henry, of New York City, m. Dorothy **CHAPMAN**, of Glastonbury, Sept. 23, 1832, by Rev. Samuel H. Riddell	3	117
BECKWITH, Samuel C., of New York State, m. Philura A. **CURTIS**, of Glastonbury, July 6, 1846, by Rev. Aaron Snow, of Eastbury	3	190
BEEBE, BEBEE, Anner, d. Susanna **HANFORD**, colored, b. Oct. 11, 1784	2	0
Clarissa, of Glastonbury, m. Carodon **STANTON**, of East Windsor, [ ], by George Merrick, J. P. Recorded Aug. 28, 1827	3	94
BELDEN, Aaron, of Canton, m. Thankfull **SHEFFIELD**, of Glastonbury, July 10, 1832, by Henry Dayton, J. P.	3	116
David L., m. Polly **HILLS**, b. of East Hartford, Apr. 9, 1828, by Rev. Samuel H. Riddell	3	98
John Mason, of Newington, m. Mary **HALE**, of Glastonbury, June 14, 1838, by Rev. James A. Smith	3	146
BELL, Austin, s. [Stephen & Harriet], b. Apr. 17, 1809	2	151
Elizabeth, m. Nehemiah **WYAR**, Apr. 11, 1771	2	59
Elizabeth, d. Isaac, m. Luther **GOODRICH**, s. Jehiel, Nov. 1, 1797	2	149
Emily, m. Alanson **WEIR**, b. of Glastonbury, Nov. 24, 1822, by Jeremiah Stocking, J. P.	3	70
Harriet M., m. William **MORLEY**, b. of Glastonbury, May 17, 1843, by Rev. James A. Smith	3	172
Laura, of Glastonbury, m. William **LUCE**, of Somers, Feb. 7, 1828, by Solomon Cole, J. P.	3	97

	Vol.	Page
BELL (cont.),		
Stephen, s. Aaron, m. Harriet **STOCKING**, d. Elisha, Dec. 13, 1808	2	151
BEMIS, Caroline S., of Bloomington, m. Watson R. **JONES**, of Glastonbury, Dec 31, 1848, by Aaron Snow	3	210
BENJAMIN, Mary, m. Reuben **WILLIAMS**, b. of East Hartford, Dec. 30, 1823, by Solomon Cole, J. P	3	77
BENNETT, BENNET, Lucy M., of Glastonbury, m. Charles **METCALF**, of Rockville, Sept. 15, 1853, by Rev. Samuel Fox	3	233
William, m. Lovina **BROWN**, b. of Glastonbury, Apr. 24, 1825, by Rev. Jacob Allen	3	83
BENSON, Melissa, m. Samuel **PETERS**, Aug. 20, 1837, by David S. Devens	3	141
Posey, m. Richard **RUSSEL**, b. of Glastonbury, Nov. 28, 1822, by George Merrick, J. P.	3	71
BENTON, Abner, s. Josiah, Jr. & Dorothy, b. Mar. 27, 1786	2	45
Ann, m. Samuel **HOUSE**, b. of Glastonbury, Nov. 19, 1840, by Rev. James A. Smith	3	157
Anna, d. Ebenezer, of Glastonbury, m. Benjamin **RISLEY**, s. Jonathan, of East Hartford, Mar. 12, 1795	2	144
Betsey, d. Josiah, Jr. & Dorothy, b. Aug. 27, 1778	2	45
Delina, of Glastonbury, m. George **CABLE**, of Cazenovia, N. Y., Oct. 26, 1835, by Rev. Samuel H. Riddell	3	133
Edward, m. Mary **HALE**, b. of Glastonbury, Oct. 6, 1702	1	1
Edward, s. Josiah & Hannah, b. Nov. 9, 1742; bp. Next sabbath after, by Rev. Ashbell Woodbridge	1	87
Edward, s. Josiah, m. Sarah **TALCOTT**, d. Joseph, Feb. 8, 1770	2	44
Eliner, d. Edward, of Wethersfield, m. Daniel **WRIGHT**, Aug. 24, 1705	1	30
Elizabeth, m. Samuel **HOUSE**, b. of Glastonbury, Nov. 27, 1834, by Rev. Samuel H. Riddell	3	130
Ephraim, s. Edward & Mary, b. Aug. 19, 1707	1	1
Hannah, d. Ephraim, of Glassenbury, m. Timothy **EASTON**, s. Timothy, of Hartford, Mar. [ ], 1753	2	74
Hannah, wid., m. Dorotheus **TREAT**, [ ]	1	73
Harriet, d. [Samuel & Fanny], b. Feb. 13, 1810	2	179
Harriet, of Glastonbury, m. Asa H. **WELLES**, of Pompey, N. Y., Jan. 3, 1830, by Rev. Samuel H. Riddell	3	105
Henry, s. [Samuel & Fanny], b. Aug. 31, 1802	2	179
Henry, m. Elizabeth S. **PLUMMER**, b. of Glastonbury, Aug. 7, 1828, by Rev. Samuel H. Riddell	3	99
Isabel P., m. Welles **TURNER**, b. of Glastonbury, Oct. 2, 1854, by Rev. James A. Smith	3	239
Jemima, d. Josiah, Jr. & Dorothy, b. Nov. 1, 1773	2	45
Jerusha, d. Edward & Sarah, b. July 14, 1770	2	44
Josiah, s. Edward & Mary, b. June 16, 1705	1	1
Josiah, m. Hannah **HOUSE**, d. William, Feb. 5, 1735/6	1	87
Josiah, s. Josiah & Hannah, b. Oct. 3, 1745; bp. next sabbath after, by Rev. Ashbell Woodbridge	1	87

	Vol.	Page
BENTON (cont.),		
Josiah, Jr., s. Josiah, m. Dorothy **SMITH**, d. Manoah, Nov. 23, 1769	2	45
Josiah, s. Josiah, Jr. & Dorothy, b. May 8, 1771	2	45
Josiah, d. Nov. 9, 1783	1	53
Josiah T., of Norwich, m. Maria E. **GRANNISS**, of Glastonbury, Nov. 24, 1847, by Rev. Warren G. Jones	3	205
Lorinda, of Tolland, m. Ranceleur **JONES**, of Glastonbury, June 19, 1844, by Ella Dunham, Elder	3	78
Mabel, of Hartford, m. James **SELLEW**, [ ]	2	5
Mary, d. Edward & Mary, b. Apr. 27, 1710	1	1
Mary, d. Josiah & Hannah, b. May 18, 1739, bp. sabbath after, by Rev. Ashbell Woodbridge	1	87
Mary, d. [Samuel & Fanny], b. June 8, 1804	2	179
Mercy, d. Josiah, Jr. & Dorothy, b. Nov. 1, 1780	2	45
Prudence, d. Josiah & Hannah, b. Nov. 22, 1736; bp. sabbath after, by Rev. Ashbell Woodbridge	1	87
Prudence, d. Josiah, m. David **GOODRICH**, Jr., s. Ens. David, Nov. 7, 1754	1	113
Samuel, s. Edward & Sarah, b. Nov. 6, 1774	2	44
Samuel, s. Edward & Jerusha, m. Fanny **TALCOTT**, d. George & Vina, Nov. 27, 1801	2	179
BIDWELL, Almeda A., of Glastonbury, m. John C. **HOUSE**, of Salem, Mar. 16, 1851, at her father's House, by Rev. A. B. Chapin	3	219
Ambrose, m. Elam **CHAPMAN**, b. of Glastonbury, Dec. 29, 1844, by Rev. Warren G. Jones	3	181
Ann, b. Mar. 11, 1809; m. Seelah **KEENEY**, s. Stephen, [ ]	2	204
Benjamin, s. Ephraim & Eliza, b. June 10, 1719	1	37
Betsey Ann, m. Oswell **TRYON**, b. of Glastonbury, Oct. 17, 1830, by Rev. Samuel H. Riddell	3	109
Betty, d. Thomas & Elizabeth, b. July 4, 1779	2	99
Chester, Jr., of Manchester, m. Hancey S. **WARNER**, of Glastonbury, Apr. 20, 1853, by Aaron Snow	3	235
Cinthia, d. Thomas & Elizabeth, b. Oct. 4, 1781	2	99
Cynthia, m. Currington* **SHEFFIELD**, Nov. 30, 1837, by Rev. Warren G. Jones *("Coddington")	3	143
Daniel, m. Mary **WHITE**, Feb. 5, 1823, by Isaac Dwinel	3	72
Emily, b. Apr. 19, 1804; m. Porter **KEENEY**, May 3, 1824	2	209
Ephraim, m. Elizabeth **LEWIS**, d. Ebenezer, of Wallingford, Nov. 3, 1713	1	37
Ephraim, [twin with ——], s. Ephraim & Elizabeth, b. Oct. 31, 1720. Other twin which was a son, d. Nov. 2, 1720	1	37
Ephraim & Elizabeth, had s. twin with Ephraim, d. Nov. 2, 1720	1	37
Ephraim, s. Samuel, m. Dorcas **ANDRUS**, d. Daniel, Jan. 6, 1785	2	100
Eunice, d. Hezekiah & Eunice, b. [ ], 1757	1	99
Fanny, of Glastonbury, m. Josiah **HALE**, of Chatham, Mar. 21, 1822, by Rev. C. Burge	3	68
Freedom, d. Jonathan & Hannah, b. June 20, 1770	2	156
Hannah, d. Ephraim & Elizabeth, b. May 6, 1716	1	37

	Vol.	Page
BIDWELL (cont.),		
Hannah, m. Richard **SMITH**, May 2, 1754 N. S.	1	102
Hannah, d. Jonathan & Hannah, b. Apr. 11, 1774	2	156
Hezekiah, s. Ephraim & Eliza, b. Apr. 1, 1725	1	37
Jonathan, s. Ephraim & Eliza, b. Aug. 24, 1722; d. Apr. 17, 1725	1	37
Jonathan, s. Nathaniel, m. Hannah **MATSON**, d. Thomas, Jan. 3, 1770	2	156
Jonathan, s. Jonathan & Hannah, b. Jan. 22, 1778	2	256
Joseph, s. Ephraim & Elizabeth, b. Aug. 20, 1717	1	37
Julius, m. Polly **HORTON**, b. of Glastonbury, Nov. 7, 1830, by Rev. Samuel H. Riddell	3	109
Leonard, of Hartford, m. Emeline **TRYON**, of Glastonbury, Sept. 22, 1833, by Rev. Tho[ma]s J. Davis	3	123
Luna, of Glastonbury, m. Anson **GRISWOLD**, of Weathersfield, Nov. 6, 1834, by Rev. Samuel H. Riddell	3	130
Lydia, d. Jonathan & Hannah, b. Dec. 12, 1779	2	156
Mabel, d. Thomas & Elizabeth, b. Sept. 30, 1783	2	99
Mary, d. Ephraim & Elizabeth, b. Sept. 19, 1714	1	37
Mary, d. Nathaniel & Mary, b. Dec. 15, 1721	1	44
Mary, d. Joseph, of Glassenbury, decd., m. Jonathan **PEASE**, s. Joseph, of Enfield, Nov. 17, 1765	2	14
Mary, m. Ebenezer **PHELPS**, Oct. 30, 1822, by Rev. Caleb Burge	3	70
Nancy, d. Jonathan & Hannah, b. Feb. 24, 1787	2	156
Nathanael, s. Dea. Samuel, decd. of Middletown, m. Mary **KEENEY**, d. Richard, of Glastonbury, Dec. 22, 1720	1	44
Parley, Jr., m. Pamela **CHAPMAN**, b. of Glastonbury, Dec. 22, 1836, by Tho[ma]s J. Davis	3	138
Polly, d. Jonathan & Hannah, b. Apr. 4. 1785	2	156
Polly, d. Jonathan, of Glastonbury, m. Maj. Samson R. **HUNT**, s. Robard, of Canaan, Oct. 26, 1807	2	69
Rachel, d. Jonathan & Hannah, b. Apr. 18, 1772	2	156
Russel, s. Jonathan & Hannah, b. June 22, 1783	2	156
Ruth, d. Jonathan & Hannah, b. Mar. 16, 1776	2	156
Sally, m. Hiram **CLARK**, b. of South Glastonbury, Apr. 10, 1837, by Warren G. Jones	3	140
Samuel, s. Nathaniell, m. Sarah **SPARKS**, d. Thomas, Nov. 7, 1751	1	125
Sarah, d. Samuell [& Sarah], b. Jan. 15, 1753	1	125
Thomas, s. Samuel, m. Elizabeth **BROOKS**, d. John, Apr. 30, 1778	2	99
William, of Manchester, m. Amelia Ann **HOUSE**, of Eastbury, May 17, 1840, by James A. Smith	3	154
BIGELOW, Amelia, [d. Asa & Anna], b. [ ]	2	5
Anne, d. David & Patience, b. Jan. 15, 1773	1	84
Anson W., [s. Asa & Anna], b. [ ]	2	5
Artemus, [s. Asa & Anna], b. [ ]	2	5
Asa, s. David & Patience, b. Jan. 18, 1779	1	84
Asa, m. Anna **SELEW**, d. Phillip & Elizabeth, [ ]	2	5
David, Jr., m. Patience **FOOT**, d. Nathaniel, Jr., Jan. 17, 1762	1	84
David, s. David & Patience, b. Nov. 9, 1762	1	84

	Vol.	Page

BIGELOW (cont.),

Erastus, s. David & Patience, b. Feb. 11, 1765	1	84
Esther, d. David & Patience, b. Mar. 22, 1782	1	84
Isaac, s. David & Patience, b. Oct. 29, 1775	1	84
John Day, s. David & Patience, b. July 23, 1770	1	84
Patience, d. David & Patience, b. Dec. 28, 1767	1	84

BILL, Caroline, of Glastonbury, m. Horace **LOVELAND**, of Hartford,
Jan. 3, 1830, by Heman Perry   3   106

Elmira, of Glastonbury, m. Jeremiah **FESSENDEN**, of Chatham,
Apr. 13, 1823, by George Merrick, J. P.   3   73

Mary Ann, m. Nathan **AUSTIN**, b. of Glastonbury, Feb. 9, 1829,
by H. Brownson   3   101

Samuel S., of Marlborough, m. Tryphena **GOODALE**, of Glastonbury, Dec. 6, 1829, by Jeremiah Stocking, J. P.   3   105

Stephen, m. Sally **DANIELS**, Mar. 2, 1834, by Rev. Samuel H. Riddell   3   126

Stephen, of Portland, m. Sally **HALEY**, of So. Glastonbury, Apr. 21, 1850, by Rev. Daniel Dorchester, Jr.   3   215

BILLINGS, Mariah, m. Burrage **ROBINSON**, b. of Glastonbury, Dec. 4, 1837, by George May   3   144

William E., of Glastonbury, m. Rebecca **CHAPMAN**, of Glastonbury, Dec. 5, 1847, by Rev. Warren G. Jones   3   205

BISHOP, Freeman, of North Haven, m. Lois **CHAPMAN**, Jan. 1, 1827, by Charles Remington, Elder   3   92

Levi A., m. Amelia **GROSSMAN**, Nov. 17, 1847, by Rev. Giles H. Deshon   3   200

BISSELL, John, of East Windsor, m. Phila **SMITH**, of Glastonbury, Apr. 30, 1829, by Rev. Samuel H. Riddell   3   102

BLAKE, Ann M., m. W[illia]m **EDMONSON**, b. of Glastonbury, July 22, 1849, by Rev. Warren G. Jones   3   213

BLINN, **BLIN**, Diana, [w. Justus], d. Nov. 14, 1821, in the 45th y. of her age   2   39

Deanna M., of Glastonbury, m. John **WHITE**, of Hartford, Mar. 3, 1847, by Rev. Giles H. Deshon   3   197

Justus, s. Justus, of Wethersfield, m. Diana **TREAT**, d. Gershom, Feb. 4, 1796   2   39

BLISH, Adaline Parmelia, m. Halsey **CHENEY**, of Middletown, Oct. 26, 1825, by Rev. Jacob Allen   3   86

Adaline Therisa, m. Asaph Coleman **HALE**, Oct. 18, 1846, by Rev. William B. Corbyn, of Manchester   3   192

Betsey, m. Walter **STEVENS**, b. of Glastonbury, Nov. 9, 1820, by W[illia]m Lockwood   3   61

David D., m. Fanny C. **GOSLEE**, b. of Glastonbury, Feb. 11, 1834, by Rev. Jacob Allen   3   125

Elizabeth, d. [Joel & Betsey], b. Mar. 3, 1820   2   166

Henry, s. Joel & Betsey, b. July 9, 1818   2   166

Mary J., m. George **HODGE**, b. of Glastonbury, Nov. 5, 1854, by George Merrick, J. P.   3   240

Sarah J., of Glastonbury (Eastbury Soc.), m. Elijah **HODGE**, of

	Vol.	Page
BLISH (cont.),		
Hebron, May 26, 1841, by Aaron Snow	3	161
Sylvester, s. Thomas, of Glastonbury, m. Rhoda **CHENEY**, d. Timothy, of East Hartford, Jan. 1, 1812	2	103
Thomas, s. [Sylvester & Rhoda], b. Sept. 18, 1815	2	103
Thomas, m. Wealthy Ann **BUCK**, b. of Glastonbury, Jan. 20, 1837, by Rev. Jacob Allen	3	139
Timothy A., m. Elenor M. **HILL**, b. of Glastonbury, Dec. 27, 1831, by Rev. Jacob Allen	3	114
William, of Marlborough, m. Charlotte **MILLER**, of Lyme, Jan. 1, 1843, by Rev. B. M. Walker	3	172
William H., m. Eliza C. **HOLLISTER**, b. of Glastonbury, Jan. 25, 1836, by Rev. Jacob Allen	3	135
William Henry, s. [Sylvester & Rhoda], b. May 25, 1812	2	103
BOARDMAN, Benjamin, s. Edward & Dorothy, b. Aug. 3, 1731	1	18
Edward, m. Dorothy **SMITH**, Jan. 30, 1726	1	18
Elizur, s. Edward & Dorothy, b. May 31, 1733	1	18
Hannah, d. Edward & Dorothy, b. Oct. 18, 1729	1	18
Henry, of Hartford, m. Elmina **COVELL**, of Glastonbury, May 7, 1837, by Chauncey G. Lee	3	141
Sally, of Hartford, m. Horace **LATIMER**, of Glastonbury, May 16, 1830, by Rev. Jacob Allen	3	107
BOGUE, BOOGUE, Aaron, m. Clarissa **JONES**, b. of Glastonbury, Sept. 12, 1842, by Rev. B. M. Walker	3	167
Mary Ann, of Glastonbury, m. Charles E. **LUCUS**, of Manchester, [ ], by Rev. James A. Smith. Recorded Apr. 26, 1850	3	215
BORCE, Jacob, of Riga, N. Y., m. Lucinda **STRICTLAND**, of Glastonbury, Oct. 24, 1834, by Rev. Samuel H. Riddell	3	130
BOTTOM, George R., of Williamantic, m. Mary Jane **DENISON**, of Glastonbury, June 8, 1851, by Jeremiah Stocking, Elder	3	221
BOUNDS, Jane, of Glastonbury, m. William **EDDY**, of Chatham, May 10, 1835, by Rev. Thomas J. Davis	3	131
BOWEN, Le[o]nard, s. Jerusha **PEAS[E]**, b. Dec. 15, 1778	2	14
BOWERS, BOWER, Avel, of East Windsor, m Polly **WARREN**, of Glastonbury, Jan. 6, 1830, by Rev. Samuel H. Riddell	3	105
Lovina, of Chatham, m. Asa **HARRIS**, of Glastonbury, June 12, 1825, by Jeremiah Stocking, J. P.	3	84
Lucretia, m. Reuben **TAYLOR**, Nov. 29, 1787	2	40
BOWLS, Louisa, of Glastonbury, m. Humphrey **WEAVER**, of Ashford, Apr. 6, 1823, by George Merrick, J. P.	3	73
BOWNS, Amanda, d. [Thomas & Belinda], b. Mar. 2, 1826; d. May 11, 1826	2	190
Charles W[illia]m, s. [Thomas & Belinda], b. Sept. 13, 1820	2	190
George H., of Torrington, m. Parmelia C. **ACKLEY**, of So. Glastonbury, Sept. 25, 1848, by Rev. L. W. Blood	3	209
Jane, d. [Thomas & Belinda], b. May 4, 1818	2	190
Malvina, d. [Thomas & Belinda], b. Mar. 8, 1817; d. Mar 25, 1817	2	190
Rhodolphus, s. [Thomas & Belinda], b. Apr. 23, 1823; d. Mar. 18, 1825	2	190

	Vol.	Page
BOWNS (cont.),		
Sally Ann, d. [Thomas & Belinda], Feb. 9, 1815	2	190
Thomas, m. Belinda **POTTER**, June 6, 1813	2	190
BOYLSTON, Richard H., of Glastonbury, m. Emeline **GRANT**, of East Hartford, Nov. 5, 1851, by Rev. James A. Smith	3	223
BRACE, Fanna, d. Jonathan & Anna, b. Sept. 23, 1781	2	120
Jonathan, m. wid. Anna **KIMBERLEY**, Apr. 15, 1778	2	120
Thomas Kimberley, s. Jonathan & Anna, b. Oct. 16, 1779	2	120
BRADLEY, Abigail, m. George **THRALL**, b. of Mereden, Sept. [ ], 1827, by George Merrick, J. P.	3	94
BRAINARD, Aristabulus, of Chatham, m. Narissa **HUNT**, of Glastonbury, Feb. 13, 1828, by Rev. Jacob Allen	3	97
Aristantues*, of Chatham, m. Sarah H. **WEIR**, of Glastonbury, Dec. 6, 1821, by Rev. Leonard Bennett *("Aristabulus")	3	69
Harriet, of Glastonbury, m. Ashbel H. **PHELPS**, of Marlborough, Jan. 1, 1821, by Rev. David Ripley	3	63
John, of Haddam, m. Delina **DICKERSON**, of Glastonbury, Feb. 12, 1845, by Jeremiah Stocking, Elder	3	181
Louisa G., of Glastonbury, m. Frederick S. **MALCOLM**, of New Haven, June 3, 1846, by Rev. Giles H. Deshon	3	195
Lucy, of Chatham, m. Erastus **BUCK**, of Glastonbury, Mar. 4, 1840, by Elder Jeremiah Stocking	3	154
Martha, of Chatham, m. Asa **GOSLEE**, of Glastonbury, July 18, 1838, by Elder Jeremiah Stocking	3	145
Oliver, 2nd, m. Temperance **CONE**, b. of Glastonbury, May 29, 1844, by Rev. G. Huntington Nichols. Int. Pub.	3	177
Robert L., m. Angeline M. **KILLAM**, b. of Glastonbury, May 8, 1847, by Rev. Giles H. Deshon	3	197
William, of Haddam, m. Ruth **HOUSE**, of Glastonbury, Jan. 10, 1825, by Rev. Jacob Allen	3	82
William, of Haddam, m. Emily M. **SPARKS**, of Glastonbury, Oct. 5, 1830, by Jeremiah Stocking, J. P.	3	109
Witeman, of Middle Haddam, m. Aura **WEIR**, of Glastonbury, Aug. 20, 1828, by H. Brownson	3	101
BRAMAN, Norton M., of Barkhamstead, Mass., m. Phebe **LEWIS**, of Glastonbury, Feb. 6, 1831, by Rev. Samuel H. Riddell	3	111
BRAY, Alfred, of Hartford, m. Sarah **TALCOTT**, of Glastonbury, Mar. 20, 1822, by Rev. C. Burge	3	68
BREWER, BRUER, Elexander, s. Thomas & Sarah, b. Oct. 5, 1706 (Alexander)	1	14
Ami(?), see under Nomi(?)		
Arthur E., of East Hartford, m. Catharine M. **ANDREWS**, of Glastonbury, May 3, 1842, by Rev. Warren G. Jones	3	166
Beniemin, s., Thomas & Sarah, b. Aug. 13, 1697	1	14
Comfort, d. Joseph & Dinah, b. Nov. 14, 1732	1	80
Daniell, s. Thomas & Sarah, b. Mar. 25, 1699	1	14
Dorothy, d. Joseph & Dinah, b. Mar. 15, 1727/8	1	80
Ellin, d. Joseph & Dinah, b. Feb. 2, 1739/40	1	80
Ester, d. Thomas, m. Nathaniell **DEWEY**, s. Nathaniell, Dec. 23,		

GLASTONBURY VITAL RECORDS 113

	Vol.	Page
BREWER, BRUER (cont.),		
1749	1	97
Fanny Brown, s. Daniel & Polly, m. John S. **FOX**, s. Amos, Nov. 13, 1808 (Perhaps "Fanny (**BREWER**) **BROWN**, dau. Daniel & Polly **BREWER**)	2	178
George, of East Hartford, m. Sarah **TREAT**, of Glastonbury, Sept. 12, 1820, by Rev. David Ripley	3	61
George, of East Hartford, m. Julia A. **HURLBUT**, of Glastonbury, May 1, 1849, by James A. Smith	3	211
Hezikiah, s. Thomas & Sarah, b. Aug. 23, 1690	1	14
Israel, s. Joseph & Dinah, b. Sept. 18, 1837, [probably intended for 1737]	1	80
John, s. Thomas & Martha, b. Oct. 12, 1737	1	10
Joseph, s. Thomas & [Sarah], b. Mar. 20, 1694/5	1	14
Joseph, m. Dinah **SMITH**, May 29, 1727	1	80
Joseph, s. Joseph & Dinah, b. Apr. 24, 1735	1	80
Joseph, of East Hartford, m. Emeline **PRICE**, of Glastonbury, Sept. 10, 1828, by Rev. Jacob Allen	3	99
Lydia, d. Thomas & Sarah, b. Jan. 27, 1701	1	14
Mary, d. Thomas & Sarah, b. Jan. 28, 1684/5	1	14
Mary, d. Thomas, Jr. & Martha, b. Dec. 14, 1712	1	10
Mary Ann, of Glastonbury, m. Joseph T. **HOLMES**, of Manchester, May 13, 1830, by Rev. Samuel H. Riddell	3	107
Nomi(?)*, d. Thomas & Sarah, b. Sept. 28, 1703 *("Ami"?)	1	14
Ruth, d. Joseph & Dinah, b. May 30, 1730	1	80
Sarah, d. Thomas & Sarah, b. Dec. 9, 1692	1	14
Sarah, d. Thomas, m. Ebenezer **GOODALE**, Mar. 15, 1716/17	1	39
Thomas, m. Sarah **KENNE**, of Glastinbury, Jan. 18, 1682	1	14
Thomas, s. Thomas & Sarah, b. Feb. 17, 1687/8	1	14
Thomas, of Glasinbury, m. Martha **GOODALE**, of Middletown, May 4, 1710	1	10
BRIGGS, Mary, of So. Glastonbury, m. Stephen **NORTON**, of Vernon, Oct. 6, 1844, by Rev. Warren G. Jones	3	179
BRIGHAM, Daniel W., of Willimantic, m. Abby Elizabeth **BURNETT**, of Glastonbury, Sept. 4, 1843, by Rev. Warren G. Jones	3	173
BROADWAY, Charles, m. Eunice **ANDRUS**, Oct. 19, 1841, by Rev. Warren G. Jones	3	164
BROOKS, BROKS, Abigail, d. Samuel & Sarah, b. May 4, 1703	1	20
Abigail, had s. Samuel Benjamin, b. Feb. 8, 1727/8	1	27
Alima, d. Joel & Rebecca, b. Feb. 17, 1771	1	1
Anna, d. Sergt. Samuel, m. Eliphalet **FOX**, s. Benoni, May 7, 1746	1	56
Anne, d. Sam[ue]ll & Mary, b. Apr. 14, 1728	1	61
Anne, d. Josiah & Abigail, b. Nov. 4, 1786	2	81
Daniel, of Middle Haddam, m. Philura **DICKERSON**, of Glastonbury, Feb. 25, 1829, by H. Brownson	3	101
David, s. Josiah & Abigail, b. Aug. 18, 1795; d. Oct. 31, 1795	2	81
Ellener, d. Samuel & Mary, b. Oct. 13, 1736	1	61
Eleanor, d. John & Mary, b. Apr. 17, 1768	1	111

BROOKS, BROKS (cont.),

	Vol.	Page
Elijah, s. John [& Mary], b. Mar. 22, 1762	1	111
Elizabeth, d. Samuel & Sarah, b. Jan. 24, 1711	1	20
Elizabeth, d. Samuell & Mary, b. Aug. 23, 1722	1	61
Elizabeth, d. John & Mary, b. May 22, 1759	1	111
Elizabeth, d. John, m. Thomas **BIDWELL**, s. Samuel, Apr. 30, 1778	2	99
Ephraim, s. John [& Mary], b. June 1, 1766	1	111
Grace, m. Jeremiah **GOODRICH**, May 13, 1820	2	172
Hannah, d. Samuel & Sarah, b. Sept. 29, 1706	1	20
Hephzibeth, d. Samuel & Sarah, m. David **FOX**, Jr., s. Richard & Dorothy, May 23, 1776	2	75
Jemima, d. John & Mary, b. Nov. 17, 1756	1	111
Jesse, s. Josiah & Abigail, b. Mar. 31, 1791	2	81
Joel, s. Noah, of Springfield, m. Rebecca **GOSLEE**, d. Timothy, of Glastonbury, Dec. 30 1766	1	1
Joel, s. Joel & Rebecca, b. June 25, 1767	1	1
John, s. Samuel [& Sarah], b. Mar. 8, 1695	1	20
John, s. Samuell & Mary, b. Apr. 19, 1724	1	61
John, s. Samuel, m. Mary **CROFOOT**, d. Ephraim, June 10, 1746	1	111
John, s. John & Mary, b. Nov. 7, 1749	1	111
Josiah, s. Samuel & Sarah, m. Abigail **GOSLEE**, d. John & Mary, Jan. 4, 1781	2	81
Josiah, s. Josiah & Abigail, b. Feb. 3, 1789	2	81
Lucy, d. John & Mary, b. July 1, 1754	1	111
Ledda, d. Samuel & Sarah, b. May 23, 1704	1	20
Mabel, d. John & Mary, b. Feb. 12 1752	1	111
Mabel, had d. Percy, b. Apr. 4, 1776	2	53
Mahala, d. Josiah & Abigail, b. June 27, 1784	2	81
Mary, d. Samuel & Sarah, b. Feb. 6, 1699	1	20
Mary, d. Samuell & Mary, b. Dec. 15, 1725	1	61
Mary, d. Samuell & Mary, b. Mar. 15, 1733/4	1	61
Mary, d. John & Mary, b. May 20, 1748	1	111
Mary, d. [Josiah & Abigail], b. Feb. 12, 1782; d. Feb. 12, 1782	2	81
Mahitable, d. William & Mahitable, b. Jan. 4, 1784	2	113
Nabby, d. Josiah & Abigail, b. Dec. 12, 1796	2	81
Nancy, d. William & Mehitable, b. Mar. 25, 1781	2	113
Nancy F., m. Henry R. **HALE**, b. of Glastonbury, Oct. 16, 1850, by Rev. Roger Albeston	3	219
Percy, d. Mabel, b. Apr. 4, 1776	2	53
Prudence, m. Samuel **FOX**, Sept. [ ], 1782	2	169
Reuben, of Haddam, m Lucinda **DICKINSON**, of Glastonbury, Dec. 2. 1830, by Jeremiah Stocking, J. P.	3	110
Roswell, of Chatham, m. Mrs. Lucinda **TRYON**, of Glastonbury, May 12, 1839, by Rev. William B. Ashley	3	151
Russel Backus, s. Josiah & Abigail, b. May 9, 1793	2	81
Ruth, d. Samuell & Mary, b. Mar. 8, 1729/30	1	61
Ruth, d. Eliphalet & Anna, b. Jan. 2, 1750/1	1	56
Sally, d. Josiah & Abigail, b. Oct. 26, 1799	2	81

GLASTONBURY VITAL RECORDS 115

	Vol.	Page
BROOKS, BROKS (cont.),		
Sally Holden, d. Sally **HOLDEN**, b. July [ ], 1825	2	190
Samuel, s. Samuel & Sarah, b. May 27, 1697	1	20
Samuel, s. Samuell & Mary, b. May 30, 1732	1	61
Samuel Benjamin, s. Abigail, b. Feb. 8, 1727/8	1	27
Sarah, d. Samuel & Sarah, b. Jan. 8, 1693	1	20
Susannah, d. Thomas, m. Joseph **ANDREWS**, s. Joseph, May 25, 1769	2	50
Theodore, d. Sam[ue]ll & Mary, b. Oct. 4, 1727	1	61
Thomas, s. Samuell & Mary, b. June 28, 1719	1	61
Timothy, s. Samuel & Sarah, b. Oct. 28, 1701	1	20
William, s. John [& Mary], b. May 23, 1764	1	111
William, s. Sampson, of Ormskirk, England, m. Mehitable **WRIGHT**, d. Hezekiah, Sept. 18, 1780	2	113
BROWN, Abby S., of Glastonbury, m. Stephen **HOLMES**, Jr., of Manchester, May 5, 1834, by Rev. Samuel H. Riddell	3	126
Abigail Sarah, d. [Pardon & Sarah], b. Feb. 19, 1809	2	105
Alvin, of Chatham, m. Sarah Ann **POLLY**, of Glastonbury, Mar. 3, 1839, by Rev. Abijah C. Wheat	3	150
Anna, m. John **PHELPS**, Feb. 15, 1821, by Samuel F. Jones, J. P.	3	63
Emeline, of Williamantic, m. Enos **PORTER**, of Glastonbury, Jan. 9, 1848, by James A. Smith	3	206
Fanny, see under Fanny **BREWER**		
George Wilteen, s. [Pardon & Sarah], b. July 2, 1811	2	105
Howel W., m. Eliza B. **CHURCH**, b. of Glastonbury, Mar. 4, 1829, by Rev. S. H. Riddell	3	101
Howell Woodbridge, s. [Pardon & Sarah], b. Mar. 3, 1804	2	105
Jane Elilzabeth, d. [Pardon & Sarah], b. Oct. 10, 1813	2	105
Joseph, of Troy, O., m. Cecelia Maria **HALE**, Oct. 23, 1837, by Rev. D. S. Devens	3	142
Lovina, m. William **BENNET**, b. of Glastonbury, Apr. 24, 1825, by Rev. Jacob Allen	3	83
Mary Ann, d. [Pardon & Sarah], b. Mar. 5, 1806	2	105
Pardon, s. Abraham & Abigail, of Tiverton, R. I., m. Sarah **WOODBRIDGE**, d. Col. Howell & Mary, both decd., Sept. 13, 1802	2	105
Pardon, m. Elizabeth **CHURCH**, Oct. 31, 1819, in Compton, R. I.	2	105
Philander C., s. [Pardon & Elizabeth], b. May 22, 1821	2	105
Polly, b. Aug. 27, 1808, m. Nathaniel **WALKER**, Feb. 6, 1828	2	219
Polly, m. Nathaniel **WALKER**, b. of Glastonbury, Feb. 6, 1828, by Rev. Jacob Allen	3	97
Richard, of Hartford, m. Esther **STEWART**, of Glastonbury, Oct 19, 1823, by Jeremiah Stocking, J. P.	3	75
Shubael, Jr., of Brooklyn, m. Eliza **LEE**, of Glastonbury, Oct. 25, 1827, by Rev. Samuel H. Riddell	3	95
Sidney, of Glastonbury, m. Caroline **ASPENWALL**, of New Jersey State, Oct 29, 1837, by Elder Jeremiah Stocking	3	143
William, m. Marilla **FOX**, b. of Glastonbury, Sept. 2, 1829, by Rev. Samuel H. Riddell	3	103

	Vol.	Page
BROWNSON, David H., of Cornwall, m. Almira **STONE**, of Glastonbury, Feb. 23, 1834, by Charles Remington, Elder	3	125
BUCK, Edward H., s. [Halsey & Sarah], b. May 6, 1820	2	185
Elizabeth, of Glastonbury, m. William H. **PERKINS**, of Hebron, June 4, 1840, by Elder Jeremiah Stocking	3	154
Elizabeth B., d. [Halsey & Sarah], b. July 21, 1822	2	185
Erastus, of Glastonbury, m. Lucy **BRAINARD**, of Chatham, Mar. 4, 1840, by Elder Jeremiah Stocking	3	154
Hals[e]y, b. Aug. 28, 1793, m. Sarah **WOOD**, Aug. 24, 1814	2	185
Hannah, m. Anson **HALE**, b. of Portland, July 10, 1842, by Rev. Jeremiah Stocking	3	162
James F., of Chatham, m. Adaline **TAYLOR**, of Glastonbury, Mar. 2, 1836, by Rev. Jacob Allen	3	135
Lucretia, 2nd, m. John Flavel **HUBBARD**, Oct. 12, 1824, by Jeremiah Stocking, J. P.	3	80
Mary M., d. [Halsey & Sarah], b. June 14, 1815	2	185
Mary M., of Manchester, m. William C. **SPARKS**, of Glastonbury, Jan. 4, 1852, by Charles Morse	3	223
Matilda, m. Sabin **STOCKING**, b. of Glastonbury, Oct. 31, 1834*, by Jeremiah Stocking, Elder *(Probably "1833")	3	124
Nancy, m. Edwin S. **TREAT**, b. of Glastonbury, Nov. 27, 1836, by Jeremiah Stocking, Elder	3	138
Nancy, d. Benoni & Lucretia, b. [ ]; m. Edwin Stratton **TREAT**, Nov. 27, 1836	2	214
Thomas, m. Elizabeth **SCOTT**, d. Thomas, May 4, 1738	1	83
Wealthy A., d. [Halsey & Sarah], b. Aug. 24, 1817	2	185
Wealthy Ann, m. Thomas **BLISH**, b. of Glastonbury, Jan. 20, 1837, by Rev. Jacob Allen	3	139
BUCKLAND, Charles, of East Hartford, m. Ann Eliza **GAINS**, of Glastonbury, Feb. 4, 1852, by James A. Smith	3	224
BUDLONG, Frances Abba, m. W[illia]m M. **PORTER**, b. of Glastonbury, Feb. 5, 1853, by Rev. James A. Smith	3	230
BUEL, Betsy, m. Hezekiah **WICKHAM**, [ ]	2	65
BULKELEY, BUCKLEY, BULKLEY, Dorathe, d. Garshom, m. Thomas **TREAT**, s. Richard, b. of Weathersfield, July 5, 1693, by Rev. Timothy Woodbridge, at Weathersfield	1	6
Gershom, Hon., d. Dec. 2, 1713	1	4
Hannah, of New London, m. Richard **GOODRIDG**, of Glasinbury, May 18, 1709, by Mr. Adams	1	9
James, of Wethersfield, m. Julia **RISLEY**, of Glastonbury, Apr. 10, 1834, by Rev. Jacob Allen	3	125
Laura, of Glastonbury, m. George **SMITH**, of Rocky Hill, Sept. 22, 1847, by Rev. G. H. Deshon	3	200
Martha E., m. William **TYLER**, [Dec.] 29, [1850], by Frederick W. Chapman	3	218
Prescott, of Weathersfield, m. Penelope **TRYON**, of Glastonbury, Sept. 15, 1822, by Rev. Caleb Burge	3	69
Rebeckah, d. Capt. Edward, m. Isaac **TREAT**, s. Thomas, decd., Dec. 10, 1730	1	73

	Vol.	Page
BULLARD, James, of Ellington, m. Lucy R. GLAZIER, of So. Glastonbury, Oct. 1, 1838, by Warren S. Jones	3	147
BUNCE, Charles, Jr. of Manchester, m. Aurelia STRICTLAND, of Glastonbury, Dec. 28, 1831, by Rev. Jacob Allen	3	114
BUNNING, Augustus, m. Elizabeth Ellis POLLY, b. of Glastonbury, Sept. 23, 1838, by A. C. Wheat	3	146
BURCHARD, Elizabeth, m. Nathan DeWOLF, Jr., Sept. 6, 1743	1	18
BURDETT, Elnathan, of Stonington, m. Mary SHEFFIELD, of Glastonbury, Oct. 24, 1824, by George Merrick, J. P.	3	80
BURDICT, Winthrop G., of Hartford, m. Catherine HOLLISTER, of Glastonbury, May 24, 1836, by Jeremiah Stocking, Elder	3	136
BURENT, Elizabeth, m. Thomas HUBBARD, Feb. 8, 1781	2	13
BURKE, Edward G., of East Haddam, m. Sarah HOLMES, of Glastonbury, Feb. 15, 1824, by Rev. W[illia]m Lockwood	3	78
Mary Jane, m. Charles EVERTS, July 1, 1838, by Rev. Warren G. Jones	3	145
Rachel, of Glastonbury, m. Jeremiah H. PEIRCE, of Sterling, Sept. 11, 1836, by Rev. Marvin Root	3	137
BURNE, Edward, of New York, m. Ann GAINS, of Glastonbury, May 15, 1823, by Rev. Caleb Burge	3	73
BURNETT, Abby Elizabeth, of Glastonbury, m. Daniel W. BRIGHAM, of Willimantic, Sept. 4, 1843, by Rev. Warren G. Jones	3	173
BURNHAM, [see also BARNHAM], Benjamin G., of East Hartford, m. Elizabeth WOODWORTH, of Glastonbury, Dec. 8, 1829, by Rev. Samuel H. Riddell	3	105
Elizabeth, d. William, of Hartford, m. Thomas RISLEY, s. Samuel of Glassenbury, July 15, 1749	2	36
James of Weathersfield, m. wid. Mary WARREN, of Glastonbury, Oct. 9, 1831, by Rev. Jesse Baker	3	113
Jonathan, s. Elizur & Cloe, b. Dec. 13, 1775	2	52
Mary, d. Elizur & Cloe, b. Mar. 19, 1764	2	52
William, s. Elizur & Cloe, b. Jan. 27, 1768	2	52
BURT, Brazilla, m. Servilla STOCKING, b. of Glastonbury, Jan. 21, 1822, by Jeremiah Stocking	3	66
BUTLER, William, of Middletown, m. Electa Ann FOX, of Glastonbury, Dec. 22, 1834, by Rev. Samuel H. Riddell	3	130
BUTTON, Cleveland, of Portland, m. Jane LOVELAND, of Glastonbury, Sept. 26, 1847, by Rev. Aaron Snow	3	200
CABLE, George, of Cazenovia, N. Y., m. Delina BENTON, of Glastonbury, Oct. 26, 1835, by Rev. Samuel H. Riddell	3	133
CADWELL, Eliza, m. Charles SHIPMAN, b. of Glastonbury, Apr. 28, 1844, by Rev. Aaron Snow, of Eastbury	3	170
CALHOUN, Joseph F., of Wolcottville, m. Clarissa A. CASWELL, of Glastonbury, Feb. 1, 1848, by Rev. Warren G. Jones	3	206
CALLENDER, Nancy, m. Sylvester CLARK, b. of Wethersfield, Nov. 9, 1845, by Rev. Warren G. Jones	3	186
CAMP, Joseph, of Westfield, Mass., m. Clarissa HOUSE, of Glastonbury, Feb. 6, 1831, by Rev. Samuel H. Riddell	3	111
CANNADA, Betsey, d. David & Susanna, b. July 13, 1776	2	16

	Vol.	Page
CANNADA (cont.),		
Bille, s. David & Susanna, b. Jan. 19, 1772; d. Nov. 10, 1772	2	16
Bille, s. David & Susanna, b. Dec. 13, 1773	2	16
David, m. Susanna **GOSLEE**, Mar. 12, 1770	2	16
Thomas, s. David & Susanna, b. Aug. 7, 1770	2	16
CAPIN, John A., of New Hampshire, m. Diadamia **GOODALE**, of Glastonbury, Apr. 6, 1828, by Rev. Jacob Allen	3	98
CARMAN, Timothy B., of Winsted, m. Betsey B. **HIGGINS**, of Glastonbury, Nov. 9, 1847, by Rev. Warren G. Jones	3	200
CARPENTER, ——, M. D., m. Betsey **KILBORN**, d. Abraham & Mary [ ]. Had issue, a daughter, East Hartford, Ct.	2	159
——, d. [ ], M. D., & Betsey, b. [ ]	2	159
CARRIER, CARIER, Philo, of Marlborough, m. Lovina **ANDRUS**, of Glastonbury, Nov. 27, 1833, by Jesse Baker	3	123
Ralph T., of Colchester, m. Fidelia H. **ACKLEY**, of So. Glastonbury, Sept. 25, 1848, by Rev. L. W. Blood	3	209
CARTER, Lucy Tanner, d. [Dr. Ralph & Patty], b. Jan. 18, 1820	2	169
Ralph, Dr., s. Benjamin & Lydia, of Warren, m. Patty **TANNER**, d. Ephraim & Huldah, of Warren, June 16, 1817	2	169
Sarah m., of Bloomfield, m. David A. **HURLBUT**, of Glastonbury, Sept. 25, 1852, by Aaron Snow	3	227
CARY, James P., of Hartford, m. Betsey Ann **ALGER**, of Glastonbury, Jan. 1, 1849, by Jeremiah Stocking, Elder	3	211
CASE, Anne, d. John & Rachel, b. Jan. 28, 1781	2	40
Edwin, of Manchester, m. Elizabeth C. **LORD**, of Glastonbury, Apr. 8, 1846, by Rev. Warren G. Jones (Date received for record is Apr. 6)	3	188
John, s. John, m. Rachel **SMITH**, d. Joseph (scoller), Jan. 28, 1762	2	40
John, s. John & Rachel, b. May 8, 1768	2	40
Joseph, s. John & Rachel, b. Jan. 17, 1771	2	40
Mary, d. John & Rachel, b. Nov. 9, 1763	2	40
Orrin, of Manchester, m. Harriet Ann **RISLEY**, of Glastonbury, Feb. 4, 1830, by Rev. Jacob Allen	3	106
Rachel, d. John & Rachel, b. Dec. 12, 1765	2	40
Sidney, of Hartford, m. Harriet **VIBERT**, of Glastonbury, Nov. 6, 1838, by James A. Smith	3	148
CASWELL, Ansel, s. [John & Bethiah], Sept. 29, 1781; d. Feb. 21, 1784	2	121
Clarissa, d. John & Bethiah, b. Nov. 6, 1786	2	121
Clarissa A., of Glastonbury, m. Joseph F. **CALHOUN**, of Wolcottville, Feb. 1, 1848, by Rev. Warren G. Jones	3	206
Daniel, s. John & Bethiah, b. Aug. 3, 1774	2	121
Daniel, m. Lucy **TRYON**, d. Elizur & Lucy, [ ]	2	78
Electa, d. John & Bethiah, b. July 13, 1788	2	121
Electa, of Glastonbury, m. Nathaniel **WOOD**, of New York State, Nov. 12, 1820, by W[illia]m Lockwood	3	62
Jerusha, of South Glastonbury, m. Jefferson **BACON**, of Middletown, July 9, 1837, by Rev. Warren G. Jones, of So.		

	Vol.	Page
CASWELL (cont.),		
Glastonbury	3	141
John, s. John & Mary, of Chatham, b. Aug. 16, 1749; m. Bethiah		
HINCKLEY, d. Ebenezer & Mary, of Lebanon, Jan. 21, 1773	2	121
John, s. John & Bethiah, b. Jan. 23, 1778	2	121
Lauretta, m. Obed ANDRUS, b. of Glastonbury, May 1, 1832, by Rev. C. Chapin	3	116
Philena, d. John & Bethiah, b. Jan. 16, 1785	2	121
Sabra, d. John & Bethiah, b. Feb. 21, 1776	2	121
Sabra, d. [John & Bethiah], d. Apr. 29, 1779	2	121
Sabra, d. John & Bethiah, b. Apr. 13, 1780	2	121
Sally M., d. Daniel, b. Sept. 13, 1804; m. Samuel KILLAM, s. Liman S., Apr. 12, 1827	2	206
Sally Maria, m. Sam[ue]l HILLAM, b. of Glastonbury, Apr. 12, 1827, by Rev. Hector Humphreys	3	93
CATHMAN, Henry W., of Glastonbury, m. Sarah McINTIRE, of Mansfield, [ ], by Rev. James A. Smith. Recorded Sept. 20, 1848	3	209
CAULKINS, John A., of Norwich, m. Cordelia RISLEY, of Glastonbury, Dec. 3, 1838, by James A. Smith	3	149
[CHADWICK], [see under **SHADWICK**]		
CHALKER, Sarah, m. Benjamin JUDD, b. of Glassenbury, Dec. 17, 1771	2	6
CHAMBERLAIN, CHAMBERLIN, Charles, of Mansfield, m. Anna WEIR, of Eastbury, Jan. 1, 1843, by Rev. Aaron Snow, of Eastbury	3	162
Daniel, Jr., m. Elizabeth FINLEY, Sept. 15, 1748	1	93
Jemima, d. Richard & Mary, b. Sept.7, 1761	1	98
Lois, d. Richard & Mary, b. Sept. 6, 1763	1	98
Louisa, d. Richard & Mary, b. Apr. 21, 1770	1	98
Lusinda, d. Richard & Mary, b. May 19, 1768	1	98
Mary, d. Daniel, Jr. & Elizabeth, b. Sept. 23, 1751	1	93
Mary, d. Richard & Mary, b. Dec 9, 1753; d. Oct. 16, 1756	1	98
Mary, 2nd, d. Richard & Mary, b. Oct. 10, 1757	1	98
Mehitable, d. Richard & Mary b. Feb. 16, 1766	1	98
Rebeckah, d. Richard & Mary, b. Mar. 7, 1759	1	98
Richard, s. Daniel, m. Mary DICKERSON, d. Lieut. David, Dec. 21, 1752	1	98
Richard, 2nd, s. Richard & Mary, b. Jan. 27, 1755	1	98
Ruth, d. Richard & Mary, b. Apr. 6, 1756	1	98
Sarah, d. Daniel, Jr. & Elizabeth, b. Oct. 18, 1749	1	93
William, of Philadelphia, Pa., m. Serilla CHAPMAN, of Glastonbury, July 24, 1837, by Elder Jeremiah Stocking	3	142
CHAMPLAIN, George, of Lebanon, m. Mary WIER, of Glastonbury, Oct. 11, 1848, by Rev. Aaron Snow, of Glastonbury	3	210
CHANNEY, John, of Weathersfield, m. Amelia B. GOODRICH, of Glastonbury, Jan. 2, 1823, by Rev. Caleb Burge	3	71
CHAPIN, Cornelia, m. Elias JONES, b. of Glastonbury, Aug. 6, 1843, by Rev. Warren G. Jones	3	173

	Vol.	Page
CHAPMAN, Abel, Jr., m. Nancy **PULSIFER**, b. of Glastonbury, Aug. 28, 1828, by Rev. Jacob Allen	3	100
Ansel, m. Marinda **WARNER**, Dec. 23, 1821, by Jeremiah Stocking, J. P.	3	66
Caroline, of So. Glastonbury, m. Welles **HILLS**, of Hartford, Dec. 25, 1842, by Rev. Warren G. Jones	3	162
Charlott, m. Arza **MATSON**, b. of Glastonbury, Dec. 6, 1846, by Jeremiah Stocking, Elder	3	196
Clarissa, of Glastonbury, m. Henry **CHAPMAN**, of Plainfield, July 3, 1839, by Rev. Warren G. Jones	3	151
Clarissa, m. Henry **HALE**, Dec. 19, 1843, by Rev. Warren G. Jones	3	174
David R., m. Harriet **SHEFFIELD**, b. of Glastonbury, Nov. 19, 1840, by Rev. H. Fosbush	3	159
Dorothy, of Glastonbury, m. Henry **BECKMAN**, of New York City, Sept. 23, 1832, by Rev. Samuel H. Riddell	3	117
Elam, m. Ambrose **BIDWELL**, b. of Glastonbury, Dec. 29, 1844, by Rev. Warren G. Jones	3	181
Emily, m. Selden **TAYLOR**, b. of Glastonbury, [May] 16, [1852], by F. W. Chapman	3	226
Henry, of Plainfield, m. Clarissa **CHAPMAN**, of Glastonbury, July 3, 1839, by Rev. Warren G. Jones	3	151
Hester, m. William R. **STEVENS**, b. of Glastonbury, Aug. 7, 1850, by Rev. James A. Smith	3	217
Jemima, of Glastonbury, m. John **POTTER**, of Hartford, Mar. 27, 1824, by Rev. Ashbel Steele	3	78
John, of Pittsfield, Mass., m. Mary Ann **COVELL**, of Eastbury, May 8, 1836, by Rev. Jesse Baker	3	136
Keturah(?), see under Theturah **CHAPMAN**		
Lois, m. Freeman **BISHOP**, of North Haven, Jan. 1, 1827, by Charles Remington, Elder	3	92
Lucy, of Chatham, m. Elisha **WARNER**, of Glastonbury, Mar. 18, 1823, by George Merrick, J. P.	3	72
Lucy, of Glastonbury, m. John **ROWLEY**, of Portland, Mar. 4, 1845, by Rev. Warren G. Jones	3	182
Lydia, of Glastonbury, m. Selden **HOADLEY**, of Waterbury, Sept. 9, 1827, by Charles Remington, Elder	3	94
Malinda, m. Bromley **KEENEY**, b. of Glastonbury, Nov. 24, 1823, by Jeremiah Stocking, J. P.	3	75
Malintha, m. Gilson W. **POST**, b. of Glastonbury, Feb. 7, 1848, by Rev. W. G. Jones	3	206
Maria, of Glastonbury, m. Azel **TENANT**, of Hartford, Sept. 18, 1825, by Jeremiah Stocking, J. P.	3	85
Martin, m. Clarissa **DANIELS**, b. of Glastonbury, Jan. 1, 1827, by Charles Remington, Elder	3	92
Mary, of Glastonbury, m. David **TROWBRIDGE**, of Chatham, Dec. 21, 1826, by George Merrick, J. P.	3	92
Pamela, m. Parley **BIDWELL**, Jr., b. of Glastonbury, Dec. 22, 1836, by Tho[ma]s J. Davis	3	138

	Vol.	Page

CHAPMAN (cont.),

	Vol.	Page
Pamelia, of Chatham, m. Cyrus **TALYOR**, of Glastonbury, Sept. 2, 1838, by Rev. Abijah C. Wheat	3	145
Philo, m. Betsy **HODGE**, b. of Glastonbury, Jan. 21, 1836, by Rev. James Shepard	3	135
Ralph, m. Louisa **ALGER**, Dec. 25, 1823, by Rev. Caleb Burge	3	76
Rebecca, of Glastonbury, m. William E. **BILLINGS**, of Glastonbury, Dec. 5, 1847, by Rev. Warren G. Jones	3	205
Sally, of Glastonbury, m. W[illia]m **SMITH**, of Middletown, (Westfield Soc.), Dec. 24, 1826, by Charles Remington, Elder	3	92
Samuel, m. Lucy **WARNER**, b. of Glastonbury, Oct. 7, 1829, by Rev. Samuel H. Riddlell	3	103
Samuel, m. Mary **DAVIS**, b. of Glastonbury, Jan. 3, 1836, by Henry Dayton, J. P.	3	134
Sarah, m. Whiting **HAMMON**, b. of Glastonbury, Oct. 6, 1839, by Elder Jeremiah Stocking	3	152
Sarah A., of Glastonbury, m. T. B. **PORTER**, of Hebron, Apr. 7, 1851, by Frederick W. Chapman	3	220
Serilla, of Glastonbury, m. William **CHAMBERLAIN**, of Philadelphia, Pa., July 24, 1837, by Elder Jeremiah Stocking	3	142
Susannah, d. Jonah, m. Aaron **LOVELAND**, s. Elizur, Oct. 1, 1789	2	160
Sylvester, m. Mercy B. **STRICTLAND**, Oct. 21, 1830, by Rev. Hector Humphrey	3	110
Theturah*, of Glastonbury, m. Asa **FULLER**, of Vernon, Apr. 6, 1829, by Samuel H. Riddell *("Keturah"?)	3	102
William Henry, m. Lucy Leonard **STEVENS**, July 6, 1854, by Rev. A. B. Chapin, of So. Glastonbury	3	238

CHENEY, Halsey, of Middletown, m. Adaline Parmelia **BLISH**, Oct. 26, 1825, by Rev. Jacob Allen — 3, 86

Harriet, of Manchester, m. Daniel C. **ANDREWS**, of Glastonbury, Apr. 3, 1828, by Rev. Jacob Allen — 3, 97

Rhoda, d. Timothy, of East Harford, m. Sylvester **BLISH**, s. Thomas, of Glastonbury, Jan. 1, 1812 — 2, 103

CHESTER, Eunice, d. John, of Weathersfield, b. May 17, [   ]; m. Timothy **STEVENS**, s. Timothy, of Roxbury, May 17, 1694 — 1, 11

CHILD, Catharine, alias Verry, of Hartford, m. Elijah **DICKENSON**, of Glastonbury, Nov. 12, 1837, by Elder Jeremiah Stocking — 3, 143

William H., of Chatham, m. Sophia **MOSELEY**, of Glastonbury, Jan. 6, 1831, by Rev. Samuel H. Riddell — 3, 111

CHURCH, Eliza B., m. Howel W. **BROWN**, b. of Glastonbury, Mar. 4, 1829, by Rev. S. H. Riddell — 3, 101

Elizabeth, m. Pardon **BROWN**, Oct. 31, 1819, in Compton, R. I. — 2, 105

Emily, of Glastonbury, m. Asa B. **SNOW**, of Boston, Mass., Sept. 25, 1834, by Rev. Samuel H. Riddell — 3, 130

Maria, of Glastonbury, m. Josiah G. **BACHELDER**, of Boston, Mass., Nov. 13, 1844, by Rev. Warren G. Jones — 3, 180

CHURCHILL, Charles, of Chatham, m. Lucy **TAYLOR**, of Glastonbury, Jan. 29, 1822, by Rev. Caleb Burge — 3, 66

Dorothy, of Weathersfield, m. Richard **FOX**, of Glasenbury, Mar. 20,

	Vol.	Page

CHURCHILL (cont.),
1745   1   23
    Sarah, Mrs. of Glastonbury, m. George W. **HODGE**, of Portland, Apr. 9, 1854, by Rev. David Bradbury   3   237

CILLS, Cornelia, m. Lester **ALGER**, b. of Glastonbury, Sept. 15, 1845, by Elder Jeremiah Stocking   3   185

CLACEING, Frederick, m. Barabella (Betsey) **WEITZEL**, b. of Glastonbury, Sept. 11, 1853, by Rev. James A. Smith   3   233

CLAPP, CLAP, John Seldon, of Windsor, m. Julia **TALLCOTT**, of Glastonbury, May 12, 1840, by James A. Smith   3   154
    Silas, m. Esther **RISLEY**, b. of East Hartford, Apr. 7, 1833, by Rev. J. E. Risley   3   121

CLARK, CLARKE, CLERK, Abigail, m. Richard **SMITH**, Nov. 25, 1730   1   102
    Ambrose, m. Sarah **COMSTICK**, b. of Glastonbury, Feb. 24, 1850, by Rev. James A. Smith   3   214
    Amy, b. June 4, 1789   2   129
    Anne, d. Nan(?), of Lebanon, m. Asa **GOODRICH**, s. Josiah, of Weathersfield, Aug. 18, 1784   2   101
    Arad W., of East Granby, m. Henrietta **HIGGINS**, of So. Glastonbury, Jan. 1, 1843, by Rev. Warren G. Jones   3   162
    Elijah O., of Marlborough, m. Abby M. **HELM**, of Chatham, Mar. 7, 1841, by Rev. Sanford Benton, of Manchester   3   159
    Elijah O., of Marlborough, m. Sarah M. **THOMPSON**, of So. Glastonbury, Feb. 2, 1853, by Rev. David Bradbury   3   231
    Elizabeth, m. Henry **HODGE**, b. of Glastonbury, Oct. 30, 1823, by George Merrick, J. P.   3   75
    Ellice, of Glastonbury, m. Edwin R. **BAKER**, of Chatham, Dec. 29, 1851, by Rev. James A. Smith   3   224
    George S., m. Mary F. **HAMLINTON**, b. of Glastonbury, Aug. 10, 1846, by Rev. Warren G. Jones   3   192
    Hannah, wid. & d. of Josiah **PELTON**, m. Capt. Charles **TREAT**, June 20, 1798   2   129
    Hiram, m. Sally **BIDWELL**, b. of South Glastonbury, Apr. 10, 1837, by Warren G. Jones   3   140
    Ja[me]s, m. Elizabeth M. **WARREN**, b. of Glastonbury, Jan. 14, 1844, by Rev. Warren G. Jones   3   176
    Jane, of East Hartford m. Joseph **DERBY**, of Glastonbury, Apr. 30, 1826, by Solomon Cole, J. P.   3   89
    Joseph, of Newbury, Vt., m. Clarissa **ROOT**, of Glastonbury, Dec. 15, 1837, by Rev. James A. Smith   3   146
    Laura, of Glastonbury, m. Abijah **WOODRUFF**, of Hartford, Jan. 30, 1839, by Rev. William B. Ashley   3   150
    Louisa, m. W. Anso **HODE**, June 4, 1838, by W. G. Jones   3   145
    Mary, m. Steven **DAVIS**, b. of Glastonbury, Apr. 16, 1826, by George Merrick, J. P.   3   88
    Mary, of Glastonbury, m. Elijah **RATHBONE**, of Hartford, Nov. 30, 1840, by Warren G. Jones   3   156
    Mary, of Lyme, m. Leonard **WRIGHT**, of Glastonbury, Jan. 12,

	Vol.	Page
CLARK, CLARKE, CLERK (cont.),		
1851, by James A. Smith	3	219
Mary J., of Middletown, m. Erastus C. **HOLLISTER**, of Middletown, Apr. 17, 1853, by Rev. Samuel Fox	3	231
Michael, of Middletown, m. Hulda **TRYON**, of Glastonbury, May 6, 1821, by Rev. W[illia]m Lockwood	3	64
Sylvester, m. Nancy **CALLENDER**, b. of Wethersfield, Nov. 9, 1845, by Rev. Warren G. Jones	3	186
CLOSSON, Harriet, of Glastonbury, m. Zeno **TILTON**, of Martha's Vineyard, Mass., Sept. 25, 1853, by Frederick Chapman	3	234
COE, Asahel, of Winchester, m. Louisa **HALE**, of Glastonbury, Apr. 25, 1825, by Rev. Hector Humphreys	3	88
COLE, [see also **COWLES**], Eunice, m. Daniel **MILES**, Dec. 7, 1749	1	67
George R., of Portland, m. Mary Maria **HOLLESTER**, of Glastonbury, Sept. 8, 1844, by Elder Jeremiah Stocking	3	178
Hannah, d. James & Mary, b. Oct. 7, 1737	1	65
James, s. James & Mary, b. July 25, 1740	1	65
Jerusha, d. Ebenezer, of Chatham, m. Solomon **WILLIAMS**, s. Samuel of Glassenbury, May 19, 1763	2	68
Jerusha, d. Ebenezer, of Chatham, m. Solomon **WILLIAMS**, s. Samuel, of Glastonbury, May 19, 1763	2	70
Moses, s. James & Mary, b. May 24, 1744	1	65
Phebee, d. John, of East Haven, m. David **WICKHAM**, s. Jonathan, of Glassenbury, Nov. 4, 1736	1	83
Zachariah W., of Rochester, N. H., m. Mary **WARD**, of Glastonbury, June 28, 1825, by Charles Remington, Elder	3	85
COLEMAN, Ambrose, m. Ruth C. **LOVELAND**, b. of Glastonbury, Oct. 31, 1850, by Rev. Daniel Dorchester	3	217
Asa, s. Asaph & Eunice, b. July 2, 1788	2	21
Asaph, m. Eunice **HOLLISTER**, Nov. 11, 1778	2	21
Asaph, Dr., d. Nov. 15, 1820	2	21
Chauncey, of Marlborough, m. Phebe M. **WEIR**, of Glastonbury, Dec. 18, 1834, by Jeremiah Stocking, Elder	3	129
Clarissa, d. [Asaph & Eunice], b. Aug. 4, 1796	2	21
Eunice, d. Asaph & Eunice, b. Aug 12, 1785	2	21
Julius, s. Asaph & Eunice, b. Apr. 15, 1782	2	21
Maria, d. [Asaph & Eunice], b. July 16, 1799	2	21
Pamela, d. Asaph & Eunice, b. Dec. 1, 1791	2	21
Pamela, d. Dr. Asaph, decd., & Eunice, m. Hezekiah **HALE**, s. Gideon & Mary, decd., Nov. 17, 1813	2	192
COLFAX, Sarah, m. Joseph **SMITH**, Jr., s. Joseph, Mar. 4, 1728/9	1	65
COLLIN, Ezra B., m. Mary E. **JOHNSON**, b. of New Haven, Apr. 30, 1854, by James A. Smith	3	238
COLT, COULTS, COULT, Abigail, m. Moses **SCOTT**, s. Thomas, Oct. 8, 1745, by Roger Wolcott, J. P.	1	78
Abraham, m. Hannah **LUMMOS**, of Winsur, Jan. 1, 1690	1	18
Abraham, s. Abraham & Hannah, b. May 21, 1692	1	18
Abraham, was discharged from training May 21, 1705 because of injuries to his foot which crippled him for life. Affidavit		

	Vol.	Page
COLT, COULTS, COULT (cont.),		
made by Thomas Hooker	1	2
Abraham, s. Abraham, m. Susanna **RISLEY**, d. Richard, of Hartford, Dec. 10, 1713	1	18
Abraham, s. Abraham, Jr. & Susanna, b. Sept. 30, 1714	1	18
Isaac, s. Abraham & Hanah, b. Sept. 15, 1702; d. June 17, 1703	1	18
Lydia, d. John, of Windsor, m. Richard **FOX**, Jr., Mar. [ ], 1704/5	1	34
Mary, d. Abraham & Hannah, b. Jan. 17, 1696	1	18
COLTON, Lester, of Longmeadow, Mass., m. Aurelia **HOLMES**, of Glastonbury, Mar. 12, 1833, by Rev. Samuel H. Riddell	3	121
COMSTOCK, COMSTICK, George, of New London, m. Lucy N. **WRIGHT**, of Glastonbury, Dec 18, 1853, by Rev. Samuel Fox	3	326
Sarah, m. Ambrose **CLARK**, b. of Glastonbury, Feb. 24, 1850, by Rev. James A. Smith	3	214
CONE, Temperance, m. Oliver **BRAINARD**, 2nd, b. of Glastonbury, May 29, 1844, by Rev. G. Huntington Nichols. Int. Pub.	3	177
Walter W., of Thompsonville, m. Mary F. **ANDREWS**, of Glastonbury, Jan. 9, 1847, by Rev. Aaron Snow	3	197
CONKLIN, Harriet L., m. Thomas H. **HUNT**, b. of Glastonbury, June 2, 1850, by Jeremiah Stocking, Elder	3	220
CONLEY, Clarissa, d. John & Lois, b. July 1, 1785	2	117
Fanny, d, John & Lois, b. June 15, 1781	2	117
Hubbard, s. John & Lois, b. Feb. 26, 1783	2	117
John, m. Lois **STOCKING**, July 12, 1780	2	117
Sarah, d. John & Lois, b. Sept. 5, 1787	2	117
COOK, Alice, d. Joseph, m. Timothy **STEVENS**, s. Timothy, May 19, 1701	1	11
Avis B., of Wethersfield, m. Richard **HILLS**, of Glastonbury, May 2, 1830, by Jeremiah Stocking, J. P.	3	107
David C., m. Clarissa A. **WILLIAMS**, b. of Glastonbury, Nov. 2, 1843, by Rev. Warren G. Jones	3	173
Henry, of Granby, Mass., m. Henrietta **GATES**, of Glastonbury, Jan. 30, 1825, by George Merrick J. P.	3	82
Mary Eliza, of Portland, m. Sylvester **ELY**, of East Haddam, Nov. 6, 1844, in St. Luke's Ch., by Rev. G. Huntington Nichols. Int. Pub.	3	180
Ruth, of Tolland, m. Isaac **FOX**, s. Thomas, Sept. 27, 1770	2	61
COOLEY, Caleb A., of Deerfield, Mass, m. Selina **RIDDEL**, of Barnardstown, Mass., Nov. 16, 1832, by Rev. Samuel H. Riddell	3	119
Frederick, m. Harriet M. **PHELPS**, b. of Glastonbury, Sept. 8, 1834, by Rev. Tho[ma]s J. Davis	3	128
Matilda, m. Charles **TREAT**, b. of Glastonbury, Apr. 20, 1828, by George Merrick, J. P.	3	98
Molenthy(?), m. Brazilla **MORLEY**, b. of Glastonbury, May 5, 1831, by Rev. Samuel H. Riddell	3	112
Seth, of East Windsor, m. Clarissa **HOUSE**, of Glastonbury, Sept. 26, 1824, by Rev. Jacob Allen	3	80

GLASTONBURY VITAL RECORDS 125

	Vol.	Page
COOP, Fidelia, m. Martin **BARNHAM**, b. of East Hartford, Oct. 23, 1836, by Rev. Daniel Waldo	3	138
COOPER, Charles, Capt. of Middletown, m. Mrs. Abigail P. **KING**, of Glastonbury, Oct. 26, 1853, by Aaron Snow	3	235
CORBIN, William B., of Henrickton, N. Y., m. Harriet N. **WRIGHT**, of Glastonbury, Aug. 13, 1841, by Francis L. Wright	3	160
CORNISH, Emma Jane, m. James **ELLIOTT**, b. of Glastonbury, Sept. 9, 1852, by Rev. Samuel Fox	3	229
COUCH, COUTH, Abraham, b. Jan. 29, 1804(sic); m. at the age of 22, Vicy **LOVELAND**, ae 17, b. of Glastonbury, Mar. 29, 1807	2	194
Abraham, s. [Abraham & Vicy], b. Sept. 10, 1809; d. Dec. 16, 1809	2	194
Abraham & Viry, had twin children, b. June 21, 1812; one d. same day, other June 26, [1812]	2	194
Abraham, s. [Abraham & Viry], b. June 25, 1813	2	194
Charles H., m. Clarissa A. **COVELL**, b. of Glastonbury, Nov. 25, 1849, by Rev. Warren G. Jones	3	213
Emily, d. [Abraham & Viry], b. Aug. 29, 1818; d. Dec. 23, 1819	2	194
Easter, d. Simon & Rebecca, b. Sept. [ ], 1715	1	3
Easter, d. Simon & Rebecca, d. Sept. [ ], 1715	1	3
Jerome, m. Clarissa M. **DART**, b. of Glastonbury, Nov. 7, 1852, by Rev. James A. Smith	3	228
John, s, Simon & Rebecca, b, Aug. 5, 1713	1	3
Jonathan, s. Simon & Rebecca, b. [ ], 1711	1	3
Loisa, of Glastonbury, m. Lynan **PEASE**, of Springfield, Mass., Sept. 27, 1840, by Elder Jeremiah Stocking	3	156
Luther, s. [Abraham & Viry], b. Nov. 24, 1807	2	194
Polly, d. [Abraham & Viry], b. Oct. 16, 1810	2	194
Polly, m. Almorin **HOUSE**, b. of Glastonbury, Apr. 4, 1848, by Rev. Lyman Leffingwell	3	207
Rebeckah, d. Simon & Rebeckah, b. Feb. 25, 1706	1	3
Rebecca, w. Simon, d. Sept. [ ], 1715	1	3
Simon, m. Rebeckah **STRICTLAND**, b. of Glastonbury, Mar. 7, 1705	1	3
Simon, s. Simon & Rebeckah, b. Jan. 25, 1709/10	1	3
Susannah, d. Simon & Rebeckah, b. Feb. 1, 1707	1	3
Susanna, d. Simon, m. John **SMITH**, s. Joseph, Feb. 17, 1730/1	1	71
Viry, d. [Abraham & Viry], b. Sept. 5, 1815	2	194
COVELL, COVEL, COVILL, Abigail, d. James, decd., m. Benjamin **ANDREWS**, Jr., s. Charles, Jan. 23, 1778	2	69
Adelia M., of Glastonbury, m. George W. **GRISWOLD**, of Manchester, May 7, 1848, by Rev. Lyman Leffingwell	3	204
Adesha M., m. Jason **COVILL**, b. of Glastonbury, May 28, 1835, by Jeremiah Stocking, Elder	3	131
Alvin, m. Polly **GOSLEE**, d. James & Mary, Feb. [ ], 1818	2	173
Charlotte Newell, d. Edmund & Lucy, b. Mar. 3, 1821	2	172
Clarissa A., m. Charles H. **COUCH**, b. of Glastonbury, Nov. 25, 1849, by Rev. Warren G. Jones	3	213

	Vol.	Page
COVELL, COVEL, COVILL (cont.),		
Cordelia Calista, d. [Imlay & Jemima], b. June 23, 1824	2	183
Edmund, m. Lucy **HOUSE**, d. Joel & Lois, Dec. 20, 1819	2	172
Edmund, s. Elijah & Lydia, m. Lois **LATIMORE**, d. Aholiab & Lois, Feb. [ ]	2	172
Edward, s. James & Margrett, b. June 18, 1766	1	22
Edwin, m. Lucy **WEIR**, b. of Glastonbury, May 1, 1833, by Jeremiah Stocking, Elder	3	122
Elizabeth J., m. W[illia]m O. **BARROWS**, b. of Glastonbury, May 5, 1847, by Rev. Aaron Snow	3	198
Elimina, d. [Edmund & Lois], b. Apr. 23, 1815	2	172
Elmina, of Glastonbury, m. Henry **BOARDMAN**, of Hartford, May 7, 1837, by Chauncey G. Lee	3	141
George C., s. George & Malinda, b. Feb. 7, 1835	2	211
George E., of Glastonbury, m. Esther **GRISWOLD**, of Manchester, Apr. 27, 1851, by Rev. Charles Morse	3	222
Honor, of Glastonbury, m. John **WHINCHESTER**, of Hebron, Jan 27, 1830, by Rev. Charles Nichols	3	106
Imlay, m. Jemima **HUNT**, Mar. 1, 1820	2	183
James, s. James & Margaret, b. May 19, 1764	1	22
Jason, m. Adesha M. **COVELL**, b. of Glastonbury, May 28, 1835, by Jeremiah Stocking, Elder	3	131
John, m. Prudence **TRYON**, b. of Glastonbury, Dec. 11, 1842, by Elder Jeremiah Stocking	3	162
Lois, [w. Edmund], d. Jan. 27, 1817	2	172
Lucretia, m. John F. **LOVELAND**, b. of Glastonbury, Dec. 31, 1854, by Rev. E. H. Hatfield	3	241
Lydia, m. Henry **FINLEY**, b. of Glastonbury, Dec. 8, 1824, by Rev. Jacob Allen	3	81
Malbey, m. Cornelia **PEIRCE**, b. of Glastonbury, Mar.11, 1847, by Aaron Snow	3	198
Martha, m. Charles **GOODALE**, b. of Glastonbury, Nov. 26, 1846, by James A. Smith	3	195
Martha A., m. Elijah P. **RUNNELL**, Sept. 9, 1846, by Rev. Lawton Cady	3	191
Martha Malvina, d. [Imlay & Jemima], b. May 15, 1823	2	183
Mary Ann, of Eastbury, m. John **CHAPMAN**, of Pittsfield, Mass., May 8, 1836, by Rev. Jesse Baker	3	136
Mary Matilda, d. [Imlay & Jemima], b. Dec. 2, 1820	2	183
Matthew, s. James & Margrett, b. Apr. 5, 1762	1	22
Polly, w. Alvin, d. Dec. 4, 1822	2	173
Sophronia, m. Andrew **TYRON***, b. of Glastonbury, Aug. 24, 1834, by Rev. Jacob Allen *("**TRYON**"?)	3	127
COWLES, [see also **COLE**], Morris A., m. Mary Jane **RICHMOND**, b. of Glastonbury, Dec. 25, 1853, by Rev. James A. Smith	3	234
COY, Ariel, of Hartford, m. Julian **ROOT**, of Hebron, Jan. 11, [1838], by Rev. David L. Ham	3	144
CRANDALL, ———, m. Emily **KILBORN**, d. Abraham & Mary, [ ]	2	159

	Vol.	Page
CRANE, Charles R., of East Windsor, m. Mary **WEST**, of Glastonbury, Oct. 5, 1842, by Rev. Aaron Snow, of Eastbury	3	168
Chauncey G., of Hartford, m. Martha **FOX**, of Glastonbury, June 30, 1840, by Rev. Warren G. Jones	3	155
Erastus, of Hebron, m. Clarissa **GILBERT**, of Glastonbury, Nov. 24, 1825, by Jonathan Stocking, J. P.	3	86
Ralph, of Hebron, m. Clarinda **MATSON**, of Glastonbury, Nov. 15, 1826, by Jeremiah Stocking, J. P.	3	91
CRARY, Harmenia, d. Richard & Comfort, b. Sept. 30, 1774	2	1
Rich[ar]d, s. Roger, of Ashford, m. Comfort **FOX**, d. Joseph, of Glassenbury, Nov. 19, 1767	2	1
CRITTENDEN, George, of Chatham, m. Ann Eliza **SELLEW**, of Glastonbury, Nov. 19, 1832, by Rev. Samuel H. Riddell	3	119
CROCKER, Ruth, d. Benjamin & Elizabeth, b. Oct. 4, 1747	1	91
CROFOOT, Abigail, d. Joseph & Esther, b. Dec. 21, 1723	1	44
Abibail, colored, had s. Benoni **JONES**, b. Mar. 19, 1768	2	0
Charles, s. Joseph & Esther, b. Jan. 21, 1729/30	1	44
Daniel, s. Joseph & Esther, b. Nov. 1, 1721	1	44
Daniel, s. Daniel & Margaret, b. Dec. 3, 1746	1	63
Elias, s. Joseph & Esther, b. Aug. 29, 1719	1	44
Ephraim, m. Hannah **BACKUS**, May 2, 1723	1	43
Ephraim, s. Ephraim & Hanah, b. Oct. 21, 1731	1	43
Esther, d. Daniel & Margaret, b. Feb. 7, 1748/9	1	63
Gideon, s. Joseph & Esther, b. Mar. 2, 1731/2	1	44
Hannah, d. Ephraim & Hanah, b. Nov. 14, 1733	1	43
Joseph, s. Joseph & Esther, b. May 31, 1727	1	44
Margaret, d. Joseph & Esther, b. Dec. 14, 1716	1	44
Mary, d. Ephraim & Hannah, b. Feb. 23, 1728/9	1	43
Mary, d. Ephraim, m. John **BROOKS**, s. Samuel, June 10, 1746	1	111
Sarah, d. Ephraim & Hannah, b. Mar. 19, 1736/7	1	43
Zerviah, d. Ephraim & Hannah, b. Feb. 12, 1734/5	1	43
CROSBY, Edwin, m. Eltruda E. **ANDRUS**, b. of Glastonbury, Sept. 12, 1839, by Rev. James A. Smith	3	151
Edwin, m. Harriet **ANDREWS**, b. of Glastonbury, Feb. 9, 1845, by Ella Dunham, Elder	3	181
Prudence, d. John, of Chatham, m. Ansel **STOCKING**, s. George, Sr., decd., Jan. 31, 1786	2	55
CUN[N]INGHAM, Martha, m. Joseph **FOX**, s. Benoni, Nov. 15, 1778	2	142
CURTIS, CURTICE, Albert N., m. Mary J. **TAYLOR**, b. of Glastonbury, Mar. 23, 1851, by Frederick W. Chapman	3	219
Betsey, d. [Reuben & Abigail], b. June 6, 1799	2	8
Clarissa, m. Harmel **WIER**, [ ]	2	200
Daniel B., s. [Joel & Parmela], b. Sept. 13, 1828	2	202
David Q., m. Maria A. **SPARKS**, b. of Glastonbury, Mar. 22, 1840, by Elder Jeremiah Stocking	3	154
Elizabeth M., m. Alfred R. **STRICTLAND**, b. of Glastonbury (Eastbury), Dec. 3, 1851, by Rev. Aaron Snow, of Eastbury	3	223
Ephraim, s. [Joel & Parmela], b. June 20, 1826	2	202
Gaylord, s. [Joel & Parmela], b. Oct. 14, 1820	2	202

	Vol.	Page
CURTIS, CURTICE (cont.),		
Gaylord, of Glastonbury, m. Cynthia A. **HILLS**, of Marlborough, Feb. 17, 1847, by Jeremiah Stocking, Elder	3	198
George Buck, s. [Joel & Parmela], b. June 4, 1824	2	202
Gilbert, s. [Reuben & Abigail], b. Jan. 6, 1796	2	8
Horace, of Hebron, m. Abigail **DICKINSON**, of Glastonbury, June 20, 1827, by Jeremiah Stocking, J. P.	3	93
Jerusha A., m. John H. **HOLLESTER**, b. of Glastonbury, Nov. 26, 1843, by Elder Jeremiah Stocking	3	177
Joel, m. Nancy **NICHOLS**, Oct. [ ], 1817	2	202
Joel, m. Parmela **PIERSON**, Nov. [ ], 1819	2	202
Julius, s. [Reuben & Abigail], b. Dec. 25, 1798	2	8
Nancy, [w. Joel], d. Oct. [ ], 1818	2	202
Nancy, [d. Joel & Parmela], b. Aug. 13, 1822	2	202
Nancy, of Glastonbury, m. John **FISH**, of New York, Apr. 13, 1850, by Rev. Benjamin C. Phelps	3	215
Osman T., m. Mary Ann **SPARKS**, b. of Glastonbury, Jan. 1, 1840, by Elder Jeremiah Stocking	3	153
Philo, of Glastonbury, m. Sarah **DERBY**, of Chatham, Nov. 26, 1846, by Jeremiah Stocking, Elder	3	196
Philo N., s. [Joel & Nancy], b. Sept. 28, 1818	2	202
Philura A., of Glastonbury, m. Samuel C. **BECKWITH**, of New York State, July 6, 1846, by Rev. Aaron Snow, of Eastbury	3	190
Vina, d. Reuben & Abigail, b. May 21, 1794	2	8
CYMBES, Ursula, colored, had s. Tallman now called Dick, b. Apr. 24, 1802	2	0
DAMON, Martha, m. Benjamin **HILL**, Dec. 26, 1747	1	98
DANIELS, Aaron, [d. Roger L. & Deborah], b. Jan. 11, 1806	2	207
Aristarchus, of East Haddam, m. Ann **PHELPS**, of Glastonbury, Jan. 1, 1833, by Jeremiah Stocking, Elder	3	120
Calvin, s. Jonathan, b. Jan. 21, 1805	2	195
Caroline, d. [Jonathan], b. Nov. 10, 1819	2	195
Charles, s. [Jonathan], b. Nov. 14, 1813	2	195
Charles, s. [Jonathan], b. Aug. 29, 1817	2	195
Chauncey, s. [Jonathan], b. June 1, 1808	2	195
Christopher, s. [Jonathan], b. June 10, 1822	2	195
Clarinda, d. [Jonathan], b. Aug. 26, 1815	2	195
Clarissa, d. [Jonathan], b. July 25, 1806	2	195
Clarissa, m. Martin **CHAPMAN**, b. of Glastonbury, Jan. 1, 1827, by Charles Remington, Elder	3	92
Clifford, s. [Jonathan], b. Feb. 11, 1810	2	195
Clorinda, d. [Jonathan], b. July 21, 1812	2	195
Cornelius, s. [Roger L. & Deborah], b. Mar. 30, 1812	2	207
David L., [s. Roger L. & Deborah], b. Aug. 3 1810	2	207
Jerusha, d. [Roger L. & Deborah], b. Apr. 15, 1802	2	207
Jerusha, m. Asa **WELDON**, b. of Glastonbury, Feb. 1, 1824, by Jeremiah Stocking, J. P.	3	77
John, [twin with Jonathan L.] s. [Roger L. & Deborah] b. Aug. 18, 1799	2	207

	Vol.	Page
DANIELS (cont.),		
Jonathan L., [twin with John, s. Roger L. & Deborah], b. Aug. 18, 1799	2	207
Nelson C., of Chatham, m. Sarah **PHELPS**, of Glastonbury, Apr. 30, 1828, by Jeremiah Stocking, J. P.	3	98
Orson, [s. Roger L. & Deborah], b. Nov. 26, 1808	2	207
Roger L., m. Deborah **LOVELAND**, Oct. 23, 1798	2	207
Sally, m. Stephen **BILL**, Mar. 2, 1834, by Rev. Samuel H. Riddell	3	126
DART, Abial, s. Jonathan, of Bolton, m. Happy **FOX**, d. Jonah, of Glassenbury, Aug. 23, 1795	2	43
Anna, d. [Abial & Happy], b. July 5, 1796	2	43
Anna, d. Abiel & Hopt, b. July 5, 1796; m. Charles **HARRISON**, s. Henry & Sally, Feb. 7, 1832	2	213
Anna, m. Charles **HARRISON**, b. of Glastonbury, Feb. 7, 1832, by Charles Remington, Elder	3	114
Clarissa M., m. Jerome **COUCH**, b. of Glastonbury, Nov. 7, 1852, by Rev. James A. Smith	3	228
Emila, d. [Abial & Happy], b. May 23, 1800	2	43
George, [s. Abial & Happy], b. Nov. 2, 1805	2	43
George W., m. Mary Ann **LUCAS**, b. of Glastonbury, Aug. 8, 1830, by Rev. Samuel H. Riddell	3	109
Happy, w. Abial, d. June 6, 1810	2	43
DAVIS, Elizabeth, of Hartford, m. Ebenezer **KILBORN**, of Glastonbury, May 11, 1715	1	7
Mary, m. Samuel **CHAPMAN**, b. of Glastonbury, Jan. 3, 1836, by Henry Dayton, J. P.	3	134
Steven, m. Mary **CLARK**, b. of Glastonbury, Apr. 16, 1826, by George Merrick, J. P.	3	88
DAYTON, Charlotte, of Glastonbury, m. Walter **GLADDING**, of New Britain, July 30, [1840], by Rev. W[illia]m B. Ashley	3	155
Eunice B., of Glastonbury, m. Mortimore C. **MEIGS**, of Essex, Jan. 18, 1837, by Tho[ma]s J. Davis	3	138
Ezra S., m. Nancy **GOODRICH**, b. of Glastonbury, Sept. 30, 1839, by Rev. Abijah C. Wheat	3	152
Horace H., m. Delia A. **MANSELL**, Nov. 10, 1847, by Rev. Giles H. Deshon	3	200
Mary Ann, m. Andrew **STEVENS**, b. of Glastonbury, Aug. 28, 1834, by Rev. Thomas J. Davis	3	127
DEALING, [see under **DELING**]		
DEAN, Amos, of Taunton, m. Nancy R. **THOMPSON**, of Plymouth, Mass., Aug. 30, 1814	2	186
Charles K., s. [Amos & Nancy R.], b. Sept. 29, 1820	2	186
George M., of Quincy, Ill., m. Jane E. **HOLLISTER**, of Glastonbury, [Oct.] 26, [1851], by Frederick W. Chapman	3	222
John Marshall, s. [Amos & Nancy R.], b. Jan. 18, 1831	2	186
Mary Ann, d. [Amos & Nancy R.], b. Aug. 8, 1815; d. 15th day following	2	186
Philotus, s. [Amos & Nancy R.], b. Oct. 29, 1822	2	186
Sidney, s. [Amos & Nancy R.], b. Nov. 16, 1818	2	186

	Vol.	Page

DEAN (cont.),
    Sidney, m. Martha A. **HOLLISTER**, b. of So. Glastonbury,
        July 14, 1839, by Rev. Warren G. Jones — 3 — 151
    Sidney, of Salem, Conn., m. Harriet Maria **HOLLESTER**, of
        Glastonbury, Jan. 5, 1844, by Rev. Jesse B. Denison — 3 — 175
    Woodward, s. [Amos & Nancy R.], b. Feb. 12, 1817 — 2 — 186

DELING, Betsey, m. Avery **GOODALE**, Feb. 5, 1789 — 2 — 182
    Elizabeth, d. Samuel & Elizabeth, b. Mar. 11, 1768 — 2 — 65
    Jabish, s. Samuel & Elizabeth, b. Aug. 30, 1775 — 2 — 65
    Jonathan, s. Samuel & Elizabeth, b. May 15, 1778 — 2 — 65
    Naomy, d. Samuel & Elizabeth, b. Apr. 30, 1771; d. Dec. 14, 1773 — 2 — 65
    Samuel*, m. Elizabeth **WIER**, d. of John, decd., Sept. 11, 1767
        *(In pencil "Samuel **DEALING**") — 2 — 65
    Samuel, s. Samuel & Elizabeth, b. May 5, 1773 — 2 — 65

DEMING, Abigail, d. Daniel, of Weathersfield, m. John **GOODRICH**,
    s. Ens. David, Oct 8, 1761 — 1 — 112
    Betsey A., m. Lyman B. **RICH**, Dec. 3, 1843, by James A. Smith — 3 — 174
    Jerusha, m. W[illia]m C. Hatch, Sept. 16, 1799 — 2 — 143
    Joseph L., m. Terisa Ugenia **RICH**, b. of Glastonbury, Aug. 9,
        1846, by Rev. Erastus Benton — 3 — 191

DENISON, Mary Jane, of Glastonbury, m. George R. **BOTTOM**, of
    Williamantic, June 8, 1851, by Jeremiah Stocking, Elder — 3 — 221

DENNING, Betsey Ann, d.[Lester W. & Mary], b. Dec. 25, 1828 — 2 — 191
    Horace, s. [Lester W. & Mary], b. July 3, 1816 — 2 — 191
    Joseph Lester, s. [Lester W. & Mary], b. Oct. 22, 1825 — 2 — 191
    Lester W., m. Mary **SHADWICK**, May 21, 1815 — 2 — 191
    Mary Cole, d. [Lester W. & Mary], b. Oct. 4, 1831 — 2 — 191
    Stillman, s. [Lester W. & Mary], b. Oct. 19, 1819 — 2 — 191
    William Nelson, s. [Lester W. & Mary], b. Mar. 15, 1822 — 2 — 191

DERBY, Betsey, m. Charles **WILLIAMS**, 2nd, b. of Glastonbury,
    [Nov.] 13, 1821, by Rev. Nathan B. Burgess — 3 — 65
    Harriet A., of Chatham, m. Wallace **SELLEW**, of Glastonbury, Apr.
        30, 1850, by Rev. Benjamin C. Phelps — 3 — 215
    Joseph, of Glastonbury, m. Jane **CLARK**, of East Hartford, Apr.
        30, 1826, by Solomon Cole, J. P. — 3 — 89
    Sarah, of Chatham, m. Philo **CURTIS**, of Glastonbury, Nov. 26,
        1846, by Jeremiah Stocking, Elder — 3 — 196

DEWEY, Elizabeth, d. Nathaniell & Easther, b. Sept. 29, 1757 — 1 — 97
    Elizabeth, 5th d. Roger & Patience, b. Aug. 23, 1763; d. Aug. 17,
        1764 — 1 — 106
    Ester, d. Nathaniell, Jr. & Esther, b. Nov. 23, 1753 — 1 — 97
    Easther, w. Nathaniel, d. Oct. 22, 1757 — 1 — 97
    George, s. Nathaniell & Easther, b. Aug. 23, 1756 — 1 — 97
    James, s. Nath[anie]ll, Jr. & Esther, b. May 31, 1752 — 1 — 40
    James, s. Nathaniell, Jr. & Easther, b. May 31, 1752 — 1 — 97
    John, s. Roger, of Glassenbury, m. Mindwell **NEELAND**, d. of
        Isaac, of Hebron, Aug. 20, 1772 — 2 — 31
    John, s. John & Mindwell, b. June 7, 1773 — 2 — 31
    Nathaniell, s. Nathaniell, of Glastonbury, m. Ester **BREWER**, d.

	Vol.	Page
DEWEY (cont.),		
Thomas, Dec. 23, 1749	1	97
Nathaniell, s. Nathaniell & Ester, b. Oct. 27, 1750	1	97
DeWOLF, Jared, m. Acsah **SMITH**, b. of Glastonbury, Jan. 1, 1822, by Rev. Caleb Burge	3	66
Nathan, Jr., m. Elizabeth **BURCHARD**, Sept. 6, 1743	1	18
DEXTER, Nathan, of Coventry, m. Jerusha **SELLEW**, of Glastonbury, Apr. 7, 1846, by James A. Smith	3	189
DICKENS, Elizabeth, of Hartford, m. John **STRICTLAND**, Jr., of Glastinbury, Mar. 8, 1705	1	21
DICKERSON, [see also **DICKINSON**], Delina, of Glastonbury, m. John **BRAINARD**, of Haddam, Feb. 12, 1845, by Jeremiah Stocking, J. P.	3	181
Nathan R., of Marlborough, m. Margaret **RICH**, of Chatham, Sept. 20, 1846, by Elder Jeremiah Stocking	3	193
Philura, of Glastonbury, m. Daniel **BROOKS**, of Middle Haddam, Feb. 25, 1829, by H. Brownson	3	101
DICKINSON, DICKENSON, [see also **DICKERSON**], Abigail, of Glastonbury, m. Horace **CURTICE**, of Hebron, June 20, 1827, by Jeremiah Stocking, J. P.	3	93
Charity, d. Thomas & Mary, b. Apr. [ ], 1699	1	21
David, s. Thomas & Mary, b. Dec. [ ], 1705	1	21
Deborah, d. Thomas & Mary, b. July [ ], 1708	1	21
Deborah, m. Benjamin **SKINNER**, May 11, 1732	1	56
Eleanor, d. Nathaniel, of Berlin, m. Samuel **STRATTON**, 3rd, s. Samuel, Feb. 12, 1784	2	125
Elenor, of Hartford, m. Hector **WELLES**, of Harwington, Mar. 3, 1844, by Elder Jeremiah Stocking, J. P.	3	177
Elijah, of Glastonbury, m. Catharine **CHILD**, alias Verry, of Hartford, Nov. 12, 1837, by Elder Jeremiah Stocking	3	143
Erastus, m. Sarah A. **SHIPMAN**, b. of Glastonbury, Dec. 23, 1834, by Jeremiah Stocking, Elder	3	129
Jemima, of Marlborough, m. Caleb **HALL**, of Chatham, Feb. 1, 1843, by Elder Jeremiah Stocking	3	168
Joanna, of Glastonbury, m. Milton **GOFF**, of Haddam, Jan. 17, 1850, by Rev. R. Albiston	3	214
Joseph, s. Thomas & Mary, b. May [ ], 1694	1	21
Josuah, s. Thomas & Mary, b. Mar. [ ], 1701	1	21
Lovina, of Glastonbury, m. Ichabod **POST**, of Hebron, Feb. 17, 1841, by Rev. Charles Nichols	3	158
Lucinda, of Glastonbury, m. Reuben **BROOKS**, of Haddam, Dec. 2, 1830, by Jeremiah Stocking, J. P.	3	110
Lucy R., m. Thomas S. **SPENCER**, b. of Glastonbury, Sept. 29, 1833, by George Merrick, J. P.	3	123
Mary, d. Thomas & Mary, b. Aug. [ ], 1704	1	21
Mary, d. Lieut. David, m. Richard **CHAMBERLIN**, s. Daniel, Dec. 21, 1752	1	98
Matilda, m. Thompson **STRICTLAND**, May 9, 1838, by Rev. Warren G. Jones	3	145

	Vol.	Page

DICKINSON, DICKENSON, [see also **DICKERSON**] (cont.),

	Vol.	Page
Phebe, d. Thomas & Mary, b. Nov. [ ], 1702	1	21
Phebe, d. Thomas, of Glastenbury, m. Abraham **SKINNER**, s. Abraham, of Colchester, Jan. 26, 1726/7	1	29
Sevilla, of Glastonbury, m. Henry S. **ELLIS**, of Hebron, May 6, 1846, by Elder Jeremiah Stocking	3	190
Thomas, m. Mary **LOVEMAND***, b. of Glasinbury, June 1, 1693 *("**LOVELAND**"?)	1	21
Thomas, s. Thomas & Mary, b. Apr. [ ], 1698	1	21
Thomas, Sr., d. Apr. 1, 1717	1	21
DIGGINS, Hanah, m. Jonathan **JUDD**, Nov. 27, 172[ ]*, by Mr. Pitkins *(In pencil "1712?")	1	29
DODGE, Deborah, d. Nathan, of Colchester, m. Nathan **LOVELAND**, s. Elizur, Dec. 2, 1784	2	119
DOIGS, Israel, of Middletown, m. Sophia **STEWART**, of Chatham, Feb. 2, 1835, by Rev. Tho[ma]s J. Davis	3	129
DONNEL, Joseph, of Weathersfield, m. Sally **BARRS**, of Glastonbury, Nov. 13, 1832, by George Merrick, J. P.	3	118
DORITY, Catharine, m. George **WARNER**, b. of Glastonbury, July 4, 1853, by Henry Dayton, J. P.	3	232
DOUGLASS, Mary E., m. Henry R. **STRICTLAND**, b. of Glastonbury, Nov. 5, 1851, by Frederick W. Chapman	3	223
DRAKE, Jacob, farmer, ae 47, of Tingsborough, Mass., s. Zenas & Abigail, m. 2nd w. Abigal L. **OAKS**, of M. E., ae 35, d. of John & Catharine, May 29, 1850, by Rev. Warren G. Jones. Int. Pub. May 25, 1850, at Tingsborough	3	216
DUDLEY, Abigail, m. Grove Anson **TRYON**, s. Elizur & Lucy, [ ] [Two children by this marriage]	2	78
DUNHAM, Abraham, s. Levi & Anna, b. Aug. 25, 1794	2	138
Anna, d. Levi & Anna, b. Jan. 4, 1788	2	138
Asa, s. Levi & Anna, b. Dec. 1789	2	138
Betsey, d. Levi & Anna, b. June 8, 1792	2	138
Elijah Rodney, s. Levi & Anna b. July 14, 1783	2	138
Henry M., of East Hampton, m. Tirzah M. **HALE**, of Glastonbury, Apr. 18, 1849, by James A. Smith	3	211
Hopy C., of Glastonbury, m. Charles G. **GRIGGS**, of Tolland, May 14, 1847, by Rev. James A. Smith	3	199
Levi, s. Isaac, of Hebron, m. Anna **WADHAMS**, d. Caleb, June 24, 1779	2	138
Levi, s. Levi & Anna, b. Dec. 18, 1780	2	138
Mary E., of Glastonbury, m. Selden **TRACY**, of Coventry, May 5, 1842, by Rev. James A. Smith	3	166
Orrin, s. Levi & Anna, b. Aug. 31, 1803	2	138
Roxanna H., of Glastonbury, m. Reviller Pliney **WOOD**, of West Springfield, June 8, 1845, by Rev. Ella Dunham	3	183
Sylvester Chester, s. Levi & Anna, b. July 12, 1785	2	138
William H. T., m. Harriet **McKEE**, Mar. 14, 1844, by Rev. James A. Smith	3	176

DURAND, Sylvester, of New York, m. Matilda **SMITH**, of Glaston-

GLASTONBURY VITAL RECORDS 133

	Vol.	Page
DURAND (cont.),		
bury, Nov. 26, 1835, by Rev. Samuel H. Riddell	3	134
DUTCHER, Charity, d. Rufus, of Canaan, b. Jan. 30, 1764; m. Samson R. **HUNT**, s. Robert, of Canaan, [ ]	2	69
Jane, of Canaan, m. Elisha **WELLES**, s. William, decd., Oct. 21, 1792	2	118
DUTTON, Catharine, m. Levi **HODGE**, b. of Glastonbury, May 3, 1853, by Rev. David Bradley	3	231
Govinia*, m. Samuel **STEAVENS**, b. of Glastonbury, Oct. 11, 1835, by Rev. Jacob Allen *("Lovinia"?)	3	133
Harriet C., of Chatham, m. John M. **DUTTON**, of Glastonbury, Oct. 13, 1845, by Elder Jeremiah Stocking	3	185
James M., of Chatham, m. Patience **BABCOCK**, of East Haddam, Apr. 1, 1849, by Jeremiah Stocking, Elder	3	211
John M., of Glastonbury, m. Harriet C. **DUTTON**, of Chatham, Oct. 13, 1845, by Elder Jeremiah Stocking	3	185
John N., m. Betsey Ann **HUNT**, b. of Glastonbury, [ ], by Rev. Daniel Burrows	3	114
Mary, of Glastonbury, m. James **RUSSELL**, of Hartford, Aug. 31, 1828, by George Merrick, J. P.	3	99
Susan C., m. Hiram S. **FOOT**, b. of Glastonbury, Oct. 31, 1852, by Rev. David Bradbury	3	230
William, m. Abigail **TENNANT**, b. of Glastonbury, Aug. 8, 1830, by Jeremiah Stocking, J. P.	3	108
DYKES, Mary, d. John, of Hartford, m. Stephen **SHIPMAN**, Jr., Sept. 20, 1743	1	47
EASTMAN, Mary, m. Ezra **MATSON**, Mar. 12, 1792	2	180
EASTON, Ephraim, s. Timothy & Hannah, b. Oct. 17, 1757; d. Apr. 20, 1758	2	74
Ephraim, s. Timothy & Catharine, b. Feb. 6, 1768	2	74
Hannah, d. Timothy & Hannah, b. Aug. 5, 1762	2	74
Hannah, w. Timothy, d. July 9, 1765, in the 32nd y. of her age	2	74
Rue, d. Timothy & Catharine, b. Feb. 28, 1770	2	74
Sarah, d. Timothy & Hannah, b. Nov. 10, 1759; d. Dec. 1, following	2	74
Theodotha, d. Timothy & Hannah, b. Feb. 10, 1754	2	74
Timothy, s. Timothy, of Hartford m. Hannah **BENTON**, d. Ephraim, of Glassenbury, Mar. [ ], 1753	2	74
Timothy, m. 2nd w. Catharine **TREAT**, d. Thomas, Mar. [ ], 1767	2	74
EBELL, Frederick, m. Hermine **GRUMPT**, b. of Germany, Nov. 14, 1852, by Rev. James A. Smith	3	229
EDDY, Anne, d. Charles & Mary, b. Apr. 25, 1740	1	87
Asa, s. Thomas & Bethiah, b. Jan. 1, 1762	2	4
Charles, m. Hannah **LOVELAND**, Jan. 11, 1743/4	1	87
Charles, s. Charles & Hannah, b. Aug. 22, 1748	1	87
Charles, s. Charles of Glassenbury, m. Hannah **KELSEY**, d. Enoch, of Weathersfield, Oct. 25, 1770	2	12
Charles, s. Charles & Hannah, b. Mar. 26, 1773	2	12

	Vol.	Page
EDDY (cont.),		
David, s. Thomas & Bethiah, b. Apr. 7, 1765	2	4
Hannah, d. Charles & Hannah, b. July 11, 1746	1	87
Hannah, d. Charles & Hannah, b. July 11, 1776	2	12
Jane, of So. Glastonbury, m. Henry **FLOOD**, of Chatham, Oct 7, 1842, by George Merrick, J. P.	3	168
John, s. Thomas & Bethiah, b. Mar. 22, 1754	2	4
Lucy, d. Thomas & Bethiah, b. Sept. 1, 1759	2	4
Mary, w. Charles, d. Aug. 1, 1743	1	87
Penelope, d. Thomas & Bethiah, b. Nov. 4, 1751	2	4
Ruth, d. Charles & Hannah, b. Aug. 12, 1771	2	12
Seth, s. Thomas & Bethiah, b. Sept. 18, 1757	2	4
Thomas, s. Charles, m. Bethiah **FOX**, d. John, Mar. 16, 1749	2	4
Thomas, s. Thomas & Bethiah, b. Dec. 4, 1749	2	4
William, of Chatham, m. Jane **BOUNDS**, of Glastonbury, May 10, 1835, by Rev. Thomas J. Davis	3	131
EDER, Anthony, m. Lilly [ ], negro, Oct. 14, 1787	2	3
Antony, m. Phillis **ANDERSON**, b. of Glastonbury, July 30, 1830, by Rev. S. H. Riddell	3	109
Elli, s. Anthony & Lilly, b. Dec. 25, 1788	2	3
Sampson, s. Anthony & Lilly, b. Oct. 28, 1791	2	3
Samuel, s. Anthony & Lilly, b. Oct. 29, 1797	2	3
EDMONSON, W[illia]m, m. Ann M. **BLAKE**, b. of Glastonbury, July 22, 1849, by Rev. Warren G. Jones	3	213
EDWARDS, Deborah Hale, d. Lodowic H. **EDWARDS**, of Sag Harbor, L. I., b. Feb. 1, 1847. Adopted by Atwater & Frances Sage **HALE**	2	217
Francis Sage, d. John, of Sag Harbor, L. I., b. Mar. 15, 1823; m. Atwater **HALE**, s. Timothy, of Glastonbury, Oct. 24, 1842	2	217
Jerusha, Mrs. of Hartford, m. Rev. Ashbel **WOODBRIDGE**, of Glassenbury, Nov. 17, 1737	1	118
Jerusha, d. Samuel, of Hartford, m. John **WELLES**, s. Thomas, Mar. 7, 1753	1	107
John W., of Chatham, m. Maria **HAILING**, of Glastonbury, Nov. 27, 1838, by Rev. Warren S. Jones	3	149
Sarah, m. David **GOODRICH**, Feb. 13, 1728/9	1	69
EELLS, EELLES, Eunice, d. Rev. John & Sarah, b. June 23, 1782	1	116
Eunice, m. Oliver **HALE**, b. of Glastonbury, May 1, 1832, by Rev. Samuel H. Riddell	3	116
John, Rev. of Glassenbury, s. Rev. Nathaniel, of Stonington, m. Sibil **HUNTINGTON**, d. Nathaniell, of Windham, June 30, 1763	1	116
John, s. Rev. John & Sibil, b. May 12, 1772; d. same day	1	116
John, 2nd, s. Rev. John & Sibil, b. May 27, 1773	1	116
John, Rev. of Glassenbury, s. Rev. Nathaniell, of Stonington, m. Sarah **WELLES**, d. Solomon, of Weathersfield, Dec. 24, 1776	1	116
Mercy, d. Rev. John & Sibel, b. Apr. 10, 1767	1	116
Nancy, d. Rev. John & Sarah, b. Oct. 23, 1779	1	116

	Vol.	Page
EELLS, EELLES (cont.),		
Nathaniel, s. Rev. John & Sarah, b. Oct. 20, 1778	1	116
Roger, s. Rev. John & Sibil, b. Sept. 22, 1764	1	116
Sarah, d. Rev. John & Sarah, b. Oct. 18, 1777	1	116
Sibil, d. Rev. John & Sibil, b. Jan. 12, 1769	1	116
Sibel, [w. Rev. John], d. Nov. 30, 1773	1	116
ELLESWORTH, Anne, d. Daniel, of East Windsor, m. Elijah Hubbard **GOODRICH**, s. Lieut. Josiah, of Wethersfield, Sept. 8, 1783	2	105
ELLIOTT, James, m. Emma Jane **CORNISH**, b. of Glastonbury, Sept. 9, 1852, by Rev. Samuel Fox	3	229
ELLIS, Emeline, of Glastonbury, m. Harmon Terry, of Enfield, Dec. 27, 1821, by Rev. Caleb Burge	3	66
Henry S., of Hebron, m. Sevilla **DICKINSON**, of Glastonbury, May 6, 1846, by Elder Jeremiah Stocking	3	190
ELWELL, Charles B., m. Maria S. **MANNING**, b. of Glastonbury, Apr. 8, 1852, by Rev. James A. Smith	3	225
ELY, Frances, m. Eltnida **HALE**, Mar. 21, 1825, by Rev. Caleb Burge	3	83
Sylvester, of East Haddam, m. Mary Eliza **COOK**, of Portland, Nov. 6, 1844, in St. Luke's Ch., by Rev. G. Huntington Nichols. Int. Pub.	3	180
EMERSON, James, of Haveril, m. Hannah **HILLS**, of Glastonbury, Nov. 29, 1764	1	3
Prudence, d. James & Hannah, b. Aug. 15, 1766	1	3
Zarah, s. James & Hannah, b. Feb. 7, 1768; d. Feb. 13, 1775	1	3
EMMONS, Sylvester, of New York, m. Prudence H. **ANDREWS**, of Glastonbury, Sept. 8, 1852, by Rev. Samuel Fox	3	229
ENO, Henry, of Windsor, m. Harriet E. **WRISLER**, of Glastonbury, Oct. 6, 1847, by Rev. John C. Goodrich	3	204
ENSIGN, Betsy, of East Hartford, m. Edward N. **POTTER**, of Glastonbury, Mar. 4, 1822, by Rev. C. Burge	3	67
ERYLLYS, Charles C., m. Caroline M. **MYERS**, [Aug.] 20, 1843, by James A. Smith	3	173
EVERTS, Charles, m. Mary Jane **BURKE**, July 1, 1838, by Rev. Warren G. Jones	3	145
Jennett E., m. Lester **ALGER**, b. of Glastonbury, Dec. 24, 1839, by Elder Jeremiah Stocking	3	153
EVINGTON, Harriet Matilda, of Mansfield, m. Avery H. **WILLIAMS**, of Glastonbury, Aug. 14, 1836, by Rev. Samuel H. Riddell	3	137
FALLON, Asoria, s. Sarah **PEASE**, colored, b. Feb. 4, 1779	2	0
FERRIS, FARRIS, Betsey, d. Peter & Mary, b. Feb. 4, 1786	2	104
Elizabeth, d. Victo & Susanna, b. Feb 22, 1760	2	21
Peter, s. Victo & Susanna, b. Feb. 5, 1757	2	21
Peter, s. Victo, m. Mary **WILLIAMS**, d. John, Dec. 29, 1784	2	104
FESSENDEN, Jeremiah, of Chatham, m. Elmira **BILL**, of Glastonbury, Apr. 13, 1823, by George Merrick, J. P.	3	73
FIELDING, Hannah, m. Lemuel **FOX**, Feb. 27, 1823, by Isaac Dwinel	3	72
FIERN, Catharine, m. Valentine **IRESSLIEP**(?), b. of Glastonbury, July 3, 1851, by Rev. Charles Morse	3	222

	Vol.	Page
FINLEY, Elizabeth, m. Daniel **CHAMBERLAIN**, Jr., Sept. 15, 1748	1	93
Emeline, m. John W. **TREAT**, b. of Glastonbury, Apr. 20, 1852, by Aaron Snow	3	225
Henry, m. Lydia **COVELL**, b. of Glastonbury, Dec. 8, 1824, by Rev. Jacob Allen	3	81
Henry B., m. Esther C. **HILLS**, b. of Glastonbury, Nov. 25, 1854, by Aaron Snow	3	240
John, Jr., of Hebron s. John, m. Florenda **WRIGHT**, d. Samuel, Mar. 24, 1802	2	144
John Wrisley, s. John, Jr. & Florenda, b. Apr. 3, 1803	2	144
Lucy, of Marlborough, m. Eli **WRIGHT**, of Glastonbury, Apr. 10, 1828, by Rev. Samuel H. Riddell	3	98
Mary Blake, of Glastonbury, m. Humphrey H. **STAG**, of Hebron, Oct. 8, 1845, by Rev. Charles Nichols	3	184
FISH, Henry M., m. Samantha A. **KENNEY**, May 29, 1839, by Rev. Warren G. Jones	3	151
John, of New York, m. Nancy **CURTIS**, of Glastonbury, Apr. 13, 1850, by Rev. Benjamin C. Phelps	3	215
FITCH, Octavius, of Guilford, N. Y. m. Fanny **MILLER**, d. William & Esther, [ ]	2	85
FLAD, Gabriel, m. Maria Rosina **STAUGLE**, of Germany, now of Glastonbury, Sept. 25, 1854, by Rev. James A. Smith	3	239
FLAGG, John, of Hartford, m. Lovinia **SELLEW**, of Glastonbury, Sept. 21, 1836, by Rev. Samuel H. Riddell	3	137
Solomon S., of Hartford, m. Julia Ann **SELLEW**, of Glastonbury, June 13, 1826, by Rev. Jacob Allen	3	89
FLOOD, Henry, of Chatham, m. Jane **EDDY**, of So. Glastonbury, Oct. 7, 1842, by George Merrick, J. P.	3	168
FOOTE, FOOT, Asa, of Brooklyn, O., m. Caroline W. **HALE**, of Glastonbury, Oct. 9, 1832, at the house of Ebenezer Hale, by Rev. Asa Cornwall, of Simsbury & Granby	3	118
Betsey, d. Israel & Elizabeth, b. May 2, 1786	2	123
Elijah, s. Israel & Elizabeth, b. Sept. 14, 1784	2	123
Elizabeth, w. Israel, d. Apr. 6, 1795	2	123
Ellen E., m. Henry L. **LEFFINGWELL**, b. of So. Glastonbury, Sept. 29, 1850, by Rev. Daniel Dorchester	3	217
Erastus, s. Israel & Elizabeth, b. Feb. 28, 1788	2	123
Hiram S., m. Susan C. **DUTTON**, b. of Glastonbury, Oct. 31, 1852, by Rev. David Bradbury	3	230
Israel, s. Israel, m. Elizabeth **WORTHINGTON**, Mar. 17, 1782	2	123
Israel, s. Israel & Elizabeth, b. Jan, 19, 1783	2	123
Joseph, m. Jerusha Ann **ROSE**, b. of Glastonbury, Sept. 4, 1823, by Rev. Charles L. Cooley	3	74
Justin, s. Israel & Elizabeth, b. Apr. 1, 1790	2	123
Patience, d. Nathaniel, Jr., m. David **BIGELOW**, Jr., Jan. 17, 1762	1	84
Sarah, d. Israel, m. Roger **HALE**, s. David, Dec. 24, 1801	2	147
Temperance L., m. Luther **BACON**, b. of Glastonbury, [Jan.] 26, [1851], by Frederick W. Chapman	3	219
FORD, George L., m. Mary A. **TALCOTT**, b. of Glastonbury, Mar.		

	Vol.	Page
FORD (cont.),		
21, 1848, by Rev. Giles H. Deshon	3	207
FORREST, Elizabeth, d. Victor, m. John **RICE**, s. Samuel, July 10, 1783	2	43
Richard D., m. Mary **KELLEY**, Oct. 15, 1826, by Pardon Brown, J. P.	3	91
FOSTER, Cloe, d. Peter & Tammy, b. Jan. 29, 1777	2	3
Ishmael, s. Peter & Tammy, b. Oct. 12, 1771	2	3
Jimmy, s. Peter & Tamney, b. Dec. 4, 1789	2	3
Mary F., of Glastonbury, m. John L. **SPENCER**, of Hartford, Nov. 25, 1847, by Rev. James A. Smith	3	206
Peter, s. Peter & Tammy, b. May 25, 1773	2	3
Peter, m. Tammy[ ], negro, [ ]	2	3
Ralph H., of Hartford, m. Lucy W. **MOSELEY**, of Glastonbury, Nov. 15, 1854, by Rev. James A. Smith	3	240
Rhoda, d. Peter & Tammy, b. Apr. 29, 1784	2	3
Sabra, d. Peter & Tammy, b. July 1, 1780	2	3
Sharper, s. Peter & Tammy, b. Dec. 15, 1769	2	3
Submit, d. Peter & Tammy, b. Jan. 25, 1776	2	3
Zebulon, s. Peter & Tammy, b. Jan. 6, 1781	2	3
FOWLER, Anson, of Middletown, m. Clemenza **LOVELAND**, Feb. 14, 1833, by Rev. M. H. Smith, of Hartford	3	120
FOX, FFOX, Abigail, m. Jonathan **SHIPMAN**, Dec. 8, 1748	1	125
Abigail, d. Joseph, m. Peleg **WELDON**, s. James, Apr. 28, 1761	2	76
Abraham, s. Richard, late of Glasinbury, m. Dorothy **HOLLISTER**, d. Thomas, of Glasinbury, Jan. 3, 1716/17	1	17
Abraham, s. Abraham & Dorothy, b. Oct. 18, 1717	1	17
Abraham, s. Thomas & Elizabeth, b. July 4, 1747	1	10
Amasa, s. William & Mercy, b. Oct. 28, 1766	1	2
Amos, s. Jonah & Susannah, b. Mar. 8, 1758	2	72
Amos, s. Jonah, m. Mary **STRATTON**, d. John, Jan. 8, 1778	2	130
Ann, d. Richard & Dorothy, b. July 21, 1757	1	23
Anna, d. Richard, m. Benjamin **TUCKER**, Sept. 28, 1780	2	106
Anne, d. William & Mercy, b. June 25, 1747	1	2
Anne, d. William, m. Charles **ANDREWS**, Jr., s. Charles, Apr. 27, 1769	2	64
Appleton, s. Jonah & Susannah, b. Sept. 9, 1759	2	72
Asa, s. Richard & Dorothy, b. Oct. 5, 1772	1	23
Asa, s. David, Jr. & Hephzibeth, b. Sept. 1, 1778	2	75
Bathsheba, d. David & Sarah, b. July 26, 1758	2	29
Bathsheba, d. David, m. Zebulon **MYGOTT**, s. Zebulon, Mar. 31, 1777	2	110
Benj[ami]n, s. Benoni & Experience, b. Jan. 2, 1714/15	1	41
Benjamin, s. Benjamin, m. Elizabeth **STRICTLAND**, d. Jonathan, Apr. 27, 1769	2	28
Benjamin, d. Dec. 9, 1772	2	28
Beriah, d. Joseph, m. Job **RISLEY**, July 8, 1742	2	37
Bethiah, d. John, m. Thomas **EDDY**, s. Charles, Mar. 16, 1749	2	4
Betty, d. Jonah & Susannah, b. Oct. 18, 1773	2	72

	Vol.	Page
FOX, FFOX (cont.)		
Charles, s. [John S. & Fanny Brown], b. May 26, 1816	2	178
Chester, s. Amos & Mary, b. Sept. 19, 1787	2	130
Chester, s. Amos & Mary, b. Sept. 22, 1796	2	130
Cloe, d. William & Mercy, b. Mar. 3, 1763	1	2
Cloe, d. Richard & Dorothy, b. July 19, 1764	1	23
Comfort, d. Joseph, of Glassenbury, m. Rich[ar]d **CRARY**, s. Roger, of Ashford, Nov. 19, 1767	2	1
David, s. Benoni & Experience, b. Sept. 25, 1717	1	41
David, s. Benoni, m. Sarah **GAINS**, d. Daniel, b. of Glassenbury, Aug. 31, 1749	2	29
David, s. Richard & Dorothy, b. May 18, 1755	1	23
David s. David & Sarah, b. Sept. 10, 1769	2	29
David, Jr., s. Richard & Dorothy, m. Hephzibeth **BROOKS**, d. Samuel & Sarah, May 23, 1776	2	75
David, s. David, Jr. & Hephzibeth, b. Feb. 20, 1777	2	75
Dency, d. Amos & Mary, b. Aug. 22, 1778	2	130
Dorothy, d. Richard, Sr., m. Samuel **PRICE**, Apr. 7, 1714	1	33
Dorothy, d. Richard & Dorothy, b. Dec. 15, 1746	1	23
Dorothy, d. William & Mercy, b. May 14, 1761	1	2
Dorothy, d. Richard, m. John **WYAR**, Dec. 15, 1763	2	58
Dorothy, d. William, m. Capt. Charles **TREAT**, s. Jonathan, Nov. 23, 1780	2	129
Ebenezer, m. Elizabeth **ARNOLD**, d. Henry, Sr., Jan. 27, 1713/14	1	31
Ebenezer, s. Ebenezer & Elizabeth, b. June 14, 1718	1	31
Ebenezer, s. Richard & Dorothy, b. Sept. 29, 1752	1	23
Electa Ann, of Glastonbury, m. William **BUTLER**, of Middletown, Dec. 22, 1834, by Rev. Samuel H. Riddell	3	130
Eley, s. Amos & Mary, b. Dec. 30, 1782	2	130
Elezur, s. Joseph & Martha, b. Sept. 11, 1780	2	142
Elijah, s. Amos & Mary, b. May 21, 1790	2	130
Eliphalet, s. Benjamin & Experience, b. Jan. 25, 1715/16	1	41
Eliphalet, s. Benoni, m. Anna **BROOKS**, d. Sergt. Samuel, May 7, 1746	1	56
Eliphalet, s. Eliphalet & Anna, b. Feb. 16, 1746/7	1	56
Eliphalet, s. Eliphalet & Anne, d. Aug. 28, 1749	1	56
Elizabeth, d. Richard & Dorothy, b. Oct. 16, 1748; d. May 9, 1749	1	23
Elizabeth, 2nd, d. Richard & Dorothy, b. June 13, 1750	1	23
Elizabeth, d. Thomas & Elizabeth, b. Apr. 16, 1753	1	10
Elizabeth, d. Benjamin & Elizabeth, b. Sept. 8, 1769	2	28
Elizabeth, d. Richard, of Glassenbury, m. Samuel **NOULDING**, s. Thomas, of Canterbury, June 27, 1771	2	26
Elizabeth, m. Jeremiah **WIER**, Oct. 4, 1795	2	13
Elmira, twin with Mina, d. Amos & Mary, b. May 23, 1794	2	130
Ephraim, s. Benoni & Experience, b. June 11, 1719	1	41
Esther, d. Samuel, m. Ichabod **HOLLESTER**, s. Charles, May 1, 1771	2	60
Esther, d. David, Jr. & Hephzibeth, b. Jan. 1, 1780	2	75
Eunice, m. John **HOUSE**, b. of Glastonbury, May 8, 1703	1	2

	Vol.	Page

FOX, FFOX (cont.),
Experience, d. Benoni & Experience, b. Mar. 31, 1721	1	41
Frederick, s. Isaac & Ruth, b. Apr. 1, 1771	2	61
Gad, s. Thomas & Elizabeth, b. Dec. 5, 1759	1	10
Getlantha (?), m. Imley SMITH, May 21, 1826, by Samuel F. Jones, J. P.	3	92
Happy, s. Jonah, of Glassenbury, m. Abial DART, s. Jonathan, of Bolton, Aug. 23, 1795	2	43
Harriet, d. [John S. & Fanny Brown], b. Sept. 5, 1811	2	178
Harriet, [d. John S. & Fanny Brown], d. Feb. 25, 1816	2	178
Harriet Mariah, d. [John S. & Fanny Brown], b. Feb. 18, 1821	2	178
Henry, of East Hartford, m. Harriet L. HALE, of Glastonbury, Oct. 5, 1851, by Benjamin C. Phelps	3	226
Hepsibath, d. Benjamin & Elizabeth, b. Sept. 20, 1771	2	28
Hiel, s. Joseph & Martha, b. Jan. 12, 1784	2	142
Hiram, of East Hartford, m. Dolly NICHOLSON, of Glastonbury, Oct. 23, 1823, by Rev. Caleb Burge	3	74
Hope, d. Jonah & Susannah, b. Aug. 12, 1763	2	72
Isaac, s. Thomas & Elizabeth, b. Mar. 8, 1751	1	10
Isaac, s. Thomas, m. Ruth COOK, of Tolland, Sept. 27, 1770	2	61
Isaac, s. Isaac & Ruth, b. Sept. 4, 1774	2	61
Israel, s. William & Mercy, b. Oct. [ ], 1753	1	2
Jacob, s. Thomas & Elizabeth, b. Aug. 28, 1755	1	10
Jared, of Manchester, m. Eliza HOUSE, of Glastonbury, Sept. 3, 1829, by Rev. Samuel H. Riddell	3	103
Geminy, d. Jonah & Susannah, b. Mar. 6, 1767 (Jemima)	2	72
Jenette, d. Horace, m. Richard SMITH, s. Benjamin, Mar. 15, 1781	2	133
Jeremiah, s. Richard, Jr. & Lidya, b. June 6, 1705	1	34
John, s. Richard, of Glassenbury, m. Susannah WHITE, d. Henry, of Deerfield, Dec. 15, 1709	1	38
John, s. Jonah & Susannah, b. Nov. 1, 1761; d. Nov. 12, 1761	2	72
John, s. Amos & Mary, b. June 18, 1785	2	130
John S., s. Amos, m. Fanny Brown BREWER*, d. Daniel & Polly, Nov. 13, 1808 *(Perhaps "Fanny (BREWER) BROWN")	2	178
Jonah, s. Abraham, m. Susannah WOOD, Mar. 7, 1754	2	72
Jonathan, s. Richard, Jr. & Lydia, b. Jan. 14, 1711/12	1	34
Joseph, s. Richard, Sr., decd. & Beriah, b. Aug. 7, 1695. Certified by said Beriah July 13, 1715.	1	4
Joseph, s. Benoni & Experience, b. Apr. 25, 1713	1	41
Joseph, s. Richard, Sr. of Glassenbury, m. Esther SPARKS, d. John, of Hartford (decd.), Dec. 6, 1717	1	40
Joseph, s. Benoni, m. Martha CUNINGHAM, Nov. 15, 1778	2	142
Joseph, s. Joseph & Martha, b. Sept. 11, 1782	2	142
Julinda, m. Merit TAYLOR, b. of Glastonbury, Sept. 14, 1835, by Rev. Thomas J. Davis	3	132
Lemuel, s. Richard & Dorothy, b. Feb. 4, 1760	1	23
Lemuel, m. Hannah FIELDING, Feb. 27, 1823, by Isaac Dwinel	3	72
Levy, s. Richard & Dorothy, b. Mar. 29, 1767	1	23
Lydia, w. Richard, Jr., d. June 1, 1712	1	34

FOX, FFOX (cont.),

	Vol.	Page
Lydia, d. Richard & Mary, b. Feb. 26, 1714/15	1	34
Lydia, m. Joseph **WARE**, Apr. 8, 1742	1	77
Mabel, d. Richard & Dorothy, b. Mar. 15, 1762	1	23
Marilla, m. William **BROWN**, b. of Glastonbury, Sept. 2, 1829, by Rev. Samuel H. Riddell	3	103
Martha, d. John & Susannah, b. May 21, 1711	1	38
Martha, of Glastonbury, m. Chauncey G. **CRANE**, of Hartford, June 30, 1840, by Rev. Warren G. Jones	3	155
Mary, of Glastonbury, m. Hennery **GOSLIN**, of Glastonbury, Feb. 25, 1695	1	8
Mary, d. Benony & Experience, b. Oct. 6, 1725	1	41
Mary, d. Amos & Mary, b. July 29, 1792	2	130
Mary, of Glastonbury, m. Charles **INGRAHAM**, of Vernon, Oct. 13, 1847, by Rev. Benjamin G. Phelps, of Manchester	3	199
Mary, of East Hartford, m. John B. **WRISLEY**, of Glastonbury, May 7, 1849, by Rev. Benjamin C. Phelps, of East Hartford	3	212
Maryetta, m. George **WILLIAMS**, b. of Glastonbury, Jan. 16, 1833, by Rev. Samuel H. Riddell	3	121
Mercy, d. William & Mercy, b. Feb. 4, 1756	1	2
Meriam, d. Jonah & Susannah, b. Feb. 24, 1770	2	72
Michel, d. Thomas & Elizabeth, b. Apr. 27, 1743	1	10
Milla, d. Joseph & Martha, b. Apr. 1, 1787	2	142
Mina, twin with Elmira, d. Amos & Mary, b. May 23, 1794	2	130
Miriam, d. Hosea, m. Elihu **SMITH**, s. Benjamin, Sept. [ ], 1781	2	133
Nathaniel, s. William & Mercy, b. Aug. [ ],1749	1	2
Noah, s. William & Merch, b. Mar. 2, 1768* *[Arnold says "1758"]	1	2
Noah, s. William, m. Content **GOODALE**, d. Isaac, Mar. 17, 1779	2	70
Noma, d. Thomas & Elizabeth, b. July 25, 1757	1	10
Norman, s. [John S. & Fanny Brown], b. Aug. 1, 1810	2	178
Onnor, d. Amos & Mary, b. May 2, 1781	2	130
Pamela, m. Elijah **SPARKS**, b. of Glastonbury, May 1, 1826, by Rev. Jacob Allen	3	89
Patience, d. William & Mercy, b. May 24, 1760	1	2
Prudence, d. Jonah & Susannah, b. July 16, 1756	2	72
Rachel, d. Ebenezer & Elizabeth, b. June, 24, 1714	1	31
Richard, Jr., m. Lydia **COLT**, d. John, of Windsor, Mar. [ ], 1704/5	1	34
Richard, Sr., d. Mar. 31, 1708/9, ae about 67	1	4
Richard, of Glasenbury, m. Mary **SMITH**, d. William, of Wethersfield, Mar. 2, 1713/14	1	34
Richard, s. Ebenzer & Elizabeth, b. Dec. 10, 1720	1	31
Richard, of Glasenbury, m. Dorothy **CHURCHILL**, of Weathersfield, Mar. 20, 1745	1	23
Roger, s. William & Mercy, b. Aug. 29, 1751	1	2
Roger, twin with Ruth, s. Isaac & Ruth, b. Sept. 28, 1776; d. Oct. 3, 1776	2	61

	Vol.	Page
FOX, FFOX (cont.),		
Roland, s. [John S. & Fanny Brown], b. Sept. 27, 1818	2	178
Roswell, s. David & Sarah, b. Feb. 11, 1752	2	29
Roswell, s. Jonah & Susannah, b. Jan. 24, 1772	2	72
Roxey, of Glastonbury, m. Roland **AVERY**, of Norwich, Mass., Sept. 29, 1824, by Samuel F. Jones, J. P.	3	80
Ruth, d. Thomas & Elizabeth, b. May 21, 1749	1	10
Ruth, d. Thomas, m. Joseph **GOODALE**, Jr., s. Joseph, June 8, 1767	2	54
Ruth, d. Isaac & Ruth, b. Feb. 25, 1773; d. Mar. 8, 1773	2	61
Ruth, twin with Roger, d. Isaac & Ruth, b. Sept. 28, 1776; d. Oct. 10, 1776	2	61
Ruth, d. Isaac & Ruth, b. Feb. 15, 1778	2	61
Ruth Brooks, d. Eliphalet, m. Thomas **SCOTT**, s. Moses, Aug. 4, 1778	2	111
Samuel, m. Prudence **BROOKS**, Sept. [ ], 1782	2	169
Sarah, m. Ebenezer **KILBORN**, b. of Glastonbury, June 1, 1698	1	7
Sarah d. Ebenezer & Elizabeth, b. Apr. 14, 1716	1	31
Sarah, d. Benony & Experience, b. June 19, 1727	1	41
Sarah, w. Zebadiah, d. Apr 5, 1732	1	75
Sarah, d. Thomas & Elizabeth, b. June 1, 1745	1	10
Sarah, d. David & Sarah, b. May 19, 1750	2	29
Sarah, d. Thomas, m. Solomon **ANDRUS**, s. Charles, Oct. 8, 1767	2	92
Sarah, d. William, Jr. & Sarah, b. Feb. 25, 1771	2	17
Sarah E., m. Abner B. **GAINES**, July 24, 1842, by James A. Smith	3	167
Simeon, 2nd s. Eliphalet & Anna, b. Nov. 7, 1748	1	56
Stephen, s. Jonah & Susannah, b. Sept. 24, 1754	2	72
Susannah, d. John & Susannah, b. Mar. 26, 1713	1	38
Susanna, d. John, m. Samuel **WILLIAMS**, s. Samuel, of Weathersfield, Jan. 17, 1733	1	115
Suse, d. Jonah & Susannah, b. Sept. 8, 1768	2	72
Thomas, s. David & Sarah, b. Sept. 30, 1762	2	29
Thomas, s. Jonah & Susannah, b. Feb. 11, 1765	2	72
Thomas S., m. Aurelia B. **LEE**, b. of Glastonbury, Mar. 7, 1852, by Frederick W. Chapman	3	225
Tirzah, d. Isaac, b. Sept. 19, 1783; m. Elisha **LOVELAND**, s. Pelatiah, Mar. 7, 1803	2	205
Walter, s. [John S. & Fanny Brown], b. Feb. 21, 1814	2	178
William, s. William & Mercy, b. July 12, 1745	1	2
William, Jr., s. William, m. Sarah **HODGE**, d. John, Feb. 1, 1770	2	17
Zebediah, s. Richard, Jr. & Lydia, b. Sept. 17, 1707	1	34
Zebadiah, s. Richard, m. Sarah **SHARLOCK**, Nov. 19, 1730	1	75
FRANCIS, FRANCES, Newman, of Wethersfield, m. Octavia **STRICTLAND**, of Glastonbury, Feb. 15, 1835, by Rev. David Bennett	3	129
Pamela, d. James, b. Sept. 14, 1793; m. Ransom **TOMLINSON**, s. W[illia]m & Huldah, of Derby, Apr. 13, 1820	2	196
Prudence, d. John, of Wethersfield, m. Charless **HOLLISTER**, s. Lieut. Thomas, Apr. 5, 1729	1	81
FREEMAN, Cornelius, m. Rebecca M. **RUSSEL**, b. of Glastonbury,		

	Vol.	Page
FREEMAN (cont.),		
Sept. 16, 1829, by Rev. Samuel H. Riddell	3	103
Helen G., m. Henry B. **STILES**, [ ], by Rev. William Jarvis. Recorded Aug. 14, 1848	3	208
Jesse, of Hartford, m. Mrs. Viletta **RISLEY**, of Glastonbury, Oct. 3, 1852, by Rev. Samuel Fox	3	229
Joseph, m. Minerva **GRANT**, b. of Glastonbury, Dec. 19, 1833, by Rev. Thomas J. Davis	3	124
Lavinne, m. Alfred **RUSSELL** (colored), b. of Glastonbury, Apr. 22, 1853, by Rev. A. B. Chapin, of So. Glastonbury	3	237
Lorenzo, m. Eliza Ann **RUSSELL**, b. of Glastonbury, July 5, 1846, by Rev. Warren G. Jones	3	192
Lorenzo, m. Eliza Ann **RUSSELL**, b. of Glastonbury, July 12, 1846, by Rev. Warren G. Jones	3	190
Mary, m. Rosewell **RUSSEL**, b. of Glastonbury (colored), July 5, 1820, by W[illia]m Lockwood	3	60
Paulina, m. Sheldon **PETERS**, b. of Glastonbury, July 3, 1828, by Rev. Samuel H. Riddell	3	99
Sabra, m. Timothy **OLIVER**, Oct. 5, 1825, by Rev. Caleb Burge	3	86
Sebara, d. Sabara [**MOSELY**] (colored), d. July 24, 1845, ae 70	2	0
Sarah, of Glastonbury, m. Andrew **SERAN**, of Guilford, June 19, 1822, by Rev. W[illia]m Lockwood	3	69
Susan, d. Katy **OLIVER**, colored, b. May 4, 1812	2	0
Susanna, m. Sonney **ANDERSON**, Nov. 2, 1764	2	2
FRENCH, James M., of Barkhamstead, m. Mary **LAMPHEAR**, of Glastonbury, Dec. 5, 1830, by [ ]	3	112
FULLER, Asa, of Vernon, m. Theturah **CHAPMAN**, of Glastonbury, Apr. 6, 1829, by Samuel H. Riddell	3	102
Caroline, m. Joseph **STODDARD**, [ ], by Rev. C. W. Turner. Recorded Mar. 20, 1845	3	182
Christina, d. Barnabus & Deborah, b. Apr. 27, 1765	1	15
Elijah, s. Barnabus & Deborah, b. Apr. 30, 1771	1	15
Mary Ann, of Glastonbury, m. William **INGRAM**, of Marlborough, Mar. 29, 1846, by Rev. Aaron Snow	3	188
Ruth, d. Barnabus & Deborah, b. Sept. 1, 1761	1	15
GAINES, GAINS, Abner B., m. Sarah E. **FOX**, July 24, 1842, by James A. Smith	3	167
Amaziah, of Sheffield, Mass., m. Mary Ann **VIBERT**, of Glastonbury, Mar. 7, 1836, by Rev. Samuel H. Riddell	3	135
Ann, of Glastonbury, m. Edward **BURNE**, of New York, May 15, 1823, by Rev. Caleb Burge	3	73
Ann Eliza, of Glastonbury, m. Charles **BUCKLAND**, of East Hartford, Feb. 4, 1852, by James A. Smith	3	224
Charles S., of Glastonbury, m. May J. **HILL**, of East Hartford, Jan. 1, 1837, by Rev. Samuel H. Riddell	3	139
Emma, m. Guy **SAMSON**, b. of Glastonbury, Dec. 9, 1830, by Rev. S. H. Riddell	3	112
Harriet A., of Glastonbury, m. Alfred **SMITH**, of Granby, Mass., Mar. 1, 1854, by James A. Smith	3	237

	Vol.	Page
GAINES, GAINS (cont.),		
Jared, m. Pheena **HURLBUT**, b. of Glastonbury, Jan. 22, 1833, by Rev. Samuel H. Riddell	3	121
Samuel, s. Samuell, m. Thankfull **MORLEY**, July 4, 1720	1	63
Samuell, s. Samuell, Jr. & Thankfull, b. Oct. 14, 1723	1	63
Sarah, d. Daniel, m. David **FOX**, s. Benoni, b. of Glassenbury, Aug. 31, 1749	2	29
Thankfull, d. Samuell, Jr. & Thankfull, b. Apr. 19, 1721	1	63
GALLUP, GALLOP, Cintha B., m. Avery **GOODALE**, b. of Glastonbury, Oct. 7, 1838, by Rev. Thomas W. Gibe	3	147
Elizabeth, of Glastonbury, m. Isaac **PERKINS**, of Norwich, Feb. 14, 1841, by Rev. H. Forbush	3	159
GANNISS, [see under **GRANNIS**]		
GARDINER, Elizabeth, d. Loring & Amanda, b. Aug. 16, 1826	2	104
Henry, s. Loring & Amanda, b. Sept. 12, 1824	2	104
Loring, m. Amanda **WELLES**, b. of Glastonbury, Sept. 3, 1823, by Rev. Caleb Burge	3	74
Sarah, s. John, of the Isle of Wight Cty. of Suffolk, N. Y., m. Charles **TREAT**, s. Capt. Thomas, decd., of Glassenbury, Oct. 12, 1727	1	54
GARNER, Erastus, s. Rosetta **SIMBO**, colored, b. Mar. 29, 1785	2	0
GATES, Henrietta, of Glastonbury, m. Henry **COOK**, of Granby, Mass., Jan. 30, 1825, by George Merrick, J. P.	3	82
Sarah, d. George, of East Haddam, m. Thomas **HUNT**, Apr. 26, 1763	1	45
GAY, Harriet, of Manchester, m. Benjamin **TRYON**, of Glastonbury, Oct. 28, 1849, by Aaron Snow	3	213
Mary, of Hebron, m. George **TRYON**, of Glastonbury, May 20, 1841, by Elder Jeremiah Stocking	3	158
GIBSON, Abigail P., of Glastonbury, m. Thomas **KING**, of Ellington, Nov. 30, 1848, by Rev. Aaron Snow	3	210
Anne, d. Samuel & Mary, b. Aug. 2, 1774	2	30
Clara, d. Samuel & Mary, b. Oct. 3, 1778	2	30
Elizabeth, m. Stephen **STRICTLAND**, 2nd, b. of Glastonbury, June 8, 1841, by Rev. W[illia]m Blish Ashley	3	160
Florenday, d. Samuel & Mary, b. July 2, 1776	2	30
Lucy, of Middletown, N. H., m. Samuel **SELEW**, s. Philip & Elizabeth, [ ]; d. Sept. 12, 1831	2	5
Martha G., of Eastbury, m. Allen C. **HALL**, of Manchester, Nov. 28, 1841, by Rev. Aaron Snow, of Eastbury	3	165
Mary, d. Samuel & Mary, b. July 13, 1770	2	30
Mary, d. Samuel & Mary, b. June 27, 1772	2	30
Roger, s. Samuel & Mary, b. Aug. 24, 1768	2	30
Roger P., m. Calista **GOSLEE**, b. of Glastonbury, Dec. 2, 1840, by Elder Jeremiah Stocking	3	157
Roger P., of Glastonbury, m. Sarah E. **HUTCHINSON**, of Hebron, Nov. 4, 1845, by Aaron Snow	3	185
Ruth, d. Samuel & Mary, b. Oct. 2, 1780	2	30
Samuel, s. John, of Middletown, m. Mary **KIMBERLY**, d. John,		

144   BARBOUR COLLECTION

	Vol.	Page
GIBSON (cont.),		
of Glassenbury, Mar. 20, 1766	2	30
Samuel, s. Samuel & Mary, b. Feb. 12, 1767	2	30
GIFFORD, Lester F., of Ellington, m. Betsy Ann **TAYLOR**, of Glastonbury, July 4, 1840, by Rev. William B. Ashley	3	155
GILBERT, GIBERT, Clarissa, of Glastonbury, m. Erastus **CRANE**, of Hebron, Nov. 24, 1825, by Jonathan Stocking, J. P.	3	86
Henry S., M. D., m. Mary G. **STRICTLAND**, b. of Glastonbury, July 17, 1851, by A. B. Chapin	3	221
Nathan, of Windsor, m. Ann E. **HOUSE**, of Glastonbury, Oct. 5, 1848, by Rev. James A. Smith	3	209
Russell C., of Mayfield, N. Y., m. Mary Ann **WELLES**, of Glastonbury, Sept. 24, 1838, by Rev. Abijah C. Wheat	3	147
William H., of Hartford, m. Laura Celestia **HOLLISTER**, of Glastonbury, Sept. 28, 1837, by D. S. Devens	3	142
GILLETT, Charlott A., of Glastonbury, m. Sanford **PEASE**, of Somers, Aug. 3, 1836, by Rev. Samuel H. Riddell	3	136
Frances, of Colchester, m. Eliza J. **HOLLISTER**, of Glastonbury, Apr. 7, 1850, by Rev. Warren G. Jones	3	216
GILLIM, Ruth, m. Robert **LOVELAND**, b. of Glasinbury, Aug. 19, 1697	1	13
GLADDING, Walter, of New Britain, m. Charlotte **DAYTON**, of Glastonbury, July 30, [1840], by Rev. W[illia]m B. Ashley	3	155
GLAZIER, Betsy T., m. W[illia]m **SAUNDERS**, Jr., b. of Glastonbury, [ ], by Rev. Warren G. Jones. Recorded Jan. 6, 1840	3	153
Juliet, m. John W. **KILLAM**, b. of Glastonbury, Jan. 13, 1851, by Frederick W. Chapman	3	218
Lucy R., of So. Glastonbury, m. James **BULLARD**, of Ellington, Oct. 1, 1838, by Warren S. Jones	3	147
Rebecca O., of So. Glastonbury, m. Buckly P. **HEATH**, of Windsor, Sept. 7, 1845, by Rev. Warren G. Jones	3	184
Sarah A., m. Horace B. **TREAT**, Nov. 2, 1839, by Rev. Warren G. Jones	3	152
GLEASON, Eunice, of Glastonbury, m. Hiram **KENEY**, of Vernon, Nov. 16, 1831, by Rev. Jacob Allen	3	113
Marilla, of Glastonbury, m. Thomas **ROBBERTSON**, of Groton, Dec. 25, 1828, by Rev. Jacob Allen	3	101
Mary, of Glastonbury, m. John W. **SUMNER**, of Hebron, Nov. 23, 1836, by Rev. Jacob Allen	3	137
GOFF, GOOF, Aaron, s. Elisha, m. Jemima **KILBORN**, d. Thomas, Jan. 9, 1766	1	6
Bethuel, s. Aron & Jemima, b. Aug. 27, 1774	1	6
Elial, s. Aaron & Jemima, b. Sept. 29, 1766	1	6
Elial, s. Aaron, d. Jan. 11, 1776	1	7
Jehiel, s. Aaron & Jemima, b. Feb. 27, 1782	1	7
Jemima, d. Aaron & Jemima, b. Nov. 19, 1768	1	6
Mary Ann, d. Aron & Jemima, b. Sept. 4, 1776	1	6
Mehetable, d. Aaron & Jemima, b. May 8, 1771	1	6

	Vol.	Page
GOFF, GOOF (cont.),		
Milton, of Haddam, m. Joanna **DICKINSON**, of Glastonbury, Jan. 17, 1850, by Rev. R. Albiston	3	214
GOODALE, Abigail M., m. Nathan D. **WOLF**, b. of Glastonbury, Sept. 17, 1835, by Rev. Samuel H. Riddell	3	133
Almira, of Glastonbury, m. David **WHITE**, of Torrington (Dr.), Nov. 4, 1827, by Rev. Hector Humphreys	3	95
Austin, m. Emily **WRIGHT**, Aug. 16, 1826, by Jay W. Fairchild	3	89
Averah, Jr., s. [Avery & Betsey], b. June 8, 1795; d. same day	2	182
Avery, b. Sept. 8, 1766; m. Betsey **DELING**, Feb. 5, 1789	2	182
Avery, m. Cintha B. **GALLOP**, b. of Glastonbury, Oct. 7, 1838, by Rev. Thomas W. Gibe	3	147
Betsey, d. [Avery & Betsey], b. Dec. 14, 1789	2	182
Betsey A., of Cabot, Vt., m. Arnold **KENNEY**, of Glastonbury, Mar. 5, 1823, by Rev. Jacob Allen	3	72
Charles, m. Martha **COVELL**, b. of Glastonbury, Nov. 26, 1846, by James A. Smith	3	195
Content, d. Isaac, m. Noah **FOX**, s. William, Mar. 17, 1779	2	70
Deidama, m. John **HOLLESTER**, b. of Glastonbury, [ ], by Rev. Aaron Snow	3	174
Diedamia, d. [Avery & Betsey], b. Mar. 20, 1803	2	182
Diadamia, of Glastonbury, m. John A. **CAPIN**, of New Hampshire, Apr. 6, 1828, by Rev. Jacob Allen	3	98
Diantha C., m. Henry O. **WEIR**, b. of Glastonbury, May 10, 1846, by Elder Jeremiah Stocking	3	191
Ebenezer, m. Sarah **BREWER**, d. Thomas, Mar. 15, 1716/17	1	39
Eliakim, s. Joseph, Jr. & Ruth, b. Aug. 14, 1782	2	54
Elizabeth, d. Avery & Elizabeth, m. Samuel **STEVENS**, s. Timothy & Mary, [ ]	2	197
Eunice, d. Joseph, Jr. & Ruth, b. Feb. 5, 1768	2	54
Gerah, s. Joseph, Jr. & Ruth, b. Mar. 31, 1775	2	54
Gillet, d. Joseph, Jr. & Ruth, b. Nov. 10, 1772	2	54
Grace, d. Joseph, Jr. & Ruth, b. Apr. 9, 1785	2	54
Guni, s. Joseph, Jr. & Ruth, b. Mar. 9, 1780	2	54
Henry, Major, b. Dec. 8, 1821	2	182
John, s. [Avery & Betsey], b. Dec. 17, 1791; d. Apr. 8, 1792	2	182
John, s. [Avery & Betsey], b. Feb. 21, 1799; d. July 11, 1799	2	182
Joseph, Jr., s. Joseph, m. Ruth **FOX**, d. Thomas, June 8, 1767	2	54
Joseph, s. Joseph, Jr. & Ruth, b. Sept. 4, 1787	2	54
Joshua, s. [Avery & Betsey], b. Dec. 6, 1801	2	182
Joshua & Tryphenia, had s. [ ]	2	182
Laura, m. Asa **THOMAS**, b. of Glastonbury, Sept. 18, 1830, by Rev. Jacob Allen	3	108
Leonard, s. [Avery & Betsey], b. Oct. 2, 1805	2	182
Leonard, m. Emily **HODGE**, of Glastonbury, June 7, 1832, by Rev. John E. Risley	3	116
Lucy P., m. Frary M. **HALE**, b. of Glastonbury, Oct. 30, 1838, by Rev. James A. Smith	3	148
Lucy S., of Glastonbury, m. William S. **BEACH**, of Marlborough,		

	Vol.	Page

GOODALE (cont.),
Dec. 12, 1833, by Jesse Baker	3	123
Marce, m. Thomas **SCOT**, June 3, [ ], by Mr. Stevens	1	1
Martha, of Middletown, m. Thomas **BRUER**, of Glasinbury, May 4, 1710	1	10
Orin, s. [Avery & Betsey], b. Mar. 12, 1793	2	182
Philee, d. [Avery & Betsey], b. Aug. 6, 1796	2	182
Phila, d. [Avery & Betsey], b. May 13, 1808	2	182
Ralph, of East Hartford, m. Eliza **PARMELA**, of New Haven, Mar. 24, 1825, by Rev. Caleb Burge	3	83
Ruth, d. Joseph, Jr. & Ruth, b. Apr. 8, 1770	2	54
Tryphena, d. [Avery & Betsey], b. Feb. 24, 1811	2	182
Tryphena, of Glastonbury, m. Samuel S. **BILL**, of Marlborough, Dec. 6, 1829, by Jeremiah Stocking, J. P.	3	105

GOODMAN, Elizabeth, m. Philo **PHELPS**, b. of Glastonbury, Nov. 18, 1841, by James A. Smith | 3 | 165 |

GOODRICH, Abby, m. Truman D. **WELLES**, Jan. 31, 1838, by Rev.
D. L. Denens	3	144
Abigail, d. Ephraim & Hannah, b. July 10, 1716	1	45
Abigail, d. John & Abigail, b. Aug. 1, 1767	1	112
Abigail, d. Samuel & Dorothy, b. Oct. 23, 1768	2	53
Alvira, m. John H. **HOLLISTER**, b. of Glastonbury, Jan. 15, 1838, by Elder Jeremiah Stocking	3	144
Amanda, d. [Luther & Elizabeth], b. Mar. 30, 1800	2	149
Amanda, of Glastonbury, m. Joseph **LOVELAND**, of Weathersfield, Oct. 31, 1822, by Rev. Caleb Burge	3	70
Amelia, d. John & Abigail, b. Jan. 5, 1771	1	112
Amelia, d. [Luther & Elizabeth], b. Jan. 30, 1802	2	149
Amelia, m. Dorrence **WELLES**, b. of Glastonbury, Oct. 13, 1824, by Rev. Smith Miles, of Chatham	3	80
Amelia B., of Glastonbury, m. John **CHANNEY**, of Weathersfield, Jan. 2, 1823, by Rev. Caleb Burge	3	71
Ann, d. Richard & Hannah, b. Mar. 6, 1710	1	9
Ann, d. David & Prudence, b. Oct. 1, 1763	1	113
Anna, d. Alpheas, m. George **MORLEY**, s. Timothy, May 12, 1794	2	100
Anna, m. Lodorick **HODGE**, b. of Glastonbury, Dec. 2, 1849, by Jeremiah Stocking, Elder	3	215
Anne, d. Elijah H. & Anne, b. Sept. 19, 1784	2	105
Anne, d. [David & Prudence], d. June 27, 1799	1	113
Asa, s. Josiah, of Weathersfield, m. Anne **CLERK**, d. Nan(?), of Lebanon, Aug. 18, 1784	2	101
Augusta, s. [Jeremiah & Jemima], b. Apr. 21, 1811	2	172
Augusta, of Glastonbury, m. Samuel **ROCKWOOD**, of Owego, N. Y., [ ], by Rev. William Jones. Recorded Sept. 3, 1832	3	117
Bathsheba, d. Samuel & Dorothy, b. July 21, 1757; d. Dec. 22, 1776	2	53
Charles, s. Ephraim & Hannah, b. Nov. 9, 1720	1	45
Daniel, s. Samuel & Dorothy, b. Feb. 8, 1752; d. Nov. 19, 1773	2	53

	Vol.	Page
GOODRICH (cont.),		
David, m. Sarah **EDWARDS**, Feb. 13, 1728/9	1	69
David, s. David & Sarah, b. May 22, 1732	1	69
David, Jr., s. Ens. David, m. Prudence **BENTON**, d. Josiah, Nov. 7, 1754	1	113
David, s. [David & Prudence], b. Apr. 2, 1769	1	113
David, s. [Jeremiah & Jemima], b. Feb. 7, 1805	2	172
David, d. Oct. 15, 1808, ae 76	1	113
Dorcas, d. Joshua, of Chatham, m. Elizur **MILLER**, s. Capt. Abijah, of Glastonbury, Dec. 16, 1778	2	90
Dorothy, d. Samuel & Dorothy, b. June 9, 1755	2	53
Edward, s. Jehiel & Prudence, b. Apr. 23, 1784	2	102
Edwin, m. Emeline **HALE**, b. of Glastonbury, Jan. 27, 1839, by Rev. Warren G. Jones	3	150
Eleanor S., [d. Jeremiah & Jemima], b. Jan. 21, 1817	2	172
Eli, s. Jehiel & Prudence, b. Oct. 6, 1768	2	102
Eli, [s. Jehiel & Prudence], d. Feb. 5, 1788	2	102
Elijah Hubbard, s. Lieut. Josiah, of Wethersfield, m. Anne **ELLESWORTH**, d. Daniel, of East Windsor, Sept. 8, 1783	2	105
Elisha, s. William & Rachel, b. May 27, 1734	1	69
Elizabeth, d. Samuel & Dorothy, b. Sept. 30, 1761	2	53
Elizabeth, d. [Luther & Elizabeth], b. Dec. 5, 1798	2	149
Elizabeth, m. Noah **TRYON**, s. Elizur & Lucy, [ ]. [Five children by this marriage]	2	78
Elizabeth, w. Luther, b. [ ]	2	149
Eliz[a]r, s. David & Sarah, b. Aug. 3, 1745	1	69
Ephraim, s. Ephraim & Hannah, b. Sept. 9, 1722	1	45
Ephraim, s. Jehiel & Prudence, b. Mar. 6, 1779	2	102
Ephraim, s. Capt. Ephraim, [ ]	1	45
Francis, m. Elizabeth **HARDING**, b. of Glastonbury, Mar. 3, 1850, by Rev. L. W. Blood	3	214
Frederick, of Rocky Hill, m. L. Philicia **WELLES**, of Glastonbury, Mar. 15, 1843, by Rev. George H. Nichols	3	169
George, s. David & Sarah, b. Aug. 13, 1751	1	69
Gershom, s. Richard & Hannah, b. May 5, 1717	1	9
Hannah, d. Ephraim & Hannah, b. May 16, 1725	1	45
Hannah, d. David & Prudence, b. Feb. 14, 1762	1	113
Hannah, d. David, m. John **HALE**, s. David, b. of Glassenbury, Oct. 17, 1779	2	52
Harriet, of Glastonbury, m. Abijah **PERKINS**, of Harrington, Sept. 11, 1831, by S. Fuller, Jr.	3	114
Henry C., of Weathersfield (Rocky Hill), m. Louisa **TAYLOR**, of Glastonbury, Nov. 25, 1841, by Rev. W[illia]m B. Ashley	3	165
Honor, d. David & Sarah, b. Apr. 8, 1749	1	69
Horace, m. Laura **MATTISON**, b. of Glastonbury, Sept. 3, 1829, by Heman Perry	3	104
Isaac, s. David & Sarah, b. May 2, 1743	1	69
Israel, s. David & Prudence, b. Nov. 7, 1756	1	113
Israel, s. [David & Prudence], d. Feb. 19, 1779	1	113

BARBOUR COLLECTION

	Vol.	Page
GOODRICH (cont.),		
Israel, m. Harriet **MILLER**, d. William & Esther, [ ]	2	85
Jabe*, s. Jehiel & Prudence, b. May 16, 1781 *(Perhaps "Jobe")	2	102
Jabez, m. Elizabeth **WALKER**, b. of Glastonbury, Aug. 30, 1835, by Rev. James Shepard	3	132
Jabez, m. Mabel **LUCAS**, b. of Glastonbury, May 22, 1853, by Rev. David Bradbury	3	232
James, s. Ephraim & Hannah, b. Jan. 21, 1717/18	1	45
Jared, s. John & Abigail, b. Mar. 15, 1769	1	112
Jehiel, twin with Jemima, s. William & Rachel, b. Sept. 16, 1741	1	69
Jehiel, s. William, m. Prudence **MILLER**, d. John, Mar. 22, 1764	2	102
Jehiel, s. Jehiel & Prudence, b. July 19, 1772	2	102
Jemima, twin with Jehiel, d. William & Rachel, b. Sept. 16, 1741	1	69
Jemima, w. Jeremiah, d. Feb. 7, 1819	2	172
Jeremiah s. Col. David, m. Ruth **KIMBERLY**, d. Thomas, July 6, 1732	1	84
Jeremiah, s. Jeremiah, of Chatham, m. Jemima **TRYON**, d. Elizur, Nov. 22, 1801	2	127
Jeremiah, s. Jeremiah, of Chatham, m. Jemima **TRYON**, d. Elizur & Lucy, Nov. 22, 1801	2	172
Jeremiah, m. Grace **BROOKS**, May 13, 1820	2	172
Jeremiah, m. Jemima **TRYON**, d. Elizur & Lucy, [ ]	2	78
Jerusha, d. Elisha, m. George **STEVENS**, s. Benjamin, Feb. 6, 1783	2	91
John, s. David & Sarah, b. June 16, 1730	1	69
John, m. Prudence [ ], June 7, 1752	1	112
John, s. John & Prudence, b. July 3, 1752	1	112
John, s. Ens. David, m. Abigail **DEMING**, d. Daniel, of Weathersfield, Oct. 8, 1761	1	112
John, m. Adeline L. **TREAT**, b. of Glastonbury, Dec. 9, 1835, by Rev. Jacob Allen	3	134
Jonathan, s. Jehiel & Prudence, b. June 20, 1774	2	102
Joseph E., of Chatham, m. Nancy **WELLES**, of Glastonbury, May 14, 1834, by Rev. Samuel H. Riddell	3	127
Catura, d. David & Prudence, b. Apr. 3, 1755 (Keturah)	1	113
Keturah, d. David, m. Elijah **HOUSE**, s. Benoni, Jan. 20, 1780	2	95
Levi, of Chatham, m. Betsey **STEVENS**, of Glastonbury, Aug. 15, 1824, by Jeremiah Stocking, J. P.	3	79
Loiza W., of Glastonbury, m. George **WALEN**, of Chatham, Mar. 10, 1828, by Jeremiah Stocking, J. P.	3	97
Lucretia, d. Jehiel & Prudence, b. Sept. 22, 1770	2	102
Lucy, d. David & Sarah, b. Feb. 24, 1737/8	1	69
Lucy S., d. [Jeremiah & Jemima], b. Jan. 10, 1814	2	172
Luther, s. Jehiel & Prudence, b. Sept. 28, 1776	2	102
Luther, s. Jehiel, m. Elizabeth **BELL**, d. Isaac, Nov. 1, 1797	2	149
Lydia, m. Appleton **HOLMES**, Nov. 14, 1771	2	112
Malantha, m. Ira **STOCKING**, b. of Glastonbury, Sept. 7, 1840, by Rev. Warren G. Jones	3	155
Maria, d. [Luther & Elizabeth], b. Feb. 8, 1805	2	149

	Vol.	Page

GOODRICH (cont.),

	Vol.	Page
Mary, d. Jeremiah & Ruth, b. Nov. 18, 1740	1	84
Mary, d. William & Rachel, b. Nov. 18, 1745	1	69
Mary, d. John & Abigail, b. Apr. 17, 1763	1	112
Mary, of Glastonbury, m. William **ABBY**, of Portland, Mar. 27, 1844, by Rev. G. Huntington	3	170
Mary Ann, d. Jeremiah & Jemima, b. May 14, 1803	2	127
Mary Ann, d. [Jeremiah & Jemima], b. May 14, 1803	2	172
Mehitable, d. William, Jr. & Mehitable, b. Mar. 6, 1753	1	105
Mehetable, d. William, Jr., decd., m. John **WELLS**, s. John, decd., Nov. 24, 1773	2	46
Mercy, d. [Jehiel & Prudence], b. Oct. 4, 1766	2	102
Nancy, m. Ezra S. Dayton, b. of Glastonbury, Sept. 30, 1839, by Rev. Abijah C. Wheat	3	152
Orren A., of Rocky Hill, m. Celia A. **AMES**, of Marlborough, June 7, 1846, by Elder Jeremiah Stocking	3	190
Phebe, d. Joshua, of Chatham, m. Aaron **HOLLISTER**, s. Thomas, of Glastonbury, Dec. 9, 1779	2	107
Prudence, d. Jeremiah & Ruth, b. Oct. 25, 1736	1	84
Prudence, d. David & Sarah, b. Apr. 14, 1754	1	69
Prudence, d. Jehiel & Prudence, b. Feb. 22, 1765	2	102
Prudence, d. David & Prudence, b. July 20, 1766	1	113
Prudence, w. David, d. Apr. 1, 1794	1	113
Prudence, d. Jeremiah, m. Alexander **HOLLISTER**, s. Elijah, Feb. 8, 1801	2	141
Prudence, w. Noah, and d. of David & Prudence **GOODRICH**, d. Jan. 30, 1813, at Osewego	1	113
Prudence, of Glastonbury, m. George N. **WATERMAN**, of East Hartford, Feb. 1, 1852, by Rev. W. Emerson, of So. Glastonbury	3	224
Rachel, d. Samuel & Dorothy, b. Aug. 12, 1764	2	53
Rachel, w. William, d. Sept. 20, 1787, ae 84 y.	1	69
Rachel, of Glastonbury, m. Albert **JONES**, of East Hartford, May 4, 1853, by Rev. David Bradbury	3	232
Rhoda, d. David & Sarah, b. Dec. 17, 1739	1	69
Richard, of Glasinbury, m. Hannah **BULKLEY**, of New London, May 18, 1709, by Mr. Adams	1	9
Richard, s. Richard & Hannah, b. July 13, 1712	1	9
Richard, s. Richard & Hannah, d. Sept. 1, 1714	1	9
Richard, 2nd, s. Richard & Hannah, b. July 23, 1719	1	9
Roswell, s. David & Prudence, b. Jan. 20, 1760	1	113
Russell, s. John & Abigail, b. Feb. 6, 1765	1	112
Ruth, d. Jeremiah & Ruth, b. Nov. 22, 1732	1	84
Ruth, d. Jeremiah, of Chatham, b. [ ], 1771; m. William **STRATTON**, s. Samuel, June 1, 1788	2	113
Samuel, s. Thomas, m. Dorothy **TREAT**, d. Charles, b. of Glassenbury, May 27, 1751	2	53
Samuel, s. Samuel & Dorothy, b. Feb. 23, 1760; d. Mar. 27, 1760	2	53
Sarah, d. Richard & Hannah, b. July 6, 1715	1	9

	Vol.	Page
GOODRICH (cont.),		
Sarah, d. Jeremiah & Ruth, b. June 14, 1738	1	84
Sarah, d. David & Sarah, b. June 20, 1747	1	69
Sarah, d. Dea. David, m. Isaac **TALCOTT**, s. Elizur, Nov. 20, 1765	2	34
Sarah, m. Isaac **WRIGHT**, s, Hezekiah, Apr. 3, 1783	2	154
Stephen, s. William & Rachel, b. May 2, 1732	1	69
Stephen, m. Esther **SAVAGE**, b. of Portland, July 4, 1842, by George H. Nichols	3	167
Wait, s. David & Sarah, b. Feb. 8, 1735/6	1	69
Watson, m. Rachel **TAYLOR**, b. of Glastonbury, Mar. 30, 1846, by Rev. Erastus Benton	3	188
William, s. Capt. Ephraim, m. Rachel **SAVAGE**, d. Capt. Thomas, Apr. 4, 1728	1	69
William, s. William & Rachel, b. Jan. 20, 1728/9	1	69
William, s. Stephen & Dorothy, b. Aug. 25, 1755	1	110
William, d. Dec. 16, 1787, ae 86 y.	1	69
GOODWIN, Emory, of Lebanon, m. Janney **ANDRUS**, of Glastonbury, Oct. 2, 1840, by Elder Jeremiah Stocking	3	156
GOOF, [see under **GOFF**]		
GORTON, Nathan S., of Eastford, m. Lucinda **TAYLOR**, of Glastonbury, Dec. 14, 1847, by Rev. W. G. Jones	3	205
GOSLEE, GOSLEY, GOSLIN, Abigail, w. John, d. Jan. 5, 1760	1	82
Abigail, d. John & Mary, b. Feb. 10, 1764	1	82
Abigail, d. John & Mary, m. Josiah **BROOKS**, s. Samuel & Sarah, Jan 4, 1781	2	81
Allathea, d. [Asa & Esther], b. Oct. 9, 1802	2	114
Asa, s. John & 2nd w. Mary, b. May 24, 1762	1	82
Asa, s. John, m. Esther **STRICTLAND**, d. Simeon, Feb. 20, 1783	2	114
Asa, s. Asa & Easther, b. Mar. 9, 1788	2	114
Asa, of Glastonbury, m. Martha **BRAINARD**, of Chatham, July 18, 1838, by Elder Jeremiah Stocking	3	145
Asa, Jr., s. Asa, m. Lucinda [ ]	2	174
Beriah, d. Henneri & Mary, b. Oct. 8, 1698	1	8
Bethyah, d. Henneri & Mary, b. Aug. 31, 1700	1	8
Calista, m. Roger P. **GIBSON**, b. of Glastonbury, Dec. 2, 1840, by Elder Jeremiah Stocking	3	157
Calista L., d. [Asa, Jr. & Lucinda], b. Sept. 28, 1817	2	174
Charles L., d. [Asa, Jr. & Lucinda], b. Apr. 7, 1810	2	174
Charlotte, of Glastonbury, m. Elmon **STRONG**, of Bolton, Dec. 12, 1832, by Rev. Jacob Allen	3	119
Clarinda, d. [Asa & Esther], b. Sept. 10, 1805	2	114
Clarinda, [d. Asa & Esther], d. Aug. 28, 1808	2	114
Dolly, d. [Asa & Esther], b. July 11, 1796; d. Mar. 21, 1797	2	114
Edward, m. Clarissa C. **STRICTLAND**, b. of Eastbury, Nov. 11, 1850, by Rev. Aaron Snow	3	217
Elijah, s. Timothy & Rebecca, b. Sept. 4, 1753	1	101
Elizabeth, d. Hennery & Mary, b. Nov. 6, 1711	1	8
Elizabeth, d. John [& Abigail], b. Dec. 14, 1756	1	82

	Vol.	Page
GOSLEE, GOSLEY, GOSLIN (cont.),		
Elizabeth, m. Eli **HODGE**, b. of Glastonbury, Mar. 1, 1781	2	181
Esther, m. Walter **HILLS**, b. of Glastonbury, Feb. 18, 1824, by Rev. Jacob Allen	3	78
Fanny C., m. David D. **BLISH**, b. of Glastonbury, Feb. 11, 1834, by Rev. Jacob Allen	3	125
Fanny Cornelia, d. [John & Fanny], b. June 29, 1817	2	175
Fidelia, d. [James & Mary], b. Jan. 23, 1814; m. L. Welles **TREAT**, [ ]; d. July 25, 1836	2	173
Fedelia, m. Leonard W. **TREAT**, b. of Glastonbury, Jan. 11, 1835, by Rev. Jacob Allen	3	129
Hannah M., m. James W. **TREAT**, b. of Glastonbury, Dec. 9, 1846, by Rev. Aaron Snow	3	194
Hennery, of Glastonbury, m. Mary **FOX**, of Glastonbury, Feb. 25, 1695	1	8
Hennery, s. Henneri & Mary, b. Aug. 9, 1703	1	8
Hennery, s. Hennery & Mary, d. July 23, 1712	1	8
Henry, s. Henry & Mary, b. July 26, 1713	1	8
Henry Sr., d. Apr. 19, 1724	1	8
Henry, s. Henry & Mary, m. Elizabeth **NEVILL**, d. John, b. of Glastonbury, [ ], 1733	2	89
Henry, d. Aug. 28, 1745, ae 32 y.	2	89
Henry, s. [Asa & Esther], b. June 27, 1800	2	114
Henry, m. Maria **GOSLEE**, b. of Glastonbury, Nov 26, 1822, by Rev. Jacob Allen	3	71
Henry, m. Maria **GOSLEE**, d. James & Mary, Nov. 26, 1822	2	173
Ira, s. [Asa & Esther]. b. Oct. 30, 1807	2	114
Ira, m. Leva **WEIR**, b. of Glastonbury, Oct. 2, 1828, by Rev. Jacob Allen	3	100
James, s. [Henry & Elizabeth], b. Oct. [ ], 1744	2	89
James, s. Timothy & Rhoda, b. July 11, 1770	1	66
James, s. Timothy & Rhoda, m. Mary **SUMNER**, of Hebron, d. Reuben, Aug. 30, 1798	2	173
James, m. Polly **SUMNER**, d. William, of Hebron, Oct. 2, 1831	2	173
James, d. Oct. 29, 1851, ae 81	2	173
James Pierpoint, s. [James & Mary], b. Aug. 24, 1806; d. Dec. [ ], 1850	2	173
Jemima Sumner, d. [James & Polly], b. Oct. 8, 1839	2	173
John, s. [Henry & Elizabeth], b. June [ ], 1734	2	89
John, m. Abigail **PEASE**, Apr. 5, 1756	1	82
John, s. John & Abigail, b. May 11, 1759; d. Aug. 3, 1759	1	82
John, m. Mary **STRATTON**, wid., July 27, 1761	1	82
John, s. John & Mary, b. Mar. 8, 1774	1	82
John, s. [Asa & Esther], b. Feb. 6, 1793	2	114
John, s. Asa & Esther, m. Fanny **HANEY**, d. Stephen & Rebecca, Nov. 29, 1815	2	175
John H., m. Eliza H. **HOUSE**, b. of Glastonbury, Sept. 22, 1847, by Aaron Snow	3	200
Loviney, d. Asa & Esther, b. Nov. 10, 1785	2	114

BARBOUR COLLECTION

	Vol.	Page
GOSLEE, GOSLEY, GOSLIN (cont.),		
Loviney, d. [Asa & Easther], d. Apr. 20, 1790	2	114
Lovina, 2nd, d. [Asa & Esther], b. Aug. 3, 1790	2	114
Lucretia, d. John & Mary, b. Mar. 31, 1790	2	114
Lucretia, d. John & Mary, b. Mar. 31, 1768	1	82
Lucy, d. John & Mary, b. July 21, 1771	1	82
Maria, d. [James & Mary], b. May 28, 1801; m. Henry **GOSLEE**, Nov. 26, 1822; d. Oct. 17, 1856	2	173
Maria, m. Henry **GOSELL***, b. of Glastonbury, Nov. 26, 1822, by Rev. Jacob Allen *("**GOSLEE**")	3	71
Maria, w. Henry, d. Oct. 17, 1856	2	173
Mary, d. Hennery & Mary, b. Oct. 1, 1695	1	8
Mary, d. Timothy & Rebecca, b. Aug. 9, 1747	1	101
Mary, d. Timothy, decd., m. Elijah **STEVENS**, s. Joseph, July 24, 1769	1	41
Mary, [w. James], d. Oct. 8, 1827, ae 49	2	173
Mary Philura, d. [James & Polly], b. Feb. 27, 1834	2	173
Mary S., m. Riley F. **KEENEY**, b. of Glastonbury, Nov. 23, 1853, by Aaron Snow	3	236
Osias, s. [Asa & Esther], b. May 25, 1798	2	114
Penelope, d. Timothy & Rhoda, b. June 15, 1775	1	66
Philura Elizabeth, [d. James & Mary], b. Aug. 18, 1818; d. Oct. 28, 1827	2	173
Polly, d. [James & Mary], b. May 24, 1799; m. Alvin **COVILL**, Feb. [ ], 1818; d. Dec. 4, 1822	2	173
Polly Asenath, d. Timothy & Rhoda, b. May 29, 1781	1	66
Rebecca, d. Timothy & Rebecca, b. July 6, 1745	1	101
Rebecca, d. Timothy, of Glastonbury, m. Joel **BROOKS**, s. Noah, of Springfield, Dec. 30, 1766	1	1
Rhoda, d. Timothy & Rhoda, b. July 15, 1778	1	66
Rhoda Ann, d. [James & Polly], b. Oct. 29, 1841	2	173
Sally, d. Asa & Esther, b. Oct. 7, 1783	2	114
Sarah, d. [Henry & Elizabeth], b. [ ], 1736	2	89
Sarah, d. John & Mary, b. Feb. 19, 1766	1	82
Susannah, d. Timothy & Rebecca, b. May 3, 1749	1	101
Susanna, m. David **CANNADA**, Mar. 12, 1770	2	16
Thomas, s. Henneri & Mary, b. Apr. 25, 1697	1	8
Thomas, [s. Henry & Mary], d. June 4, 1725	1	8
Thomas, s. [Henry & Elizabeth], b. Feb. 11, 1738/9	2	89
Thomas, s. Timothy & Rhoda, b. Sept. 10, 1772	1	66
Thomas, s. [James & Polly], b. Mar. 30, 1837; d. May 2, 1838	2	173
Thomas Peterson, s. [James & Mary], b. June 5, 1810; d. Dec. 22, 1832	2	173
Timothy, s. Henry & Mary, b. May 17, 1718	1	8
Timothy, s. [Henry & Elizabeth], b. Apr. [ ], 1742	2	89
Timothy, m. Rebeckah **HOLLESTER**, d. David, Oct. 19, 1743	1	101
Timothy, d. Nov. 29, 1753	1	101
Timothy, m. Rhoda **KILBORN**, Jan. 9, 1766	1	66
Timothy, s. Timothy & Rhoda, b. Dec. 6, 1766, d. Apr. 27, 1767	1	66

	Vol.	Page
GOSLEE, GOSLEY, GOSLIN (cont.),		
Timothy, 2nd, s. Timothy & Rhoda, b. May 20, 1768	1	66
Timothy Dwight, s. [James & Mary], b. June 18, 1808, d. Jan. 10, 1827	2	173
Timothy Dwight, m. Amanda R. **HILLS**, b. of Glastonbury, Apr. 26, 1849, by Aaron Snow	3	212
William, s. Henneri & Mary, b. Oct. 14, 1701	1	8
William, s. Timothy & Rebecca, b. Feb. 29, 1751	1	101
William Sumner, s. [James & Polly], b. Aug. 15, 1832	2	173
GOSLIN, [see under **GOSLEE**]		
GRAHAM, William E., of Windsor, m. Amanda **WRISLEY**, of Glastonbury, Nov. 29, 1849, by James A. Smith	3	213
GRANNIS, GANNISS, GRANNISS, Elizabeth, of Glastonbury, m. David **SCRANTON**, of Cheshire, Apr. 19, 1826, by Jeremiah Stocking, J. P.	3	88
Maria E., of Glastonbury, m. Josiah T. **BENTON**, of Norwich, Nov. 24, 1847, by Rev. Warren G. Jones	3	205
William E., m. Mary J. **MORGAN**, b. of Glastonbury, Mar. 12, 1833, by Rev. J. E. Risley	3	120
GRANT, Emeline, of East Hartford, m. Richard H. **BOYLSTON**, of Glastonbury, Nov. 5, 1851, by Rev. James A. Smith	3	223
Frank, of Wapping, East Windsor, m. Electa **McLEAN**, of Glastonbury, Jan. 5, 1842, by L. C. Collins	3	167
Minerva, m. Joseph **FREEMAN**, b. of Glastonbury, Dec. 19, 1833, by Rev. Thomas J. Davis	3	124
GREEN, Elizabeth, d. Tobias, m. Ephraim **HOLISTER**, Apr. 1, 1707	1	16
GREENFIELD, James M., of Enfield, m. Sarah S. **SELLEW**, of Glastonbury, May 5, 1841, by Rev. James A. Smith	3	161
GREENLY, Mary M., of Hamilton, N. Y., m. Joseph W. **ARNOLD**, of East Hartford, May 27, 1832, by Jesse Baker	3	116
GRIGGS, Charles G., of Tolland, m. Hopy C. **DUNHAM**, of Glastonbury, May 14, 1847, by Rev. James A. Smith	3	199
GRISWOLD, Anson, of Weathersfield, m. Luna **BIDWELL**, of Glastonbury, Nov. 6, 1834, by Rev. Samuel H. Riddell	3	130
Anson, of Wethersfield, m. Samantha **STRICTLAND**, of Glastonury, [ ], by Rev. Samuel Rockwell, of Plainfield. Recorded Oct. 19, 1836	3	136
Esther, of Manchester, m. George E. **COVEL**, of Glastonbury, Apr. 27, 1851, by Rev. Charles Morse	3	222
George W., of Manchester, m. Adelia M. **COVELL**, of Glastonbury, May 7, 1848, by Rev. Lyman Leffingwell	3	204
J. Welles, of Wethersfield, m. Loisa **STANDISH**, of Glastonbury, Sept. 4, 1850, by Rev. Warren G. Jones	3	217
Lora V., of Enfield, Conn., m. Charles **SLOCUMB**, of Foxboro, Mass., Nov. 16, 1848, by Rev. James A. Smith	3	210
GROSSMAN, Amelia, m. Levi A. **BISHOP**, Nov. 17, 1847, by Rev. Giles H. Deshon	3	200
GROSSMER, Mariah, m. Asa **TALLCOTT**, b. of Glastonbury, Mar. 30, 1831, by Rev. Samuel H. Riddell	3	112

	Vol.	Page
GROVER, Asa, s. Jabez & Jerusha, b. Jan. 5, 1803	2	106
Rebecca, d. Capt. Phinehas, decd., m. Elisha **STOCKING**, s. George, decd., July 19, 1798	2	75
GRUMPT, Hermine, m. Frederick **EBELL**, b. of Germany, Nov. 14, 1852, by Rev. James A. Smith	3	229
GULLIVER, Fanny, of East Hartford, m. Elisha **PORTER**, of Glastonbury, Jan. 14, 1830, by Rev. Samuel H. Riddell	3	100
GUSTIN, Kezia, d. John & Mary, b. Mar. 29, 1738	1	76
Thomas, s. John & Mary, b. Jan. 12, 1734/5	1	76
HALE, [see also **HALL**], Abigail, d. Jno & Mary, b. Dec. 20, 1708	1	31
Abigail, d. [Elizur, Jr. & Hannah], b. Aug. 29, 1778	2	87
Abigail, d. [Theodore & Rachel], b. Nov. 17, 1780	1	109
Abigail, d. Wait & Abigail], b. Apr. 15, 1798	2	160
Abigail, m. Chauncey H. **LATIMORE**, b. of Eastbury, Sept. 19, 1821, by John H. Fowler, of Eastbury	3	64
Amelia, d. Gideon, m. Aaron **KINNE**, s. Rev. Aaron, of Groton, Nov. 17, 1796	2	128
Amelia A., m. Norman **HUBBARD**, b. of Glastonbury, [May] 26, [1853], by Frederick W. Chapman	3	232
Ameline, d. [Elijah & Sarah], b. Dec. 1, 1800	2	148
Andrew, m. Prudence **SIMONS**, May 26, 1825, by Jay W. Fairchild	3	84
Angelica, of Glastonbury, m. Welles **HAWES**, of Zanesville, O., Aug. 22, 1838, by Rev. James A. Smith	3	146
Ann, d. John & Mary, b. May 30, 1705	1	31
Anna, d. [Benjamin & Martha], b. Mar. 9, 1795	2	11
Anne, d. Gideon, m. Samuel **WELLES**, Jr., s. Capt. Samuel, May 2, 1782	2	96
Anne, d. Josiah & Anne, b. Sept. 26, 1785	2	22
Anne, d. Josiah & Anne, d. Aug. 29, 1793	2	22
Anne, w. Josiah, d. May 17, 1807	2	22
Anne Maria, d. Oliver & Betsey, b. Aug. 24, 1800	2	126
Anson, m. Hannah **BUCK**, b. of Portland, July 10, 1842, by Rev. Jeremiah Stocking	3	162
Asa, s. David & Mary, b. Mar. 23, 1765	1	108
Asa, s. [David & Mary], d. Dec. 3, 1791	1	108
Asaph Coleman, m. Adaline Therisa **BLISH**, Oct. 18, 1846, by Rev. William B. Corbyn, of Manchester	3	192
Ashbell, s. Thomas & Susannah, b. Apr. 6, 1737	1	52
Ashbel, s. Josiah & Anne, b. Aug. 31, 1773	2	22
Ashbel, s. Josiah, m. Patience **MUNN**, May 8, 1803	2	146
Atwater, s. Timothy, of Glastonbury, b. May 10, 1816; m. Francis Sage **EDWARDS**, d. John, of Sag Harbor, L. I., Oct. 24, 1842	2	217
Atwater & Francis Sage **EDWARDS** (his w.), adopted Deborah Hale **EDWARDS**, d. Lodowic H. **EDWARDS**, of Sag Habor, L. I., who was b. Feb. 1, 1847	2	217
Bathsheba, s. [Daniel & Ruth], b. Feb. 10, 1761	1	114
Benjamin, m. Hannah **TALLCOTT**, d. Benjamin, Jan. 30, 1729	1	101

GLASTONBURY VITAL RECORDS 155

	Vol.	Page
HALE, [see also HALL] (cont.),		
Benjamin, s. [Benjamin & Hannah], b. Feb. 1, 1745	1	101
Benjamin, Jr., s. Capt. Timothy, m. Martha **WELLES**, d. William,		
decd., b. of Glastonbury, Dec. 23, 1783	2	11
Benjamin, d. July 22, 1784, in his 77th y.	1	101
Benjamin, s. [Benjamin & Martha], b. Sept. 16, 1790	2	11
Benoni, s. Jno & Mary, b. Jan. 23, 1706	1	31
Betsey, d. John & Hannah, b. Feb. 12, 1780	2	52
Betsey, d. [Frary & Eunice], b. Apr. 22, 1792	2	38
Betsey, d. Maj. John, m. Oliver **HALE**, s. Josiah, Mar. 29, 1798	2	126
Caroline W., of Glastonbury, m. Asa **FOOTE**, of Brookiyn, O.,		
Oct. 9, 1832, at the house of Ebenezer Hale, by Rev. Asa		
Cornwall, of Simsbury & Granby	3	118
Cecelia Maria, d. [Hezekiah & Pamela], b. June 3, 1818	2	192
Cecelia Maria, m. Joseph **BROWN**, of Troy, O., Oct. 23, 1837, by		
Rev. D. S. Devens	3	142
Charles, s. Elizur & Abigail, b. June 2, 1755	2	15
Chauncey, of Springfield, Mass., m. Clarissa **MILLER**, d. William		
& Esther, Oct. 1, 1812	2	85
Chiliab, s. Sam[ue]ll & Sarah, b. Jan. 20, 1740/1	1	46
Clarissa, d. Josiah & Anne, b. Sept. 12, 1776	2	22
Clarissa, d. Josiah, m. Ephraim **STRONG**, s. Ebenezer, June 6,		
1798	2	127
Clarissa, d. Oliver & Betsey, b. Oct. 5, 1806	2	126
Clarissy Jenette, d.[Edward & Clarissa], d. June 22, 1832	2	208
Clarissa S., of Glastonbury, m. George **ROOT**, of Berlin, Apr. 18,		
1830, by Rev. Samuel H. Riddell	3	107
Cornelia R., d. [Nathan W. & Jemima], b. Apr. [ ], 1816; d. Dec.		
1, 1820	2	148
Daniel, s. Timothy, m. Ruth **HALE**, d. Benjamin, Apr. 6, 1758	1	114
Daniel, s. [Daniel & Ruth], b. Dec. 15, 1765	1	114
Daniel, Dea., d. Apr. 7, 1796	1	108
Darwin Coleman, s. [Hezekiah & Pamela], b. Oct. 7, 1824	2	192
David, s. Lieut. Samuel & Mary, d. Mar. 31, 1718	1	3
David s. Jonathan & Sarah, b. Jan. 13, 1722/3; d. Jan. 7, 1723/4	1	39
David, s. Jonathan & Sarah, b. June 11, 1727	1	39
David, s. Capt. Jonathan, m. Mary **WALLES***, d. Thomas, Feb.		
8, 1753 *("**WELLES**"?)	1	108
David, s. David & Mary, b. Nov. 21, 1756	1	108
David, Jr., s. Dea. David, m. Ruth **HALE**, d. Daniel, Dec. 14, 1780	2	26
David, s. [David, Jr. & Ruth], b. Nov. 2, 1790	2	26
David, s. [David & Mary], d. June 17, 1800	1	108
David, d. June 17, 1800	2	26
Dosha, d. [Frary & Eunice], b. Aug. 23, 1787	2	38
E. Cordelia, of Glastonbury, m. George H. **AYLESWORTH**, of		
Troy, O., Oct. 26, 1854, by Rev. A. B. Chapin	3	240
Eady, b. Oct. 27, 1780, m. Elizur **HODGE**, July 3, 1800	2	64
Edward, m. Clarissa **HILLS**, Mar. 2, 1809	2	208
Eleanor, d. [Wait & Abigail], b. Mar. 19, 1800	2	160

BARBOUR COLLECTION

	Vol.	Page
HALE, [see also HALL] (cont.),		
Electa, d. [David, Jr. & Ruth], b. Nov. 16, 1783	2	26
Elias W., of Monroe, Pa., m. Mary Jane TAYLOR, of Glastonbury, Sept. 7, 1854, by Rev. A. B. Chapin	3	239
Elijah, twin with Roger, s. David & Mary, b. Mar. 6, 1772	1	108
Elijah, s. Dea. David, decd., m. Sarah HALE, d. Theodore, Dec. 25, 1799	2	148
Elisha, s. Samuel & Sarah, b. Nov. 7, 1734	1	46
Elisha, s. Capt. Jonathan, m. Elizabeth Mary WHITNEY, d. Col. Nathan, of New Haven, May 15, 1782	2	108
Elisha, Col., m. Katharine WELLES, b. of Glastonbury, June 29, 1820, by Rev. William Lockwood	3	60
Eliza Sabina, d. Oliver & Betsey, b. Jan. 26, 1799	2	126
Eliza Sabina, d. Oliver & Betsey, d. Nov. 22, 1813	2	126
Elizabeth, d. Jonathan & Elizabeth, b. Dec. 22, 1744; d. Aug. 3, 1746	1	89
Elizabeth, 2nd, d. Jonathan & Elizabeth, b. Aug. 16, 1747	1	89
Elizabeth, d. [Oliver & Betsey], b. Oct. 9, 1816	2	126
Elizabeth A., m. Artemas HALING, b. of Glastonbury, May 2, 1852, by F. W. Chapman	3	226
Elizur, s. Jonathan & Sarah, b. Jan. 15, 1724/5	1	39
Elizur, s. Jonathan, m. Abigail HOLLISTER, d. Joseph, Jr., decd., Mar. 23, 1749	2	15
Elizur, s. Elizur & Abigail, b. Feb. 20, 1751	2	15
Elizur, Jr., s. Dr. Elizur, m. Hannah WELLS, d. Solomon, June 8, 1775	2	87
Elizur, [twin with Walter], s. [Elizur, Jr. & Hannah], b. Feb. 26, 1776; d. Feb. 27, 1776	2	87
Eltnida(?), m. Frances ELY, Mar. 21, 1825, by Rev. Caleb Burge	3	83
Emeline, d. [Wait & Abigail], b. Mar. 23, 1802	2	160
Emeline, m. William HOLMES, Jr., b. of Glastonbury, May 3, 1825, by Rev. Jacob Allen	3	84
Emeline, m. Edwin GOODRICH, b. of Glastonbury, Jan. 27, 1839, by Rev. Warren G. Jones	3	150
Eunice, d. [Frary & Eunice], b. Aug. 27, 1784	2	38
Eunice, d. [Benjamin & Martha], b. Oct. 22, 1792	2	11
Eunice, [w. Frary], d. May 14, 1838, ae 81	2	38
Fanny, of Glastonbury, m. Jonathan TAYLOR, of Berlin, Aug. 25, 1844, by Rev. G. Huntington Nichols. Int. Pub.	3	178
Frary, s. Isaac, m. Eunice ATHERTON, d. Simon, of Hebron, Oct. [ ], 1776	2	38
Frary, s. [Frary & Eunice], b. Feb. 26, 1781	2	38
Frary, d. Jan. 24, 1842, ae 88	2	38
Frary M., m. Lucy P. GOODALE, b. of Glastonbury, Oct. 30, 1838, by Rev. James A. Smith	3	148
George, m. Ann RISLEY, b. of Glastonbury, Dec. 26, 1825, by Rev. Jacob Allen	3	87
Gideon, s. Benjamin & Hannah, b. Dec. 30, 1736	1	101
Gideon Isham, s. [Wait & Abigail], b. July 15, 1812	2	160

	Vol.	Page
HALE, [see also **HALL**] (cont.),		
Halsey, [s. Edward & Clarissa], b. Mar. 8, 1813	2	208
Hannah, d. Jno & Mary, b. Oct. 27, 1712	1	31
Hannah, d. William & Mary, b. Dec. [ ], 1731	1	55
Hannah, d. Benjamin & Hannah, b. May 9, 1732	1	101
Hannah, d. Benjamin & Martha, b. Nov. 14, 1786	2	11
Hannah, wid. Benjamin, d. Feb. 6, 1796, in her 90th y.	1	101
Hannah, d. Gideon, decd., m. Samuel **WELLES**, Oct. 8, 1816	2	96
Happy, d. [Daniel & Ruth], b. Sept. 2, 1772	1	114
Harriet, d. [David, Jr. & Ruth], b. Apr. 14, 1793	2	26
Harriet, of Glastonbury, m. Ezekiel **HILL**, of Hartford, N. Y., Oct. 30, 1820, by Jeremiah Stocking, J. P.	3	61
Harriet L., of Glastonbury, m. Henry **FOX**, of East Hartford, Oct. 5, 1851, by Benjamin C. Phelps	3	226
Henrietta, d. [Wait & Abigail], b. Dec. 4, 1808	2	160
Henrietta Ann, m. Eldredge **ANDREWS**, b. of Glastonbury, Sept. 17, 1832, by Rev. Jacob Allen	3	117
Henry, [s. Elizur, Jr. & Hannah], b. Nov. 24, 1780	2	87
Henry, m. Clarissa **CHAPMAN**, Dec. 19, 1843, by Rev. Warren G. Jones	3	174
Henry D., m. Martha A. **PULSIFER**, b. of Glastonbury, [June] 23, [1852], by Frederick W. Chapman	3	227
Henry O., of Hartford, m. Mary T. **HOLLESTER**, of Glastonbury, Jan. 11, 1832, by Smauel H. Riddell	3	115
Henry R., m. Nancy F. **BROOKS**, b. of Glastonbury, Oct. 16, 1850, by Rev. Roger Albeston	3	219
Hezekiah, s. Gideon & Mary, decd., m. Pamela **COLEMAN**, d. Dr. Asaph, decd. & Eunice, Nov. 17, 1813	2	192
Hezekiah, s. [Hezekiah & Pamela], b. Sept. 4, 1814	2	192
Honor, d. [Daniel & Ruth], b. July 2, 1775; d. Jan. 30, 1776	1	114
Hopey, d. [David, Jr. & Ruth], b. July 30, 1798	2	26
Horace, s. Elisha & Elizabeth Mary, b. May 2, 1786	2	108
Horace, Capt., m. Abby **TALCOTT**, Nov. 29, 1823, by Rev. Caleb Burge	3	76
Horatio, twin with Philo, s. Josiah & Anne, b. Jan. 20, 1783; d. Mar. 19, 1783	2	22
Isaac, s. Timothy & Sarah, b. Aug. 11, 1732	1	62
Israel Foote, s. Roger & Sarah, b. Apr. 21, 1804	2	147
Jehiel, s. [Theodore & Rachel], b. Mar. 15, 1763; d. Apr. 16, 1763	1	109
Jehiel, s. [Theodore & Rachel], b. Aug. 21, 1766	1	109
Jehiel, s. Theodore, m. Mercy **HALE**, d. Josiah, Apr. 27, 1794	2	122
Jehiel, s. Theodore, m. Olive **SMITH**, d. Samuel, of East Hartford, July 4, 1798	2	122
Jerusha, d. Thomas & Susannah, b. Aug. 8, 1730	1	52
Jerusha, d. Josiah & Anne, b. Oct. 13, 1778	2	22
Jerusha, d. Josiah, m. Samuel **SWEETLAND**, of Hebron, s. Aaron, Dec. 29, 1802	2	145
Jerusha M., of Glastonbury, m. Ebenezer P. **STURGES**, of Mansfield, O., Sept. 15, 1834, by Rev. Samuel H. Riddell	3	130

HALE, [see also HALL] (cont.),

	Vol.	Page
Jerusha Mariah, d. [Benjamin & Martha], b. Sept. 19, 1797	2	11
John, s. John, Jr. & Mary, b. Mar. 10, 1699/1700	1	31
John, Sr., d. July 19, 1709, ae about 60	1	4
John, s. David & Mary, b. Nov. 10, 1759	1	108
John, s. David, of Glassenbury, m. Hannah **GOODRICH**, d. of David, of Glassenbury, Oct. 17, 1779	2	52
John, Col., d. Aug. 2, 1817	2	52
John A., m. Henrietta S. **MOSELEY**, Sept. 3, 1845, by James A. Smith	3	184
Jonathan, s. Lieut. Sam[ue]l, m. Sarah **TALCOT**, d. Lieut. Benjamin, Nov. 28, 1717	1	39
Jonathan, s. Jonathan & Sarah, b. Feb. 1, 1720/1	1	39
Jonathan, s. Capt. Jonathan, m. Elizabeth **WELLES**, d. Col. Thomas, Jan. 18, 1743/4	1	89
Jonathan, s. Jonathan & Elizabeth, b. Jan. 15, 1745/6	1	89
Jonathan, d. July 2, 1772	1	39
Jonathan, s. [Theodore & Rachel], b. Apr. 23, 1777	1	109
Jonathan, s. Theodore, m. Mercy S. **PIPER**, July 11, 1802	2	151
Joseph, s. Sam[ue]l & Sarah, b. Sept. 15, 1732	1	46
Joseph, s. Elizur & Abigail, b. June 16, 1758	2	15
Joseph Coleman, s. [Hezekiah & Pamela], b. Mar. 18, 1816	2	192
Joseph W., m. Clarissa **TRYON**, b. of Glastonbury, Feb. 17, 1841, by Rev. W[illia]m B. Ashley	3	158
Josiah, s. [Benjamin & Hannah], b. Jan. 27, 1747	1	101
Josiah, s. Benjamin, m. Anne **WELLES**, d. William, May 30, 1771	2	22
Josiah, s. Josiah & Anne, b. Jan. 29, 1781	2	22
Josiah, s. Josiah & Anne, d. Apr. 28, 1783	2	22
Josiah, s. Jehiel & Mercy, b. Aug 10, 1795	2	122
Josiah, s. Jehiel & Mercy, d. Dec. 17, 1795	2	122
Josiah, d. July 8, 1808	2	22
Josiah, of Chatham, m. Fanny **BIDWELL**, of Glastonbury, Mar. 21, 1822, by Rev. C. Burge	3	68
Julian, d. [Edward & Clarissa], b. June 4, 1819	2	208
Leonard Edwin, s. [Elizur, Jr. & Hannah], b. Jan. 9, 1784	2	87
Louisa, of Glastonbury, m. Asahel **COE**, of Winchester, Apr. 25, 1825, by Rev. Hector Humphreys	3	88
Lovisa, m. Sidney **SMITH**, Sept. 18, 1823, by Rev. Caleb Burge	3	74
Lucy, d. Samuel & Sarah, b. Sept. 2, 1736	1	46
Lucy, d. [Theodore & Rachel], b. Feb. 11, 1761	1	109
Lucy, d. [Benjamin & Martha], b. May 22, 1800	2	11
Lucy, m. Solomon **STURGES**, Aug. 14, 1823, by Jay H. Fairchild	3	74
Lucy C., of Glastonbury, m. David H. **HILLES**, of Rome, N. Y., Mar. 8, 1848, by James A. Smith	3	204
Mabell, d. Thomas & Susannah, b. July 17, 1732	1	52
Mabel, d. David & Mary, b. June 6, 1768	1	108
Mable, d. Dea. David, decd., m. Elijah **MILLER**, s. Capt. William, decd., Dec. 22, 1802	2	57
Marcy, d. Josiah & Anne, b. Mar. 1, 1772	2	22

	Vol.	Page
HALE, [see also HALL] (cont.),		
Maria, d. Oliver & Betsey, b. Dec. 21, 1801	2	126
Maria, m. Norman HART, b. of Glastonbury, Mar. 21, 1826, by Pardon Brown, J. P.	3	87
Martha, d. Samuel & Sarah, b. May 25, 1730	1	46
Martha, d. David & Mary, b. Sept. 12, 1763	1	108
Martha, d. [David & Mary], d. Jan. 11, 1794	1	108
Marvin, s. [Frary & Eunice], b. Aug. 23, 1794	2	38
Mary, d. John, Jr. & Mary, b. Nov. 10, 1697	1	31
Mary, m. Edward BENTON, b. of Glastonbury, Oct. 6, 1702	1	1
Mary, wid. Lieut. Samuel, d. Feb. 18, 1714/15	1	3
Mary, d. Will[ia]m & Mary, b. Oct. [ ], 1733	1	55
Mary, w. William, d. Aug. 19, 1734	1	55
Mary, d. [Benjamin & Hannah], b. Mar. 1, 1742	1	101
Mary d. David & Mary, b. Oct. 30, 1753; d. Nov. 4, 1753	1	108
Mary, 2nd, d. David & Mary, b. Dec. 27, 1754	1	108
Mary, [d. Benjamin & Hannah], d. June 22, 1790	1	101
Mary, d. [Elijah & Sarah], b. Jan. 13, 1804	2	148
Mary, d. Oliver & Betsey, b. Oct. 22, 1811	2	126
Mary, wid. David, d. June 7, 1814, in her 80th y.	2	108
Mary, d. [David & Mary], d. Apr. 12, 1815	1	108
Mary, m. Chester H. TALLCOTT, b. of Glastonbury, Dec. 19, 1833, by Rev. Samuel H. Riddell	3	124
Mary, of Glastonbury, m. John Mason BELDEN, of Newington, June 14, 1838, by Rev. James A. Smith	3	146
Mary Ann, of Glastonbury, m. Benjamin TAYLOR, of Hartford, Nov. 3, 1824, by Rev. Hector Humphrey	3	81
Mary Elizabeth, d. [Nathan W. & Jemima], b. Mar. 16, 1812	2	148
Mary P., of Glastonbury, m. W[illia]m H. PERKINS, of Andover, Mar. 25, 1844, by James A. Smith	3	177
Mathew, s. Elizur & Abigail, b. Dec. 17, 1760	2	15
Mehitable, d. [Daniel & Ruth], b. July 31, 1770	1	114
Mehetable, m. Joseph STEVENS, Dec. 31, 1795	2	194
Mercy, d. Thomas & Susannah, b. Nov. 3, 1724	1	52
Mercy, d. Josiah, m. Jehiel HALE, s. Theodore, Apr. 27, 1794	2	122
Mercy, w. Jehiel, d. Sept. 5, 1795	2	122
Moses, s. Thomas & Susannah, b. June 29, 1728	1	52
Naomy, d. Thomas & Susannah, b. May 13, 1739	1	52
Nathan W., s. Col. Elisha, of Glastonbury, m. Jemima KELLOGG, d. Martin, of Weathersfield, Nov. 13, 1810	2	148
Nathan Whiting, s. Elisha & Elizabeth Mary, b. May 8, 1783	2	108
Nathaniel, s. Thomas & Susannah, b. Aug. 30, 1734	1	52
Nelson, [s. Edward & Clarissa], b. Feb. 8, 1810	2	208
Olive, w. Jehiel, d. Apr. 23, 1801, ae 29 y.	2	122
Oliver, s. Josiah & Anne, b. Jan. 6, 1775	2	22
Oliver, s. Josiah, m. Betsey HALE, d. Maj. John, Mar. 29, 1798	2	126
Oliver, s. Oliver & Betsey, b. Aug. 6, 1808	2	126
Oliver, m. Anner F. TALLCOTT, b. of Glastonbury, Mar. 31, 1831, by Rev. Samuel H. Riddell	3	112

	Vol.	Page
HALE, [see also HALL] (cont.),		
Oliver, m. Eunice **EELLES**, b. of Glastonbury, May 1, 1832, by Rev. Samuel H. Riddell	3	116
Onor, d. [David, Jr. & Ruth], b. Feb. 5, 1786; d.[ ]	2	26
Orange, twin with Orrin, s. [Wait & Abigail], b. Aug. 21, 1806	2	160
Orrin, twin with Orange, s. [Wait & Abigail], b. Aug. 21, 1806	2	160
Pamela, d. [Jonathan & Mercy], b. Aug. 10, 1808	2	151
Penelope, d. Jonathan & Sarah, b. Mar. 13, 1731/2	1	39
Penelope, d. Capt. Jonathan, m. Nathaniel **TALLCOTT**, Jr., s. Nathaniell, Feb. 26, 1784	2	35
Philo, twin with Horatio, s. Josiah & Anne, b. Jan. 20, 1783, d. Apr. 15, 1783	2	22
Philo, s. Benjamin & Martha, b. Mar. 16, 1785	2	11
Prudence, d. Jonathan & Sarah, b. Aug. 21, 1738	1	39
Prudence, d. David & Mary, b. Aug. 19, 1761	1	108
Rachel, d. [Benjamin & Hannah], b. Apr. 25, 1739	1	101
Rachel, d. Theodore & Rachel, b. Dec. 12, 1758	1	109
Rachel, d. [Daniel & Ruth], b. Oct. 28, 1763	1	114
Roger, twin with Elijah, s. David & Mary, b. Mar. 6, 1772	1	108
Roger, s. David, m. Sarah **FOOTE**, d. Israel, Dec. 24, 1801	2	147
Roland E., m. Nancy T. **STRICTLAND**, Sept. 15, 1841, by Rev. Warren G. Jones	3	164
Rosettey, d. [Edward & Clarissa], b. Apr. 24, 1822	2	208
Ruth, m. Thomas **KIMBERLY**, b. of Glasinbury, Feb. 24, 1703/4	1	26
Ruth, d. Benjamin & Hannah, b. July 14, 1734	1	101
Ruth, d. Benjamin, m. Daniel **HALE**, s. Timothy, Apr. 6, 1758	1	114
Ruth, d. [Daniel & Ruth], b. Jan. 14, 1759	1	114
Ruth, d. [Theodore & Rachel], b. Mar. 9, 1764	1	109
Ruth, d. Daniel, m. David **HALE**, Jr., s. Dea. David, Dec. 14, 1780	2	26
Sally, of So. Glastonbury, m. Henry Attwood, Oct. 14, 1838, by Warren S. Jones	3	147
Samuel, s. John, Jr. & Mary, b. Feb. 27, 1701	1	31
Samuell, Lieut., J. P., d. Nov. 18, 1711	1	3
Sam[ue]l, s. John, decd., m. Sarah **SMITH**, d. Joseph, Sr., Feb. 14, 1728/9	1	46
Samuell, s. Samuell & Sarah, b. Mar. 15, 1738/9	1	46
Samuel, s. [Theodore & Rachel], b. July 24, 1773; d. June 13, 1798	1	109
Samuel, s. Jehiel & Olive, b. June 12, 1799	2	122
Sarah, d. John & Mary, b. Aug. 15, 1714	1	31
Sarah, d. Jonathan & Sarah, b. Nov. 2, 1718	1	39
Sarah, d. Timothy & Sarah, b. Apr. 7, 1725	1	62
Sarah, d. Timothy, m. Nath[anie]ll **TALLCOTT**, s. Capt. Nath[anie]ll, Mar. 9, 1747	1	93
Sarah, d. [Theodore & Rachel], b. Feb. 16, 1771	1	109
Sarah, d. [David, Jr. & Ruth], b. July 19, 1788	2	26
Sarah, d. Theodore, m. Elijah **HALE**, s. Dea. David, decd., Dec. 25, 1799	2	148
Sarah, s. Roger, d. Apr. 25, 1804	2	147
Silas, s. [David, Jr. & Ruth], b. Mar. 7, 1781	2	26

	Vol.	Page
HALE, [see also **HALL**] (cont.),		
Solomon, s. [Theodore & Rachel], b. Oct. 7, 1775; d. Mar. 15, 1776	1	109
Sophia, d. [David, Jr. & Ruth], b. Mar. 22, 1795	2	26
Sophronia, d. Jonathan & Mercy, b. June 7, 1804	2	151
Susannah, d. Thomas & Susannah, b. Mar. 21, 1722/3	1	52
Thankfull, d. John & Mary, b. Feb. 26, 1710	1	31
Theodore, s. [Jonathan & Sarah], b. Jan. 26, 1735	1	39
Theodore, s. Jonathan, b. Jan. 26, 1735; m. Rachel **TALCOTT**, d. Maj. Eliz[u]r, Feb. 23, 1758	1	109
Theodore, s. [Theodore & Rachel], b. Oct. 23, 1768; d. Jan, 17, 1784	1	109
Theodore, s. Jehiel & Olive, b. Apr. 22, 1801; d. same day	2	122
Theodore, d. May 14, 1807, in his 72nd y.	1	109
Thomas, s. Thomas, of Glassenbury, m. Susannah **SMITH**, d. Nathaniel, of Hartford, Jan. 11, 1721/2	1	52
Thomas, s. Thomas & Susannah, b. July 25, 1726; d. Nov. 22, 1739	1	52
Thomas, s. [Daniel & Ruth], b. June 10, 1768	1	114
Timothy, s. Timothy & Sarah, b. Aug. 3, 1727	1	62
Timothy, s. Benjamin & Martha, b. Oct. 14, 1788	2	11
Timothy Hart, [s. Wait & Abigail], b. July 18, 1814	2	160
Tirzah M., of Glastonbury, m. Henry M. **DUNHAM**, of East Hampton, Apr. 18, 1849, by James A. Smith	3	211
Titus, s. Roger & Sarah, b. Oct. 14, 1802	2	147
Tracy, s. Timothy & Sarah, b. Jan. 27, 1728/9	1	62
Wait, s. Isaac, m. Abigail **HOLLISTER**, d. Gideon, Nov. 10, 1796	2	160
Wait, s. [Wait & Abigail], b. July 13, 1804	2	160
Wait, m. Charlot **TREAT**, b. of Glastonbury, Nov. 4, 1834, by Rev. Jacob Allen	3	128
Walter, [twin with Elizur], s. [Elizur, Jr. & Hannah], b. Feb. 26, 1776; d. Feb. 26, 1776	2	87
Walter, s. [Elizur, Jr. & Hannah], b. Oct. 28, 1782	2	87
William, s. Elizur & Abigail, b. Feb. 3, 1753	2	15
William, s. Jonathan & Mercy, b. July 5, 1806	2	151
William, of Chatham, m.Laura **WRIGHT**, of Glastonbury, May 12, 1833, by Rev. Jacob Allen	3	122
HALEN, [see under **HALING**]		
HALEY, Sally, of So. Glastonbury, m. Stephen **BILL**, of Portland, Apr. 21, 1850, by Rev. Daniel Dorchester, Jr.	3	215
HALING, HALEN, HAILING, Agnes, m. Amos **WEIR**, b. of Glastonbury, June 8, 1853, by Aaron Snow	3	235
Allice L., of Glastonbury, m. Lewis **LEONARD**, of Windsor, Dec. 27, 1853, by Rev. Ella Dunham	3	234
Almira, m. Charles **WALKER**, b. of Glastonbury, Mar. 22, 1843, by Rev. B. M. Walker	3	169
Artemas, m. Elizabeth A. **HALE**, b. of Glastonbury, May 2, 1852, by F. W. Chapman	3	226
Harriet, m. John Dennis **POST**, b. of Glastonbury, Apr. 12, 1840, by Rev. Abijah C. Wheat	3	154

	Vol.	Page

HALING, HALEN, HAILING (cont.),

	Vol.	Page
Jeremiah, of Chatham, m. Rebecca **HODGE**, of Glastonbury, Nov. 16, 1826, by Jeremiah Stocking, J. P.	3	91
Maria, of Glastonbury, m. John W. **EDWARDS**, of Chatham, Nov. 27, 1838, by Rev. Warren S. Jones	3	149
Mary, m. Harvey **WEIR**, Nov. 24, 1839, by Rev. Warren G. Jones	3	152
Phebe, of Marlborough, m. Saral **HOUSE**, of Glastonbury, Jan. 1, 1855, By Aaron Snow	3	241
HALL, [see also **HALE**], Allen C., of Manchester, m. Martha G. **GIBSON**, of Eastbury, Nov. 28, 1841, by Rev. Aaron Snow, of Eastbury	3	165
Benieman, s. Lieut. Samuell & Mary, b. July 22, 1707	1	3
Caleb, of Chatham, m. Jemima **DICKINSON**, of Marlborough, Feb. 1, 1843, by Elder Jeremiah Stocking	3	168
Catharine, of Chatham, m. Reuben **LOVELAND**, of Glastonbury, Dec. 18, 1830, by Jeremiah Stocking, J. P.	3	110
Daniel, m. Abby S. **HOLMES**, Oct. 2, 1842, by Rev. Warren G. Jones	3	168
Marvin, m. Charity **LOVELAND**, b. of Chatham, Apr. 3, 1836, by Rev. James Shepard	3	135
Sarah, m. Julius C. **HUBBARD**, Sept. 5, 1837, by D. S. Devens	3	142
HAMILTON, HAMLINTON, Harriet, of Glastonbury, m. Noah D. **ACKLEY**, of Weathersfield, Oct. 25, 1846, by Rev. Erastus Benton	3	194
Mary F., m. George S. **CLARK**, b. of Glastonbury, Aug. 10, 1846, by Rev. Warren G. Jones	3	192
Samuel M., m. Clarissa **VIBBERT**, b. of Glastonbury, June 11, 1854, by Rev. James A. Smith	3	238
HAMMOND, HAMMON, Nancy, of Hebron, m. Leonard **JONES**, of Glastonbury, Apr. 23, 1826, by Solomon Cole, J. P.	3	88
Whiting, m. Sarah **CHAPMAN**, b. of Glastonbury, Oct. 6, 1839, by Elder Jeremiah Stocking	3	152
HANCHET, John H., of Canaan, m. Elizabeth **SHIPMAN**, of Glastonbury, Nov. 2, 1845, by Rev. Warren G. Jones	3	186
HANCOCK, Tryphena, d. William, of Enfield, m. Thomas **HOLLISTER**, Jr., s. Thomas & Jemima, Feb. 9, 1803	2	120
HANEY, Fanny, d. Stephen & Rebecca, m. John **GOSLEE**, s. Asa & Esther, Nov. 29, 1815	2	175
HANFORD, HANDFORD, Anner, m. Joseph **HOLLISTER**, Mar. 8, 1770	1	86
Caroline, of Marlborough, m. Chester **ANDREWS**, of Glastonbury, Apr. 21, 1827, by Rev. Amasa Taylor	3	93
Susanna, had d. Anner **BEBEE**, colored, b. Oct. 11, 1784	2	0
HARDING, HARDIN, Daniel S., m. Charlotte O. **MATTHEWS**, b. of Glastonbury, Dec. 10, 1855, by Rev. Lewis Jessup	3	241
Elizabeth, m. Francis **GOODRICH**, b. of Glastonbury, Mar. 3, 1850, by Rev. L. W. Blood	3	214
Julia A., m. George **ROBINSON**, b. of Glastonbury, Jan. 2, 1853, by Rev. David Bradbury	3	230

	Vol.	Page

HARDING, HARDIN (cont.),
 Julia P., m. Ambrose N. **HOLMES**, b. of Glastonbury, Oct. 1, 1856, at New York, by Rev. Joseph P. Thompson, of New York   3   242

HARRIS, Abigail, of Glastonbury, m. Harvey **TENNANT**, of Chatham, Sept. 5, 1824, by Jeremiah Stocking, J. P.   3   79
 Asa, of Glastonbury, m. Lovina **BOWERS**, of Chatham, June 12, 1825, by Jeremiah Stocking, J. P.   3   84
 Eunice, m. George **TAYLOR**, b. of Glastonbury, July 2, 1834, by George Merrick, J. P.   3   126
 Lucy, m. Russel **HODGE**, b. of Glastonbury, Dec. 31, 1822, by Jeremiah Stocking, J. P.   3   71
 Mary A., of Manchester, m. Orrin H. **HILLS**, of East Hartford, July 16, 1848, by Rev. L. W. Blood   3   208
 Mary Ann, m. Noel **WALKER**, b. of Glastonbury, May 13, 1839, by George Merrick, J. P.   3   151

HARRISON, Charles, s. Henry & Sally, b. Jan. 11, 1801; m. Anna **DART**, d. of Abiel & Hopy, Feb. 7, 1832   2   213
 Charles, m. Anna **DART**, b. of Glastonbury, Feb. 7, 1832, by Charles Remington, Elder   3   114
 Martin, s. [Charles & Anna], b. June 8, 1834   2   213
 Samuel, of Wethersfield, m. Nelly **WICKHAM**, of [Glastonbury], Nov. 2, 1828, by [   ]   3   100

HART, Emory C., m. Louisa A. **WARREN**, b. of Glastonbury, Feb. 8, 1846, by Rev. Erastus Benton   3   187
 Jane, of Glastonbury, m. William H. **WARNER**, of Marlborough, Oct. 30, 1853, by Frederick W. Chapman   3   234
 Norman, m. Maria **HALE**, b. of Glastonbury, Mar. 21, 1826, by Pardon Brown, J. P.   3   87

HARVEY, Paul, of Colchester, m. Lucy **STRICTLAND**, of Glastonbury, Mar. 2, 1842, by Rev. W[illia]m B. Ashley   3   165

HATCH, Amelia, w. W[illia]m C., d. Nov. 20, 1797   2   143
 Milton Deming, s. W[illia]m C. & Jerusha, b. Aug. 4, 1800   2   143
 Walter Munson, s. W[illia]m C. & Jerusha, b. Aug. 10, 1802   2   143
 William C., m. Amelia **TALCOTT**, d. Asa, Oct. 5, 1796, by Rev. W[illia]m Brown   2   143
 W[illia]m C., m. Jerusha **DEMING**, Sept. 16, 1799   2   143
 W[illia]m Talcott, s. W[illia]m C. & Amelia, b. Nov. 3, 1797   2   143

HAWES, Welles, of Zanesville, O., m. Angelica **HALE**, of Glastonbury, Aug. 22, 1838, by Rev. James A. Smith   3   146

HAYER*, Ephraim, of Woodbury, m. Harriet **MASON**, of Glastonbury, Aug. 6, 1848, by Rev. L. W. Blood *(Perhaps "**HAYES**")   3   208

HAYES, Ephraim, see under Ephraim **HAYER**
 Russell, Jr., m. Rhoda **SMITH**, May 18, 1825, by Jay W. Fairchild   3   84

HEATH, Buckly P., of Windsor, m. Rebecca O. **GLAZIER**, of So. Glastonbury, Sept. 7, 1845, by Rev. Warren G. Jones   3   184

HELM, Abby M., of Chatham, m. Elijah O. **CLARK**, of Marlborough, Mar. 7, 1841, by Rev. Sanford Benton, of Manchester   3   159

HENRY, Alexander, m. Clarissa **WARD**, Nov. 17, 1819   2   175

	Vol.	Page
HENRY (cont.),		
Ester F., d. [Alexander & Clarissa], b. Feb. 6, 1822	2	175
Henrietta C., d. [Alexander & Clarissa], b. Nov. 15, 1820	2	175
Lagodes Dyana, m. W[illia]m **AMSTEAD**, Aug. 31, 1820, by Samuel F. Jones, J. P.	3	61
HERLON(?), Hubbel, m. Polly **TRYON**, b. of Glastonbury, Mar. 7, 1822, by Rev. Nathan B. Burgess	3	68
HIGGINS, Betsey B. of Glastonbury, m. Timothy B. **CARMAN**, of Winsted, Nov. 9, 1847 by Rev. Warren G. Jones	3	200
Harlow, m. Rhoda **HODGE**, b. of Glastonbury, Oct. 7, 1838, by Elder Jeremiah Stocking	3	148
Henrietta, of So. Glastonbury, m. Arad W. **CLARK**, of East Granby, Jan. 1, 1843, by Rev. Warren G. Jones	3	162
Sebyel, d. Israel, decd. of Chatham, m. David **ANDREWS**, 2nd, s. Benjamin, Jan. 24, 1799	2	60
HILL, [see under **HILLS**]		
HILLAM, Sam[ue]l, m. Sally Maria **CASWELL**, b. of Glastonbury, Apr. 12, 1827, by Rev. Hector Humphreys	3	93
HILLIARD, James, of Chatham, m. Sophia **WHEAT**, of Glastonbury, Sept. 11, 1828, by Rev. Samuel H. Riddell	3	100
HILLS, HILL, HILLES, Abigail, d. John, of East Hartford, b. Mar. 1, 1748; m. Stephen **HOLLISTER**, s. Abraham, July 25, 1771	2	137
Abigail H., of Glastonbury, m. Horace **WARNER**, of Weathersfield, Jan. 1, 1840, by James A. Smith	3	153
Addison M., of East Hartford, m. Lucretia Ann **WICKHAM**, of Glastonbury, Nov. 23, 1843, by Rev. Aaron Snow, of Eastbury	3	174
Alvira, of East Hartford, m. Jesse **HUNSTED**, of Stonington, Sept. 17, 1835, by Rev. Samuel H. Riddell	3	133
Amanda R., m. Timothy Dwight **GOSLEE**, b. of Glastonbury, Apr. 26, 1849, by Aaron Snow	3	212
Austin, of East Hartford, m. Nancy **WRIGHT**, of Glastonbury, Aug. 30, 1820, by Jay W. Fairchild	3	61
Badger, s. [Elijah & Mary], b. Apr. 6, 1804	2	62
Benjamin, s. Joseph & Elizabeth, b. Feb. 15, 1724/5	1	42
Benjamin, m. Martha **DAMON**, Dec. 26, 1747	1	98
Benjamin, s. Benjamin & Martha, b. Dec. 14, 1754	1	98
Charles, of East Hartford, m. Eliza A. **HOLLISTER**, of Glastonbury, Dec. 24, 1839, by Elder Jeremiah Stocking	3	152
Chester, of Hartford, m. Amelia **PORTER**, of [Glastonbury], Apr. 3, 1825, by Rev. Hector Humphrey	3	83
Clarissa, m. Edward **HALE**, Mar. 2, 1809	2	208
Clarissa, m. Ebenezer **WELDEN**, b. of Glastonbury, Apr. 3, 1827, by Rev. Jacob Allen	3	93
Claudius L. of Chatham, m. Olive S. **PEASE**, of So. Glastonbury, Jan. 30, 1853, by Rev. David Bradbury	3	230
Cynthia A., of Marlborough, m. Gaylord **CURTIS**, of Glastonbury, Feb. 17, 1847, by Jeremiah Stocking, Elder	3	198
Daniel, s. [Elijah & Mary], b. Oct. 15, 1809	2	62

	Vol.	Page
HILLS, HILL, HILLES (cont.),		
David, of Hartford, m. Amelia **TALCOTT**, of Glastonbury, Nov. 7, 1847 by James A. Smith	3	199
David H., of Rome, N.Y., m. Lucy C. **HALE**, of Glastonbury, Mar. 8, 1848, by James A. Smith	3	204
Delia M., of East Hartford, m. John L. **SELLEW**, of Glastonbury, Dec. 14, 1845, by Rev. James A. Smith	3	186
Dudley, s. Joseph, Jr. & Eliza, b. Mar. 20, 1709/10; d. Jan. 6, 1710/11, at Newark, N. J.	1	42
Edwin, m. Anny **ANDREWS**, b. of Glastonbury, Mar. 19, 1834, by Jeremiah Stocking, Elder	3	125
Elenor M., m. Timothy A. **BLISH**, b. of Glastonbury, Dec. 27, 1831, by Rev. Jacob Allen	3	114
Elijah, s. David, of East Hartford, m. Mary **LUCAS**, d. John, of East Hartford, July 21, 1803	2	62
Elijah, s. [Elijah & Mary], b. July 24, 1812	2	62
Elijah, d. Jan. 2, 1814	2	62
Elizabeth, d. Joseph, Jr. & Eliza, b. Jan. 5, 1712/13, at Hartford	1	42
Esther, d. Ebenezer, of East Hartford, m. Levi **LOVELAND**, s. Elisha, Apr. 20, 1775	2	67
Esther C., m. Henry B. **FINLEY**, b. of Glastonbury, Nov. 25, 1854, by Aaron Snow	3	240
Eunice F., m. Silas J. **ANDREWS**, b. of Glastonbury, Nov. 27, 1849, by Rev. Aaron Snow	3	214
Ezekiel, of Hartford, N.Y., m. Harriet **HALE**, of Glastonbury, Oct. 30, 1820, by Jeremiah Stocking, J. P.	3	61
Fanny, of East Hartford, m. Asa **TALLCOTT**, Nov. 24, 1808	2	41
Hannah, d. Joseph & Eliza, b. June 24, 1716	1	42
Hannah, m. Elisha **LOVELAND**, Jan. 19, 1736/7	1	88
Hannah, of Glastonbury, m. James **EMERSON**, of Haveril, Nov. 29, 1764	1	3
Hepzibath, d. Benjamin & Martha, b. Aug. 10, 1749	1	98
Herman, of Marlboro, m. Maria S. **RAY**, of Middletown, Apr. 24, 1844, by [ ]	3	170
Israel, d. Sept. 18, 1827, ae 70 y.	2	19
Jane E., m. Roswell G. **TALLCOTT**, b. of Glastonbury, Nov. 25, 1840, by James A. Smith	3	156
Jemima, m. Sam[ue]l **BAKER**, b. of Glastonbury, June 2, 1825, by Rev. Jacob Allen	3	84
Joseph, Jr., m. Elizabeth **TRYON**, d. William, of Weathersfield, June 10, 1708	1	42
Joseph, s. Joseph & Eliza, b. Aug. 19, 1719	1	42
Louisa, d. [Elijah & Mary], b. Nov. 15, 1806	2	62
Lyman, m. Maria **WEIR**, b. of Marlborough, Nov. 27, 1839, by Elder Jeremiah Stocking	3	153
Margaret, m. Ambrose **NICKOLSON**, June 13, 1756	1	58
Martha, d. Benjamin & Martha, b. May 9, 1751	1	98
May J., of East Hartford, m. Charles S. **GAINES**, of Glastonbury, Jan. 1, 1837, by Rev. Samuel H. Riddell	3	139

	Vol.	Page

HILLS, HILL, HILLES (cont.),
    Mervin, of Manchester, m. Betsey Merander **STEVENS**, of Glastonbury, Nov. 6, 1831, by Rev. Jacob Allen — 3 — 113
    Orrin H., of East Hartford, m. Mary A. **HARRIS**, of Manchester, July 16, 1848, by Rev. L.W. Blood — 3 — 208
    Owin, of East Hartford, m. Eunice J. **ACKLEY**, of Glastonbury, Sept. 18, 1853, by Frederick W. Chapman — 3 — 233
    Oziel, m. Parmela **ANDRUSS**, b. of Glastonbury, Jan. 9, 1821, by Rev. Leonard Bennett — 3 — 63
    Philo, of East Hartford, m. Cornelia **ANDRUSS**, of Glastonbury, Dec. 23, 1832, by Rev. Jesse Baker — 3 — 119
    Polly, m. David L. **BELDEN**, b. of East Hartford, Apr. 9, 1828, by Rev. Samuel H. Riddell — 3 — 98
    Rachel, m. Joshua **LOVELAND**, Dec. 19, 1819 — 2 — 181
    Richard, of Glastonbury, m. Avis B. **COOK**, of Wethersfield, May 2, 1830, by Jeremiah Stocking, J. P. — 3 — 107
    Rosanna, d. [Elijah & Mary], b. Jan. 30, 1811 — 2 — 62
    Ruth, w. Israel & d. of Thomas **HOLLISTER**, d. Mar. 18, 1842, ae 83 y. — 2 — 19
    Sarah, d. Abraham & Hannah, b. Feb. 10, 1761 — 1 — 4
    Susan A., m. William H. **MINER**, b. of Glastonbury, July 1, 1849, by L.W. Blood — 3 — 212
    Susannah, d. Joseph & Eliza, b. Apr. 18, 1722 — 1 — 42
    Walter, m. Esther **GOSLEE**, b. of Glastonbury, Feb. 18, 1824, by Rev. Jacob Allen — 3 — 78
    Welles, of Hartford, m. Caroline **CHAPMAN**, of So. Glastonbury, Dec. 25, 1842, by Rev. Warren G. Jones — 3 — 162

HINCKLEY, Bethiah, d. Ebenezer & Mary of Lebanon, b. Feb. 13, 1751; m. John **CASWELL**, s. John & Mary, of Chatham, Jan. 21, 1773 — 2 — 121

HOADLEY, Lucinda, of Waterbury, m. Lewis **HODGE**, of Glastonbury, Nov. 30, 1823, by George Merrick, J. P. — 3 — 76
    Selden, of Waterbury, m. Lydia **CHAPMAN**, of Glastonbury, Sept. 9, 1827, by Charles Remington, Elder — 3 — 94

HODE, [see under **HODGE**]

HODGE, HODE, HODGES, Almira, d. [Elizur & Eady], b. Nov. 4, 1806 — 2 — 64
    Alsop, m. Betsey **PARSONS**, b. of Glastonbury, Nov. 3, 1844, by Elder Jeremiah Stocking — 3 — 179
    Amy, d. [Elizur & Eady], b. Feb. 20, 1813 — 2 — 64
    Anna, m. Dudley **HOUSE**, b. of Glastonbury, Dec. 29, 1822, by Jeremiah Stocking, J. P. — 3 — 71
    Anne, d. Benjamin & Lydia, b. Feb. 11, 1758 — 2 — 23
    Asa, s. [Eli & Elizabeth], b. July 27, 1784 — 2 — 181
    Asael, s. Benjamin & Lydia, b. June 25, 1761; d. Aug. 13, 1763 — 2 — 23
    Benjamin, s. Samuel, of Glassenbury, m. Lida **WELLS**, d. Ephraim, of Colchester, Nov. 21, 1751 — 2 — 23
    Benjamin, s. Benjamin & Lydia, b. Feb. 1, 1753 — 2 — 23
    Betsey, m. Philo **CHAPMAN**, b. of Glastonbury, Jan. 21, 1836, by

	Vol.	Page
HODGE, HODE, HODGES (cont.),		
Rev. James Shepard	3	135
Brittia, d. [Elizur & Eady], b. May 30, 1811	2	64
Butta, of Glastonbury, m. Peter **ARTEST**, of Cobles Hill, N. Y., Sept. 14, 1828, by Jeremiah Stocking, J. P.	3	100
Chancey, m. Eunice Altruda **TREAT**, Mar. 31, 1850, by Rev. Aaron Snow	3	214
Chester, s. Jonathan & Abigail, b. Feb. 26, 1786	2	155
Clarinda, of Glastonbury, m. Robert **HOUGH**, of Wethersfield, Dec. 30, 1832, by Jeremiah Stocking, Elder	3	120
Daniel, s. [Elizur & Eady], b. Mar. 6, 1803	2	64
David, s. [Elizur & Eady], b. Sept. 20, 1801	2	64
David, m. Rachel **WRIGHT**, b. of Glastonbury, Jan. 13, 1823, by Jeremiah Stocking, J. P.	3	72
Dudley, s. [Elizur & Eady], b. Sept. 16, 1804	2	64
Dudley, m. Mary **WALKER**, b. of Glastonbury, Nov. 29, 1827, by Jeremiah Stocking, J. P.	3	96
Eli, s. John & Sarah, b. Sept. 9, 1758	1	117
Eli, m. Elizabeth **GOSLEE**, b. of Glastonbury, Mar. 1, 1781	2	181
Eli, Jr., s. [Eli & Elizabeth], b. June 27, 1786	2	181
Elijah, s. John & Sarah, b. Nov. 11, 1752	1	117
Elijah, s. [Elizur & Eady], b. Dec. 31, 1816	2	64
Elijah, of Hebron, m. Sarah J. **BLISH**, of Glastonbury, Eastbury Soc., May 26, 1841, by Aaron Snow	3	161
Elisha, s. [Elizur & Eady], b. Dec. 31, 1816	2	64
Elizabeth, of Glastonbury, m. Daniel **MOSES**, of Simsbury, Sept. 19, 1849, by Jeremiah Stocking, Elder	3	215
Elizur, b. Oct. 15, 1778; m. Eady **HALE**, July 3, 1800	2	64
Elizur, s. [Elizur & Eady], b. Feb. 19, 1819	2	64
Emily, m. Leonard **GOODALE**, June 7, 1832, by Rev. John E. Risley	3	116
Eunice, d. Benjamin & Lydia, b. June 11, 1768	2	23
Eunice, m. Thomas **WARD**, Nov. 14, 1787	2	216
George, m. Mary J. **BLISH**, b. of Glastonbury, Nov. 5, 1854, by George Merrick, J. P.	3	240
George W., of Portland, m. Mrs. Sarah **CHURCHILL**, of Glastonbury, Apr. 9, 1854, by Rev. David Bradley	3	237
Hannah, d. [Eli & Elizabeth], b. Feb. 8, 1796	2	181
Henry, m. Elizabeth **CLARK**, b. of Glastonbury, Oct. 30, 1823, by George Merrick, J. P.	2	75
Hiram, m. Phylinia **MATSON**, July 3, 1820	2	180
Hiram, m. Philena **MATSON**, b. of Glastonbury, July 3, 1820, by Jeremiah Stocking, J. P.	3	60
Ira, s. [Eli & Elizabeth], b. Apr. 2, 1788	2	181
Isaac, s. John & Sarah, b. Jan. 24, 1768	1	117
Jerusha, d. Benjamin & Lydia, b. Sept. 27, 1759	2	23
John, s. Samuel, of Glassenbury, m. Sarah **TAYLOR**, d. John, of Weathersfield, June 29, 1748	1	117
John, s. John & Sarah, b. Nov. 6, 1748	1	117

HODGE, HODE, HODGES (cont.),

	Vol.	Page
Jonathan, s. John & Sarah, b. Oct. 16, 1754	1	117
Jonathan, s. John, m. Abigail **PEAS[E]**, d. Peter, [ ]	2	155
Levi, s. John & Sarah, b. Dec. 21, 1756	1	117
Levi, m. Catharine **DUTTON**, b. of Glastonbury, May 3, 1853, by Rev. David Bradley	3	231
Lewis, of Glastonbury, m. Lucinda **HOADLEY**, of Waterbury, Nov. 30, 1823, by George Merrick, J. P.	3	76
Lodorick, m. Anna **GOODRICH**, b. of Glastonbury, Dec. 2, 1849, by Jeremiah Stocking, Elder	3	215
Lois, d. Benjamin & Lydia, b. June 25, 1764	2	23
Lucy, m. Adoniram **NOBLES**, b. of Glastonbury, May 1, 1833, by Henry Dayton, J. P.	2	220
Lydia, d. Benjamin & Lydia, b. Aug. 2, 1756	2	23
Lydia, m. Luther **MATSON**, May 30, 1816	2	180
Mary, d. Samuel & Mary, b. Mar. 3, 1750	1	109
Orrin, of Glastonbury, m. Laura **REED**, of Lisbon, July 12, 1830, by Heman Perry	3	108
Parmela, d. [Eli & Elizabeth], b. July 5, 1798	2	181
Polly, d. [Eli & Elizabeth], b. Aug. 10, 1790	2	181
Rebecca, of Glastonbury, m. Jeremiah **HALEN**, of Chatham, Nov. 16, 1826, by Jeremiah Stocking, J. P.	3	91
Roda, d. John & Sarah, b. Dec. 24, 1761	1	117
Rhoda, m. Harlow **HIGGINS**, b. of Glastonbury, Oct. 7, 1838, by Elder Jeremiah Stocking	3	148
Rawswell, s. John & Sarah, b. Feb. 9, 1766	1	117
Roswell, s. Jonathan & Abigail, b. Aug. 27, 1794	2	155
Russel, m. Lucy **HARRIS**, b. of Glastonbury, Dec. 31, 1822, by Jeremiah Stocking, J. P.	3	71
Ruth, d. Samuel & Mary, b. Feb. 16, 1752	1	109
Simantha, d. [Elizur & Eady], b. Mar. 5, 1815	2	64
Samuel, Jr., s. Samuel, m. Mary **LOVELAND**, d. Thomas, May 3, 1748	1	109
Samuel, s. Samuel & Mary, b. Feb. 19, 1754	1	109
Sarah, d. John & Sarah, b. Sept. 8, 1750	1	117
Sarah, d. John, m. William **FOX**, Jr., s. William, Feb. 1, 1770	2	17
Sarah, w. John, d. Jan. 26, 1781	1	117
Selden, m. Julia **HOUSE**, b. of Glastonbury, Feb. 20, 1848, by Rev. Warren G. Jones	3	204
Selden, m. Julia **HOUSE**, b. of Glastonbury, Feb. 20, 1848 by Rev. Warren G. Jones	3	207
Sophia, [d. Elizur & Eady], d. Jan. 19, 1813	2	64
Sophia, m. Hudson **HOLLISTER**, b. of Glastonbury, Feb. 9, 1841, by Elder Jeremiah Stocking	3	158
Syphia, d. [Elizur & Eady], b. Oct. 12, 1808	2	64
Syhia, 2nd, d. [Elizur & Eady], b. June 24, 1821	2	64
Vina, d. [Eli & Elizabeth], b. Oct. 9, 1792	2	181
W. Anso, m. Louisa **CLARK**, June 4, 1838, by W.G. Jones	3	145
William, s. Benjamin & Lydia, b. Aug. 14, 1754	2	23

	Vol.	Page
HODGE, HODE, HODGES (cont.),		
William, s. Benjamin & Lydia, d. July 28, 1768	3	23
William B., m. Alvira **HUNT**, b. of Glastonbury, Mar. 28, 1852, by Rev. Charles Morse	3	225
HOLCOMB, Alfred R., of Granby, m. Lovina **HOLLISTER**, of Glastonbury, Mar. 5, 1849, by Rev. James A. Smith	3	211
HOLDEN, Amos, s. John & Susanna, b. Sept. 26, 1763	2	94
David, s. Jonathan & Rachel, b. Feb. 15, 1779	2	33
Elizabeth, d. Jonathan & Rachel, b. July 17, 1785	2	33
Gideon, s. Jonathan & Rachel, b. July 20, 1773	2	33
Gideon, S. Jonathan & Rachel, d. Mar. 23, 1775	2	33
Harriet, d. [John, Jr. & Sarah], b. May 31, 1802	2	14
John, s. John, m. Susanna **KILBORN**, Nov. 19, 1762	2	94
John, s. John & Susanna, b. Sept. 19, 1769	2	94
John, Jr., s. John, m. Sarah **WELDEN**, d. Peleg, May 8, 1794	2	14
Jonathan, s. John, m. Rachel **HOLLISTER**, d. Dea. Gideon, b. of Glassenbury, Nov. 25, 1762	2	33
Jonathan, s. Jonathan & Rachel, b. July 29, 1766	2	33
Josiah, s. Jonathan & Rachel, b. Jan. 9, 1776	2	33
Judeth, d. John & Susanna, b. Mar. 2, 1764	2	94
Lovica, d. [John, Jr. & Sarah], b. Jan. 18, 1800	2	14
Luther, s. [John, Jr. & Sarah], b. Jan. 25, 1796	2	14
Mary, d. John & Susanna, b. May 5, 1767	2	94
Phenes, s. [John & Susanna], b. Sept. 28, 1776; d. Sept. 28, 1779	2	94
Rachel, d. Jonathan & Rachel, b. June 28, 1768	2	33
Rebecca, d. Jonathan & Rachel, b. Mar. 26, 1782	2	33
Roger, s. Jonathan & Rachel, b. Dec. 23, 1763; d. July 2, 1765	2	33
Sally, d. [John, Jr. & Sarah], b. Mar. 25, 1798	2	14
Sally, had d. Sally Holden **BROOKS**, b. July [ ], 1825	2	190
Samuel, s. Jonathan & Rachel, b. Dec. 27, 1770	2	33
Samuel, [s. Jonathan & Rachel], d. June 1, 1785	2	33
Sarah, d. John & Susanna, b. Sept. 28, 1781	2	94
Silas, s. Jonathan & Rachel, b. June 19, 1789	2	33
Susanna, d. John & Susanna, b. Oct. 1, 1771	2	94
HOLLIS, Charles D. of Hartford, m. Harriet **WILLIAMS**, of Glastonbury, Dec. 31, 1843, by James A. Smith	3	175
HOLLISTER, HOLISTER, HOLLESTER, HOLLESSTER, HOLLISSTER, A[a]ron, s. Thomas & Abigail, b. Apr. 3, 1753	2	19
Aaron, s. Thomas, of Glastonbury, m. Phebe **GOODRICH**, d. Joshua, of Chatham, Dec. 9, 1779	2	107
Abigill, d. John & Abiiah, b. Aug. 11, 1701	1	24
Abigail, 1st, d. John & Abijah, d. Nov. 17, 1712	1	24
Abigill, d. John & Abiiah, b. Jan. 26, 1712/13	1	24
Abigail, Joseph, Jr. & Mary, b. Apr. 18, 1728	1	72
Abigail, d. Thomas & Abigail, b. Sept. 17, 1735	2	19
Abigail, d. Joseph, Jr., decd., m. Elizur **HALE**, s. Jonathan, Mar. 23, 1749	2	15
Abigail, twin with Stephen, d. [Stephen & Abigail], b. Apr. 21, 1774	2	137

HOLLISTER, HOLISTER, HOLLESTER, HOLLESSTER, HOLLISSTER (cont.),

	Vol.	Page
Abigail, d. Gideon, m. Wait **HALE**, s. Isaac, Nov. 10, 1796	2	160
Abijah, w. John, d. Aug. 28, 1719	1	24
Abner, s. Francis & Betty, b. Oct. 28, 1754	1	95
Abner, s. Francis & Betty, b. Oct. 28, 1754	2	8
Abraham, s. John & Abiiah, b. May 5, 1705	1	24
Alexander, s. Elijah, m. Prudence **GOODRICH**, d. Jeremiah, Feb. 8, 1801	2	141
Alonzo, [s. Samuel & Clarissa], b. May 7, 1808	2	110
Amanda, d. John & Mary, b. Jan. 24, 1800	2	88
Amasa, s. Nathaniel & Mabel, b. May 30, 1768	2	79
Amos, s. Lieut. Josiah, m. Bathsheba **HOLLISTER**, d. David, Apr. 27, 1749	1	84
Amos, s. Amos, decd., m. Elizabeth **WADSWORTH**, d. Capt. Thomas, of East Hartford, Jan. 10, 1788	2	146
Ann, d. Joseph & Ann, b. Jan. 16, 1707	1	23
Ann, d. Joseph & Rebeckah, b. Dec. 22, 1754	1	86
Ann, d. Joseph, m. William **STEVENS**, s. Benjamin, Oct. 5, 1777	2	98
Ann, d. [Ely & Ruth], b. Mar. 20, 1821	2	199
Ann B., m. Luther **MATSON**, 2nd, b. of Glastonbury, June 21, 1835, by Jeremiah Stocking, Elder	3	131
Anna, d. Gideon, m. Elisha **HOW**, s. John, Mar. 18, 1779	2	131
Annar, d. Aaron & Phebe, b. Aug. 22, 1782	2	107
Anne, d. Joseph, Jr. & Mary, b. Nov. 13, 1726	1	72
Anne, d. [John & Mary], b. May 23, 1784	2	88
Anson, s. Aaron & Phebe, b. Aug. 22, 1782	2	107
Anson Pratt, s. [Alexander & Prudence], b. Nov. 27, 1814	2	141
Anson Pratt, [s. Alexander & Prudence], d. Feb. 1, 1821	2	141
Appleton, s. Francis & Betty, b. Jan. 14, 1767	2	8
Asael, s. Thomas & Abigail, b. Apr. 17, 1741	2	19
Augusta W., of Glastonbury, m. Rev. Henry D. **NOBLE**, of Brookfield, Aug. [ ], 1844, by Rev. G. Huntington Nichols. Int. Pub.	3	179
Barzillai Clark, s. [Ely & Ruth], b. July 3, 1814	2	199
Bathsheba, d. David, m. Amos **HOLLISTER**, s. Lieut. Josiah, Apr. 27, 1749	1	84
Benieman, s. John & Abiiah, b. Feb. 5, 1693	1	24
Benjamin, s. Joseph & Prudence, b. Apr. 27, 1783	2	83
Benjamin, s. John & Mary, b. Oct. 28, 1795	2	88
Benjamin, m. Prudence **HOLLISTER**, Dec. 9, 1824, by Rev. Caleb Burge	3	81
Benjamin Judd, s. John & Mary, b Mar. 21, 1794; d. June 24, 1794, ae 3 m. 3 d.	2	88
Benni, s. Elijah & Mary, b. Aug. 2, 1783	2	118
Betsey, d. [Amos & Elizabeth], b. Nov. 6, 1790	2	146
Betty, d. Francis & Betty, b. Mar. 14, 1757	1	95
Betty, d. Francis & Betty, b. Mar. 14, 1757	2	8
Bulkeley, s. Thomas & Sipha, b. Sept. 15, 1806	2	120

	Vol.	Page
HOLLISTER, HOLISTER, HOLLESTER, HOLLESSTER, HOLLISSTER (cont.),		
Caline Calista, d. [Ely & Ruth], b. Mar. 21, 1827	2	199
Catharine, of Glastonbury, m. Winthrop G. **BURDICT**, of Hartford, May 24, 1836, by Jeremiah Stocking, Elder	3	136
Charity, d. Charles & Charity, b. Aug. last day, 1754	1	111
Charles, s. Thomas & Dorothy, b. July 26, 1701	1	25
Charles, s. Lieut. Thomas, m. Prudence **FRANCIS**, d. John of Weathersfield, Apr. 5, 1729	1	81
Charles, s. Charles & Prudence, b. Nov. 2, 1729	1	81
Charles, Jr., m. Charity **WADDAMS**, Sept. 17, 1749	1	111
Charles, s. Charles & Charity, b. Sept. 1, 1757	1	111
Charles, s. [Horatio & Polly], b. Mar. 28, 1816	2	170
Charles, of Manchester, m. Sarah **HOLLISTER**, of Glastonbury, Sept. 1, 1839, by Rev. Warren G. Jones	3	151
Charles, m. Harriet O. **JONES**, Sept. 28, 1846, by Rev. Warren G. Jones	3	191
Chester, s. [Amos & Elizabeth], b. Nov. 2, 1794	2	146
Chester, m. Emeline **NOBLES**, b. of Glastonbury, Aug. 31, 1866, by Rev. Manvah S. Miles	3	242
Cloe, d. Nathaniel & Mabel, b. Oct. 31, 1762	2	79
Chloe, d. Nathaniel, m. Abner **HOUSE**, s. William, Mar. 17, 1782	2	136
Clarissa, d. [Stephen & Abigail], b. Aug. 24, 1776	2	137
Clarissa, d. [Samuel & Clarissa], b. Dec. 12, 1801	2	110
Clarissa, of Glastonbury, m. Eldredge **WARNER**, of Marlborough, Jan. 27, 1831, by Jeremiah Stocking, J. P.	3	111
Clarissa Louisa, d. [Ely & Ruth], b. June 27, 1810	2	199
Cynthia, d. Aaron & Phebe, b. Apr. 12, 1785	2	107
David, s. Nathaniel & Mabel, b. Oct. 9, 1758	2	79
Dorothy, d. Thomas & Dorothy, b. Oct. 17, 1697	1	25
Dorothy, d. Thomas, of Glasinbury, m. Abraham **FOX**, s. Richard, late of Glasinbury, Jan. 3, 1716/17	1	17
Dorothy, d. Thomas & Abigail, b. Dec. 1, 1745	2	19
Dorothy M., m. Asa Piper, Dec. 23, 1828, by Rev. Jacob Allen	3	101
Dorothy Matilda, d. [Ely & Ruth], b. Sept. 28, 1806	2	199
Edeth, d. Nathaniel & Mabel, b. Aug. 7, 1770	2	79
Edward, of Glastonbury, m. Wealthy Ann **SCOVILL**, of Haddam, Nov. 26, 1846, by Rev. Warren G. Jones	3	195
Edward, m. Cornelia A. **WRIGHT**, b. of Glastonbury, Dec. 25, 1854, by Aaron Snow	3	240
Eleazer W., of Manchester, m. Caroline **HUBBARD**, of Glastonbury, May 6, 1828, by P. R. Osborn, V. D. M.	3	99
Electa, d. [Roswell & Elizabeth], b. Mar. 9, 1792	2	157
Ely, s. Israel, m. Ruth **TREAT**, d. Chester*, [ ], 1802 *(In pencil "Charles")	2	199
Elijah, Jr., s. Elijah, m. Mary **TRYON**, d. Noah, decd., Oct. 11, 1780	2	118
Elijah, s. [Roswell & Elizabeth], b. Dec. 4, 1793	2	157
Elisha, s. Elijah, Jr. & Mary, b. Sept. 16, 1781	2	118

HOLLISTER, HOLISTER, HOLLESTER, HOLLESSTER, HOLLISSTER (cont.),

	Vol.	Page
Elisha, s. [Thomas & Sipha], b. Mar. 22, 1817	2	120
Eliza, d. [Roswell & Elizabeth], b. Dec. 8, 1797	2	157
Eliza, d. Rosewell & Elizabeth, m. Jedediah POST, s. David, Jan. 9, 1820	2	177
Eliza A., of Glastonbury, m. Charles HILLS, of East Hartford, Dec. 24, 1839, by Elder Jeremiah Stocking	3	152
Eliza C., m. William H. BLISH, b. of Glastonbury, Jan. 25, 1836, by Rev. Jacob Allen	3	135
Eliza J., of Glastonbury, m. Francés GILLETT, of Colchester, Apr. 7, 1850, by Rev. Warren G. Jones	3	216
Eliza Jane, d. [Samuel & Clarissa], b. Jan. 27, 1823	2	110
Eli[z]ebath, d. Thomas & Dorothy, b. Dec. 17, 1703	1	25
Elizabeth, d. Ephraim & Elizabeth, b. Feb. 23, 1709	1	16
Elizabeth, d. John & Abijah, b. Dec. 5, 1715	1	24
Elizabeth, m. William MILLER, Oct. 14, 1731	1	50
Elizabeth, d. [Stephen & Abigail], b. Apr. 10, 1786	2	137
Elizabeth, d. [Samuel], b. Jan. 10, 1833	2	210
Elizabeth, A. of East Hampton, m. Horace KILBURN, of Newington, [Feb.] 18, [1853], by Frederick W. Chapman	3	231
Elizabeth Mills, d. [Ely & Ruth], b. May 31, 1819	2	199
Elizur, s. Charles & Prudence, b. May 27, 1731; d. Sept. 16, 1811	1	81
Elizur, s. Charles, of Glasenbury, m. Elizabeth NASH, d. Timothy, of Windsor, Dec. 12, 1754	2	9
Emmila, d. [Amos & Elizabeth], b. Sept. 12, 1792	2	146
Ephraim, m. Elizabeth GREEN, d. Tobias, Apr. 1, 1707	1	16
Ephraim, s. Ephraim & Elizabeth, b. Jan. 1, 1708; d. Jan. 5, 1708	1	16
Erastus C., of Middletown, m. Mary J. CLARK, of Middletown, Apr. 17, 1853, by Rev. Samuel Fox	3	231
Esther, d. Joseph & Ann, b. Aug. 28, 1709	1	23
Esther, d. Gideon & Esther, b. Oct. 25, 1771	2	143
Esther, d. Ichabod & Esther, b. Mar. 5, 1777	2	60
Esther, wid. Gideon, d. Mar. 23, 1815	2	143
Eunice, d. Lieut. Thomas, m. Thomas LOVELAND, s. John, Nov. 27, 1733	1	48
Eunice, d. Ichabod & Esther, b. May 15, 1774	2	60
Eunice, m. Asaph COLEMAN, Nov. 11, 1778	2	21
Eunice, d. [Roswell & Elizabeth], b. Aug. 13, 1800	2	157
Francis, s. Charles & Prudence, b. Aug. 22, 1733	1	81
Francis, s. Charles, of Glassenbury, m. Betty MAKEY, d. Andrew, Dec. 13, 1753	1	95
Francis, s. Charles, decd., of Glassenbury, m. Betty McKEE, d. Andrew, of Hartford, Dec. 13, 1753	2	8
Frances, s. Ichabod & Esther, b. Oct. 25, 1771	2	60
Francis Vora, d. Francis & Betty, b. May 19, 1761	2	8
Franklin Goodrich, s. [Alexander & Prudence], b. Oct. 14, 1819	2	141
George, s. Thomas & Abigail, b. Aug. 4, 1750	2	19
Gidion, s. Thomas & Dorothe, b. Sept. 23, 1699	1	25

HOLLISTER, HOLISTER, HOLLESTER, HOLLESSTER, HOLLISSTER (cont.),

	Vol.	Page
Gideon, s. Nathaniel & Mabel, b. Jan. 20, 1776	2	79
Gideon, d. Jan. 12, 1812	2	143
Giles, s. Nathaniel & Mabel, b. Mar. 14, 1778	2	79
Hanah, d. Thomas & Dorothy, b. Dec. 26, 1705	1	25
Hannah, d. Thomas & Dorothy, d. Oct. [ ], 1712	1	25
Hanna, 2nd, d. Thomas & Dorothy, b. Feb. 16, 1713/14	1	25
Hannah, d. Elijah & Mary, b. Apr. 7, 1788	2	118
Harriet, d. [Amos & Elizabeth], b. Apr. 19, 1800	2	146
Harriet, of Glastonbury, m. Zaccheas **KEMPTON**, of Plimouth, Mass., Dec. 14, 1823, by Rev. Ashbel Steele	3	77
Harriet, [twin with Henry, d. Samuel], b. May 5, 1827	2	210
Harriet Maria, of Glastonbury, m. Sidney **DEAN**, of Salem, Jan. 5, 1844, by Rev. Jesse B. Denison	3	175
Henry, [twin with Harriet, s. Samuel], b. May 5, 1827	2	210
Hiel, s. Joseph & Rebecca, b. Dec. 8, 1768	1	86
Horace, s. [Joseph & Prudence], b. July 4, 1791	2	83
Horace, m. Rhoda H. **STRICTLAND**, b. of Glastonbury, Jan. 1, 1845, by Rev. Aaron Snow	3	181
Horatio, s. John & Mary, b. Jan. 24, 1786	2	88
Horatio, s. John, m. Polly **TULLEN**, d. Martin & Mary, of Royalton, Vt., Aug. 29, 1809	2	170
Hudson, m. Sophia **HODGE**, b. of Glastonbury, Feb. 9, 1841, by Elder Jeremiah Stocking	3	158
Hudson Goodwin, s. [Ely & Ruth], b. Aug. 23, 1816	2	199
Ichabod, s. Charles, m. Esther **FOX**, d. Samuel, May 1, 1771	2	60
Isaac, s. Nathaniel & Mabel, b. Aug. 21, 1765	2	79
Isacc, s. Joseph & Rebecca, b. Jan. 6, 1766	1	86
Jane E., of Glastonbury, m. George M. **DEAN**, of Quincy, Ill., [Oct.] 26, [1851], by Frederick W. Chapman	3	222
Jared, s. Ichabod & Esther, b. Nov. 30, 1779	2	60
Jemima, w. Thomas, d. Aug. 26, 1806	2	120
Jeremiah, s. John & Abiiah, b. Oct. 21, 1696	1	24
Jeremiah, s. [Stephen & Abigail], b. Nov. 22, 1771	2	137
Jerusha, d. Francis & Betty, b. Sept. 6, 1759	2	8
Jerusha, d. John & Mary, b. Oct. 4, 1797	2	88
Jerusha, m. David **HUBBARD**, b. of Glastonbury, June 2, 1824	2	198
Jerusha, m. David **HUBBARD**, June 2, 1824, by Rev. Caleb Burge	3	78
Jesse, s. Joseph & Prudence, b. May 13, 1779	2	83
John, s. Elijah, m. Mary **WELLES**, d. William, Dec. 6, 1781	2	88
John, s. [John & Mary], b. Oct. 30, 1782	2	88
John, s. [Horatio & Polly], b. June 7, 1814	2	170
John, of Glasinbury, m. Abiiah [ ], of Weathersfield, [ ]	1	24
John, m. Deidama **GOODALE**, b. of Glastonbury, [ ], by Rev. Aaron Snow	3	174
John Chauncey, s. [Thomas & Sipha], b. Dec. 21, 1821	2	120
John H., m. Alvira **GOODRICH**, b. of Glastonbury, Jan. 15,		

HOLLISTER, HOLISTER, HOLLESTER, HOLLESSTER, HOLLISSTER (cont.),

	Vol.	Page
1838, by Elder Jeremiah Stocking	3	144
John H., m. Jerusha A. **CURTIS**, b. of Glastonbury, Nov. 26, 1843, by Elder Jeremiah Stocking	3	177
John Henry, s. [Samuel & Clarissa], b. Apr. 8, 1804	2	110
Jonathan, s. Thomas & Abigail, b. Aug. 16, 1743	2	19
Jonathan, s. Nathaniel & Mabel, b. Aug. 3, 1764; d. Aug. 21, 1764	2	79
Joseph, m. Ann [ ], Nov. 27, 1694	1	23
Joseph, s. Joseph & Ann, b. Dec. 28, 1696	1	23
Joseph, Jr., s. Joseph, m. Mary **WHITE**, d. Joseph, of Middletown, Dec. 28, 1721	1	72
Joseph, s. Joseph, Jr. & Mary, b. Sept. 5, 1732	1	72
Joseph, m. Rebeckah **TREAT**, Oct. 2, 1751 O. S.	1	86
Joseph, m. Rebecca **TREAT**, d. Isaac, Oct. 2, 1751	1	106
Joseph, s. Joseph & Rebeckah, b. Aug. 26, 1752 O. S.	1	86
Joseph, s. Joseph & Rebeckah, b. Aug. 26, 1753	1	106
Joseph, m. Anner **HANDFORD**, Mar. 8, 1770	1	86
Joseph, s. Joseph & Rebecca, m. Prudence **HOLLISTER**, d. Nathaniel, Nov. 20, 1778	2	83
Joseph, s. [Joseph & Prudence], b. Sept. 6, 1789	2	83
Joseph, s. [Samuel & Clarissa], b. Jan. 25, 1813	2	110
Josiah, s. Thomas & Dorothe, b. June 7, 1696	1	25
Josiah, s. Thomas, m. Martha **MILLAR**, d. William, Jan. 28, 1717/18	1	43
Josiah, s. Josiah & Martha, b. Oct. 22, 1718	1	43
Josiah, s. Thomas & Abigail, b. Feb. 21, 1756	2	19
Josiah, s. John & Mary, b. Feb. 21, 1790	2	88
Josiah, m. Lovisa **STRICTLAND**, b. of Glastonbury, Nov. 8, 1827, by Rev. Jacob Allen	3	95
Julia, d. [Joseph & Prudence], b. July 16, 1785	2	83
Julia A., m. Norman T. **NASH**, b. of So. Glastonbury, Sept. 22, 1845, by Rev. Warren G. Jones	3	185
Julia Ann, d. [Horatio & Polly], b. June 10, 1820	2	170
Julia Elmina, d. [Ely & Ruth], b. Aug. 6, 1808	2	199
Julius, s. [Samuel & Clarissa], b. Jan. 9, 1818	2	110
Justus, s. [Samuel & Clarissa], b. Apr. 10, 1821	2	110
Katharine, d. [Samuel & Clarissa], b. June 22, 1810	2	110
Laura, d. [Roswell & Elizabeth], b. Sept. 19, 1802	2	157
Laura Celestia, of Glastonbury m. William H. **GI[L]BERT**, of Hartford, Sept. 28, 1837, by D. S. Devens	3	142
Lazarus, s. Josiah & Martha, b. Mar. 3, 1720/1	1	43
Lovinna, d. [Ely & Ruth], b. May 21, 1824	2	199
Lovina, of Glastonbury, m. Enoch **JACKMAN**, of Hartford, Vt., July 8, 1832, by Jeremiah Stocking, Elder	3	117
Lovina, of Glastonbury, m. Alfred R. **HOLCOMB**, of Granby, Mar. 5, 1849, by Rev. James A. Smith	3	211
Lucy, of Glastonbury, m. Leverett **TALLCOTT**, of Hartford, Oct. 7, 1833, by Rev. Thomas J. Davis	3	123

	Vol.	Page
HOLLISTER, HOLISTER, HOLLESTER, HOLLESSTER, HOLLISSTER (cont.),		
Lyman, s. [Thomas & Sipha], b. Mar. 9, 1811; d. Sept. 30, 1812	2	120
Lyman Thomas, s. [Thomas & Sipha], b. Aug. [ ], 1814	2	120
Maria, d. Alexander & Prudence, b. Mar. 13, 1804	2	141
Maria, d. [Alexander & Prudence], d. Apr. 12, 1813	2	141
Martha, d. John & Abiiah, b. Mar. 20, 1711/12	1	24
Martha, m. John **HUBBARD**, Jr., July [ ], 1732	1	99
Martha A., m. Sidney **DEAN**, b. of So. Glastonbury, July 14, 1839, by Rev. Warren G. Jones	3	151
Martin, s. [Horatio & Polly], b. May 13, 1812	2	170
Martin, m. Ruth G. **KELLOGG**, b. of Glastonbury, Sept. 8, 1835, by Rev. Thomas J. Davis	3	131
Mary, d. Joseph & Ann, b. Aug. 25, 1704	1	23
Mary, d. Joseph, Jr. & Mary, b. Sept. 23, 1722	1	72
Mary, d. Joseph, Jr. & Mary, m. Joseph **KILBORN**, s. Abraham & Mary, Mar. 1, 1743/4	1	120
Mary, d. Joseph & Rebeckah, b. Mar. 28, 1760	1	86
Mary, [d. Stephen & Abigail], b. Feb. 4, 1782	2	137
Mary, d. Elijah, m. Samuel **STRATTON**, 3rd, July 13, 1786	2	125
Mary, d. John & Mary, b. Mar. 17, 1788	2	88
Mary Maria, of Glastonbury, m. George R. **COLE**, of Portland, Sept. 8, 1844, by Elder Jeremiah Stocking	3	178
Mary T., of Glastonbury, m. Henry O. **HALE**, of Hartford, Jan. 11, 1832, by Rev. Samuel H. Riddell	3	115
Mary Tullen, d. [Horatio & Polly], b. June 17, 1810	2	170
Mehetabel, d. John & Abiiah, b. Feb. 6, 1709	1	24
Mehetable, d. Elijah & Mary, b. June 10, 1785	2	118
Mahetable, m. Abner **HOUSE**, b. of Glastonbury, May 7, 1826, by Rev. Jacob Allen	3	89
Milla, d. Ichabod & Esther, b. June 19, 1785	2	60
Nancy, d. [Roswell & Elizabeth], b. Feb. 16, 1796	2	157
Nancy, d. Roswell & Elizabeth, m. George **MERRICK**, s. Samuel F. & Sarah, Oct. 31, 1819	2	188
Naomi, d. Jonathan, m. George **TAYLOR**, s. John, Nov. 20, 1783	2	83
Nathaniel, s. Gideon, m. Mabel **MATSON**, d. Thomas, Oct. 29, 1754	2	79
Nathaniel, s. Nathaniel & Mabel, b. Feb. 28, 1757	2	79
Nathaniel, Jr., [s. Nathaniel & Mabel], d. Aug. 12, 1768	2	79
Nathaniel, s. Nathaniel & Mabel, b. Mar. 28, 1772	2	79
Nehemiah, s. Thomas & Abigail, b. June 8, 1748	2	19
Noah, s. [Joseph & Prudence], b. Aug. 10, 1787	2	83
Norman, s. [Horatio & Polly], b. Mar. 4, 1818	2	170
Parismus, m. Mary Mariah **NEAU**(?), b. of Glastonbury, Sept. 27, 1829, by Jeremiah Stocking, J. P.	3	103
Patience, d. Nathaniel & Mabel, b. Mar. 21, 1755	2	79
Patience, d. [Joseph & Prudence], b. June 29, 1793	2	83
Paulmer Ely, s. [Ely & Ruth], b. Sept. 24, 1804	2	199
Phebe, d. Nathaniel & Mabel, b. Feb. 27, 1774	2	79

HOLLISTER, HOLISTER, HOLLESTER, HOLLESSTER, HOLLISSTER (cont.),

	Vol.	Page
Plinney, s. Elizur & Elizabeth, b. Mar. 2, 1756	2	9
Polly, twin with Sally, d. [Amos & Elizabeth], b. Feb. 11, 1798	2	146
Prudence, d. John & Abiiah, b. Mar. 13, 1707	1	24
Prudence, d. Charles & Prudence, b. Aug. 16, 1735	1	81
Prudence, d. Francis & Betty, b. Aug. 24, 1763	2	8
Prudence, d. Nathaniel, m. Joseph HOLLISTER, s. Joseph & Rebecca, Nov. 20, 1778	2	83
Prudence, d. Alexander & Prudence, b. Dec. 29, 1801	2	141
Prudence, m. Benjamin HOLLISTER, Dec. 9, 1824, by Rev. Caleb Burge	3	81
Rachel, d. Thomas & Dorothy, b. July 27, 1712	1	25
Rachel, d. Dea. Gideon, m. Jonathan HOLDEN, s. John, b. of Glassenbury, Nov. 25, 1762	2	33
Rebeckah, d. David, m. Timothy GOSLEE, Oct. 19, 1743	1	101
Rebeckah, d. Joseph & Rebeckah, b. Apr. 15, 1757	1	86
Rebecca, w. Joseph, d. Dec. 24, 1768	1	86
Rebecca, d. Joseph & Prudence, b. Jan. 26, 1781	2	83
Rebecca, d. [Amos & Elizabeth], b. July 1, 1803	2	146
Reuben, s. [Alexander & Prudence], b. Dec. 16, 1805	2	141
Rhoda, d. Gideon, Jr., m. Stephen STRICTLAND, 3rd, s. Lieut. Stephen, Nov. 2, 1780	2	135
Roswell, s. Elijah, decd., m. Elizabeth STRATTON, d. Samuell, [ ], 1788	2	157
Roswell, of Glastonbury, m. Mary Ann TRYON, of Louis Town, N. Y., Oct. 12, 1834, by Rev. Tho[ma]s J. Davis	3	128
Ruth, d. Thomas & Dorothy, b. Oct. 13, 1710	1	25
Ruth, d. Thomas & Abigail, b. July 6, 1758	2	19
Ruth, m. Isaac SMITH, s. Richard, Nov. 14, 1758	2	66
Ruth, d. Nathaniel & Mabel, b. Aug. 5, 1760	2	79
Ruth, d. Thomas & w. of Israel HILLS, d. Mar. 18, 1842, ae 83 y.	2	19
Sally, twin with Polly, d. [Amos & Elizabeth], b. Feb. 11, 1798	2	146
Sally Almiry, d. [Samuel & Clarissa], b. Apr. 8, 1806	2	110
Samuel, s. Ichabod & Esther, b. May 30, 1782	2	60
Samuel, s. [Roswell & Elizabeth], b. Dec. 18, 1788	2	157
Samuel, s. Gideon, m. Clarissa SHIPMAN, d. John, Mar. 28, 1799	2	110
Samuel, s. [Samuel & Clarissa], b. Oct. 25, 1799	2	110
Samuel, [& w. Clarissa], had child d. Mar. 5, 1812	2	110
Samuel, Sr., d. July 1, 1826, in the 50th y. of his age	2	110
Sarah, d. John & Abiiah, b. Jan. 6, 1698	1	24
Sarah, m. Benieman TALCUT, b. of Glasinbury, Jan. 5, 1698/9	1	12
Sarah, d. Charles & Charity, b. Mar. 1, 1752	1	111
Sarah, of Glastonbury, m. Penuel POND, of Richmond, Va., June 25, 1820, by Rev. Nathan B. Burgess	3	60
Sarah, of Glastonbury, m. Charles HOLLISTER, of Manchester, Sept. 1, 1839, by Rev. Warren G. Jones	3	151
Sereno Dwight, s. [Ely & Ruth], b. May 1, 1812	2	199
Sipha, d. Israel & Sarah, b. Oct. 26, 1784	2	120

	Vol.	Page
HOLLISTER, HOLISTER, HOLLESTER, HOLLESSTER, HOLLISSTER (cont.),		
Sipha, d. Israel & Sarah, m. Thomas **HOLLISTER**, Jr., s. Thomas & Jemima, Nov. 12, 1805	2	120
Sipha C., m. Walter B. **NEAU**, b. of Glastonbury, Aug. 31, 1835, by Jeremiah Stocking, Elder	3	133
Sipha Calista, d. [Thomas & Sipha], b. June 18, 1808	2	120
Stephen, s. Abraham, b. June 26, 1750; m. Abigail **HILL**, d. John, of East Hartford, July 25, 1771	2	137
Stephen, twin with Abigail, s. [Stephen & Abigail], b. Apr. 21, 1774	2	137
Stephen, [twin with Abigail, s. Stephen & Abigail], d. May 20, 1774	2	137
Stephen, s. [Stephen & Abigail], b. July 21, 1779; d. Apr. 1, 1799	2	137
Stephen, s. [Samuel], b. Aug. 19, 1829	2	210
Susannah, m. Benony **HOUSE**, May 4, 1741	1	90
Theodore, s. Charles & Charity, b. May 20, 1750	1	111
Thomas, s. Thomas & Dorothy, b. Jan. 13, 1707	1	25
Thomas, s. Thomas & Abigail, b. Sept. 23, 1738	2	19
Thomas, s. Thomas & Jemima, b. Feb. 23, 1778	2	120
Thomas, Jr., s. Thomas & Jemima, m. Tryphena **HANCOCK**, d. William, of Enfield, Feb. 9, 1803	2	120
Thomas, Jr., s. Thomas & Jemima, m. Sipha **HOLLISTER**, d. Israel & Sarah, Nov. 12, 1805	2	120
Thomas, d. Jan. 27, 1813	2	120
Thomas, s. Dea. Thomas, m. Abigail **TALCOTT**, d. Dea. Nathaniel [ ]	2	19
Thomas, m. Dorothe [ ], [ ]	1	25
Timothy, s. Francis & Betty, b. Mar. 4, 1765	2	8
Tryphena, w. Thomas, Jr., d. Dec. 11, 1804	2	120
Wadsworth, s. [Amos & Elizabeth], b. Jan. 4, 1789	2	146
William, s. Joseph & Ann, b. July 8, 1699	1	23
William, s. Joseph, Jr. & Mary, b. Jan. 24, 1736/7	1	72
William, s. Joseph & Rebeckah, b. Jan. 15, 1763	1	86
William, s. John & Mary, b. Feb. 11, 1792	2	88
William s. [Samuel & Clarissa], b. Oct. 4, 1815	2	110
William Goodrich, s. [Thomas, Jr. & Tryphena], b. Jan. 6, 1804	2	120
HOLMES, Abby S., m. Daniel **HALL**, Oct. 2, 1842, by Rev. Warren G. Jones	3	168
Alva C., m. Mary **ALGER**, b. of Glastonbury, Oct. 19, 1831, by Jeremiah Stocking, J. P.	3	113
Ambrose N., m. Julia P. **HARDIN**, b. of Glastonbury, Oct. 1, 1856, at New York, by Rev. Joseph P. Thompson, of New York	3	242
Appleton, m. Lydia **GOODRICH**, Nov. 14, 1771	2	112
Appleton, s. Appleton & Lydia, b. Mar. 17, 1786	2	112
Aurelia, of Glastonbury, m. Lester **COLTON**, of Longmeadow, Mass., Mar. 12, 1833, by Rev. Samuel H. Riddell	3	121
Burrage, twin with Calvin, s. Appleton & Lydia, b. July 4, 1783	2	112

	Vol.	Page
HOLMES (cont.),		
Calvin, twin with Burrage, s. Appleton & Lydia, b. July 4, 1783	2	112
Charles C., m. Almira **WICKHAM**, b. of Glastonbury, Feb. 2, 1841, by Elder Jeremiah Stocking	3	157
Christopher C., m. Ellen E. **SELLEW**, b. of Glastonbury, Mar. 19, 1837, by Rev. Jacob Allen	3	139
Daniel, m. Govinia **ALGER**, b. of Glastonbury, Dec. 26, 1835, by Rev. James Shepard	3	134
Elijah, s. Appleton & Lydia, b. Nov. 26, 1774	2	112
Florenda, d. Appleton & Lydia, b. Apr. 14, 1772	2	112
Israel, s. Appleton & Lydia, b. May 1, 1781	2	112
John B., m. Jane **TREAT**, Nov. 23, 1839, by Rev. Thomas Williams	3	152
Joseph T. of Manchester, m. Mary Ann **BREWER**, of Glastonbury, May 13, 1830, by Rev. Samuel H. Riddell	3	107
Josiah B., m. Adeline **LOVELAND**, b. of Glastonbury, Sept. 7, 1826, by Rev. William Lockwood	3	90
Ozias, s. Appleton & Lydia, b. June 26, 1788	2	112
Richard, s. Appleton & Lydia, b. Aug. 16, 1773	2	112
Rocksena, d. Appleton & Lydia, b. Feb. 28, 1776	2	112
Rocksena, d. Appleton & Lydia, b. Aug. 26, 1779	2	112
Sarah, of Glastonbury, m. Edward G. **BURKE**, of East Haddam, Feb. 15, 1824, by Rev. W[illia]m Lockwood	3	78
Solomon, s. Appleton & Lydia, b. July 18, 1777	2	112
Solomon, s. Appleton, m. Anna **McKEY**, d. Jonathan, Aug. 31, 1802	2	86
Stephen, Jr., of Manchester, m. Abby S. **BROWN**, of Glastonbury, May 5, 1834, by Rev. Samuel H. Riddell	3	126
William, s. Charles, m. Rachel **SMITH**, d. Noah, Mar. 3, 1799	2	139
William, Jr., m. Emeline **HALE**, b. of Glastonbury, May 3, 1825, by Rev. Jacob Allen	3	84
HOPKINS, Daniel F., of Chatham, m. Elvira A. **TAYLOR**, of Glastonbury, Aug. 13, 1829, by Rev. W[illia]m Jarvis	3	103
Joseph, of Stafford, m. Lorana **WEIR**, of Glastonbury, Mar. 25, 1833, by Rev. J. E. Risley	3	121
HOPSON, Mary, d. John, of Colchester, m. Thomas **TREAT**, s. Capt. Thomas, of Glassenbury, May 10, 1726	1	51
HORTON, Hambleton R., s. [Sampson & Lucy], b. Jan. 29, 1807	2	179
Hamilton R., m. Elizabeth B. **ROBERTSON**, Oct. 20, 1830, by Rev. Hector Humphrey	3	110
Havell T., s. [Sampson & Lucy], b. June 10, 1802	2	179
Henry, s. [Sampson & Lucy], b. May 25, 1790, in Hebron	2	179
Hiram, s. [Sampson & Lucy], b. Aug. 5, 1800, in Hebron	2	179
Horace, s. [Sampson & Lucy], b. Dec. 29, 1793, in Hebron	2	179
Hubbell, s. [Sampson & Lucy], b. Jan. 10, 1798, in Hebron	2	179
Humphrey P., s. [Sampson & Lucy], b. Oct. 27, 1804; d. Oct. 16, 1820	2	179
Laura, d. [Sampson & Lucy], b. Apr. 8, 1792, in Hebron	2	179
Lucy L., d. [Sampson & Lucy], b. Jan. 5, 1811	2	179

	Vol.	Page
HORTON (cont.),		
Polly, m. Julius **BIDWELL**, b. of Glastonbury, Nov. 7, 1830, by Rev. Samuel H. Riddell	3	109
Sampson, s. Stephen & Prudence, of Hebron, b. Oct. 4, 1765; m. Lucy **PHELPS**, d. Ichabod & Mary, of Hebron, Aug. 30, 1789	2	179
HOTCHKISS, Obedience, of New Haven, m. Austin **STANDISH**, of Glastonbury, Apr. 11, 1824, by Jeremiah Stocking, J. P.	3	82
HOUGH, Robert, of Wethersfield, m. Clarinda **HODGE**, of Glastonbury, Dec. 30, 1832, by Jeremiah Stocking, Elder	3	120
HOUSE, Abigail, wid., m. Abraham **KILBORN**, Apr. 23, 1752	1	35
Abigail, d. Abner & Chloe, b. Mar. 16, 1790	2	136
Abner, s. William, m. Chloe **HOLLISTER**, d. Nathaniel, Mar. 17, 1782	2	136
Abner, s. Abner & Chloe, b. Apr. 17, 1786	2	136
Abner, m. Mahetable **HOLLESTER**, b. of Glastonbury, May 7, 1826, by Rev. Jacob Allen	3	89
Almorin, m.. Polly **COUCH**, b. of Glastonbury, Apr. 4, 1848, by Rev. Lyman Leffingwell	3	207
Alvin, m. Lydia A. **TURNER**, b. of Glastonbury, Jan. 7, 1839, by James A. Smith	3	149
Amelia Ann, of Eastbury, m. William **BIDWELL**, of Manchester, May 17, 1840, by James A. Smith	3	154
Amelia W., of Glastonbury, m. Nathan M. **HOUSE**, of Haddam, Dec. 29, 1850, by Rev. Roger Albeston	3	219
Angeline C., of Glastonbury, m. Urban **HOUSE**, of Haddam, Feb. 8, 1846, by Rev. Ella Dunham	3	187
Ann E., of Glastonbury, m. Nathan **GILBERT**, of Windsor, Oct. 5, 1848, by Rev. James A. Smith	3	209
Ansel, s. Abner & Chloe, b. July 31, 1782	2	136
Benjamin, s. Benony & Susannah, b. Mar. 10, 1741/2	1	90
Benony, s. William & Hannah, b. Sept. 20, 1715	1	19
Benony, m. Susannah **HOLLESTER**, May 4, 1741	1	90
Charlotte N., of Glastonbury, m. Henry H. **HUNT**, of Bolton, Apr. 11, 1848, by Rev. Aaron Snow, of Eastbury	3	207
Chloe, d. Abner & Chloe, b. Mar. 1, 1788	2	136
Clarissa, of Glastonbury, m. Seth **COOLEY**, of East Windsor, Sept. 26, 1824, by Rev. Jacob Allen	3	80
Clarissa, of Glastonbury, m. Joseph **CAMP**, of Westfield, Mass., Feb. 6, 1831, by Rev. Samuel H. Riddell	3	111
Clinton Wolcott, s. John F. & Harriet, b. June 26, 1820	2	171
Daniel, s. Joseph & Rachell, b. Oct. 21, 1720	1	36
Diantha M., of Glastonbury, m. Hiram R. **ROCKWELL**, of East Windsor, May 3, 1842, by Richard Livesey	3	168
Dolly, d. Abner & Chloe, b. Sept. 15, 1799	2	136
Dorothy, ae 20, m. William Henry **SAMSON**, late of Glastonbury, now of New York City, ae 29, Nov. 2, 1832, by Rev. James Milmor, of New York City. Witnesses Earl Samson, Elias W. Hale & Ann Hale	3	118
Dudley, m. Anna **HODGE**, b. of Glastonbury, Dec. 29, 1822, by		

	Vol.	Page

HOUSE (cont.),

	Vol.	Page
Jeremiah Stocking, J. P.	3	71
Dudley, m. Mary **STEVENS**, Nov. 1, 1837, by Rev. Warren G. Jones	3	142
Electa, m. George **WRISLEY**, 2nd, b. of Glastonbury, Nov. 23, 1834, by Rev. Jacob Allen	3	128
Elijah, s. Benony & Susannah, b. Apr. 21, 1752	1	90
Elijah, s. Benoni, m. Keturah **GOODRICH**, d. David, Jan. 20, 1780	2	95
Elijah, s. Elijah & Keturah, b. Feb. 25, 1781	2	95
Elijah, d. June 30, 1803	2	95
Elijah, of Manchester, m. Nancy Maria **VIBBERT**, of Glastonbury, Feb. 16, 1852, by James A. Smith	3	224
Eliza, d. [Matthew, decd. & Lois], b. Apr. 28, 1805	2	171
Eliza, m. William **SAMSON**, Apr. 5, 1826, by Rev. Caleb Burge	3	87
Eliza, of Glastonbury, m. Jared **FOX**, of Manchester, Sept. 3, 1829, by Rev. Samuel H. Riddell	3	103
Eliza H., m. John H. **GOSLEE**, b. of Glastonbury, Sept. 22, 1847, by Aaron Snow	3	200
Emeline, m. Winthrop **WRISLEE**, Dec. 27, 1846, by Rev. Lawton Cady	3	196
Eun[i]ce, d. John & Eun[i]ce, b. Apr. 15, 1704	1	2
Ezra, s. Abner & Chloe, b. Jan. 21, 1796	2	136
George, s. Benoni & Susannah, b. Jan. 27, 1754	1	90
George S., m. Wealthy J. **WARNER**, b. of Glastonbury, Nov. 23, 1851, by Charles Morse	3	223
Hannah, d. William & Hannah, b. July 19, 1711	1	19
Hannah, d. Joseph & Hannah, b. July 12, 1714	1	36
Hannah, w. William, d. Sept. 24, 1715	1	19
Hannah, w. Joseph, Sr., d. Jan. 17, 1715/16	1	36
Hannah, d. William, m. Josiah **BENTON**, Feb. 5, 1735/6	1	87
Hannah, d. Benony & Susannah, b. Oct. 28, 1743	1	90
Henry, m. Prudence **STEVENS**, June 28, 1826, by Jay W. Fairchild	3	89
Honour, m. Benony & Susannah, b. Jan. 11, 1747/8	1	90
Honor, d. Elijah & Keturah, b. Jan. 17, 1783	2	95
Honor, m. Joseph **KILBORN**, b. of Glastonbury, May 23, 1832, by Rev. Samuel H. Riddell	3	116
Jera, s. Abner & Chloe, b. May 1, 1784	2	136
John, m. Eunice **FFOX**, b. of Glastonbury, May 8, 1703	1	2
John, s. John & Eun[i]ce, b. Aug. 15, 1709	1	2
John C., of Salem, m. Almeda A. **BIDWELL**, of Glastonbury, Mar. 16, 1851, at her father's house, by Rev. A. B. Chapin	3	219
Jonathan, s. Joseph & Rachell, b. Oct. 21, 1723	1	36
Joseph, m. Hannah **PORTER**, d. Hezekiah, of Hartford, Dec. 25, 1712	1	36
Joseph, s. Joseph & Hannah, b. Jan. 8, 1715/16	1	36
Joseph, m. Rachell **PITKIN**, d. Capt. Roger, of Hartford, Oct. 7, 1718	1	36

	Vol.	Page
HOUSE (cont.),		
Joseph, s. Joseph & Hannah, d. Feb. 20, 1725/6	1	36
Julia, m. Selden **HODGES**, b. of Glastonbury, Feb. 20, 1848, by Rev. Warren G. Jones	3	204
Julia, m. Selden **HODGE**, b. of Glastonbury, Feb. 20, 1848, by Rev. Warren G. Jones	3	207
Julia Ann, of Glastonbury, m. W[illia]m D. **BEAUMONT**, of East Hartford, Aug. 12, 1847, by Rev. James A. Smith	3	205
Leonard, s. Matthew, decd. & Lois, b. Dec. 17, 1802	2	171
Leonard, m. Adiline **KENNEY**, b. of Glastonbury, Nov. 25, 1823, by Rev. Jacob Allen	3	76
Lovina C., m. Ira C. **LOVELAND**, b. of Glastonbury, June 1, 1841, by Elder Jeremiah Stocking	3	159
Lucy, d. Samuel & Lucy, b. June 17, 1780; m. Joseph **WELLES**, s. Capt. Joseph & Susannah, Jan. 23, 1805	2	163
Lucy, d. Joel & Lois, m. Edmund **COVELL**, Dec. 20, 1819	2	172
Lucy, of Glastonbury, m. William E. **THOMPSON**, of Columbia, Sept. 2, 1832, by Rev. Hezekiah S. Randall	3	117
Martha, of So. Glastonbury, m. Hudson **ALGER**, Apr. 13, 1846, by Rev. Warren G. Jones	3	188
Mary L., d. Flavel, of Glastonbury, m Jonathan **TALCOTT**, 2nd, of Rome, N. Y., Sept. 29, 1846, by Rev. Aaron Snow	3	193
Mendina, m. Anson **TREAT**, b. of Glastonbury, Mar. 19, 1845, by Jeremiah Stocking, Elder	3	182
Mercy, of Glastonbury, m. George **TURNER**, of Bangor, Me., May 11, 1834, by Rev. Samuel H. Riddell	3	127
Nathan M., of Haddam, m. Amelia W. **HOUSE**, of Glastonbury, Dec. 29, 1850, by Rev. Roger Albeston	3	219
Onner, d. Elijah, m. Joseph **KILBORN**, May 22, 1832	2	159
Osman, m. Delia **WRIGHT**, b. of Glastonbury, May 4, 1830, by Rev. Samuel H. Riddell	3	107
Polly, m. Alvin **RISLEY**, b. of Glastonbury, Aug. 1, 1821, by Rev. Leonard Bennett	3	64
Prudence, d. Elijah & Keturah, b. Mar. 14, 1795	2	95
Rachell, d. Joseph & Rachell, b. Apr. 17, 1726	1	36
Rendy, d. Abner & Chloe, b. Jan. 14, 1798	2	136
Rufus, s. Abner & Chloe, b. Feb. 14, 1792	2	136
Ruth, d. John, of Glassenbury, m. Jonathan **TREAT**, s. Charles, decd., Jan. 25, 1757	1	119
Ruth, of Glastonbury, m. William **BRAINARD**, of Haddam, Jan. 10, 1825, by Rev. Jacob Allen	3	82
Sally H., of Glastonbury, m. Loring **ANDREWS**, of Hebron, Nov. 27, 1827, by Rev. Jacob Allen	3	96
Salmon, s. Abner & Chloe, b. Jan. 19, 1794	2	136
Samuel, m. Elizabeth **BENTON**, b. of Glastonbury, Nov. 27, 1834, by Rev. Samuel H. Riddell	3	130
Samuel, m. Ann **BENTON**, b. of Glastonbury, Nov. 19, 1840, by Rev. James A. Smith	3	157
Sarah, m. Joseph **SMITH**, b. of Glastonbury, Jan. 2, 1695/6	1	27

	Vol.	Page
HOUSE (cont.),		
Sarah, d. John & Eun[i]ce, b. Jan. 18, 1705	1	2
Saral, of Glastonbury, m. Phebe **HALING**, of Marlborough, Jan. 1, 1855, by Aaron Snow	3	241
Selah, m. Hannah M. **LOVELAND**, b. of Glastonbury, Nov. 26, 1827, by Rev. Jacob Allen	3	95
Suesannah, d. Benony & Susannah, b. Jan. 25, 1745/6	1	90
Susannah, d. Benoni & Susannah, b. Oct. 9, 1756	1	90
Truman, of Westfield, Mass., m. Sarah Ann **HUBBARD**, of Glastonbury, June 7, 1830, by Samuel H. Riddell	3	108
Urban, of Haddam, m. Angeline C. **HOUSE**, of Glastonbury, Feb. 8, 1846, by Rev. Ella Dunham	3	187
Viletta M., m. M. **RISLEY**, Sept. 6, 1846, by Rev. Lawton Cady	3	191
Wealthy, m. Timothy R. **LATIMORE**, b. of Glastonbury, Nov. 30, 1820, by Rev. Prince Hawes	3	62
William, m. Hannah **LOVELAND**, b. of Glasinbury, Dec. 1, 1709	1	19
William, s. William & Hannah, b. Sept. 9, 1713	1	19
William, m. 2nd w. Abigail **PORTER**, d. Hezekiah, of Hartford, Jan. 9, 1717/18	1	19
Ziel, s. Elijah & Keturah, b. Feb. 20, 1789	2	95
HOWE, HOW, HOWS, Anna, d. Elisha & Anna, b. Feb. 21, 1780	2	131
Elias, of Vernon, m. Harriet A. **NORTON**, of Glastonbury, Sept. 1, 1850, by Rev. Warren G. Jones	3	217
Elisha, s. John, m. Anna **HOLLISTER**, d. Gideon, Mar. 18, 1779	2	131
Elisha, s. Elisha & Anna, b. Mar. 13, 1784	2	131
Esther Rebeckah, d. John & Mary, b. July 22, 1755	1	92
Hannah H., of Glastonbury, m. Calvin **TRACY**, of Coventry, Sept. 22, 1847, by Aaron Snow	3	200
John, s. Elisha & Anna, b. Nov. 24, 1791	2	131
Judeth, d. Elisha & Anna, b. Mar. 14, 1794	2	131
Mimey, d. Elisha & Anna, b. Oct. 21, 1788	2	131
Polly, d. Elisha & Anna, b. Aug. 24, 1786	2	131
Rebeckah, d. John & Mary, d. Mar. 13, 1756	1	92
Rebecca, d. Elisha & Anna, b. May 2, 1782	2	131
Ruth, m. Eleazer **HUTCHINGSON**, Jan. 9, 1826, by Samuel K. Jones, J. P.	3	87
Willard E., m. Hannah F. **TREAT**, b. of Glastonbury, Oct. 5, 1853, Aaron Snow	3	236
HUBBARD, Amanda Malinda, d. [David & Jerusha], b. Nov. 3, 1826	2	198
Ann, d. Hezekiah & Hannah, b. Nov. 18, 1755	1	22
Anne, d. John & Martha, b. July 28, 1748	1	99
Asael, s. Hezekiah & Hannah, b. Oct. 18, 1762	1	22
Betsey Ann, d. [Thomas & Betsey Ann], b. Sept. 23, 1810	2	84
Caroline, of Glastonbury, m. Eleazer W. **HOLLESTER**, of Manchester, May 6, 1828, by P. R. Osborn, V. D. M.	3	99
Caroline Augusta, d. [Thomas & Betsey Ann], b. Nov. 26, 1812	2	84
David, m. Jerusha **HOLLESTER**, b. of Glastonbury, June 2, 1824	2	198
David, m. Jerusha **HOLLISTER**, June 2, 1824, by Rev. Caleb Burge	3	78

	Vol.	Page
HUBBARD (cont.),		
Denison H., m. Pamela Ann **HUBBARD**, b. of Glastonbury, April 21, 1832, by Rev. Jacob Allen	3	115
Elisha, s. John & Martha, b. Mar. 30, 1736	1	99
Elizabeth, d. John & Martha, b. Mar. 7, 1738	1	99
Elizabeth, d. Hezekiah & Hannah, b. [ ]	1	22
Elizur, s. Hezekiah & Hannah, b. June 14, 1760	1	22
Ellen, d. [Thomas & Betsey Ann], b. Apr. 3, 1809	2	84
Ellen M., of Glastonbury, m. Caleb S. **SANFORD**, of New York, July 28, [1842], by Richard Livesey	3	168
Ellen M., of Glastonbury, m. Caleb S. **SANFORD**, of Verona, N. Y., [ ], by R. Livesey	3	172
Hannah, d. Hezekiah & Hannah, b. Dec. 8, 1764	1	22
Harriet, of Glastonbury, m. Norman W. **SPENCER**, of Manchester, May 20, 1846, by James A. Smith	3	189
Henry, of Berlin, m. Eliza Ann **ROBINSON**, of Glastonbury, Feb. 10, 1828, by George Merrick, J. P.	3	97
Hezekiah, s. Capt. David, m. Hannah **OLCOTT**, d. Nathaniell, Dec. 10, 1752	1	22
Hezekiah, s. Hezekiah & Hannah, b. Oct. 28, 1753	1	22
Jeremiah, twin with Jerutha, s. John & Martha, b. Apr. 14, 1750	1	99
Jerusha M., of Glastonbury, m. James B. **WILLIAMS**, of Manchester, Sept. 24, 1845, by Rev. James A. Smith	3	184
Jerusha Mariah, d. [David & Jerusha], b. May 5, 1825	2	198
Jerutha, twin with Jeremiah, d. John & Martha, b. Apr. 14, 1750	1	99
John, Jr., m. Mary **KIMBERLY**, June 17, 1708	1	32
John, s. John & Mary, b. Aug. 22, 1711	1	32
John, Jr., m. Martha **HOLLESTER**, July [ ], 1732	1	99
John, s. John & Martha, b. June 4, 1734	1	99
John, s. John & Martha, b. Oct. 7, 1739	1	99
John, s. Hezekiah & Hannah, b. Feb. 13, 1767	1	22
John Flavel, m. Lucretia **BUCK**, 2nd, Oct. 12, 1824, by Jeremiah Stocking, J. P.	3	80
John Wells, s. [Thomas & Betsey Ann], b. Sept. 23, 1815	2	84
Joseph, s. John & Martha, b. Mar. 7, 1752	1	99
Julius C., m. Sarah **HALL**, Sept. 5, 1837, by D. S. Devens	3	142
Lois, d. Richard, of Middletown, m. George **STOCKING**, Jr., s. George, of Glassenbury, Dec. [ ], 1771	2	55
Lucinda, m. Stephen **STRICKLAND**, 2nd, b. of Glastonbury, Oct. 25, 1826, by Rev. Jacob Allen	3	91
Martha, d. John & Martha, b. Oct. 3, 1744	1	99
Mary, d. John, Jr. & Mary, b. Apr. 13, 1709	1	32
Mary, d. Ephraim, m. John **KIMBERLY**, s. Thomas, decd., Oct. 29, 1741	1	70
Mary, d. John & Martha, b. Nov. 5, 1746	1	99
Mary W., of Glastonbury, m. Hazard **KNOWLES**, of Colchester, Oct. 6, 1825, by Rev. Caleb Burge	3	85
Mary Wells, d. Thomas & Betsey Ann, b. June 13, 1807	2	84
Norman, m. Amelia A. **HALE**, b. of Glastonbury, [May] 26,		

	Vol.	Page

HUBBARD (cont.),
    [1853], by Frederick W. Chapman — 3, 232
    Pamela Ann, m. Denison H. **HUBBARD**, b. of Glastonbury, Apr. 21, 1832, by Rev. Jacob Allen — 3, 115
    Prudence, of Glastonbury, m. Benjamin G. **WRIGHT**, of Berlin, Apr. 27, 1839, by James A. Smith — 3, 150
    Reuben, of Hartford, m. Lucy **LATIMORE**, of East Hartford, July 20, 1820, by William Lockwood — 3, 60
    Sarah, d. John, Jr. & Mary, b. Mar. 23, 1713/14 — 1, 32
    Sarah, d. [John, Jr. & Mary], d. Mar. 21, 1809 — 1, 32
    Sarah, of Glastonbury, m. Martin W. **KENNEY**, of Manchester, Apr. 2, 1834, by Rev. Samuel H. Riddell — 3, 126
    Sarah Ann, of Glastonbury, m. Truman **HOUSE**, of Westfield, Mass., June 7, 1830, by Rev. Samuel H. Riddell — 3, 108
    Sarah M., m. Harlow **RISLEY**, b. of Glastonbury, Jan. 3, 1825, by Rev. Jacob Allen — 3, 82
    Thomas, m. Elizabeth **BURENT**, Feb. 8, 1781 — 2, 13
    Thomas, m. Betsey Ann **WELLS**, d. John, Sept. 20, 1801 — 2, 84
    Timothy, s. John & Martha, b. Mar. 3, 1742 — 1, 99

HULL, Austin, m. Lucy Ann **LEETE**, Oct. 6, 1833, by Rev. Reuben Ransom — 3, 123

HUNSTED, Jesse, of Stonington, m. Alvira **HILLS**, of East Hartford, Sept. 17, 1835, by Rev. Samuel H. Riddell — 3, 133

HUNT, Alvira, m. William B. **HODGE**, b. of Glastonbury, Mar. 28, 1852, by Rev. Charles Morse — 3, 225
    Betsey Ann, m. John N. **DUTTON**, b. of Glastonbury, [ ], by Rev. Daniel Burrows — 3, 114
    Charity, w. Maj. Samson R., d. Feb. 23, 1807 — 2, 69
    Charity Dutcher, d. [Samson R. & Charity], b. Oct. 12, 1799 — 2, 69
    Clemmantina, d. [Samson R. & Charity], b. Mar. 18, 1788 — 2, 69
    Electa, d. Thomas & Sarah, b. Aug. 7, 1776 — 1, 45
    Electa, m. Chauncey **ANDRUS**, Nov. 27, 1820, by Jeremiah Stocking, J. P. — 3, 62
    George, s. Thomas & Sarah, b. Mar. 27, 1768 — 1, 45
    George, m. Alvira **ALGER**, b. of Glastonbury, Oct. 22, 1837, by Elder Jeremiah Stocking — 3, 142
    George, m. Eliza A. **TAYLOR**, b. of Glastonbury, May 11, 1851, by Jeremiah Stocking, Elder — 3, 221
    Hannah, m. Dennis **ROBERTS**, b. of East Hartford, July 4, 1825, by Rev. Jacob Allen — 3, 85
    Henry, s. [Samson R. & Polly], b. May 17, 1808 — 2, 69
    Henry H., of Bolton, m. Charlotte N. **HOUSE**, of Glastonbury, Apr. 11, 1848, by Rev. Aaron Snow, of Eastbury — 3, 207
    Horace, s. [Maj. Samson R. & Polly], b. Feb. 20, 1810 — 2, 69
    James R., m. Mary **WILLIAMS**, b. of Glastonbury, May 4, 1843, by Rev. James A. Smith — 3, 172
    Jane Lorane, d. [Samson R. & Charity], b. Mar. 23, 1806 — 2, 69
    Jemima, m. Imlay **COVELL**, Mar. 1, 1820 — 2, 183
    John, m. Mary **PHELPS**, b. of Glastonbury, Aug. 2, 1831, by Rev.

	Vol.	Page
HUNT (cont.),		
Ephraim Scott	3	112
Louisy, d. [Samson R. & Charity], b. Dec. 27, 1783	2	69
Maria, d. [Maj. Samson R. & Polly], b. Mar. 6, 1813	2	69
Mary, d. Thomas & Sarah, b. Feb. 2, 1771	1	45
Narissa, of Glastonbury, m. Aristabulus **BRAINARD**, of Chatham, Feb. 13, 1828, by Rev. Jacob Allen	3	97
Norman Samson, [s. Samson R. & Charity], b. Nov. 13, 1794	2	69
Roderic Russell, s. [Samson R. & Charity], b. Oct. 8, 1797	2	69
Samson R., s. Robert, of Canaan, b. Feb. 23, 1761; m. Charity **DUTCHER**, d. Rufus, of Canaan, [ ]	2	69
Samson R., Maj., s. Robard, of Canaan, m. Polly **BIDWELL**, d. Jonathan, of Glastonbury, Oct. 26, 1807	2	69
Samson R., m. Polly **PEASE**, b. of Glastonbury, May 1, 1822, by George Merrick, J. P.	3	69
Sarah, d. Thomas & Sarah, b. Mar. 28, 1766	1	45
Sarah, d. Thomas & Sarah, d. Oct. 6, 1778	1	45
Sarah, d. Thomas & Sarah, b. June 22, 1780	1	45
Sarah, w. Thomas, d. Nov. 1, 1815	1	45
Statiry, d. Thomas & Sarah, b. Feb. 19, 1774	1	45
Thomas, m. Sarah **GATES**, d. George, of East Haddam, Apr. 26, 1763	1	45
Thomas H., m. Harriet L. **CONKLIN**, b. of Glastonbury, June 2, 1850, by Jeremiah Stocking, Elder	3	220
Walter Roband, s. [Samson R. & Charity], b. Jan. 28, 1792	2	69
Washington Dutcher, s. [Samson R. & Charity], b. Oct. 9, 1785	2	69
William Bool, s. [Samson R. & Charity], b. May 17, 1802	2	69
HUNTINGTON, Adelia, m. Sylvester Gilbert **LOVELAND**, b. of Glastonbury, June 9, 1850, by Aaron Snow	3	216
Sibel, d. Nathaniell, of Windham, m. Rev. John **EELLS**, of Glassenbury, s. Rev. Nathaniel, of Stonington, June 30, 1763	1	116
HURLBURT, HURLBUT, Abigail, b. Apr. 27, 1779	2	178
Abigail, d. Josiah & Mabel, of Weathersfield, m. Josiah **STRICTLAND**, s. Stephen & Mary, May 12, 1801	2	178
Alma, of Glastonbury, m. Eleazer S. **WHITE**, of Hebron, Mar. 21, 1830, by Rev. Jacob Allen	3	106
Austin, of East Hartford, m. Ann B. **RISLEY**, of Glastonbury, Dec. 8, 1829, by Rev. Samuel H. Riddell	3	105
David, of Chatham, m. Ann E. **JONES**, of Glastonbury, Apr. 26, 1835, by Rev. Jacob Allen	3	131
David A., of Glastonbury, m. Sarah M **CARTER**, of Bloomfield, Sept. 25, 1852, by Aaron Snow	3	227
Julia, A., of Glastonbury, m. George **BREWER**, of East Hartford, May 1, 1849, by James A. Smith	3	211
Lydia, of Glastonbury, m. Almarin **ATHERTON**, of Bolton, Feb. 12, 1825, by Jeremiah Stocking, J. P.	3	83
Mary W., of Nantuck, m. Samuel **VALENTINE**, of Glastonbury, Oct. 18, 1840, by Jesse Baker	3	156
Ossian, of Enfield, m. Nancy M. **LORD**, of Glastonbury, Feb. 13,		

	Vol.	Page

HURLBURT, HURLBUT (cont.),
    1843, by James A., Smith — 3, 169

    Phebe, wid. & d. of Josiah **PELTON**, m. Capt. Charles **TREAT**, Jan. 5, 1800 — 2, 129

    Pheena, m. Jared **GAINES**, b. of Glastonbury, Jan. 22, 1833, by Rev. Samuel H. Riddell — 3, 121

    Sophronia, of Glastonbury, m. David **SNYDER**, of Amsterdam, N. Y., Sept. 6, 1840, by Rev. Lozian Pierce — 3, 155

HUTCHINS, Carlos S., of Woolcott, Vt., m. Caroline **OTIS**, of Glastonbury, Nov. 2, 1836, by Rev. Samuel H. Riddell — 3, 139

HUTCHINSON, HUTCHINGSON, Eleazer, m. Ruth **HOWE**, Jan. 9, 1826, by Samuel K. Jones, J. P. — 3, 87

    Sarah E., of Hebron, m. Roger P. **GIBSON**, of Glastonbury, Nov. 4, 1845, by Aaron Snow — 3, 185

    Stephen, s. Irenea **BARTLETT**, b. Feb. 11, 1754 — 1, 105

HUXFORD, Betsey, d. [John & Mary], b. Mar. 18, 1786 — 2, 59

    Caroline, d. [John & Mary], b. May 19, 1788 — 2, 59

    Gibson Williams, s. [John & Mary], b. July 16, 1793 — 2, 59

    Hannah Martin, d. [John & Mary], b. Mar. 21, 1801 — 2, 59

    John, s. Capt. Peter, m. Mary **HUXFORD**, d. Capt. Joseph, Sept. 30, 1781 — 2, 59

    John Dennis, s. [John & Mary], b. Nov. 25, 1790 — 2, 59

    Mary, d. Capt. Joseph, m. John **HUXFORD**, s. Capt. Peter, Sept. 30, 1781 — 2, 59

    Polly, d. [John & Mary], b. Aug. 18, 1783 — 2, 59

HYDE, Delia, of East Hartford, m. Aaron J. **KENNEY**, of Glastonbury, June 16, 1834, by Rev. Samuel H. Riddell — 3, 127

[IBELL], [see under **[EBELL]**]

INGHAM, Elias, of Marlborough, m. Julia **SPARKS**, of Glastonbury, Dec. 25, 1827, by Jeremiah Stocking, J. P. — 3, 96

INGRAHAM, INGRAM, Charles, of Vernon, m. Mary **FOX**, of Glastonbury, Oct. 13, 1847, by Rev. Benjamin G. Phelps, of Manchester — 3, 199

    Frances H., of Marlborough, m. Charles W. **BARNES**, of Glastonbury, July 14, 1850, by Jeremiah Stocking, Elder — 3, 220

    William, of Marlborough, m. Mary Ann **FULLER**, of Glastonbury, Mar. 29, 1846, by Rev. Aaron Snow — 3, 188

IRESSLIEP(?), Valentine, m. Catharine **FIERN**, b. of Glastonbury, July 3, 1851, by Rev. Charles Morse — 3, 222

ISHAM, Sarah E., of Manchester, m. Samuel R. **LOOMIS**, of Glastonbury, Mar. 23, 1848, by Rev. Aaron Snow — 3, 204

JACKMAN, Enoch, of Hartford, Vt., m. Lovina **HOLLISTER**, of Glastonbury, July 8, 1832, by Jeremiah Stocking, Elder — 3, 117

JALIP(?), Joseph P., of Glastonbury, m. Mary J. **WRISLEY**, of Glastonbury, May 7, 1849, by Rev. Benjamin C. **PHELPS**, of East Hartford — 3, 212

JAMES, William, of Hartford, m. Clarissa **WRISLEY**, of Glastonbury, Mar. 10, 1823, by Rev. Caleb Burge — 3, 73

JENY(?), Sally of Enfield, m. Isaac **WRIGHT**, s. Isaac & Sarah, Nov.

	Vol.	Page
JENY(?) (cont.),		
22, 182[ ]	2	154
JOHNSON, Mary E., m. Ezra B. **COLLIN**, b. of New Haven, Apr. 30, 1854, by James A. Smith	3	238
JONES, Albert, of East Hartford, m. Rachel **GOODRICH**, of Glastonbury, May 4, 1853, by Rev. David Bradbury	3	232
Ann E., of Glastonbury, m. David **HURLBUT**, of Chatham, Apr. 26, 1835, by Rev. Jacob Allen	3	131
Anna, d. Parker, of Chatham, m. John **ANDRUS**, s. Joseph, Oct. 25, 1798	2	142
Benoni, s. Abibail **CROFOOT**, colored, b. Mar. 19, 1768	2	0
Charles, m. Sophronia **WEIR**, b. of Glastonbury, Dec. 6, 1835, by Jeremiah Stocking, Elder	3	135
Chester, m. Clarissa **WRIGHT**, Aug. 16, 1826, by Jay W. Fairchild	3	90
Clarissa, m. Aaron **BOGUE**, b. of Glastonbury, Sept. 12, 1842, by Rev. B. M. Walker	3	167
Elias, m. Cornelia **CHAPIN**, b. of Glastonbury, Aug. 6, 1843, by Rev. Warren G. Jones	3	173
Elizabeth E., of Glastonbury, m. Henry **MALONEY**, of Middletown, Jan. 7, 1847, by Rev. Aaron Snow	3	197
Elvira, of Glastonbury, m. Dudley **LEWIS**, of Voluntown, Nov. 20, 1835, by Rev. Samuel H. Riddell	3	134
Emeline, of Glastonbury, m. Hezekiah **WADSWORTH**, of Hartford, Nov. 7, 1830, by Rev. Jacob Allen	3	109
Ezra J., of Ellington, m. Delight **WILLIAMS**, of Glastonbury, Nov. 29, 1827, by George Merrick, J. P.	3	95
Frances, of So. Glastonbury, m. John K. **NICHOLS**, of New London, Jan. 5, 1843, by Rev. Warren G. Jones	3	162
Harriet O., m. Charles **HOLLISTER**, Sept. 28, 1846, by Rev. Warren G. Jones	3	191
Henry B., m. Alanthy **WEIR**, b. of Glastonbury, Sept. 20, 1835, by Rev. Jacob Allen	3	132
Julia E., of Glastonbury, m. Augustus **UTLEY**, of Hartford, Apr. 5, 1830, by Rev. Samuel H. Riddell	3	107
Leman, m. Elizabeth M. **SMITH**, b. of Glastonbury, Apr. 30, 1837, by Elder Thomas Jones, of Marlborough	3	141
Leonard, of Glastonbury, m. Nancy **HAMMOND**, of Hebron, Apr. 23, 1826, by Solomon Cole, J. P.	3	88
Lucy A., m. W[illia]m **SHIPMAN**, b. of Glastonbury, Dec. 24, [1843], by G. H. Nichols	3	175
Ranceleur, of Glastonbury, m. Lorinda **BENTON**, of Tolland, June 19, 1844, by Ella Dunham, Elder	3	178
Ranseleir O., m. Elizabeth **PEASTER**, b. of Glastonbury, Feb. 15, 1852, by Rev. Aaron Snow, of Eastbury	3	224
Seth, m. Nancy **WILLIS**, b. of Glastonbury, Sept. 9, 1832, by Rev. John E. Risley	3	117
Sophia, m. George **WEIR**, b. of Glastonbury, June 7, 1840, by Rev. Abijah C. Wheat	3	155

	Vol.	Page
JONES (cont.),		
Watson R., of Glastonbury, m. Caroline S. **BEMIS**, of Bloomington, Dec. 31, 1848, by Aaron Snow	3	210
William, m. Laura **WEIR**, b. of Glastonbury, Jan. 18, 1841, by Elder Jeremiah Stocking	3	157
William H., m. Clarissa **RISLEY**, b. of Glastonbury, Dec. 31, 1848, by Rev. Aaron Snow	3	210
William S., m. Eliza **WEIR**, b. of Glastonbury, Feb. 13, 1823, by Rev. Jacob Allen	3	72
JUDD, Benjamin, m. Sarah **CHALKER**, b. of Glassenbury, Dec. 17, 1771	2	6
Hannah, d. Benieman, of Farmington, m. Gurshom **SMITH**, of Glasinbury, May 4, 1710	1	17
Jonathan, s. Jonathan & Hannah, b. Dec. 31, 1715	1	29
Jonathan, m. Hanah **DIGGINS**, Nov. 27, 172[ ]*, by Mr. Pitkins *(In pencil "1712?")	1	28
Philip, s. Jonathan & Hannah, b. Jan. 13, 1713/14	1	29
Sarah, w. Benjamin, d. May 1, 1770	2	6
William G., of Coventry, m. Olivia H. **ROOT**, of Glastonbury, Oct. 19, 1831, by Rev. Jacob Allen	3	113
JUDSON, Jesse, m. Caroline **ALFORD**, Nov. 7, 1824, by Jay W. Fairfield	3	81
JUSTIN, Elisha, of Ashford, m. Clarinda **STRICTLAND**, of Glastonbury, Oct. 29, 1837, by Rev. David L. Ham	3	144
KEENEY, KENEY, [see also **KENNEY** & **KINNE**], Arnold, s. Stephen, b. Dec. 5, 1800; m. Malinda [ ], Sept. 15, 1824	2	204
Atresta, d. [Arnold & Malinda], b. Jan. 29, 1829	2	204
Edwin, s. [Porter & Emily], b. Apr. 13, 1830	2	209
Electa, d. [Porter & Emily], b. Apr. 2, 1826	2	209
Elizabeth, d. Richard, m. Thomas **LOVELAND**, Jr., s. Tho[ma]s, Oct. 17, 1721	1	46
Elizabeth, d. [Arnold & Malinda], b. Mar. 24, 1827	2	204
George, s. [Seelah & Ann], b. Jan. 8, 1829	2	204
Halson, s. [Seelah & Ann], b. Apr. 7, 1830	2	204
Hiram, of Vernon, m. Eunice **GLEASON**, of Glastonbury, Nov. 16, 1831, by Rev. Jacob Allen	3	113
Mary, d. Richard, of Glastonbury, m. Nathanael **BIDWELL**, s. Dea. Samuel, decd., of Middletown, Dec. 22, 1720	1	44
Peleg Fuller, s. [Porter & Emily], b. Aug. 13, 1832	2	209
Phebe, of New London, m. Joseph **SCOTT**, s. Moses, Jan. 9, 1783	2	29
Porter, b. July 24, 1805; m. Emily **BIDWELL**, May 3, 1824	2	209
Riley F., m. Mary S. **GOSLEE**, b. of Glastonbury, Nov. 23, 1853, by Aaron Snow	3	236
Sanfena(?), d. [Porter & Emily], b. Oct. 11, 1827	2	209
Seelah, s. Stephen, b. Sept. 21, 1807; m. Ann **BIDWELL**, [ ]	2	204
Watson Bromly, s. [Arnold & Malinda], b. Dec. 10, 1830	2	204
KELLAN, Louisa, m. George **ANDRUS**, Nov. 17, 1841, by Rev. W[illia]m Bliss Ashley	3	164

	Vol.	Page
KELLOGG, Amelia, m. Joel **PETERS**, b. of Glastonbury, Oct. 11, 1827, by George Merrick, J. P.	3	94
Elisha, s. Samuel & Hannah, late of Marlborough, m. Emilia **STRATTON**, d. W[illia]m & Ruth, Feb. 7, 1811	2	193
Elisha Strong, s. [Elisha & Emilia], b. Nov. 27, 1824	2	193
Eliza, d. [Elisha & Emilia], b. Dec. 1, 1819	2	193
Eliza, of Glastonbury, m. Russell E. **POST**, of Hebron, Apr. 28, 1841, by Rev. W[illia]m Bliss Ashley	3	160
Emilia Maria, d. [Elisha & Emilia], b. Oct. 4, 1813	2	193
Emily M., m. Thaddeus **WELLES**, b. of Glastonbury, Sept. 8, 1834, by Rev. Thomas J. Davis	3	128
Emily Maria, d. Elisha & Emily (**STRATTON**), b. Oct. 4, 1813; m. Thaddeus **WELLES**, s. Samuel & Anna (**HALE**), Sept. 8, 1834	2	212
Gustavus, s. [Elisha & Emilia], b. Dec. 14, 1811	2	193
Jemima, d. Martin, of Weathersfield, m. Nathan W. **HALE**, s. Col. Elisha, of Glastonbury, Nov. 13, 1810	2	148
Laura, d. [Elisha & Emilia], b. June 14, 1830	2	193
Lucy, of Glastonbury, m. Samuel **ROCKWOOD**, of George, N. Y., Dec. 28, 1841, by Rev. W[illia]m B. Ashley	3	165
Lucy Ann, d. [Elisha & Emilia], b. Jan. 12, 1816	2	193
Ruth G., m. Martin **HOLLISTER**, of Glastonbury, Sept. 8, 1835, by Rev. Thomas J. Davis	3	131
Ruth Goodrich, d. [Elisha & Emilia], b. Dec. 11, 1817	2	193
KELLY, KELLEY, Mary, m. Richard D. **FORREST**, Oct. 15, 1826, by Pardon Brown, J. P.	3	91
Mary Ann, m. John W. **WILSON**, b. of Hartford, Nov. 18, 1838, by Rev. William B. Ashley	3	148
KELSEY, Hannah, d. Enoch, of Weathersfield, m. Charles **EDDY**, s. Charles, of Glassenbury, Oct. 25, 1770	2	12
Otis S., of Middletown, m. Lucy **WILLIAMS**, of So. Glastonbury, Sept. 3, 1848, by Rev. Warren G. Jones	3	209
Thomas, of Hartford, m. Jane S. **PORTER**, of Glastonbury, Jan. 2, 1851, by Rev. James A. Smith	3	218
KEMPTON, Zaccheas, of Plimouth, Mass., m. Harriet **HOLLISTER**, of Glastonbury, Dec. 14, 1823, by Rev. Ashbel Steele	3	77
KENNEY, KENNE, KENNY, [see also **KEENEY & KINNE**], Aaron J., of Glastonbury, m. Delia **HYDE**, of East Hartford, June 16, 1834, by Rev. Samuel H. Riddell	3	127
Abel, s. Susanna, b. Oct. 26, 1765 (colored)	2	0
Adiline, m. Leonard **HOUSE**, b. of Glastonbury, Nov. 25, 1823, by Rev. Jacob Allen	3	76
Arnold, of Glastonbury, m. Betsey A. **GOODALE**, of Cabot, Vt., Mar. 5, 1823, by Rev. Jacob Allen	3	72
Arnold*, m. Malinda **KENNEY**, Sept. 15, 1824, by Rev. Caleb Burge *("Arnold **KEENEY**")	3	79
Bromley, m. Malinda **CHAPMAN**, b. of Glastonbury, Nov. 24, 1823, by Jeremiah Stocking, J. P.	3	75
Elizabeth, m. Freeman **RISLEY**, b. of Glastonbury, Jan. 1, 1824,		

	Vol.	Page
KENNEY, KENNE, KENNY, [see also **KEENEY** & **KINNE**] (cont.), by Rev. Jacob Allen	3	77
Gideon, m. Sally Ann **TAYLOR**, b. of Glastonbury, Feb. 5, 1834, by Thomas J. Davis	3	124
Hannah, b. Feb. 8, 1797; m. David **ANDREWS**, 3rd, Oct. 19, 1815	2	187
Hannah, of Glastonbury, m. Horace K. **STOUGHTON**, of East Windsor, Sept. 9, 1842, by Richard Livesey, of Manchester	3	168
Hannah, of Glastonbury, m. Horace R. **STOUGHTON**, of Elveroion(?), Sept. 9, [1842], by Richard Livesey	3	168
Malinda, m. Arnold **KERNEY**, Sept. 15, 1824, by Rev. Caleb Burge	3	79
Mariva, of Manchester, m. Azariah **TAYLOR**, 2nd, of Glastonbury, Jan. 6, 1828, by Jeremiah Stocking, J. P.	3	96
Martin W., of Manchester, m. Sarah **HUBBARD**, of Glastonbury, Apr. 2, 1834, by Rev. Samuel H. Riddell	3	126
Samantha A., m. Henry M. **FISH**, May 29, 1839, by Rev. Warren G. Jones	3	151
Sarah, m. Thomas **BRUER**, b. of Glastinbury, Jan. 18, 1682	1	14
Susanna, had s. Abel (colored), b. Oct. 26, 1765	2	0
KIBBE, Nancy Ann, d. Velirus & Eunice, of Somers, b. Apr. 14, 1816; m. Roland **SELLEW**, s. Ebenezer* & Penelopy, Dec. 27, 1838 *(In pencil "Eleazer")	2	215
KILBORN, Abigail, d. [Joseph & Mary], b. July 8, 1756; d. Apr. 8, 1764	1	120
Abraham, s. John & Susanna, b. Aug. 25, 1691	1	5
Abraham, m. Sarah **MITCHELL**, June 5, 1712	1	35
Abraham, s. Abraham & Sarah, b. [ ] 26, 1716	1	35
Abraham, m. Mary **TUDOR**, d. Samuel, of Windsor, Feb. 2, 1720/1	1	35
Abraham, s. Abraham & Sarah, d. Sept. 23, 1741	1	35
Abraham, m. Abigail **HOUSE**, wid., Apr. 23, 1752	1	35
Abraham, s. Joseph, m. Mary **SMITH**, d. Moses, of East Hartford, June 7, 1789	2	159
Abraham, m. Elizabeth **WARNER**, d. Daniel, decd., of East Haddam, Dec. 4, 1805	2	159
Abraham, d. May 8, 1812	2	159
Abram, s. [Joseph & Mary], b. Nov. 13, 1762	1	120
Amos, s. Ebenezer & Sarah, b. Aug. 19, 1712	1	7
Ann, d. [Joseph & Mary], b. Jan. 23, 1746/7; d. Feb. 16, same year	1	120
Ann, d. [Joseph & Mary], b. Feb. 16, 1748/9	1	120
Ann, d. Joseph, m. Benjamin **RISLEY**, s. Job, Nov. 17, 1768	2	39
Austin, s. [Joseph & Hannah], b. Jan. 28, 1794	2	159
Austin, [s. Joseph & Hannah], b. [ ]	2	5
Beniemin, s. John & Susanna, Mar. 30, 1684	1	5
Beniemin, s. John, Jr. & Sarah, b. June 8, 1712	1	10
Betsey, [d. Abraham & Mary], b. Jan. 8, 1793; m. [ ] **CARPENTER**, M. D., [ ]. Had issue a daughter, East Hartford	2	159
David, s. John & Susanna, b. Feb. 25, 1687	1	5

	Vol.	Page

KILBORN (cont.),
David, twin with Naomy, s. Ebenezer & Sarah, b. Oct. 12, 1714	1	7
Ebenezer, m. Sarah **FOX**, b. of Glastonbury, June 1, 1698	1	7
Ebenezer, s. Ebenezer & Sarah, b. Jan. 4, 1700	1	7
Ebenezer, of Glastonbury, m. Elizabeth **DAVIS**, of Hartford, May 11, 1715	1	7
Ebenezer & Sarah, had children's births recorded one year older than they are through mistake	1	7
Electa, d. [Abraham & Mary], b. Jan. 30, 1795	2	159
Eliza, d. Joseph & Hannah, b. Oct. 28, 1803	2	159
Eliza, [d. Joseph & Hannah], d. Dec. 10, 1854, ae 51 y. 1 m. 12 d.	2	159
Eliza, [d. Joseph & Hannah], b. [ ]	2	5
Elizabeth, d. Ebenezer & Sarah, b. Sept. 8, 1708	1	7
Elizabeth, wid. John, d. June 8, 1718	1	5
Elizabeth, d. Abraham & Sarah, b. Feb. 19, 1718/19	1	35
Elizabeth, had s. Thomas, b. June 15, 1740	1	10
Emily, [d. Abraham & Mary], b. June 15, 1797; m. [ ] **CRANDALL**, [ ]	2	159
Esther, d. [Joseph & Mary], b. May 8, 1760	1	120
Esther, d. Joseph, m. William **MILLER**, s. Matthew & Alice, [ ]; d. Feb. 20, 1847	2	85
Gideon, s. Ebenezer & Sarah, b. Mar. 30, 1711	1	7
Hannah, w. Joseph, d. Jan. 23, 1826, ae 57	2	5
Hannah **SELLEW**, w. Ens. Joseph, d. Jan. 23, 1826, ae 57	2	159
Horace, s. Joseph & Hannah, b. Nov. 11, 1809	2	159
Horace, of Newington, m. Elizabeth A. **HOLLISTER**, of East Hampton, [Feb.] 18, [1853], by Frederick W. Chapman	3	231
Horace, [s. Joseph & Hannah], b. [ ]	2	5
James, s. Ebenezer & Elizabeth, b. July 3, 1716	1	7
Jemima, d. Thomas, m. Aaron **GOFF**, s. Elisha, Jan. 9, 1766	1	6
John, m. Sarah **KIMBERLY**, Jan. 25, 1699/1700	1	10
John, of Glastonbury, m. Elizabeth **MICHEL**, of Hartford, May 12, 1702	1	5
John, Sr., d. Nov. 25, 1711	1	5
Joseph, s. Abraham & Mary, b. Jan. 14, 1722/23	1	35
Joseph, s. Abraham & Mary, m. Mary **HOLLESTER**, d. Joseph, Jr. & Mary, Mar. 1, 1743/4	1	120
Joseph, s. [Joseph & Mary], b. Apr. 1, 1765	1	120
Joseph, s. Joseph (brother of Abraham & grandson of Abraham) & Mary (**TUDOR**, d. Samuel, of Windsor), b. Apr. 1, 1765; m. Hannah **SELLEW**, d. Philip & Elizabeth (**SMITH**), Apr. 4, 1793	2	159
Joseph, m. Onner **HOUSE**, d. Elijah, of Glastonbury, May 22, 1832	2	159
Joseph, m. Honor **HOUSE**, b. of Glastonbury, May 23, 1832, by Rev. Samuel H. Riddell	3	116
Joseph, d. May 14, 1851, in the 87th y. of his age	2	159
Josiah, s. Ebenezer & Sarah, b. May 28, 1706	1	7
Laura, [d. Abraham & Mary], b. May 17, 1791; m. J. N. **TOR-**		

	Vol.	Page
KILBORN (cont.),		
REY, of Ashford, [ ]. Had issue, sons and daughter	2	159
Lucy, d. Abraham & Mary, b. Dec. 30, 1731	1	35
Lucy, d. Abraham & Elizabeth, m. Samuel **WELLS**, s. Thaddeus & Elizabeth, Aug. [ ], 1752	2	80
Lucy, d. [Joseph & Mary], b. Mar. 4, 1758	1	120
Lucy, d. Joseph & Mary, m. Elizur **TRYON**, s. Noah, Jan. 31, 1776	2	78
Mable, d. [Joseph & Mary], b. June 12, 1755; d. June 14, 1755	1	120
Mary, d. [Joseph & Mary], b. Jan. 9, 1744/5; d. Mar. 23, 1749/50	1	120
Mary, d. [Joseph & Mary], b. Mar. 6, 1751/2	1	120
Mary, w. Abraham, d. Aug. 5, 1751	1	35
Mary, w. Abraham, d. Jan. 27, 1805, in the 43rd y. of her age	2	159
Mary Ann, [d. Abraham & Elizabeth], b. Aug. 11, 1806; m. Anson **WARNER**, of Greenfield, Mass., [ ]. Had issue, son and daughter	2	159
Mary Ann, of Glastonbury, m. Anson **WARNER**, of Barnardstown, Mass., May 24, 1829, by Rev. Jacob Allen	3	102
Mitchell, s. Abraham & Sarah, b. Aug. 16, 1714; d. June 5, 1716	1	35
Naomy, twin with David, d. Ebenezer & Sarah, b. Oct. 12, 1714	1	7
Ogden, s. Joseph & Hannah, b. June 7, 1798	2	159
Ogden, m. Elizabeth Howland **BATES**, niece of Hon. Isaac C. Bates, of Northampton, Mass., Aug. 31, 1841, at Hartford	2	159
Ogden, m. Elizabeth H. **BATES**, d. Phineas Robinson, of Greenfield, Mass., and niece of Hon. Isaac C. Bates, of Northampton, Mass., [Aug. 31, 1841, at Hartford]	2	159
Ogden, [s. Joseph & Hannah], b. [ ]	2	5
Rhoda, m. Timothy **GOSLEE**, Jan. 9, 1766	1	66
Richard, s. Ebenezer & Sarah, b. Feb. 3, 1702	1	7
Samuel, s. John & Sarah, b. Feb. 13, 1700/1	1	10
Sarah, d. Ebenezer & Sarah, b. Oct. 29, 1704	1	7
Sarah, w. John, Jr., d. Aug. 28, 1713	1	10
Sarah, w. Ebenezer, d. Oct. 28, 1714	1	7
Sarah, w. Abraham, d. Oct. 3, 1719	1	35
Sarah, d. Abraham & Mary, b. Jan. 1, 1725/6	1	35
Sarah, d. Abraham, m. Joseph **TALLCOTT**, s. Dea. Nathaniel, b. of Glassenbury, Dec. 29, 1748	2	56
Sarah, d. John & Sarah, b. [ ]	1	10
Sophia, d. Joseph & Hannah, b. Jan. 23, 1796	2	159
Sophia, d. Ens. Joseph, m. Samuel **WHITING**, of West Hartford, Nov. 6, 1816	2	159
Sophia, [d. Joseph & Hannah], b. [ ]	2	5
Susanah, d. Ebenezer & Sarah, b. Feb. 7, 1698* *(Conflicts with date of marriage of parents)	1	7
Susanna, w. John, d. Oct. 23, 1701, in the 50th y. of her age	1	5
Susannah, d. Ebenezer, m. Abell **MORLEY**, Apr. 9, 1719	1	64
Susannah, d. Thomas, of Hartford, m. William **MILLAR**, s. William, of Glassenbury, Sept. 8, 1720	1	50
Susanna, m. John **HOLDEN**, s. John, Nov. 19, 1762	2	94

	Vol.	Page
KILBORN (cont.),		
Thomas, s. Ebenezer & Elizabeth, b. Apr. 13, 1718	1	7
Thomas, s. Elizabeth, b. June 15, 1740	1	10
KILLAM, Angeline M., m. Robert L. **BRAINARD**, b. of Glastonbury, Mar. 8, 1847, by Giles H. Deshon	3	197
Charles, s. [Samuel & Sally M.], b. Jan. 30, 1833	2	206
Dwight, s. [Samuel & Sally M.], b. Sept. 9, 1829	2	206
Eunice, d. [Samuel & Sally M.], b. Mar. 26, 1831	2	206
John W., m. Juliet **GLAZIER**, b. of Glastonbury, Jan. 13, 1851, by Frederick W. Chapman	3	218
Lucy M., d. [Samuel & Sally M.], b. Oct. 11, 1827	2	206
Lyman J., m. Abney **MAYNARD**, b. of Glastonbury, May 5, 1846, by Rev. Warren G. Jones	3	189
Samuel, s. Liman S., b. Feb. 24, 1804; m. Sally M. **CASWELL**, d. Daniel, Apr. 12, 1827	2	206
KIMBERLY, KIMBERLEY, Abigail, d. John & Mary, b. Feb. 21, 1754	1	70
Ann, d. John & Mary, b. Oct. 13, 1749; d. Sept. 9, 1751	1	70
Ann, d. John & Mary, b. Feb. 25, 1752	1	70
Anna, wid., m. Jonathan **BRACE**, Apr. 15, 1778	2	120
Anne, d. Thomas & Ruth, b. May 18, 1725	1	26
Eliazar, s. Thomas & Ruth, b. Nov. 10, 1704	1	26
Elieazar, secretary, d. Feb. 3, 1709, about the 70th y. of his age	1	3
Eleazur, s. Thomas & Ruth, d. Aug. 20, 1715	1	26
Eleazar, 2nd, s. Thomas & Ruth, b. Oct. 26, 1717; d. May 8, 1718	1	26
Elizabeth, d. Thomas & Ruth, b. June 30, 1715	1	26
Elizabeth, d. John & Mary, b. Oct. 9, 1747	1	70
John, s. Thomas & Ruth, b. May 2, 1719	1	26
John, s. Thomas, decd., m. Mary **HUBBARD**, d. Ephraim, Oct. 29, 1741	1	70
Mary, m. John **HUBBARD**, Jr., June 17, 1708	1	32
Mary, d. Thomas & Ruth, b. June 8, 1712	1	26
Mary, d. John & Mary, b. Nov. 7, 1743	1	70
Mary, d. John, of Glassenbury, m. Samuel **GIBSON**, s. John, of Middletown, Mar. 20, 1766	2	30
Ruth, d. Thomas & Ruth, b. Feb. 20, 1709/10	1	26
Ruth, d. Eliazar, d. Nov. 4, 1711	1	3
Ruth, d. Thomas, m. Jeremiah **GOODRICH**, s. Col. David, July 6, 1732	1	84
Ruth, d. John, decd., m. Jabez **TALCOTT**, s. Isaac, Nov. 19, 1789	2	109
Samuel, s. Thomas & Ruth, b. Feb. 7, 1707/8	1	26
Sarah, m. John **KILBORN**, Jan. 25, 1699/1700	1	10
Sarah, d. Thomas & Ruth, b. Oct. 2, 1721	1	26
Sarah, d. John & Mary, b. Feb. 26, 1745/6	1	70
Thomas, m. Ruth **HALE**, b. of Glasinbury, Feb. 24, 1703/4	1	26
Thomas, s. Thomas & Ruth, b. Jan. 28, 1705/6	1	26
Thomas & Ruth, had s. [　　　　　], b. Aug. 1, 1714; d. immediately	1	26
Thomas, d. Jan. 29, 1729/30	1	26

	Vol.	Page
KING, Abigail P., Mrs. of Glastonbury, m. Capt. Charles **COOPER**, of Middletown, Oct. 26, 1853, by Aaron Snow	3	235
David, of Vernon, m. Almira **ANDREWS**, of Glastonbury, Apr. 13, 1828, at the house of Ansel Andrews, by Rev. Nathan B. Burgess	3	98
Thomas, of Ellington, m. Abigail P. **GIBSON**, of Glastonbury, Nov. 30, 1848, by Rev. Aaron Snow	3	210
KINNE, KINNEY, Aaron, s. Rev. Aaron, of Groton, m. Amelia **HALE**, d. Gideon, Nov. 17, 1796	2	128
Aaron, m. Martha **STRICTLAND**, Jan. 21, 1840, by Warren G. Jones	3	153
Amelia, d. Aaron & Amelia, b. June 23, 1798	2	128
Henry, s. Aaron & Amelia, b. Oct. 3, 1800	2	128
Henry, m. Sarah **SMITH**, May 1, 1861, at Newark, N. J., by E. W. Cobb, J. P. Witness Thomas Milby	3	243
Mary Anne, d. Aaron & Amelia, b. May 24, 1802	2	128
Nancy Jane, of Glastonbury, m. Edwin **TAYLOR**, of Hartford, Jan. 17, 1832, by Rev. Samuel H. Riddell	3	115
[**KNEELAND**], **NEELAND**, Mindwell, d. Isaac, of Hebron, m. John **DEWEY**, s. Roger, of Glassenbury, Aug. 20, 1772	2	31
KNOWLES, Hazard, of Colchester, m. Mary W. **HUBBARD**, of Glastonbury, Oct. 6, 1825, by Rev. Caleb Burge	3	85
KOSTENBATHER, Johan, m. Maria **SCHNELL**, b. of Glastonbury, Aug. 13, 1854, by James A. Smith	3	239
LADD, Charlotte A., m. Obed P. **McLEAN**, June 26, 1842, by L. C. Colliens	3	167
Randolph E., of Tolland, m. Charlott **PEASE**, of Glastonbury, July 28, 1833, by Rev. Selah Stocking	3	122
LAMB, LAMBE, Anne, d. Thomas & Hannah, b. Mar. 8, 1767	2	35
Daniel, s. Thomas & Hannah, b. Aug. 1, 1774	2	35
Experience, d. Samuel, m. James **WELDON**, b. of Glasinbury, Oct. 27, 1726	1	15
Henry J., m. Augusta H. **PERKINS**, of Wallingford, May 2, 1852, by Rev. James A. Smith	3	227
Mable, d. Thomas & Hannah, b. May 20, 1771	2	35
Mary, d. Samuel, of Springfield, m. James **WELDON**, of Glasinbury, Oct. 20, 1707	1	15
Rachel, d. Thomas & Hannah, b. Apr. 6, 1765	2	35
Sophia, d. Thomas & Hannah, b. June 20, 1769	2	35
LAMPHERE, LAMPHEAR, Henry, m. Mahala **PETERS**, Nov. 30, 1837, by George May	3	143
Mary, of Glastonbury, m. James M. **FRENCH**, of Barkhamstead, Dec. 5, 1830, by [ ]	3	112
LANE, Dorcas Ann, m. David S. **TROWBRIDGE**, Feb. 24, 1850, by Rev. Warren G. Jones	3	214
LATIMER, LATIMORE, Chauncey H., m. Abigail **HALE**, b. of Eastbury, Sept. 19, 1821, by John H. Fowler, of Eastbury	3	64
Chauncey Hall, s. Aholiab & Louis, b. Oct. 23, 1797	2	68
Elenor, d. Aholiab & Louis, b. July 14, 1804	2	68

	Vol.	Page
LATIMER, LATIMORE (cont.),		
George, s. Aholiab & Louis, b. Nov. 6, 1792	2	68
Horace, s. Aholiab & Louis, b. July 16, 1807	2	68
Horace, of Glastonbury, m. Sally **BOARDMAN**, of Hartford, May 16, 1830, by Rev. Rev. Jacob Allen	3	107
Levi, s. Aholiab & Louis, b. Apr. 10, 1794	2	68
Louis, d. Aholiab & Louis, b. Mar. 20, 1796	2	68
Lois, d. Aholiab & Lois, m. Edmund **COVELL**, s. Elijah & Lydia, Feb. [ ]	2	172
Lucy, of East Hartford, m. Reuben **HUBBARD**, of Hartford, July 20, 1820, by William Lockwood	3	60
Timothy R., m. Wealthy **HOUSE**, b. of Glastenbury, Nov. 30, 1820, by Rev. Prince Hawes	3	62
Timothy Robbins, s. Aholiab & Louis, b. Aug. 7, 1801	2	68
LAZELLE, W[illia]m H., of Wilbraham, Mass., m. Sarah H. **NEIL**, of Brooklyn, N. Y., Jan. 22, 1854, by Rev. James A. Smith	3	236
LEE, Aurelia B., m. Thomas S. **FOX**, b. of Glastonbury, Mar. 7, 1852, by Frederick W. Chapman	3	225
Charles A., of Glastonbury, m. Sarah R. **STEEL**, of Tolland, Mar. 16, 1829, by Jeremiah Stocking, J. P.	3	101
Eliza, of Glastonbury, m. Shubael **BROWN**, Jr., of Brooklyn, Oct. 25, 1827, by Rev. Samuel H. Riddell	3	95
Frances C., m. George **MORSE**, b. of Southbridge, Sept. 25, 1836, by Rev. Samuel H. Riddell	3	137
LEETE, Lucy Ann, m. Austin **HULL**, Oct. 6, 1833, by Reuben Ransom	3	123
LEFFINGWELL, Henry L., m. Ellen E. **FOOT**, b. of So. Glastonbury, Sept. 29, 1850, by Rev. Daniel Dorchester	3	217
LEONARD, Lewis, of Windsor, m. Allice L. **HALING**, of Glastonbury, Dec. 27, 1853, by Rev. Ella Dunham	3	234
LESTER, Ann, d. Jonathan, of New London, m. Joseph **WARE**, s. Joseph, of Glassenbury, Dec. 29, 1768	2	24
LEWIS, Dudley, of Voluntown, m. Elvira **JONES**, of Glastonbury, Nov. 20, 1835, by Rev. Samuel H. Riddell	3	134
Elizabeth, d. Ebenezer, of Wallingford, m. Ephraim **BIDWELL**, Nov. 3, 1713	1	37
Franklin, of Manchester, m. Wealthy H. **WEIR**, of Glastonbury, June 23, 1850, by Rev. Warren G. Jones	3	216
Phebe, of Glastonbury, m. Norton M. **BRAMAN**, of Barkhamstead, Mass., Feb. 6, 1831, by Rev. Samuel H. Riddell	3	111
LOOMIS, LUMMOS, LOMIS, LOOMES, Elizabeth, of Hebron, m. Loring A. **ROOT**, of Glastonbury, Dec. 2, 1838, by Rev. Thomas W. Gile	3	148
Eunice, d. James, of Bolton, m. Daniel **WRIGHT**, s. of James, of Wethersfield, Aug. 31, 1726	1	53
Hannah, of Winsur, m. Abraham **COLT**, Jan. 1, 1690	1	18
Harriet, m. Andrew **STRICTLAND**, b. of Glastonbury, Mar. 25, 1832, by Rev. Jacob Allen	3	115
Israel, s. Benoni & Mary, b. Dec. 20, 1752[sic]	1	97
John N., of Hebron, m. Harriet **TREAT**, of Glastonbury, Nov. 11,		

	Vol.	Page
LOOMIS, LUMMOS, LOMIS, LOOMES (cont),		
1828, by Rev. Jacob Allen	3	100
Josiah, s. Benoni & Mary, b. July 7, 1747	1	97
Lucy, d. Benoni & Mary, b. Dec. 26, 1752	1	97
Martha, d. Benoni & Mary, b. July 22, 1755	1	97
Mary, d. Benoni & Mary, b. June 25, 1749	1	97
Samuel R., of Glastonbury, m. Sarah E. **ISHAM**, of Manchester, Mar. 23, 1848, by Rev. Aaron Snow	3	204
LORD, Abby, [d. Elisha & Bersheba], b. [ ]	2	5
Bersheba, w. Elisha, d. June 17, 1853, ae 77	2	5
Dorothy, d. Epaphras & Lucy, of Marlbury, m. Elizur **TALLCOTT**, s. Col. Elizur & Ruth, of Glastonbury, Sept. 15, 1774	2	77
Elisha, of Marlborough, m. Bersheba **SELLEW**, d. Philip & Elizabeth, [ ]	2	5
Elizabeth, [d. Elisha & Bersheba], b. [ ]	2	5
Elizabeth C., of Glastonbury, m. Edwin **CASE**, of Manchester, Apr. 8, 1846, by Rev. Warren G. Jones (Date received for record is Apr. 6)	3	188
Jerusha, m. Henry Titus **WELLES**, b. of Glastonbury, May 3, 1853, by Rev. A. B. Chapin, of So. Glastonbury	3	237
Lucy, m. Thomas **SELLEW**, 2nd, s. Philip & Elizabeth [ ]	2	5
Nancy M., of Glastonbury, m. Ossian **HURLBURT**, of Enfield, Feb. 13, 1843, by James A. Smith	3	169
Ogden, [s. Elisha & Bersheba], b. [ ]	2	5
Percie, [child of Elisha & Bersheba], b. [ ]	2	5
Polly, of Bolton, m. Asa **TALLCOTT**, of Glastonbury, s. Asa & Polly White, Aug. [ ], 1827	2	221
Priscilla, [d. Elisha & Bersheba], b. [ ]	2	5
Samuel, m. Frances E. **TAYLOR**, b. of Glastonbury, Aug. 8, 1851, by Frederick W. Chapman	3	222
LOVELAND, Aaron, s. Elizur & Ruth, b. Feb. 1, 1766	2	73
Aaron, s. Elizur, m. Susannah **CHAPMAN**, d. Jonah, Oct. 1, 1789	2	160
Abigail, d. John & Kazia, b. May 1718	1	9
Adeline, m. Josiah B. **HOLMES**, b. of Glastonbury, Sept. 7, 1826, by Rev. William Lockwood	3	90
Amos, s. Elizur & Ruth, b. Sept. 1, 1762	2	73
Anna, d. [Lazarus & Rachel], b. Apr. 16, 1776	2	140
Anner*, d. Elizur & Ruth, b. Mar. 21, 1779 *("Onor" in Loveland Genealogy)	2	73
Anne, d. Elizur & Ruth, b. Sept. 24, 1773	2	73
Asa, s. [Lazarus & Rachel], b. Oct. 26, 1779	2	140
Aurora, s. [Aaron & Susannah], b. July 1, 1805	2	160
Azel, s. [Aaron & Susannah], b. Oct. 11, 1807	2	160
Charity, m. Marvin **HALL**, b. of Chatham, Apr. 3, 1836, by Rev. James Shepard	3	135
Chester Ira, s. [Joshua & Rachel], b. Sept. 30, 1820	2	181
Cinda, d. [Aaron & Susannah], b. Mar. 17, 1802	2	160
Clemenza, m. Anson **FOWLER**, of Middletown, Feb. 14, 1833, by Rev. M. H. Smith, of Hartford	3	120

GLASTONBURY VITAL RECORDS 197

	Vol.	Page
LOVELAND (cont.),		
Comfort, d. John & Comfort, b. Nov. 29, 1737	1	114
Cynthia, d. [Elisha & Tirzah], b. Sept. 26, 1805	2	205
Cynthia, m. Charles **WELLES**, b. of Glastonbury, Jan. 12, 1834, by Jeremiah Stocking, Elder	3	124
David, s. John & Kezia, b. Feb. [ ], 1726/7	1	9
David, s. [Aaron & Susannah], b. June 1, 1796	2	160
Deborah, m. Roger L. **DANIELS**, Oct. 23, 1798	2	207
Dinah, d. Robert, Jr. & Dinah, b. Jan. 31, 1728/9; d. Feb. 20, [1728/9]	1	85
Dinah, d. Robert & Dinah, b. Jan. 20, 1737/8	1	85
Dinah, d. Robert, Jr., m. Israel **LOVELAND**, s. Thomas, Oct. 9, 1755	1	105
Dinah, d. Israel & Dinah, b. Sept. 4, 1758	1	105
Dorothy, d. John & Kezia, b. Nov. [ ], 1719	1	9
Edwin, m. [ ], b. of Glastonbury, Aug. 28, 1836, by Jeremiah Stocking, Elder	3	136
Eleazer, twin with Elizur, s. Thomas & Eunice, b. Nov. 1, 1739	1	48
Elijah, s. Elisha & Hannah, b. Nov. 6, 1742	1	88
Elijah, [s. John & Comfort], b. May 31, 1745	1	114
Elisha, m. Hannah **HILLS**, Jan. 19, 1736/7	1	88
Elisha, s. Elisha & Hannah, b. May 4, 1738	1	88
Elisha, s. Pelatiah, b. Aug. 8, 1780; m. Tirzah **FOX**, d. Isaac, Mar. 7, 1803	2	205
Eliza, d. John, of Wethersfield, m. William **MILLER**, s. John, of Glassenbury, Feb. 20, 1767	2	57
Elizabeth, m. Benieman **STRICTLAND**, b. of Glasinbury, Dec. 2, 1708	1	19
Elizabeth, [d. John & Comfort], b. July 19, 1739	1	114
Elizabeth, d. Elizur & Ruth, b. Jan. 2, 1776	2	73
Elizur, twin with Eleazer, s. Thomas & Eunice, b. Nov. 1, 1739	1	48
Elizur, s. Lot, m. Ruth **SPARKS**, d. Thomas, May 17, 1758	2	73
Elizur, Jr., s. Elizur & Ruth, b. Apr. 12, 1759	2	73
Elizur, s. Elizur [& Ruth], d. Dec. 19, 1774	2	73
Eunice, m. Thomas **BEALE**, b. of Glastonbury, Aug. 7, 1825, by Rev. Jacob Allen	3	85
Frances, s. Elizur & Ruth, b. Apr. 1, 1770	2	73
George, s. Levi & Esther, b. Dec. 8, 1776	2	67
George, of Glastonbury, m. Ellen M. **THOMPSON**, of Southington, May 11, 1853, by Aaron Snow	3	235
Hannah, d. Robert & Ruth, b. Dec. 27, 1707	1	13
Hannah, m. William **HOUSE**, b. of Glasinbury, Dec. 1, 1709	1	19
Hannah, m. Charles **EDDY**, Jan. 11, 1743/4	1	87
Hannah, d. Elisha & Hannah, b. Oct. 31, 1744	1	88
Hannah, d. Elisha & Hannah, d. Dec. 4, 1767	1	88
Hannah, d. Levi & Esther, b. Aug. 25, 1775	2	67
Hannan M., m. Selah **HOUSE**, b. of Glastonbury, Nov. 26, 1827, by Rev. Jacob Allen	3	95
Harriet, d. [Aaron & Susannah], b. Dec. 6, 1790	2	160

LOVELAND (cont.),

	Vol.	Page
Harvey, s. [Lazarus & Rachel], b. Feb. 4, 1795	2	140
Henry Albert, s. [Elisha & Tirzah], b. Dec. 15, 1827; d. Oct. 7, 1830	2	205
Hope, [d. John & Comfort], b. June 7, 1751	1	114
Horace, s. [Aaron & Susannah], b. Dec. 23, 1792	2	160
Horace, of Hartford, m. Caroline BILL, of Glastonbury, Jan. 3, 1830, by Heman Perry	3	106
Hosea, s. [Lazarus & Rachel], b. Feb. 14, 1778	2	140
Ira C., m. Lovina C. HOUSE, b. of Glastonbury, June 1, 1841, by Elder Jeremiah Stocking	3	159
Israel, s. Thomas, m. Dinah LOVELAND, d. Robert, Jr., Oct. 9, 1755	1	105
Jane, of Glastonbury, m. Cleveland BUTTON, of Portland, Sept. 26, 1847, by Rev. Aaron Snow	3	200
Jared, s. Nathan & Deborah, b. July 30, 1792	2	119
Jemima, d. Robert & Dinah, b. Mar. 15, 1739/40	1	85
Jesse, s. [Lazarus & Rachel], b. Sept. 6, 1786	2	140
John, s. Robert & Ruth, b. May 27, 1698; d. Aug. 15, 1701	1	13
John, of Glasinbury, m. Cazia WILLIAMS, of Weathersfield, June 10, 1708	1	9
John, s. John & Cazia, b. Dec. 21, 1710	1	9
John, m. Comfort TALCOTT, Jan. 25, 1736	1	114
John, [s. John & Comfort], b. Dec. 25, 1740	1	114
John, d. May 3, 1751	1	114
John, s. [Lazarus & Rachel], b. July 6, 1784	2	140
John, s. Lazarus & Rachel, d. Feb. 16, 1806, at sea on his passage from Nerus	2	140
John F., m. Lucretia COVELL, b. of Glastonbury, Dec. 31, 1854, by Rev. E. H. Hatfield	3	241
Jonathan, s. John & Kezia, b. Apr. [ ], 1724	1	9
Joseph, [s. John & Comfort], b. Apr. 16, 1747	1	114
Joseph, of Weathersfield, m. Amanda GOODRICH, of Glastonbury, Oct. 31, 1822, by Rev. Caleb Burge	3	70
Joshua, m. Rachel HILLS, Dec. 19, 1819	2	181
Julia, d. [Elisha & Tirzah], b. Feb. 11, 1810	2	205
Julia, m. John WINCHESTER, b. of Glastonbury, Feb. 18, 1852, by Rev. Charles Morse	3	225
Cazia*, d. John & Cazia, b. Sept. 18, 1709 *("Keziah")	1	9
Kezia, d. Thomas & Eunice, b. Dec. 26, 1742	1	48
Lazarus, s. Benjamin, m. Rachel REEVES, d. John, Aug. 4, 1774	2	140
Levi, s. Elisha & Hannah, b. Nov. 19, 1749	1	88
Levi, s. Elisha, m. Esther HILL, d. Ebenezer, of East Hartford, Apr. 20, 1775	2	67
Loicy, d. [Aaron & Susannah], b. Aug. 19, 1799	2	160
Lot, s. Robert & Ruth, b. May 13, 1703	1	13
Lucy, d. Elisha & Hannah, b. June 8, 1754	1	88
Luther, s. [Lazarus & Rachel], b. Aug. 16, 1781	2	140
Lydia, d. [Lazarus & Rachel], b. Dec. 1, 1792	2	140

GLASTONBURY VITAL RECORDS 199

	Vol.	Page
LOVELAND (cont.),		
Malichi, s. Robert & Dinah, b. May 7, 1736	1	85
Martha, d. John & Kezia, b. May 20, 1729	1	9
Mary*, m. Thomas **DICKINSON**, b. of Glasinbury, June 1, 1693 *(Written "Mary **LOVEMAND**")	1	21
Mary, d. John & Kezia, b. Dec. 2, 1715	1	9
Mary, d. Thomas, m. Samuel **HODGE**, Jr., s. Samuel, May 3, 1748	1	109
Mary A., of Glastonbury, m. Henry **RICHMOND**, of Mereden, Oct. 26, 1848, by George Merrick, J. P.	3	210
Mercy Ann, of Glastonbury, m. Henry **RICHMOND**, of Mereden, Jan. 6, 1841, by Rev. James A. Smith	3	157
Milla, d. Elizur & Ruth, b. Jan. 17, 1772	2	73
Nabby, d. [Lazarus & Rachel], b. Feb. 12, 1791	2	140
Naomi, d. Israel & Dinah, b. Nov. 29, 1756	1	105
Nathan, s. Elizur & Ruth, b. Feb. 25, 1761	2	73
Nathan, s. Elizur, m. Deborah **DODGE**, d. Nathan, of Colchester, Dec. 2, 1784	2	119
Nathan, s. Nathan & Deborah, b. Feb. 7, 1788	2	119
Oliver, s. [Lazarus & Rachel], b. Aug. 1, 1798	2	140
Orlanzo, s. [Elisha & Tirzah], b. Oct. 21, 1817	2	205
Orlanzo, m. Eliza Marinda **ANDREWS**, b. of Glastonbury, Feb. 13, 1842, by Elder Jeremiah Stocking	3	166
Pelatiah, s. Elisha & Hannah, b. Jan. 13, 1748	1	88
Philander Cook, s. [Elisha & Tirzah], b. July 22, 1814	2	205
Philatha, d. Nathan & Deborah, b. Oct. 13, 1785	2	119
Polly, d. [Lazarus & Rachel], b. May 10, 1802	2	140
Prudence, [d. John & Comfort], b. Mar. 13, 1743; d. July 23, 1748	1	114
Prudence, 2nd, [d. John & Comfort], b. June 18, 1743* *(1748"?)	1	114
Rachel, d. John & Kezia, b. Aug. 17, 1731	1	9
Rachel, d. Elizur & Ruth, b. Mar. 1, 1764	2	73
Rachel, d. [Lazarus & Rachel], b. Dec. 13, 1774	2	140
Rachel, d. David, m. Francis **NICHOLSON**, s. Ambrose, b. of Glastenbury, Feb. 7, 1781	2	6
Reuben, of Glastonbury, m. Catharine **HALL**, of Chatham, Dec. 18, 1830, by Jeremiah Stocking, J. P.	3	110
Robert, m. Ruth **GILLIM**, b. of Glasinbury, Aug.19, 1697	1	13
Robert, s. Robert & Ruth, b. Dec. 9, 1705	1	13
Robert, s. Sergt. Robert, m. Dinah **ANDREWS**, d. Stephen, May 2, 1728	1	85
Robert, s. Robert, Jr. & Dinah, b. Dec. 24, 1732	1	85
Ruth, d. Robert & Ruth, b. July 30, 1702	1	13
Ruth, d. Robert, Jr. & Dinah, b. Oct. 12, 1734	1	85
Ruth, d. Elizur & Ruth, b. Feb. 1, 1768	2	73
Ruth C., m. Ambrose **COLEMAN**, b. of Glastonbury, Oct. 31, 1850, by Rev. Daniel Dorchester	3	217
Samuel, s. [Lazarus & Rachel], b. July 22, 1800	2	140
Sarah, d. Robert, Jr. & Dinah, b. Apr. 7, 1731	1	85

	Vol.	Page
LOVELAND (cont.),		
Sarah, d. [Lazarus & Rachel], b. Feb. 9, 1789	2	140
Silas Flavel, s. [Elisha & Tirzah], b. June 21, 1821	2	205
Susanna, d. John & Kezia, b. July [ ], 1722	1	9
Silvester G., m. Emily **STANDISH**, b. of Glastonbury, Oct. 18, 1827, by Rev. Jacob Allen	3	95
Sylvester Gilbert, m. Adelia **HUNTINGTON**, b. of Glastonbury, June 9, 1850, by Aaron Snow	3	216
Thomas, s. John & Kazia, b. Apr. 2, 1714	1	9
Thomas, Jr., s. Tho[mas], m. Elizabeth **KEENEY**, d. Richard, Oct. 17, 1721	1	46
Thomas, s. John, m. Eunice **HOLLESTER**, d. Lieut. Thomas, Nov. 27, 1733	1	48
Thomas, s. Thomas & Eunice, b. Apr. 18, 1735	1	48
Thomas, 3rd, m. Mary **WHITE**, d. Joseph, Nov. 26, 1747	1	71
Tirzah, d. [Elisha & Tirzah], b. Jan. 10, 1804	2	205
Tirzah, d. [Elisha & Tirzah], d. Jan. 13, 1823	2	205
Viry, b. Aug. 25, 1809; m. at the age of 17, Abraham **COUCH**, ae 22, b. of Glastonbury, Mar. 29, 1807	2	194
William, s. Thomas & Eunice, b. Sept. 4, 1737	1	48
Ziba, s. [Elisha & Tirzah], b. Oct. 28, 1807	2	205
LOVEMAND*, Mary, m. Thomas **DICKINSON**, b. of Glasinbury, June 1, 1693 *("LOVELAND"?)	1	21
LOW, Peter, s. Huldah **RILEY**, colored, b. Sept. 1, 1767	3	0
LUCAS, LUCUS, Amos, of Glastonbury, m. Eunice **WELLES**, of East Hampton, Feb. 15, 1845, by Ella Dunham, Elder	3	181
Charles E., of Manchester, m. Mary Ann **BOOGUE**, of Glastonbury, [ ], by Rev. James A. Smith. Recorded Apr. 26, 1850	3	215
Mabel, m. Jabez **GOODRICH**, b. of Glastonbury, May 22, 1853, by Rev. David Bradbury	3	232
Maria, of Manchester, m. Luther **MATSON**, of Glastonbury, Jan. 19, 1831, by Jeremiah Stocking, J. P.	3	111
Mary, d. John, m. Elijah **HILL**, s. David, b. of East Hartford, July 21, 1803	2	62
Mary Ann, m. George W. **DART**, b. of Glastonbury, Aug. 8, 1830, by Rev. Samuel H. Riddell	3	109
LUCE, William, of Somers, m. Laura **BELL**, of Glastonbury, Feb. 7, 1828, by Solomon Cole, J. P.	3	97
LYMAN, Elizabeth, d. John, of Northampton, m. Abner **MANDSLEY**, s. of Capt. Joseph, of Glassenbury, June 5, 1722	1	49
Irena, d. Samuel & Sarah, b. Apr. 19, 1773	1	57
Isaac, s. Sam[ue]ll & Sarah, b. May 30, 1762	1	57
Joel, s. Samuel & Sarah, b. June 21, 1769	1	57
Ruth, d. Samuell & Sarah, b. Jan. 1, 1765	1	57
Samuel, m. Sarah **BARTLETT**, Aug. 24, 1757	1	57
Samuell, s. Samuell & Sarah, b. Nov. 28, 1759	1	57
Sarah, d. Samuell & Sarah, b. Apr. 29, 1758	1	57
LYNN, John, adopted s. John, b. Dec. 7, 1723	1	27

	Vol.	Page
LYONS, LYON, Martha G., of Glastonbury, m. Harrison **McINTOSH,** of Manchester, Mar. 30, 1844, by Rev. Warren G. Jones	3	170
Mary, m. Luman J. **ANDREWS,** b. of Glastonbury, Nov. 22, 1846, by Rev. Giles H. Deshon	3	195
Sophia M., of So. Glastonbury, m. William **NORTON,** Jr., of Willimantic, Oct. 2, 1838, by Warren S. Jones	3	147
McINTIRE, Sarah, of Mansfield, m. Henry W. **CATHMAN,** of Glastonbury, [ ], by Rev. James A. Smith. Recorded Sept. 20, 1848	3	209
McINTOSH, Harrison, of Manchester, m. Martha G. Lyons, of Glastonbury, Mar. 30, 1844, by Rev. Warren G. Jones	3	170
McKEE, MAKEY, McKEY, Anna, d. Jonathan, m. Solomon **HOLMES,** s. Appleton, Aug. 31, 1802	2	86
Betty, d. Andrew, m. Francis **HOLLISTER,** s. Charles, Dec. 13, 1753	1	95
Betty, d. Andrew, of Hartford, m. Francis **HOLLISTER,** s. Charles, decd., of Glassenbury, Dec. 13, 1753	2	8
Harriet, m. William H. T. **DUNHAM,** Mar. 14, 1844, by Rev. James A. Smith	3	176
McLEAN, Celia, m. Lorenzo **WEIR,** Mar. 31, 1845, by Rev. C. W. Turner	3	182
Electa, of Glastonbury, m. Frank **GRANT,** of Wapping, East Windsor, Jan. 5, 1842, by L. C. Collins	3	167
Emeline N., m. John H. **STEVENS,** b. of So. Glastonbury, Oct. 7, 1850, by Rev. Daniel Dorchester	3	217
Maria C., of So. Glastonbury, m. William **WALBRIDGE,** of Portland, Mar. 27, 1842, by Rev. A. C. Wheat	3	166
Mary, m. Frederick **WILLIS,** b. of Glastonbury, Jan. 1, 1832, by Jeremiah Stocking, Elder	3	114
Obed P., m. Charlotte A. **LADD,** June 26, 1842, by L. C. Colliens	3	167
Truman, m. Hester Ann **PEASE,** b. of Glastonbury, Jan. 24, 1840, by Rev. H. Forbush	3	159
McNALL, John C., of Hartford, m. Ann J. **MULHOLLAND,** of Glastonbury, May 3, 1846, by James A. Smith. Int. Pub.	3	189
McTURNER, John, of Mansfield, m. Elizabeth L. **SAUNDERS,** of Glastonbury, Sept. 25, 1843, by Rev. G. Huntington Nichols	3	173
MAKEN*, Eunice, d. Dea. Joseph, of East Hartford, m. William **MOSELY,** s. Capt. Isaac, decd., Jan. 1, 1778 *("MAKEW"?)	2	153
MAKEY, [see under **McKEE & MAKEN**]		
MALBONE, Charles, m. Fidelia **PETERS,** b. of Glastonbury, July 3, 1849, by Rev. James A. Smith	3	212
MALCOLM, Frederick S., of New Haven, m. Louisa G. **BRAINARD,** of Glastonbury, June 3, 1846, by Rev. Giles H. Deshon	3	195
MALONEY, Henry, of Middletown, m. Elizabeth E. **JONES,** of Glastonbury, Jan. 7, 1847, by Rev. Aaron Snow	3	197
MANDSLEY, [see under **MAUDSLEY**]		
MANNING, Maria S., m. Charles B. **ELWELL,** b. of Glastonbury, Apr. 8, 1852, by Rev. James A. Smith	3	225

	Vol.	Page
MANSELL, Delia A., m. Horace H. **DAYTON**, Nov. 10, 1847, by Rev. Giles H. Deshon	3	200
MASON, Harriet, of Glastonbury, m. Ephraim **HAYER***, of Woodbury, Aug. 6, 1848, by Rev. L. W. Blood *(Perhaps "HAYES")	3	208
MATSON, MATTSON, MATTISON, Almon, s. [Edmund & Hannah], b. Oct. 25, 1823	2	201
Amos, s. Thomas & Rachel, b. Apr. 7, 1737	1	100
Arza, m. Charlott **CHAPMAN**, b. of Glastonbury, Dec. 6, 1846, by Jeremiah Stocking, Elder	3	196
Asahel*, d. Thomas & Rachel, b. Nov. 4, 1733 *(Should be "Rachel". Corrected by Mr. F. F. Starr)	1	100
Clarinda, of Glastonbury, m. Ralph **CRANE**, of Hebron, Nov. 15, 1826, by Jeremiah Stocking, J. P.	3	91
Edmond, s. [Luther & Elizabeth], b. Aug. 29, 1801	2	201
Edmund, m. Hannah **TRIAL***, Feb. 14, 1822 *("TREAT"?)	2	201
Edmund, Jr., m. Hannah **TREAT**, b. of Glastonbury, Feb. 14, 1822, by Rev. John H. Fowler	3	67
Eliza Ann, d. [Edmund & Hannah], b. Jan. 3, 1827	2	201
Emily, d. [Luther & Elizabeth], b. Nov. 14, 1799	2	201
Emily, m. Jeremiah C. **WIER**, Nov. 29, 1819	2	202
Ezra, s. Joseph & Elizabeth, b. Feb. 17, 1773	2	51
Ezra, m. Mary **EASTMAN**, Mar. 12, 1792	2	180
Ezra & Mary, had s. [ ], b. June 28, 1792	2	180
Hannah, d. Thomas & Rachel, b. Dec. 27, 1745	1	100
Hannah, d. Thomas, m. Jonathan **BIDWELL**, s. Nathaniel, Jan. 3, 1770	2	156
Howel, s. Joseph & Elizabeth, b. Oct. 10, 1769	2	51
John, s. [Luther & Elizabeth], b. Mar. 30, 1804	2	201
Joseph, s. Thomas & Rachel, b. Mar. 10, 1748	1	100
Joseph, s. Thomas, of Glassenbury, m. Elizabeth **PORTER**, d. Timothy, of Hartford, Dec. 27, 1768	2	51
Julia, d. [Edmund & Hannah], b. Nov. [ ], 1828	2	201
Laura, m. Horace **GOODRICH**, b. of Glastonbury, Sept. 3, 1829, by Heman Perry	3	104
Louisa C., of Glastonbury, m. Nathan G. **ROBINSON**, of Hartford, Nov. 22, 1835, by Rev. Samuel H. Riddell	3	134
Lucy, d. [Luther & Elizabeth], b. July 10, 1812	2	201
Lucy, of Glastonbury, m. William **BARTLETT**, of Berlin, Mar. 28, 1832, by Jeremiah Stocking, Elder	3	115
Luther, s. Joseph & Elizabeth, b. Apr. 18, 1775	2	51
Luther, s. [Ezra & Mary], b. Feb. 23, 1798	2	180
Luther, m. Elizabeth **PELTON**, Mar. 11, 1798	2	201
Luther, m. Lydia **HODGE**, May 30, 1816	2	180
Luther, of Glastonbury, m. Maria **LUCAS**, of Manchester, Jan. 19, 1831, by Jeremiah Stocking, J. P.	3	111
Luther, 2nd, m. Ann B. **HOLLISTER**, b. of Glastonbury, June 21, 1835, by Jeremiah Stocking, Elder	3	131
Mabel, d. Thomas & Rachel, b. Jan. 31, 1739	1	100
Mabel, d. Thomas, m. Nathaniel **HOLLISTER**, s. Gideon, Oct.		

	Vol.	Page
MATSON, MATTSON, MATTISON (cont.),		
29, 1754	2	79
Mariah, d. [Luther & Elizabeth], b. July 22, 1819	2	201
Phylena, d. [Ezra & Mary], b. Feb. 16, 1796	2	180
Phylinia, m. Hiram **HODGE**, July 3, 1820 (Philena)	2	180
Philena, m. Hiram **HODGE**, b. of Glastonbury, July 3, 1820, by Jeremiah Stocking, J. P.	3	60
Philo, s. [Luther & Elizabeth], b. June 11, 1808	2	201
Philo, of Manchester, m. Harriet **ROOT**, of Glastonbury, Oct. 22, 1843, by Rev. Aaron Snow	3	173
Polly, d. [Ezra & Mary], b. Dec. 7, 1793	2	180
Polly, m. Sophronius **STOCKING**, July 30, 1816	2	180
Rachel*, d. Thomas & Rachel, b. Nov. 4, 1733 *(Arnold Copy has "Asahel")	1	100
Ruth, d. Thomas & Rachel, b. Feb. 7, 1742	1	100
Thomas, s. Thomas & Rachel, b. Aug. 7, 1746	1	100
——, d. June 11, 1815	2	180
MATTHEWS, Charlotte O., m. Daniel S. **HARDING**, b. of Glastonbury, Dec. 10, 1855, by Rev. Lewis Jessup	3	241
MAUDSLEY, Abner, s. Capt. Joseph, of Glassenbury, m. Elizabeth **LYMAN**, d. John, of Northampton, June 5, 1722	1	49
Abner & Elizabeth, had s. [ ], b. May 16, 1725; d. same day	1	49
Elizabeth, d. Abner & Elizabeth, b. May 26, 1726	1	49
Joseph, s. Abner & Elizabeth, b. Oct. 8, 1723	1	49
MAYNARD, Abney, m. Lyman J. **KILLAM**, b. of Glastonbury, May 5, 1846, by Rev. Warren G. Jones	3	189
MEARS, Maria Catharina, d. Samuel & Ruth (**KILBORN**), of Springfield, m. John **MILLER**, Jr., s. John & Prudence, of Glastonbury, Nov. 13, 1752	2	82
MEDICK, Harriet, of Chatham, m. Henry **RICH**, of Glastonbury, Nov. 24, 1823, by George Merrick, J. P.	3	75
MEIGS, Mortimore C., of Essex, m. Eunice B. **DAYTON**, of Glastonbury, Jan. 18, 1837, by Tho[ma]s J. Davis	3	138
MERRIAM, Clarissa, m. Avery H. **WILLIAMS**, b. of Glastonbury, June 30, 1833, by Rev. Samuel H. Riddell	3	122
MERRICK, MERICK, George, s. Samuel F. & Sarah, m. Nancy **HOLLESTER**, d. Roswell & Elizabeth, Oct. 31, 1819	2	188
George Hollester, s. [George & Nancy], b. Mar. 3, 1823	2	188
Jerusha, d. Rev. Jonathan, of Branford, m. William **WELLES**, s. Thomas, of Glastonbury, Nov. 27, 1764	1	94
METCALF, Charles, of Rockville, m. Lucy M. **BENNETT**, of Glastonbury, Sept. 15, 1853, by Rev. Samuel Fox	3	233
MICHEL, [see under **MITCHELL**]		
MILES, Daniel, m. Eunice **COLE**, Dec. 7, 1749	1	67
Daniel, s. Daniel & Eunice, b. Aug. 26, 1750	1	67
Elizabeth, d. Daniel & Eunice, b. June 15, 1752	1	67
MILLER, MILLAR, Alice, d. Matthew & Alice, b. May 29, 1763	2	85
Alice, d. Matthew, m. Oliver **TALLCOTT**, s. Joseph, May 29,		

MILLER, MILLAR (cont.),

	Vol.	Page
1783	2	89
Alice, d. [David & Nancy], b. May 8, 1802	2	145
Alice, of Glastonbury, m. William STRATTON, of Fitchburg, Mass., Apr. 15, 1814 [probably 1824], by Rev. Ashbel Steele	3	78
Almira, d. [William & Esther], b. Feb. 20, 1804; m. Joshua BAILEY, of Cohoes, N. Y.	2	85
Alvin, s. [David & Nancy], b. Apr. 15, 1806	2	145
Anne, d. [Matthew & Alice], b. Sept. 5, 1765	2	85
Asa, s. [Elijah & Mable], b. Mar. 8, 1808	2	57
Asa H., m. Lucy STRICTLAND, b. of Glastonbury, Jan. 18, 1844, by G. H. Nichols	3	176
Ashbel, s. Elizur & Dorcas, b. Apr. 2, 1791	2	90
Benjamin, s. William & Elizabeth, b. May 21, 1740	1	50
Benjamin, s. [Matthew & Alice], b. Jan. 8, 1773	2	85
Charlotte, of Lyme, m. William BLISH, of Marlborough, Jan. 1, 1843, by Rev. B. M. Walker	3	172
Clarissa, [d. William & Esther], b. Mar. 15, 1789; m. Chauncey HALE, of Springfield, Mass., Oct. 1, 1812	2	85
David, s. Capt. Abijah, decd., m. Nancy TALCOTT, d. Oliver, Apr. 15, 1801	2	145
Edwin, s. [David & Nancy], b. June 9, 1808	2	145
Edwin, m. Hannah TAYLOR, b. of Glastonbury, Oct. 6, 1830, by Tho[ma]s C. Brownell, Bishop	3	125
Edwin, of Glastonbury, m. Adelia WELLES, of Middletown, May 22, 1842, by George H. Nichols	3	167
Elijah, s. W[illia]m & Eliza, b. July 6, 1768	2	57
Elijah, s. Capt. William, decd., m. Mable HALE, d. Dea. David, decd., Dec. 22, 1802	2	57
Elijah, s. [Elijah & Mable], b. June 13, 1810	2	57
Eliza, w. Capt. William, d. Mar. 31, 1804	2	57
Eliza, m. David BATES, Sept. 7, 1826, by Rev. Nathaniel S. Wheaton, of Hartford	3	90
Elizabeth, d. William & Elizabeth, b. Jan. 26, 1734/5	1	50
Elizur, s. Capt. Abijah, of Glastonbury, m. Dorcas GOODRICH, d. Joshua, of Chatham, Dec. 16, 1778	2	90
Elizur, s. [Elizur & Dorcas], b. May 14, 1782	2	90
Elizur, s. Elijah & Mable, b. July 25, 1805	2	57
Emeline, [d. William & Esther], b. June 22, 1794; m. Charles PARSONS, of Endfield, now of Guilford, N. Y., Apr. 28, 1825	2	85
Emeline, of Glastonbury, m. Charles PARSONS, of Enfield, Apr. 28, 1825, by Rev. Caleb Burge	3	87
Emilia, m. Rhodolphus POTTER, Oct. 2, 1825, by Rev. Hector Humphries	3	86
Epaphras, s. [Matthew & Alice], b. June 2, 1778	2	85
Erastus, [s. William & Esther], b. Aug. 27, 1791; d. Nov. [ ], 1851	2	85
Esther, [w. William], d. Feb. 20, 1847	2	85
Eunice, d. [David & Nancy], b. Mar. 29, 1804	2	145
Fanny, [d. William & Esther], b. Mar. 22, 1797; m. Octavius		

GLASTONBURY VITAL RECORDS 205

	Vol.	Page
MILLER, MILLAR (cont.),		
FITCH, of Guilford, N. Y., [ ]	2	85
Hannah, d. Elizur & Dorcas, b. Feb. 26, 1793	2	90
Harriet, [d. William & Esther], b. Feb. 15, 1787; m. Israel GOODRICH, [ ]	2	85
Harvey, s. Elizur & Dorcas, b. Nov. 29, 1798	2	90
Jerusha, d. John & Maria, b. July 12, 1764	2	82
Jesse, twin with Julia, s. Elizur & Dorcas, b. May 14, 1789	2	90
John, Jr., s. John & Prudence, of Glastonbury, m. Maria Catharina MEARS, d. Samuel & Ruth (KILBORN), of Springfield, Nov. 13, 1752	2	82
John, s. John & Maria, b. May 14, 1766	2	82
Joseph, s. John & Maria, b. Mar. 12, 1757; d. Sept. 13, 1778	2	82
Joseph, s. [Elizur & Dorcas], b. Mar. 11, 1780	2	90
Julia, twin with Jesse, d. Elizur & Dorcas, b. May 14, 1789	2	90
Laura, d. [David & Nancy], b. July 13, 1811	2	145
Lucretia, d. John & Maria, b. May 23, 1762	2	82
Lucretia, d. John, m. Hezekiah WICKHAM, Jr., s. Hezekiah, Nov. 28, 1782	2	65
Lucy, d. W[illia]m & Eliza, b. Oct. 16, 1769; d. July 18, 1770	2	57
Lucy, d. [Elizur & Dorcas], b. July 26, 1784	2	90
Mabell, d. William & Susanna, b. July 17, 1728	1	50
Marcy, d. William, m. Ruben RISLEY, s. Job, Apr. 14, 1768	2	38
Maria Catharina, d. John & Maria, b. May 3, 1759	2	82
Martha, d. William, m. Josiah HOLLISTER, s. Thomas, Jan. 28, 1717/18	1	43
Martha, d. William & Susanna, b. Mar. 2, 1730/1; d. July following	1	50
Martha, d. William & Elizabeth, b. Feb. 13, 1736/7	1	50
Mary, d. William & Susannah, b. Aug. 16, 1723	1	50
Mary, d. [Matthew & Alice], b. Apr. 29, 1770	2	85
Mary, d. [Matthew & Alice], d. Nov. 9, 1775	2	85
Mary, d. [Matthew & Alice], b. Mar. 18, 1781	2	85
Matthew, s. William & Elizabeth, b. July 7, 1732	1	50
Matthew, s. William, m. Alice STEVENS, d. Benjamin, Mar. 5, 1761	2	85
Matthew, [s. William & Esther], b. Sept. 30, 1793; m. Laura WRIGHT, d. Leonard, [ ]	2	85
Mehitable, d. John & Maria, b. Apr. 19, 1754	2	82
Patience, d. William & Elizabeth, b. Jan. 31, 1742/3	1	50
Polly, d. Elizur & Dorcas, b. Sept. 21, 1795	2	90
Prudence, d. John, m. Jehiel GOODRICH, s. William, Mar. 22, 1764	2	102
Rebecca, d. Elijah, of Middletown, m. Elisha STEVENS, s. Joseph, of Glassenbury, Feb. 26, 1772	2	25
Russel, s. John & Maria, b. Aug. 31, 1769	2	82
Samuel, s. John & Maria, b. Feb. 28, 1772	2	82
Sarah, d. William & Elizabeth, b. Mar. 26, 1738	1	50
Sarah, d. [Matthew & Alice], b. Aug. 22, 1775	2	85
Susannah, d. William & Susannah, b. Sept. 28, 1721	1	50

	Vol.	Page

MILLER, MILLAR (cont.),
    Susanna, w. William, d. Mar. 16, 1730/1 — 1 — 50
    Susanna, d. [Matthew & Alice], b. Dec. 30, 1767 — 2 — 85
    Willi[a]m, d. Aug. 22, 1705 — 1 — 13
    William, s. William, of Glassenbury, m. Susannah **KILBORN**, d. Thomas, of Hartford, Sept. 8, 1720 — 1 — 50
    William, s. William & Susannah, b. Aug. 24, 1725 — 1 — 50
    William, m. Elizabeth **HOLLISTER**, Oct. 14, 1731 — 1 — 50
    William, s. William [& Susanna], d. July 6, 1733 — 1 — 50
    William, s. Matthew & Alice, b. Dec. 21, 1761; m. Esther **KILBORN**, d. Joseph, [   ]; d. May 11, 1814 — 2 — 85
    William, s. John, of Glassenbury, m. Eliza **LOVELAND**, d. John, of Wethersfield, Feb. 20, 1767 — 2 — 57
    William, Capt., d. May 2, 1798 — 2 — 57
    William, [s. William & Esther], b. Jan. 19, 1802; d. [   ], 1823 — 2 — 85
    William, s. Elijah & Mable, b. Sept. 15, 1803 — 2 — 57
    William, s. [David & Nancy], b. Aug. 27, 1813; d. Mar. 25, 1814 — 2 — 145
    William, see "History of Miller Family" by Elbert H. T. Miller, for data recorded on pages 231-360 of Glastonbury Vital Records Vol. 2

MINER, Caroline M., of East Hartford, m. Edwin **SHERMAN**, of Glastonbury, Dec. 23, 1849, by James A. Smith — 3 — 213
    Edw[ard] M., of So. Glastonbury, m. Emily A. **WARREN**, of East Hartford, Oct. 21, [1850], by Rev. James A. Smith — 3 — 218
    Lucy C., of Glastonbury, m. George **THOMPSON**, of New Britain, Nov. 25, 1841, by Rev. Warren G. Jones — 3 — 165
    Mary Jane, of Glastonbury, m. John **WILLIAMS**, of Providence, R. I., Sept. 8, 1850, by Rev. Warren G. Jones — 3 — 217
    William H., m. Susan A. **HILLS**, b. of Glastonbury, July 1, 1849, by L. W. Blood — 3 — 212

MITCHELL, MICHEL, Elizabeth, of Hartford, m. John **KILBORN**, of Glastonbury, May 12, 1702 — 1 — 5
    Elizabeth, d. John & Elizabeth, d. Jan. 15, 1704 — 1 — 5
    John, s. John & Elizabeth, d. Jan. 25, 1704 — 1 — 5
    Sarah, m. Abraham **KILBORN**, June 5, 1712 — 1 — 35

MOORE, Caroline A., of Farmington, m. John S. **MOORE**, of Glastonbury, Sept. 5, 1835, by George Covill, J. P. — 3 — 133
    John S., of Glastonbury, m. Caroline A. **MOORE**, of Farmington, Sept. 5, 1835, by George Covill, J. P. — 3 — 133

MORGAN, Alva, of Salem, m. Dolly **STRATTON**, of Glastonbury, Mar. 3, 1822, by Rev. Nathan B. Burgess — 3 — 67
    Horis* J., of Hartford, m. Sarah Ann **MYGOTT**, of Glastonbury, Apr. 13, 1834, by Rev. Thomas J. Davis   *("Har[r]is") — 3 — 125
    Mary J., m. William E. **GANNISS**, b. of Glastonbury, Mar. 12, 1833, by Rev. J. E. Risley — 3 — 120

MORLEY, MORLY, Aaron, s. Timothy & Mary, b. June 22, 1774 — 2 — 49
    Abell, m. Susannah **KILBORN**, d. Ebenezer, Apr. 9, 1719 — 1 — 64
    Abell, s. Abell & Susanna, b. Feb. 23, 1721/2 — 1 — 64
    Abner, s. Demick & Ruth, b. July 11, 1781 — 2 — 103

	Vol.	Page
MORLEY, MORLY (cont.),		
Brazilla, m. Molenthy **COOLEY**, b. of Glastonbury, May 5, 1831, by Rev. Samuel H. Riddell	3	112
Christiana, d. Timothy & Mary, b. June 2, 1765	2	49
Clarissa, d. George & Anna, b. Apr. 4, 1795	2	100
Daniel, s. Timothy & Mary, b. Dec. 2, 1763	2	49
Demick, s. John, of Glastonbury, m. Ruth **WESTON**, d. Joshua, of Middletown, Dec. 15, 1774	2	103
Ebenezer, m. Susannah **WICKHAM**, wid. John, Feb. 17, 1725/6	1	49
Ebenezer, s. John & Abigail, b. Jan. 20, 1757	1	126
Elijah, s. Timothy & Mary, b. Jan. 4, 1768	2	49
Elizabeth, d. Thomas & Elizabeth, b. July 31, 1715	1	28
Elizabeth, d. Timothy & Mary, b. Mar. 14, 1752	2	49
Elizabeth, d. Timothy & Mary, m. [ ], June 16, 1771	2	49
Enos, s. Thomas & Elizabeth, b. Aug. 6, 1719	1	28
Enos, s. Thomas & Elizabeth, d. Oct. 29, 1730	1	28
Enos, s. Timothy & Mary, b. Sept. 29, 1779	2	48
Enos, s. [Timothy & Mary], b. Sept 29, 1779	2	49
Ezekiel, s. Timothy & Mary, b. Aug. 15, 1759	2	49
George, s. [Timothy & Mary], b. Nov. 10, 1756	2	49
George, s. Timothy, m. Anna **GOODRICH**, d. Alpheas, May 12, 1794	2	100
Gideon, s. John & Abigail, b. Apr. 8, 1761	1	126
Issaac, s. Abell & Suesanna, b. Mar. 22, 1728/9	1	64
Jerusha, d. Timothy & Mary, b. June 18, 1762	2	49
Jerusha, d. Timothy & Mary, m. [ ], Nov. 31, 1780	2	48
John, s. Thomas & Elizabeth, b. Feb. 7, 1716/17	1	28
John, s. Ebenezer & Susannah, b. July 19, 1735	1	49
John, s. Ebenezer, m. Abigail **WELLS**, d. Ephraim, of Colchester, Nov. 6, 1755	1	126
John, s. John & Abigail, b. Apr. 11, 1759	1	126
Martha, d. Ebenezer & Susannah, b. Oct. 15, 1726	1	49
Mary, d. Timothy & Mary, b. June 1, 1753; d. same day	2	49
Mary, 2nd, d. Timothy & Mary, b. Apr. 23, 1754	2	49
Mary, d. Demick & Ruth, b. May 28, 1783	2	103
Mercy, d. Thomas & Elizabeth, b. Oct. 24, 1722	1	28
Moses, s. Timothy & Mary, b. May 25, 1771	2	49
Nancy, d. George & Anna, b. Dec. 30, 1796	2	100
Prudence, d. Ebenezer & Susannah, b. Oct. 12, 1730	1	49
Prudence, d. Timothy & Mary, b. Jan. 27, 1761	2	49
Russel, s. Demick & Ruth, b. Sept. 8, 1779	2	103
Russel, s. [Demick & Ruth], d. Nov. 18, 1782	2	103
Ruth, d. Timothy & Mary, b. Nov. 15, 1766; d. Nov. 20, 1766	2	49
Ruth, d. Timothy & Mary, b. Aug. 23, 1772	2	49
Ruth, d. Demick & Ruth, b. Dec. 29, 1776	2	103
Samuel, s. Timothy & Mary, b. Apr. 30, 1769	2	49
Sarah, d. Abell & Susanna, b. June 23, 1720	1	64
Sarah, d. George & Anna, b. May 10, 1800	2	100
Suesanna, d. Abell & Suesanna, b. June 22, 1726	1	64

MORLEY, MORLY (cont.),

	Vol.	Page
Susannah, d. Ebenezer & Susannah, b. June 24, 1728	1	49
Thankfull, m. Samuel GAINES, s. Samuell, July 4, 1720	1	63
Thankfull, d. Abell & Suesanna, b. Mar. 19, 1733/4	1	64
Thomas, m. Elizabeth WICKHAM, b. of Glasinbury, Nov. 9, 1708	1	28
Thomas & Elizabeth, had 2nd child b. June 16, 1711; d. same day; had 3rd child b. June last day, 1713; d. next day	1	28
Thomas, s. Abell & Suesanna, b. Mar. 6, 1723/4	1	64
Thomas, s. Timothy & Mary, b. Mar. 26, 1758	2	49
Timothy, s. [Thomas & Elizabeth], b. Feb. 15, 1726	1	28
Timothy, s. Thomas, of Glassenbury, m. Mary WOOD, d. Dyer, of Hartford, Apr. 25, 1751	2	49
Timothy, s. Timothy & Mary, b. June 27, 1755	2	49
Timothy, his f. [ ], d. Jan. 8, 1772	2	49
Willi]a]m, 1st child [Thomas & Elizabeth], b. July 29, 1709	1	28
William, s. Abell & Suesanna, b. Sept. 3, 1731	1	64
William, m. Harriet M. BELL, b. of Glastonbury, May 17, 1843, by Rev. James A. Smith	3	172

MORSE, George, m. Frances C. LEE, b. of Southbridge, Sept. 25, 1836, by Rev. Samuel H. Riddell

		3	137

MOSELEY, MOSELY, Abigail, d. Joseph & Hopefull, b. Jan. 17, 1763

	Vol.	Page
Abigail, d. Joseph & Hopefull, b. Jan. 17, 1763	2	10
Abner, s. Joseph & Hopefull, b. Apr. 13, 1766	2	10
Abner, Dr., s. Capt. Joseph, m. Eunice WELLES, d. William, decd., Nov. 14, 1792	2	161
Abner, m. Rhoda WEBSTER, b. of Glastonbury, Oct. 27, 1838, by James A. Smith	3	147
Asher, s. Syfax & Poll (negro), b. May 5, 1773	2	0
Benjamin, s. Abner & Elizabeth, b. June 26, 1728	1	49
Benjamin, s. Joseph & Hopefull, b. Jan. 3, 1772	2	10
Benjamin, Jr., m. Amelia Sophia SAMSON, b. of Glastonbury, Jan. 1, 1833, by Rev. Samuel H. Riddell	3	119
Elizabeth, d. Joseph & Hopefull, b. Mar. 23, 1771	2	10
Emily, d. W[illia]m & Eunice, b. Oct. 6, 1783	2	153
Emily, d. [Dr. Abner & Eunice], b. Nov. 18, 1803	2	161
Eunice, d. William & Eunice, b. Jan. 23, 1780	2	153
Eunice, d. [Dr. Abner & Eunice], b. Oct. 8, 1793	2	161
Eunice, w. Dr. Abner, d. Jan. 26, 1811	2	161
Hannah, d. Capt. Joseph, decd., m. Sam[ue]ll TALCOTT, s. Dea. Benjamin, decd., Oct. 5, 1732	1	59
Happy, d. [Dr. Abner & Eunice], d. Sept. 29, 1806	2	161
Harriet, d. [Dr. Abner & Eunice], b. May 15, 1802	2	161
Henrietta S., m. John A. HALE, Sept. 3, 1845, by James A. Smith	3	184
Hopefull, d. Joseph & Hopefull, b. July 5, 1764	2	10
Hopey, d. [Dr. Abner & Eunice], b. Jan. 8, 1794	2	161
Isaac, s. Capt. Joseph, decd., m. Ruth WELLES, d. Capt. Thomas, Jan. 3, 1738/9	1	66
John, s. Joseph & Hopefull, b. Aug. 25, 1769	2	10
Joseph, s. Capt. Abner, of Glassenbury, m. Hopefull ROBBINS, d. Capt. Jonathan, of Weathersfield, Dec. 10, 1761	2	10

	Vol.	Page
MOSELEY, MOSELY (cont.),		
Joseph, s. Joseph & Hopefull, b. Mar. 5, 1768	2	10
Joseph, s. [Dr. Abner & Eunice], b. Aug. 29, 1798	2	161
Lucy W., of Glastonbury, m. Ralph H. **FOSTER**, of Hartford, Nov. 15, 1854, by Rev. James A. Smith	3	240
Mariah, d. [Dr. Abner & Eunice], b. Jan. 25, 1808	2	161
Mary, d. Syfax & Poll (negro), b. Apr. 22, 1784	2	0
Polly, wid. Syphax (colored), d. Mar. 17, 1816	2	0
Robert Robbins, s. Joseph & Hopefull, b. Aug. 21, 1775	2	10
Robert Welles, s. [Dr. Abner & Eunice], b. July 11, 1796	2	161
Sabara, had d. Sebara **FREEMAN** (colored), d. July 24, 1845, ae 70	2	0
Sehara, d. Syfax & Poll (negro), b. Mar. 3, 1775	2	0
Senaca, s. W[illia]m & Eunice, b. Nov. 11, 1781	2	153
Sophia, of Glastonbury, m. William H. **CHILD**, of Chatham, Jan. 6, 1831, by Rev. Samuel H. Riddell	3	111
Sylvia, d. Syfax & Poll (negro), b. Mar. 21, 1777	2	0
Syphax, d [ ], (negro)	2	0
Walter, s. [Dr. Abner & Eunice], b. Apr. 7, 1800	2	161
William, s. Capt. Isaac, decd., m. Eunice **MAKEN***, d. Dea. Joseph, of East Hartford, Jan. 1, 1778 *("**MAKEW**"?)	2	153
William, s. William & Eunice, b. Nov. 1, 1778	2	153
W[illia]m, s. [William & Eunice], d. July 24, 1805, at Havannah	2	153
William, s. [Dr. Abner & Eunice], b. Feb. 6, 1806	2	161
William, d. May 28, 1806	2	153
MOSES, Daniel, of Simsbury, m. Elizabeth **HODGE**, of Glastonbury, Sept. 19, 1849, by Jeremiah Stocking, Elder	3	215
MULHOLLAND, Ann J., of Glastonbury, m. John C. **McNALL**, of Hartford, May 3, 1846, by James A. Smith. Int. Pub.	3	189
MUNN, Patience, m. Ashbel **HALE**, s. Josiah, May 8, 1803	2	146
MYERS, Caroline M., m. Charles C. **ERYLLYS**, [Aug.] 20, 1843, by James A. Smith	3	173
MYGATT, Bathsheba, d. Zebulon & Bathsheba, b. Feb. 8, 1777	2	110
Joseph, s. Zebulon & Bathsheba, b. Aug. 15, 1780	2	110
Sarah Ann, of Glastonbury, m. Horis* J. **MORGAN**, of Hartford, Apr. 13, 1834, by Rev. Thomas J. Davis *("Har[r]is"?)	3	125
Zebulon, s. Zebulon, m. Bathsheba **FOX**, d. David, Mar. 31, 1777	2	110
Zebulon, d. Apr. 8, 1783	2	110
NASH, Edmund A. G., of Middletown, m. Samantha **WEATHERSFIELD**, of Glastonbury, Nov. 28, 1838, by Rev. Abijah C. Wheat	3	149
Elizabeth, d. Timothy, of Windsor, m. Elizur **HOLLISTER**, s. Charles, of Glassenbury, Dec. 12, 1754	2	9
Marvin T., of Winchendon, Mass., m. Harriet M. **SPARKS**, of Glastonbury, Nov. 2, 1834, by Rev. Jacob Allen	3	128
Norman T., m. Julia A. **HOLLESTER**, b. of So. Glastonbury, Sept. 22, 1845, by Rev. Warren G. Jones	3	185
NEAU, Mary Mariah, m. Parismus **HOLLISTER**, b. of Glastonbury, Sept. 27, 1829, by Jeremiah Stocking, J. P.	3	103

BARBOUR COLLECTION

	Vol.	Page
NEAU (cont.),		
Walter B., m. Sipha C. **HOLLISTER**, b. of Glastonbury, Aug. 31, 1835, by Jeremiah Stocking, Elder	3	133
NEELAND, [see under **KNEELAND**]		
NEIL, [see also **NIEL**], Sarah H., of Brooklyn, N. Y., m. W[illia]m H. **LAZELLE**, of Wilbraham, Mass., Jan. 22, 1854, by Rev. James A. Smith	3	236
NEUSE, John, of Glastonbury, m. Lydia **WRISTLE**, of Conway, Mass., Jan. 26, 1809	2	203
Mary M., d. [John & Lydia], b. Jan. 13, 1811	2	203
Walter, s. [John & Lydia], b. July 26, 1813	2	203
NEVILL, Elizabeth, d. John, of Glastonbury, m. Henry **GOSLEE**, s. Henry, [ ], 1733	2	89
NICHOLS, John, m. Abby Jane **RATHBORN**, b. of So. Glastonbury, Jan. 14, 1849, by Rev. Warren G. Jones	3	210
John K., of New London, m. Frances **JONES**, of So. Glastonbury, Jan. 5, 1843, by Rev. Warren G. Jones	3	162
Mary, d. Lieut. Nicholas, of Glassenbury, m. Eliphalet **RICE**, s. John, of Ashford, Feb. 5, 1772	2	20
Nancy, m. Joel **CURTICE**, Oct. [ ], 1817	2	202
NICHOLSON, NICKOLSON, Ambrose, m. Margaret **HILL**, June 13, 1756	1	58
Ambrose, s. Ambrose & Margaret, b. July 11, 1766	1	58
Cleara, d. Francis & Rachel, b. Aug. 13, 1789	2	6
Dolly, of Glastonbury, m. Hiram **FOX**, of East Hartford, Oct. 23, 1823, by Rev. Caleb Burge	3	74
Edmond, twin with Eunice, s. Ambrose & Margaret, b. Sept. 4, 1774; d. Oct. 16, 1774	1	58
Edmund, s. Francis & Rachel, b. Feb. 1, 1782	2	6
Eunice, twin with Edmond, d. Ambrose & Margaret, b. Sept. 4, 1774	1	58
Fandina(?), d. Francis & Rachel, b. Aug. 27, 1791	2	6
Francis, s. Ambrose & Margaret, b. Apr. 13, 1758	1	58
Francis, s. Ambrose, of Glastonbury, m. Rachel **LOVELAND**, d. David, of Glastonbury, Feb. 7, 1781	2	6
Hannah, d. Ambrose & Margaret, b. Nov. 14, 1763	1	58
Jared, s. Ambrose & Margaret, b. Jan. 26, 1770	1	58
Joel, s. Ambrose & Margaret, b. Sept. 29, 1761	1	58
Jonathan Loveland, s. Francis & Rachel, b. Oct. 14, 1784	2	6
Keziah, d. Francis & Rachel, b. Nov. 9, 1793; d. June 13, 1794	2	6
Lucy, d. Ambrose & Margaret, b. Nov. 6, 1777	1	58
Mabel, d. Ambrose & Margaret, b. May 6, 1768	1	58
Mynis, d. Francis & Rachel, b. Sept. 1, 1785	2	6
Nathan, s. Ambrose & Margaret, b. Oct. 23, 1759	1	58
Polly, d. Francis & Rachel, b. July 22, 1787	2	6
Sarah, d. Ambrose & Margaret, b. Apr. 29, 1772	1	58
Zenus, s. Francis & Rachel, b. Nov. 21, 1795	2	6
NIEL, [see also **NEIL**], Hannah, m. Patrick **STREEN**, Apr. 4, 1687	1	38
NOBLE, NOBLES, Adoniram, m. Lucy **HODGE**, b. of Glastonbury,		

	Vol.	Page
NOBLE, NOBLES (cont.),		
May 1, 1833, by Henry Dayton, J. P.	2	220
Calvin, [s. Adoniram & Lucy], b. Aug. 25, 1843	2	220
Eli, [s. Adoniram & Lucy], b. [ ]	2	220
Emeline, m. Chester **HOLLISTER**, b. of Glastonbury, Aug. 31, 1866, by Rev. Manvah S. Miles	3	242
Emma, [d. Adoniram & Lucy], b. June 14, 1845	2	220
Henry, [s. Adoniram & Lucy], b. Oct. 12, 1853	2	220
Henry D., Rev. of Brookfield, m. Augusta W. **HOLLESTER**, of Glastonbury, Aug. [ ], 1844, by Rev. G. Huntington Nichols. Int. Pub.	3	179
Jennett, [d. Adoniram & Lucy], b. Oct. 12, 1839	2	220
Jesse, [s. Adoniram & Lucy], b. [ ]	2	220
John, [s. Adoniram & Lucy], b. June 31, 1847	2	220
Leroy, [s. Adoniram & Lucy], b. July 1, 1849	2	220
Lucy, [d. Adoniram & Lucy], b. [ ]	2	220
William W., [s. Adoniram & Lucy], b. June 15, 1837	2	220
NORTH, Oliver B., of New Britain, m. Martha E. **POST**, of Glastonbury, May 10, 1843, by Rev. George H. Nichols	3	169
NORTON, Angelina A., of Glastonbury, m. William **QUINNION**, of New York, May 8, 1842, by Rev. Warren G. Jones	3	166
Harriet A., of Glastonbury, m. Elias **HOWE**, of Vernon, Sept. 1, 1850, by Rev. Warren G. Jones	3	217
Stephen, of Vernon, m. Mary **BRIGGS**, of So. Glastonbury, Oct. 6, 1844, by Rev. Warren G. Jones	3	179
William, Jr., of Williamantic, m. Sophia M. **LYON**, of So. Glastonbury, Oct. 2, 1838, by Warren S. Jones	3	147
NOULDING, Joshua, s. Samuel & Elizabeth, b. Aug. 18, 1773	2	26
Mary, d. Samuel & Elizabeth, b. Feb. 15, 1772; d. Apr. 27, 1773	2	26
Mary, 2nd, d. Samuel & Elizabeth, b. July 24, 1775	2	26
Samuel, s. Thomas, of Canterbury, m. Elizabeth **FOX**, d. Richard, of Glassenbury, June 27, 1771	2	26
[NOWLAN], [see under **NOULDING**]		
OAKS, Abigal L., of M. E., ae 35, d. John & Catharine, m. Jacob **DRAKE**, farmer, ae 47, of Tingsborough, Mass., s. Zenas & Abigail, May 29, 1850, by Rev. Warren G. Jones. Int. Pub. May 25, 1850, at Tingsborough	3	216
OBERFIELD, Sophey, of Leibenfield Zestenbury, Germany, m. John **WIEBLER**, Nov. 27, 1853, by Rev. James A. Smith	3	235
OLCOTT, Hannah, d. Nathaniell, m. Hezekiah **HUBBARD**, s. Capt. David, Dec. 10, 1752	1	22
Isiah, m. Julia **WATERMAN**, b. of Glastonbury, Jan. 22, 1831, by Rev. Samuel H. Riddell	3	111
Margaret, d. Capt. Josiah, of Hartford, m. Thomas **SMITH**, s. Jeduthan, of Glassenbury, June 15, 1768	2	7
OLIVER, Betsey, d. [Neptune & Lilis], b. Sept. 5, 1782	2	1
Betsey, d. [Neptune & Lilis], d. Apr. 16, 1806	2	1
Frederic, s. [Neptune & Lilis], b. Oct. 5, 1780	2	1
Katy, had d. Susan **FREEMAN**, b. May 4, 1812 (colored)	2	0

	Vol.	Page
OLIVER (cont.),		
Lilis, w. Neptune, d. Feb. 9, 1810	2	1
Neptune, m. Lilis **SIMBO**, June 28, 1778	2	1
Timothy, s. Neptune & Lilis, b. Feb. 16, 1778	2	1
Timothy, m. Sabra **FREEMAN**, Oct. 5, 1825, by Rev. Caleb Burge	3	86
OLMSTEAD, AMSTEAD, Dorothy, d. Nehemiah, of Hartford, m. Benjamin **STEVENS**, s. Rev. Timothy, decd., Feb. 2, 1737/8	1	75
W[illia]m, m. Lagodes Dyana **HENRY**, Aug. 31, 1820, by Samuel F. Jones, J. P.	3	61
ORVIS, Hannah, m. Timothy **STEVENS**, Oct. 6, 1743	1	58
OTIS, Caroline, of Glastonbury, m. Carlos S. **HUTCHINS**, of Woolcott, Vt., Nov. 2, 1836, by Rev. Samuel H. Riddell	3	139
PAGE, John D., of East Hartford, m. Mary **ALFORD**, of Glastonbury, May 13, 1840, by James A. Smith	3	154
PARKS, Lemuel, m. Adeline Wheeler, b. of Stonington, Aug. 20, 1826, by George Merrick, J. P.	3	90
PARMELEE, PARMELA, Eliza, of New Haven, m. Ralph **GOODALE**, of East Hartford, Mar. 24, 1825, by Rev. Caleb Burge	3	83
John D., of Mereden, m. Lucy M. **SMITH**, of So. Glastonbury, May 19, 1852, by Rev. David Bradbury	3	227
PARSONS, Betsey, m. Alsop **HODGE**, b. of Glastonbury, Nov. 3, 1844, by Elder Jeremiah Stocking	3	179
Charles, of Endfield, now of Guilford, N. Y., m. Emeline **MILLER**, d. William & Esther, Apr. 28, 1825	2	85
Charles, of Enfield, m. Emeline **MILLER**, of Glastonbury, Apr. 28, 1825, by Rev. Caleb Burge	3	87
Henry S., of Hartford, m. Martha **TAYLOR**, of Glastonbury, June 6, 1844, by Rev. G. Huntington Nichols. Int. Pub.	3	178
PATTEN, Lydia A., m. Watson **VIBERT**, b. of Glastonbury, Aug. 30, 1835, by Rev. James Shepard	3	132
Nelson, of Glastonbury, m. Betsey C. **POST**, of Hebron, Dec. 16, 1830, by Jeremiah Stocking, J. P.	3	110
PATTERSON, Phebe, of Glastonbury, m. James **TREAT**, of Manchester, Apr. 30, 1825, by Rev. Jacob Allen	3	84
PAYNE, Sarah Ann, m. Lewis S. **PELTON**, b. of Chatham, Sept. 15, 1835, by Rev. James Shepard	3	132
PEASE, PEAS, Abigail, m. John **GOSLEE**, Apr. 5, 1756	1	82
Abigail, d. Peter, m. Jonathan **HODGE**, s. John, [ ]	2	155
Ansel, m. Harriet M. **POLLY**, b. of Glastonbury, Oct. 28, 1838, by Rev. Abijah C. Wheat	3	147
Calvin, s. Lemuel & Lydia, b. May 14, 1770	2	62
Charlott, of Glastonbury, m. Randolph E. **LADD**, of Tolland, July 28, 1833, by Rev. Selah Stocking	3	122
Derius*, s. Jonathan & Mary, b. June 13, 1773 *("Darius")	2	14
David, s. Jonathan & Mary, b. Apr. 5, 1771	2	14
Elijah, s. Lemuel & Lydia, b. July 18, 1764	2	62
Hannah, d. Lemuel & Lydia, b. Oct. 16, 1761; d. Apr. 30, 1763	2	62
Hannah, d. Jonathan & Mary. b. Sept. 4, 1776	2	14

GLASTONBURY VITAL RECORDS 213

	Vol.	Page
PEASE, PEAS (cont.),		
Henry, of Chatham, m. Caroline **POST**, of Glastonbury, May 11, 1834, by Rev. Samuel H. Riddell	3	127
Hester Ann, m. Truman **McLEAN**, b. of Glastonbury, Jan. 24, 1840, by Rev. H. Forbush	3	159
Jane, of Glastonbury, m. Azariah P. **WHEELER**, of East Haddam, June 20, 1841, by Rev. Henry Forbush	3	160
Jerusha, had d. Lucretia, b. Dec. 8, 1772; s. Ashbel **RAWLEY**, b. Feb. 1, 1776 & s. Lenard **BOWEN**, b. Dec. 15, 1778	2	14
John, s. Lemuel & Lydia, b. Apr. 2, 1778	2	62
Jonathan, s. Joseph, of Enfield, m. Mary **BIDWELL**, d. Joseph, of Glassenbury, decd., Nov. 17, 1765	2	14
Jonathan, s. Jonathan & Mary, b. June 4, 1766	2	14
Joseph, s. Lemuel & Lydia, b. Mar. 28, 1768	2	62
Lemuel, s. Samuel, m. Lydia **SMITH**, d. Elijah, Jan. 1, 1761	2	62
Lucretia, d. Jerusha, b. Dec. 8, 1772	2	14
Lydia, d. Lemuel & Lydia, b. Jan. 23, 1776	2	62
Lynan, of Springfield, Mass., m. Loisa **COUCH**, of Glastonbury, Sept. 27, 1840, by Elder Jeremiah Stocking	3	156
Mary, d. Jonathan & Mary, b. Mar. 4, 1769	2	14
Olive S., of So. Glastonbury, m. Claudius L. **HILL**, of Chatham, Jan. 30, 1853, by Rev. David Bradbury	3	230
Polly, m. Sampson R. **HUNT**, b. of Glastonbury, May 1, 1822, by George Merrick, J. P.	3	69
Sanford, of Somers, m. Charlott A. **GILLETT**, of Glastonbury, Aug. 3, 1836, by Rev. Samuel H. Riddell	3	136
Sarah, had s. Asoria **FALLON**, colored, b. Feb. 4, 1779	2	0
William, s. Lemuel & Lydia, b. June 5, 1766	2	62
William, s. [Lemuel & Lydia], d. Oct. 4, 1771	2	62
William, s. Lemuel & Lydia, b. Aug. 25, 1772	2	62
W[illia]m, m. Olive **SMITH**, b. of Glastonbury, Nov. 27, 1828, by H. Brownson	3	101
PEASTER, Elizabeth, m. Ranseleir O. **JONES**, b. of Glastonbury, Feb. 15, 1852, by Rev. Aaron Snow, of Eastbury	3	224
PEBBLES, Franklin, of Glastonbury, m. Elizabeth **WHEELOCK**, of East Hartford, Oct. 24, [1837], by Rev. Elias C. Scott	3	143
PECK, Myron, of Salsbury, m. Lauretta **TAYLOR**, of Glastonbury, Jan. 1, 1833, by Rev. John E. Risley	3	119
PEIRCE, [see under **PIERCE**]		
PELLETT, [see under **POLLETT**]		
PELTON, Elizabeth, m. Luther **MATSON**, Mar. 11, 1798	2	201
Hannah, see Hannah **CLARK**	2	129
Harriett, m. Reuben **TRYON**, Dec. 30, 1838, by Rev. Warren G. Jones	3	150
James A., of Middletown, m. Lydia M. **ATHERTON**, of Glastonbury, Nov. 16, 1843, by Ella Dunham, Elder	3	173
Lewis S., m. Sarah Ann **PAYNE**, b. of Chatham, Sept. 15, 1835, by Rev. James Shepard	3	132
PEMBERTON, Mary, d. Partrick G., of Chatham, b. Oct. 6, 1776; m.		

	Vol.	Page

PEMBERTON (cont.),
    James **ROBINSON**, s. David, of Glastonbury, [   ]   2   101
    Sally, m. Samuel **TAYLOR**, Apr. 16, 1798   2   197
PENFIELD, Austin A., of South Situate, R. I., m. Hannah A. **POST**, of Glastonbury, May 23, 1847, by Rev. Warren G. Jones   3   199
    George, of Portland, m. Polly P. **POST**, of Glastonbury, Sept. 18, 1843, by Warren G. Jones   3   174
    Harriet E., of Chatham, m. Samuel A. **AUSTIN**, of Lebanon, Sept. 14, 1835, by Rev. Thomas J. Davis   3   132
PERKINS, Abijah, of Harrington, m. Harriet **GOODRICH**, of Glastonbury, Sept. 11, 1831, by S. Fuller, Jr.   3   114
    Augusta H., of Wallingford, m. Henry J. **LAMB**, May 2, 1852, by Rev. James A. Smith   3   227
    Erastus, of Vernon, m. Mary **WETHERELL**, of Glastonbury, Oct. 5, 1845, by Rev. Warren G. Jones   3   185
    George W., of Mansfield, m. Laura M. **SMITH**, of Glastonbury, Oct. 5, 1845, by James A. Smith   3   184
    Isaac, of Norwich, m. Elizabeth **GALLUP**, of Glastonbury, Feb. 14, 1841, by Rev. H. Forbush   3   159
    Mark E., of Bristol, m. Lucinda **SPARKS**, of Glastonbury, Mar. 29, 1837, by Jeremiah Stocking, Elder   3   140
    Westley, of Hartford, m. Mary **PRATT**, of Glastonbury, June 5, 1823, by Rev. Caleb Burge   3   73
    William H., of Hebron, m. Elizabeth **BUCK**, of Glastonbury, June 4, 1840, by Elder Jeremiah Stocking   3   154
    W[illia]m H., of Andover, m. Mary P. **HALE**, of Glastonbury, Mar. 25, 1844, by James A. Smith   3   177
PETERS, Fidelia, m. Charles **MALBONE**, b. of Glastonbury, July 3, 1849, by Rev. James A. Smith   3   212
    Jane, m. Fortune **RUSSEL**, b. of Glastonbury, Dec. 1, 1822, by Jeremiah Stocking, J. P.   3   70
    Joel, m. Amelia **KELLOGG**, b. of Glastonbury, Oct. 11, 1827, by George Merrick, J. P.   3   94
    Mahala, m. Henry **LAMPHERE**, Nov. 30, 1837, by George May   3   143
    Samuel, m. Melissa **BENSON**, Aug. 20, 1837, by David S. Devens   3   141
    Sheldon, m. Paulina **FREEMAN**, b. of Glastonbury, July 3, 1828, by Rev. Samuel H. Riddell   3   99
    William Dennison, of Coventry, m. Sarah Ann **WRIGHT**, of Glastonbury, Sept. 2, 1838, by Rev. James A. Smith   3   146
PHELPS, Abigail, d. Uzziel, of Hebron, m. Samuel G. **STRONG**, s. Amos, of Hebron, May 3, 1812   2   162
    Ann, of Glastonbury, m. Aristarchus **DANIELS**, of East Haddam, Jan. 1, 1833, by Jeremiah Stocking, Elder   3   120
    Ashbel H., of Marlborough, m. Harriet **BRAINARD**, of Glastonbury, Jan. 1, 1821, by Rev. David Ripley   3   63
    Ebenezer, m. Mary **BIDWELL**, Oct. 30, 1822, by Rev. Caleb Burge   3   70
    Eliza N., m. Henry **SMITH**, b. of Glastonbury, Dec. 24, 1849, by

	Vol.	Page
PHELPS (cont.),		
James A. Smith	3	213
Harriet M., m. Frederick **COOLEY**, b. of Glastonbury, Sept. 8, 1834, by Rev. Tho[ma]s J. Davis	3	128
John, m. Anna **BROWN**, Feb. 15, 1821, by Samuel F. Jones, J. P.	3	63
Lucy, d. Ichabod & Mary, of Hebron, b. Nov. 24, 1768; m. Sampson **HORTON**, s. Stephen & Prudence, of Hebron, Aug. 30, 1789	2	179
Mary, m. John **HUNT**, b. of Glastonbury, Aug. 2, 1831, by Rev. Ephraim Scott	3	112
Philo, m. Elizabeth **GOODMAN**, b. of Glastonbury, Nov. 18, 1841, by James A. Smith	3	165
Sarah, of Glastonbury, m. Nelson C. **DANIELS**, of Chatham, Apr. 30, 1828, by Jeremiah Stocking, J. P.	3	98
PHILLIPS, George, m. Rebecca **ADAMS**, b. of Glastonbury, Aug. 7, 1836, by Tho[ma]s J. Davis	3	136
PHYLER, Simon N., of Colchester, m. Sophia L. **ACKER**, of Glastonbury, May 18, 1851, by Jeremiah Stocking, Elder	3	221
[**PIERCE**], **PEIRCE**, Cornelia, m. Malbey **COVELL**, b. of Glastonbury, Mar. 11, 1847, by Aaron Snow	3	198
Jeremiah H., of Sterling, m. Rachel **BURKE**, of Glastonbury, Sept. 11, 1836, by Rev. Marvin Root	3	137
PIERSON, Parmela, m. Joel **CURTICE**, Nov. [ ], 1819	2	202
PIKE, Amanda, m. Rufus **POTTER**, b. of Glastonbury, Oct. 11, 1821, by Rev. Nathan B. Burgess	3	65
Amanda, m. Rufus **POTTER**, [ ]	2	132
Sarah, m. Stephen **WING**, Mar. 5, 1772	2	17
PIPER, Asa, m. Dorothy M. **HOLLISTER**, Dec. 23, 1828, by Rev. Jacob Allen	3	101
Mercy S., m. Jonathan **HALE**, s. Theodore, July 11, 1802	2	151
PITKIN, Martha, d. William, of Hartford, m. Thomas **WELLES**, s. Capt. Samuel, of Glassenbury, Dec. 28, 1715	1	60
Rachell, d. Capt. Roger, of Hartford, m. Joseph **HOUSE**, Oct. 7, 1718	1	36
PLUMMER, Ebenezer, of Glassenbury, m. Elizabeth **SHELTON**, d. Joseph, of Stratford, Sept. 24, 1754	1	81
Elizabeth, d. Ebenezer & Elizabeth, b. Apr. 5, 1766	1	81
Elizabeth S., m. Henry **BENTON**, b. of Glastonbury, Aug. 7, 1828, by Rev. Samuel H. Riddell	3	99
Esther, d. Ebenezer & Elizabeth, b. July 3, 1762	1	81
Esther, d. Ebenezer, m. Maj. Theodore **WOODBRIDGE**, s. Rev. Ashbell, Nov. 13, 1783	2	84
George, s. Ebenezer & Elizabeth, b. Apr. 6, 1768	1	81
Isaac, s. Ebenezer & Elizabeth, b. Sept. 24, 1757	1	81
Joseph, s. Ebenezer & Elizabeth, b. Nov. 18, 1755	1	81
Julia A., of Glastonbury, m. William **ROCKWELL** (Rev.), of Plainfield, June 6, 1833, by Rev. Samuel H. Riddell	3	122
Mary, d. Ebenezer & Elizabeth, b. Mar. 26, 1759	1	81
Mary, d. Ebenezer, m. Col. Howell **WOODBRIDGE**, s. Rev.		

	Vol.	Page

PLUMMER (cont.),
    Ashbel, Nov. 26, 1778 — 2, 86

POLLETT*, Abigail, d. Thomas, m. William **WICKHAM**, Jr. May 21,
    1718   *(In pencil "**PELLETT**"?) — 1, 40

Mary*, d. Thomas, m. Stephen **SHIPMAN**, s. William, Nov. 1,
    1720   *(In pencil "Mary **PELLETT**"?) — 1, 47

Susannah*, d. Thomas, of Concord, m. John **WICKHAM**, s.
    William, Sr., of Glastonbury, Feb. 20, 1715/16   *(In pencil "Susannah **PELLETT**"?) — 1, 35

POLLY, Elizabeth Ellis, m. Augustus **BUNNING**, b. of Glastonbury,
    Sept. 23, 1838, by A. C. Wheat — 3, 146

Harriet M., m. Ansel **PEASE**, b. of Glastonbury, Oct. 28, 1838, by
    Rev. Abijah C. Wheat — 3, 147

Henry D., of So. Glastonbury, m. Sarah A. **WADE**, of Lime, Jan.
    29, 1843, by Warren G. Jones — 3, 169

Sarah Ann, of Glastonbury, m. Alvin **BROWN**, of Chatham, Mar.
    3, 1839, by Rev. Abijah C. Wheat — 3, 150

POND, Penuel, of Richmond, Va., m. Sarah **HOLLISTER**, of Glastonbury, June 25, 1820, by Rev. Nathan B. Burgess — 3, 60

POOL, Mary, d. Elijah & Polly, b. Aug. 21, 1806 — 2, 60

PORTER, Abigail, d. Hezekiah, of Hartford, m. William **HOUSE**, Jan.
    9, 1717/18 — 1, 19

Amelia, of [Glastonbury], m. Chester **HILLS**, of Hartford, Apr. 3,
    1825, by Rev. Hector Humphrey — 3, 83

Elisha, of Glastonbury, m. Fanny **GULLIVER**, of East Hartford,
    Jan. 14, 1830, by Rev. Samuel H. Riddell — 3, 106

Elizabeth, d. Timothy, of Hartford, m. Joseph **MATSON**, s.
    Thomas, of Glassenbury, Dec. 27, 1768 — 2, 51

Enos, of Glastonbury, m. Emeline **BROWN**, of Williamantic, Jan.
    9, 1848, by James A. Smith — 3, 206

Hannah, d. Hezekiah, of Hartford, m. Joseph **HOUSE**, Dec. 25,
    1712 — 1, 36

Jane S., of Glastonbury, m. Thomas **KELSEY**, of Hartford, Jan. 2,
    1851, by Rev. James A. Smith — 3, 218

Nathaniel, Jr., m. Paulina **PRICE**, Nov. 4, 1824, by Rev. Caleb
    Burge — 3, 81

Nathaniel, Jr., m. Fanny **WILLIAMS**, b. of Glastonbury, Oct. 12,
    1828, by Rev. Jacob Allen — 3, 100

Pierpoint S., of Portland, m. Maria **VALENTINE**, of Glastonbury,
    June 22, 1845, by Rev. Ella Dunham — 3, 183

Sophronia, of East Hartford, m. Elihu **SMITH**, of Glastonbury,
    Mar. 10, 1824, by Rev. Jacob Allen — 3, 78

T. B., of Hebron, m. Sarah A. **CHAPMAN**, of Glastonbury, Apr.
    7, 1851, by Frederick W. Chapman — 3, 220

W[illia]m M., m. Frances Abba **BUDLONG**, b. of Glastonbury,
    Feb. 5, 1853, by Rev. James A. Smith — 3, 230

POST, Betsey C., of Hebron, m. Nelson **PATTEN**, of Glastonbury,
    Dec. 16, 1830, by Jeremiah Stocking, J. P. — 3, 110

Betsey M., m. Austin M. **ROOT**, b. of Hebron, Dec. 9, 1839, by

	Vol.	Page
POST (cont.),		
Elder Jeremiah Stocking	3	153
Caroline, of Glastonbury, m. Henry **PEASE**, of Chatham, May 11, 1834, by Rev. Samuel H. Riddell	3	127
Elizabeth Ann, m. Dr. Orrin **WHITE**, b. of Hebron, Sept. 22, 1833, by Rev. Tho[ma]s J. Davis	3	122
Gilson W., m. Malintha **CHAPMAN**, b. of Glastonbury, Feb. 7, 1848, by Rev. W. G. Jones	3	206
Hannah A., of Glastonbury, m. Austin A. **PENFIELD**, of South Situate, R. I., May 23, 1847, by Rev. Warren G. Jones	3	199
Ichabod, of Hebron, m. Lovina **DICKINSON**, of Glastonbury, Feb. 17, 1841, by Rev. Charles Nichols	3	158
Jedediah, s. David, m. Eliza **HOLLESTER**, d. Rosewell & Elizabeth, Jan. 9, 1820	2	177
John Dennis, m. Harriet **HALING**, b. of Glastonbury, Apr. 12, 1840, by Rev. Abijah C. Wheat	3	154
Martha E., of Glastonbury, m. Oliver B. **NORTH**, of New Britain, May 10, 1843, by Rev. George H. Nichols	3	169
Mary D., of So. Glastonbury, m. Henry R. **SMITH**, of Vernon, Feb. 25, 1843, by Rev. Warren G. Jones	3	169
Phebe, m. Jonathan **STRICTLAND**, Sept. 21, 1738	1	86
Polly P., of Glastonbury, m. George **PENFIELD**, of Portland, Sept. 18, 1843, by Warren G. Jones	3	174
Russell E., of Hebron, m. Eliza **KELLOGG**, of Glastonbury, Apr. 28, 1841, by Rev. W[illia]m Bliss Ashley	3	160
William Warner, s. [Jedediah & Eliza] b. Mar. 17, 1821	2	177
POTTER, Belinda, d. W[illia]m & Anne, b. Aug. 24, 1794	2	132
Belinda, m. Thomas **BOWNS**, June 6, 1813	2	190
Charles, m. Celia Ann **TAYLOR**, b. of Glastonbury, July 6, 1851, by Rev. Warren Emerson	3	221
David Ackley, s. W[illia]m & Anna, b. Feb. 27, 1797	2	132
David Ackley, [s. William & Anna], d. July 26, 1826	2	132
Edward N., of Glastonbury, m. Betsey **ENSIGN**, of East Hartford, Mar. 4, 1822, by Rev. C. Burge	3	67
Harriet, of Glastonbury, m. George **WRIGHT**, of Glastonbury, Apr. 25, 1837, by Jesse Baker	3	140
Jerusha, m. Horace **ROBBERTS**, b. of Glastonbury, Dec. 19, 1827, by Solomon Cole, J. P.	3	96
John, of Hartford, m. Jemima **CHAPMAN**, of Glastonbury, Mar. 27, 1824, by Rev. Ashbel Steele	3	78
Malvina, d. [Rufus & Amanda], b. Jan. 10, 1823	2	132
Rodolphus, s. William & Anna, b. Oct. 4, 1799	2	132
Rhodolphus, m. Emilia **MILLER**, Oct. 2, 1825, by Rev. Hector Humphries	3	86
Rufus, m. Amanda **PIKE**, b. of Glastonbury, Oct. 11, 1821, by Rev. Nathan B. Burgess	3	65
Rufus, m. Amanda **PIKE**, [ ]	2	132
Russel, s. William & Anne, b. June 24, 1792	2	132
William, s.-Edward & Sarah, m. Anna **ACKLEY**, d. Thomas, of		

	Vol.	Page
POTTER (cont.),		
Sharon, Jan. 27, 1791	2	132
William, d. June 14, 1815	2	132
PRATT, Abner, [m.] Betsey **ALFORD**, [ ]	3	81
David W., of Vernon, m. Amelia **WRIGHT**, of Glastonbury, Oct. 5, 1836, by Rev. Samuel H. Riddell	3	137
Louisa, m. John S. **QUINNE**, b. of Glastonbury, [May] 17, [1851], by Frederick W. Chapman	3	221
Mary, of Glastonbury, m. Westley **PERKINS**, of Hartford, June 5, 1823, by Rev. Caleb Burge	3	73
William, m. Mary **SMITH**, Oct. 10, 1826, by Jay W. Fairchild	3	91
W[illia]m, of Hartford, m. Eliza **SMITH**, of Glastonbury, July 9, 1829, by Rev. Samuel H. Riddell	3	102
PRICE, Dorothy, d. Samuel & Dorothy, b. May 31, 1718	1	33
Dorothy, w. Samuel, d. Feb. 10, 1727/8	1	33
Ebenezer, s. Samuel & Dorothy, b. Apr. 20, 1726	1	33
Elizabeth, d. Sam[ue]l & Sarah, b. Mar. 18, 1731/2	1	33
Elizur, s. John & Rachel, b. July last day, 1736	1	33
Emeline, of Glastonbury, m. Joseph **BREWER**, of East Hartford, Sept. 10, 1828, by Rev. Jacob Allen	3	99
Hiram, m. Lucy **VALENTINE**, b. of Glastonbury, Mar. 17, 1829, by Rev. Jacob Allen	3	101
John, s. Samuel & Dorothy, b. Oct. 24, 1716	1	33
John, d. Mar. last day, 1737	1	33
Paulina, m. Nathaniel **PORTER**, Jr., Nov. 4, 1824, by Rev. Caleb Burge	3	81
Rachel, w. [John], d. before Feb. 12, 1736/7	1	33
Robert, s. Sam[ue]l & Sarah, b. Feb. 10, 1729/30	1	33
Samuel, m. Dorothy **FOX**, d. Richard, Sr., Apr. 7, 1714	1	33
Samuel, s. Samuel & Dorothy, b. June 19, 1715	1	33
Sarah, d. Samuel & Dorothy, b. Sept. 25, 1722	1	33
Zachariah, s. Samuel & Dorothy, b. Oct. 13, 1719	1	33
PRYOR, Sarah, d. John, of Endfield, m. Samuel **STRICTLAND**, s. John, of Glassenbury, Dec. 4, 1717	1	48
PULSIFER, Martha A., m. Henry D. **HALE**, b. of Glastonbury, [June] 23, [1852], by Frederick W. Chapman	3	227
Nancy, m. Abel **CHAPMAN**, Jr., b. of Glastonbury, Aug. 28, 1828, by Rev. Jacob Allen	3	100
QUINNE, John S., m. Louisa **PRATT**, b. of Glastonbury, [May] 17, [1851], by Frederick W. Chapman	3	221
QUINNION, William, of New York, m. Angelina A. **NORTON**, of Glastonbury, May 8, 1842, by Rev. Warren G. Jones	3	166
QUIRK, Susan, m. John **BECK**, b. of Glastonbury, Sept. 5, 1853, by Rev. James A. Smith	3	233
RANNA, Abigail, d. Stephen, of Chatham, m. Elisha **STOCKING**, s. George, decd., Mar. 15, 1789	2	75
RATHBONE, RATHBORN, Abby Jane, m. John **NICHOLS**, b. of So. Glastonbury, Jan. 14, 1849, by Rev. Warren G. Jones	3	210
Elijah, of Hartford, m. Mary **CLARKE**, of Glastonbury, Nov. 30,		

GLASTONBURY VITAL RECORDS

	Vol.	Page
RATHBONE, RATHBORN (cont.),		
1840, by Warren G. Jones	3	156
RAWLEY, Ashbel, s. Jerusha **PEAS[E]**, b. Feb. 1, 1776	2	14
RAY, Eunice, d. Gideon & Eunice, of Beverly, Mass., m. Stephen **SHIPMAN**, Jr., Aug. 4, 1790	3	174
Maria S., of Middletown, m. Herman **HILLS**, of Marlboro, Apr. 24, 1844, by [ ]	3	170
REED, Horace, m. Betsey **WELLES**, d. William, Oct. 23, 1803	2	150
Laura, of Lisbon, m. Orrin **HODGE**, of Glastonbury, July 12, 1830, by Heman Perry	3	108
REEVES, Rachel, d. John, m. Lazarus **LOVELAND**, s. Benjamin, Aug. 4, 1774	2	140
[REXFORD], RIXFORD, Sarah E., m. Jared A. **WEIR**, b. of Glastonbury, June 2, 1853, by Rev. Samuel Fox	3	232
RHODES, Chauncey, of Weathersfield, m. Juliet **TRYON**, of Glastonbury, Oct. 18, 1841, by Rev. W. B. Ashley	3	164
Prudence, of Glastonbury, m. Asa B. **BARBER**, of Hartford, Nov. 20, 1836, by Rev. Samuel H. Riddell	3	139
RICE, Allen, s. Eliphalet & Mary, b. May 31, 1785	2	20
Ansel, s. John & Elizabeth, b. Mar. 11, 1784	2	43
Anson, s. Eliphalet & Mary, b. Dec. 10, 1782	2	20
Betsey, d. John & Elizabeth, b. Sept. 11, 1792	2	43
Clary, d. Eliphalet & Mary, b. Jan. 30, 1781	2	20
David, twin with William, s. Samuel & Susanna, b. Feb. 8, 1778	2	42
Elijah, s. Samuel & Susanna, b. May 21, 1769; d. June 18, 1769	2	42
Elijah, 2nd, s. Samuel & Susanna, b. Apr. 5, 1771	2	42
Eliphalet, s. John, of Ashford, m. Mary **NICHOLS**, d. of Lieut. Nicholas, of Glassenbury, Feb. 5, 1772	2	20
Elizabeth, d. Samuel & Susanna, b. Dec. 1, 1761	2	42
Elizabeth, d. Samuel, Jr. & Deborah, b. Mar. 4, 1788	2	109
George, s. Eliphalet & Mary, b. Mar. 11, 1779	2	20
Grove, s. Eliphalet & Mary, b. May 3, 1789	2	20
Isaac, s. Samuel & Susanna, b. Aug. 18, 1760; d. Aug. 23, 1760	2	42
Isaac, s. Samuel & Susanna, b. Apr. 8, 1765	2	42
Jason, s. Samuel, Jr. & Deborah, b. May 3, 1790	2	109
John, s. Samuel & Susanna, b. June 25, 1758	2	42
John, d. Sept. 21, 1771, in the 80th y. of his age	2	42
John, s. Samuel, m. Elizabeth **FORREST**, d. Victor, July 10, 1783	2	43
Justice, s. Eliphalet & Mary, b. Feb. 9, 1775	2	20
Lenard, s. Eliphalet & Mary, b. Jan. 19, 1777	2	20
Luman, s. Eliphalet & Mary, b. Jan. 18, 1787	2	20
Luther, s. Eliphalet & Mary, b. Feb. 26, 1773	2	20
Mary, w. John, d. Mar. 9, 1754, in the 47th y. of her age	2	42
Philip, s. Samuel & Susanna, b. Nov. 16, 1767	2	42
Philip, s. John & Elizabeth, b. Feb. 7, 1788	2	43
Samuel, s. John & Mary, b. Nov. 8, 1730	2	42
Samuel, s. John, m. Susanna **SPARKS**, d. John, Aug. 24, 1757	2	42
Samuel, s. Samuel & Susanna, b. Aug. 31, 1763	2	42
Samuel, Jr., s. Samuel, Sr., m. Deborah **TAYLOR**, d. John, Nov.		

	Vol.	Page

RICE (cont.),
23, 1785	2	109
Samuel, Jr. d. Feb. 28, 1792, in his 29th y. of his age	2	109
Samuel, s. Samuel, Jr. & Deborah, b. Sept. 23, 1792	2	109
Sarah, d. Samuel & Susanna, b. Feb. 27, 1774	2	42
William, s. Philip & Desire, b. Oct. 12, 1761	2	43
William, s. Samuel & Susanna, b. May 17, 1776	2	42
William, s. Samuel & Susanna, d. Feb. 28, 1777	2	42
William, twin with David, s. Samuel & Susanna, b. Feb. 8, 1778	2	42

RICH, Cynthia, of Glastonbury, m. Ezekiel **STRONG**, of Smithfield, N. Y., Aug. 19, 1829, by Rev. Samuel H. Riddell — 3, 103

Henry, of Glastonbury, m. Harriet **MEDICK**, of Chatham, Nov. 24, 1823, by George Merrick, J. P. — 3, 75

Lyman B., m. Betsey A. **DEMING**, Dec. 3, 1843, by James A. Smith — 3, 174

Margaret, of Chatham, m. Nathan R. **DICKERSON**, of Marlborough, Sept. 20, 1846, by Elder Jeremiah Stocking — 3, 193

Mary A., m. Ansel **WETHERIL**, b. of Glastonbury, Nov. 27, 1823, by Rev. Caleb Burge — 3, 75

Terisa Ugenia, m. Joseph L. **DEMING**, b. of Glastonbury, Aug. 9, 1846, by Rev. Erastus Benton — 3, 191

RICHARDS, Elizabeth C., m. William **TURNER**, b. of Glastonbury, Apr. 16, 1851, by Warren G. Jones — 3, 220

RICHMOND, Butler, m. Celinda **SHERMAN**, b. of Glastonbury, Oct. 24, 1852, by Jeremiah Stocking, Elder — 3, 228

Edwin, m. Marian E. **RISLEY**, b. of Glastonbury, Aug. 25, 1853, by Rev. James A. Smith — 3, 233

Henry, of Mereden, m. Mercy Ann **LOVELAND**, of Glastonbury, Jan. 6, 1841, by Rev. James A. Smith — 3, 157

Henry, of Mereden, m. Mary A. **LOVELAND**, of Glastonbury, Oct. 26, 1848, by George Merrick, J. P. — 3, 210

Mary Jane, m. Morris A. **COWLES**, b. of Glastonbury, Dec. 25, 1853, by Rev. James A. Smith — 3, 234

RIDDEL, Selina, of Barnardstown, Mass., m. Caleb A. **COOLEY**, of Deerfield, Mass., Nov. 16, 1832, by Rev. Samuel H. Riddell — 3, 119

RILEY, Hulda, colored, had s. Peter **LOW**, b. Sept. 1, 1767 — 2, 0

Jonathan, of Glastonbury, m. Parmela **WELDON**, of Marlborough, May 19, 1822, by Jeremiah Stocking, J. P. — 3, 69

RIPLEY, Oliver, of Hartford, m. Catharine **WILLIAMS**, of Glastonbury, Apr. 26, 1829, by Solomon Cole, J. P. — 3, 102

RISLEY, [see also **WRISLEY**], Albert F., m. Lucinda **WEIR**, b. of Glastonbury, Apr. 16, 1843, by Rev. B. M. Walker — 3, 172

Alvin, m. Polly **HOUSE**, b. of Glastonbury, Aug. 1, 1821, by Rev. Leonard Bennett — 3, 64

Ann, d. [Benjamin & Anna], b. Aug. 16, 1810 — 2, 144

Ann, m. George **HALE**, b. of Glastonbury, Dec. 26, 1825, by Rev. Jacob Allen — 3, 87

Ann B., of Glastonbury, m. Austin **HURLBURT**, of East Hartford, Dec. 8, 1829, by Rev. Samuel H. Riddell — 3, 105

	Vol.	Page
RISLEY, [see also WRISLEY] (cont.),		
Ashbiel, s. [Benjamin & Anna], b. May 3, 1796	2	144
Benjamin, s. Job & Beriah, b. Sept. 26, 1747	2	37
Benjamin, s. Job, m. Ann KILBORN, d. Joseph, Nov. 17, 1768	2	39
Benjamin, s. Jonathan, of East Hartford, m. Anna BENTON, d. Ebenezer, of Glastonbury, Mar. 12, 1795	2	144
Benjamin, s. [Benjamin & Anna], b. Oct. 16, 1797	2	144
Benony, s. [Job & Mary], d. Apr. 15, 1742	2	37
Beriah, d. Job & Beriah, b. Nov. 21, 1749	2	37
Chauncey, s. [Benjamin & Anna], b. Feb. 9, 1815	2	144
Chester, s. Benjamin & Ann, b. June 5, 1774	2	39
Clarissa, m. William H. JONES, b. of Glastonbury, Dec. 31, 1848, by Rev. Aaron Snow	3	210
Cordelia, of Glastonbury, m. John A. CAULKINS, of Norwich, Dec. 3, 1838, by James A. Smith	3	149
Elisha, s. Benjamin & Ann, b. Sept. 24, 1770	2	39
Elizur, s. [Benjamin & Anna], b. Jan. 20, 1803	2	144
Esther, d. Job & Beriah, b. Mar. 5, 1756	2	37
Esther, m. Silas CLAPP, b. of East Hartford, Apr. 7, 1833, by Rev. J. E. Risley	3	121
Frances, of East Hartford, m. Sarah C. TRYON, of Glastonbury, Dec. 11, 1842, by Elder Jeremiah Stocking	3	162
Freeman, m. Elizabeth KENNEY, b. of Glastonbury, Jan. 1, 1824, by Rev. Jacob Allen	3	77
George, s. Job & Beriah, b. Mar. 21, 1762	2	37
Harlow, m. Sarah M. HUBBARD, b. of Glastonbury, Jan. 3, 1825, by Rev. Jacob Allen	3	82
Harriet Ann, of Glastonbury, m. Orrin CASE, of Manchester, Feb. 4, 1830, by Rev. Jacob Allen	3	106
Henry A., m. Aurelia ANDRUS, b. of Glastonbury, Sept. 13, 1835, by Rev. Thomas J. Davis	3	131
Isaac, s. Benjamin & Ann, b. Oct. 10, 1777	2	39
Jared, s. [Benjamin & Anna], b. Feb. 2, 1801	2	144
Jared, m. Harriet STRICTLAND, b. of Glastonbury, Sept. 25, 1826, by Rev. Jacob Allen	3	90
Job, s. Samuel, m. Mary BIDWELL, d. Ephraim, Oct. 17, 1741	2	37
Job, m. Beriah FOX, d. Joseph, July 8, 1742	2	37
Job, s. Job & Beriah, b. Mar. 3, 1743	2	37
Joseph, s. Job & Beriah, b. July 30, 1765	2	37
Joseph, m. Lucretia RISLEY, Apr. 3, 1821, by Jay W. Fairchild	3	63
Julia, d. [Benjamin & Anna], b. Feb. 10, 1813	2	144
Julia, of Glastonbury, m. James BULKLEY, of Wethersfield, Apr. 10, 1834, by Rev. Jacob Allen	3	125
Lois, d. Thomas & Elizabeth, d. Mar. 19, 1761	2	36
Lois, d. Thomas & Elizabeth, b. Jan. 29, 1763	2	36
Louisa, d. [Benjamin & Anna], b. Feb. 14, 1805	2	144
Lucretia, m. Joseph RISLEY, Apr. 3, 1821, by Jay W. Fairchild	3	63
Luk[e] A., of East Hartford, m. Julia SMITH, of Glastonbury, Oct. 17, 1851, by Rev. Benjamin C. Phelps	3	226

	Vol.	Page
RISLEY, [see also WRISLEY] (cont.),		
M., m. Viletta M. HOUSE, Sept. 6, 1846, by Lawton Cady	3	191
Mabel, d. John, of Hartford, m. Jonathan WEBSTER, s. Jonathan, of Glasinbury, Feb. [ ], 1730	1	16
Marcy, d. Ruben & Marcy, b. Jan. 4, 1771	2	38
Marian E., m. Edwin RICHMOND, b. of Glastonbury, Aug. 25, 1853, by Rev. James A. Smith	3	233
Mary, w. Job, d. Apr. 15, 1742	2	37
Mary, d. Job & Beriah, b. Jan. 30, 1754	2	37
Mary, d. Job, m. Samuel SMITH, s. Joseph, b. of Glassenbury, Jan. 26, 1775	2	47
Noah, s. Job & Beriah, b. Nov. 21, 1752	2	37
Polly, d. [Benjamin & Anna], b. Feb. 19, 1799	2	144
Ruben, s. Job & Beriah, b. June 5, 1745	2	37
Ruben, s. Job, m. Marcy MILLER, d. William, Apr. 14, 1768	2	38
Ruben, s. Ruben & Marcy, b. Jan. 14, 1769	2	38
Richard, s. Samuel, m. Hannah SMITH, d. Gershom, b. of Glassenbury, Sept. 24, 1729	1	55
Samuel, s. Job & Beriah, b. Oct. 21, 1759	2	37
Sarah, of Glastonbury, m. Stephen WHITE, of Portland, Nov. 24, 1844, by Ella Dunham, Elder	3	180
Susannah, d. Richard, of Hartford, m. Abraham COULT, s. Abraham, Dec. 10, 1713	1	18
Susanna, d. Ruben & Marcy, b. Mar. 1, 1773	2	38
Thomas, s. Samuel, of Glassenbury, m. Elizabth BURNHAM, d. William, of Hartford, July 15, 1749	2	36
Thomas, s. Thomas & Elizabeth, d. Mar. 30, 1759	2	36
Thomas, s. Thomas & Elizabeth, b. Aug. 18, 1765	2	36
Viletta, Mrs. of Glastonbury, m. Jesse FREEMAN, of Hartford, Oct. 3, 1852, by Rev. Samuel Fox	3	229
Wait, s. Ruben & Marcy, b. Apr. 9, 1775	2	38
William, s. [Benjamin & Anna], b. Apr. 19, 1808	2	144
William D., m. Mary Ann SMITH, Nov. 24, 1836, by Rev. George May	3	138
ROBBINS, ROBINS, Hopefull, d. Capt. Jonathan, of Weathersfield, m. Joseph MOSELEY, s. Capt. Abner, of Glassenbury, Dec. 10, 1761	2	10
Jehiel, Rev. of Rocky Hill, m. Sally TUCKER, of Glastonbury, June 8, 1841, by Rev. Warren G. Jones	3	164
R. H., Dr., m. Ann T. WILLIAMS, of So. Glastonbury, Aug. 13, 1848, by Rev. L. W. Blood	3	208
Roderick H., of Wethersfield, m. Eunice O. WILLIAMS, of Glastonbury, Feb. 18, 1839, by Rev. Abijah C. Wheat	3	150
ROBERTS, ROBBERTS, Dennis, m. Hannah HUNT, b. of East Hartford, July 4, 1825, by Rev. Jacob Allen	3	85
Horace, m. Jerusha POTTER, b. of Glastonbury, Dec. 19, 1827, by Solomon Cole, J. P.	3	96
James, of East Hartford, m. Betsey VALENTINE, of Glastonbury, Oct. 29, 1823, by Solomon Cole, J. P.	3	76

	Vol.	Page
ROBERTSON, ROBBERTSON, Elizabeth B., m. Hamilton R. **HORTON**, Oct. 20, 1830, by Rev. Hector Humphrey	3	110
Levi C., m. Calista **WEIR**, Nov. 26, 1846, by Rev. Lawton Cady	3	194
Thomas, of Groton, m. Marilla **GLEASON**, of Glastonbury, Dec. 25, 1828, by Rev. Jacob Allen	3	101
ROBINSON, Burrage, m. Mariah **BILLINGS**, b. of Glastonbury, Dec. 4, 1837, by George May	3	144
Eliza Ann, of Glastonbury, m. Henry **HUBBARD**, of Berlin, Feb. 10, 1828, by George Merrick, J. P.	3	97
Erna, d. [James & Mary], b. Apr. 10, 1808	2	101
George, m. Julia A. **HARDING**, b. of Glastonbury, Jan. 2, 1853, by Rev. David Bradbury	3	230
James, s. David, of Glastenbury, b. May 26, 1774; m. Mary **PEMBERTON**, d. Partrick G., of Chatham, [ ]	2	101
Ludyah, s. [James & Mary], b. Sept. 23, 1797	2	101
Maria, d. [James & Mary], b. Jan. 17, 1806	2	101
Mary, d. [James & Mary], b. Dec. 29, 1801	2	101
Nathan G., of Hartford, m. Louisa C. **MATSON**, of Glastonbury, Nov. 22, 1835, by Rev. Samuel H. Riddell	3	134
Norman, s. [James & Mary], b. Sept. 9, 1799	2	101
Sally, d. [James & Mary], b. Nov. 16, 1810; d. Jan. 8, 1811	2	101
Sanford, [s. James & Mary], b. Dec. 31, 1803	2	101
ROCKWELL, Hiram R., of East Windsor, m. Diantha M. **HOUSE**, of Glastonbury, May 3, 1842, by Richard Livesey	3	168
William, Rev. of Plainfield, m. Julia A. **PLUMMER**, of Glastonbury, June 6, 1833, by Rev. Samuel H. Riddell	3	122
ROCKWOOD, Samuel, of George, N. Y., m. Lucy **KELLOGG**, of Glastonbury, Dec. 28, 1841, by Rev. W[illia]m B. Ashley	3	165
Samuel, of Owego, N. Y., m. Augusta **GOODRICH**, of Glastonbury, [ ], by Rev. William Jones. Recorded Sept. 3, 1832	3	117
ROGERS, Abigail, m. Samey **ANDERSON**, Jr. (colored), Sept. 27, 1792	2	0
ROOT, Amos, s. John & Rebecca, b. Aug. 20, 1745	1	92
Austin M., m. Betsey M. **POST**, b. of Hebron, Dec. 9, 1839, by Elder Jeremiah Stocking	3	153
Clarissa, of Glastonbury, m. Joseph **CLARK**, of Newbury, Vt., Dec. 15, 1837, by Rev. James A. Smith	3	146
Dorcas, d. John & Rebeckah, b. July 27, 1742	1	92
Edwin B., of Marlborough, m. Manerva **WEIR**, of Glastonbury, Apr. 20, 1834, by Jeremiah Stocking, Elder	3	126
George, of Berlin, m. Clarissa S. **HALE**, of Glastonbury, Apr. 18, 1830, by Rev. Samuel H. Riddell	3	107
Harriet, of Glastonbury, m. Philo **MATSON**, of Manchester, Oct. 22, 1843, by Rev. Aaron Snow, of Eastbury	3	173
Julian, of Hebron, m. Ariel **COY**, of Hartford, Jan. 11, [1838], by Rev. David L. Ham	3	144
Loring A., of Glastonbury, m. Elizabeth **LOOMIS**, of Hebron, Dec. 2, 1838, by Rev. Thomas W. Gile	3	148
Nancy B., m. Elijah **WELLES**, b. of Glastonbury, Aug. 17, 1854,		

	Vol.	Page

ROOT (cont.),
by Rev. A. B. Chapin	3	239
Olivia H., of Glastonbury, m. William G. **JUDD**, of Coventry, Oct. 19, 1831, by Rev. Jacob Allen	3	113
Cibel*, d. John & Rebecca, b. June 30, 1740 *("Sybil")	1	92
Sylvester, of Marlborough, m. Phebe A. **BEACH**, of Winchester, Jan. 22, 1837, by Jeremiah Stocking, Elder	3	139

ROSE, Jerusha Ann, m. Joseph **FOOTE**, b. of Glastonbury, Sept. 4, 1823, by Rev. Charles L. Cooley — 3, 74

ROSEWELL, Olive, of Colchester, m. Jared **THOMSON**, of Springfield, Mass., Oct. 23, 1825, by Jeremiah Stocking, J. P. — 3, 86

ROWLEY, John, of Portland, m. Lucy **CHAPMAN**, of Glastonbury, Mar. 4, 1845, by Rev. Warren G. Jones — 3, 182

RUNNELL, Elijah P., m. Martha A. **COVELL**, Sept. 9, 1846, by Rev. Lawton Cady — 3, 191

RUSH, George, of Hartford, m. Honor **TRYON**, of Glastonbury, Feb. 17, 1841, by Rev. Charles Nichols — 3, 158

RUS[S], James, s. Jonathan & Mary, b. Dec. 29, 1754 — 1, 110

RUSSELL, RUSSEL, Alfred, m. Luvinne **FREEMAN** (colored), b. of Glastonbury, Apr. 22, 1853, by Rev. A. B. Chapin, of So. Glastonbury — 3, 237

Caroline, d. [Fontune & Rebeckah], b. Mar. 20, [ ]	2	2
Caroline G., m. Roswell **RUSSELL**, Jr., b. of Glastonbury, Aug. 25, 1845, by John A. Hale, J. P.	3	183
Clarrissa, d. [Fontune & Rebeckah], b. Oct. 11, [ ]	2	2
Daniel Anderson, s. [Fontune & Rebeckah], b. Mar. 20, [ ]	2	2
Elias, s. [Fontune & Rebeckah], b. Aug. 13, 1799	2	2
Eliza Ann, m. Lorenzo **FREEMAN**, b. of Glastonbury, July 5, 1836, by Rev. Warren G. Jones	3	192
Eliza Ann, m. Lorenzo **FREEMAN**, b. of Glastonbury, July 12, 1846, by Rev. Warren G. Jones	3	190
Elley, d. [Julieter & Phillis Anderson], b. May 29, 1806	2	1
Emeline, d. [Fontune & Rebeckah], b. Dec. 20, [ ]	2	2
Fortune, m. Jane **PETERS**, b. of Glastonbury, Dec. 1, 1822, by Jeremiah Stocking, J. P.	3	70
Fortune, m. Rebeckah **ANDERSON**, [ ]	2	2
George, s. Fortune [& Rebeckah], b. July 1, 1819	2	2
Horace, s. [Fortune & Rebeckah], b. Dec. 20, [ ]	2	2
Ichabod Pease, s. [Fortune & Rebeckah], b. May 1, [ ]	2	2
James, of Hartford, m. Mary **DUTTON**, of Glastonbury, Aug. 31, 1828, by George Merrick, J. P.	3	99
Lucretia, d. [Fortune & Rebeckah], b. Feb. 5, [ ]	2	2
Mary Ann Fortune, d. Fortune [& Rebeckah], b. Aug. 20, 1817	2	2
Oliver, of Marlborough, m. Sarah **RUSSELL**, of Glastonbury, Apr. 9, 1843, by George Merrick, J. P.	3	172
Oliver, of Marlborough, m. Sarah **RUSSELL**, of Glastonbury, Apr. 9, 1843, by George Merrick, J. P.	3	242
Ransom, s. [Julieter & Phillis Anderson], b. Oct. 7, 1803	2	1
Rebecca M., m. Cornelius **FREEMAN**, b. of Glastonbury, Sept.		

	Vol.	Page

RUSSELL, RUSSEL (cont.),
16, 1829, by Rev. Samuel H. Riddell	3	103
Richard, s. [Julieter & Phillis Anderson], b. Oct. 16, 1801	2	1
Richard, m. Posey **BENSON**, b. of Glastonbury, Nov. 28, 1822, by George Merrick, J. P.	3	71
Robert, m. Maria **STEDMAN**, Nov. 26, 1846, by Ralph Crane, J. P.	3	193
Roswell, s. [Julieter & Phillis Anderson], b. Jan. 23, 1799	2	1
Rosewell, m. Mary **FREEMAN**, b. of Glastonbury (colored), July 5, 1820, by Rev. W[illia]m Lockwood	3	60
Roswell, Jr., m. Caroline G. **RUSSELL**, b. of Glastonbury, Aug. 25, 1845, by John A. Hale, J. P.	3	183
Ruby, d. Julieter & Phillis Anderson, b. May 16, 1796; d. June 15, 1798	2	1
Ruby, d. Julieter & Phillis Anderson, b. [ ]	2	1
Sarah, of Glastonbury, m. Oliver **RUSSELL**, of Marlborough, Apr. 9, 1843, by George Merrick, J. P.	3	172
Sarah, of Glastonbury, m. Oliver **RUSSELL**, of Marlborough, Apr. 9, 1843, by George Merrick, J. P.	3	242

RUST, George, of Northampton, Mass., m. Eliza **TRYON**, of Glastonbury, Jan. 17, 1839, by Rev. Charles Nichols — 3 — 150

RYAN, Walter, of Boston, Mass., m. Roxana **WELDON**, of Glastonbury, Jan. 8, 1824, by Rev. Jacob Allen — 3 — 77

SALTONSTALL, Katharine, d. Capt. Roswell, of Branford, m. Jonathan **WELLES**, s. Thomas, Dec. 14, 1758 — 1 — 107

SAMPLES, Samuel, of Marlborough, m. Laura Ann **TYLER**, of Glastonbury, Mar. 1, 1846, by Aaron Snow — 3 — 187

SAMSON, Amelia Sophia, m. Benjamin **MOSELEY**, Jr., b. of Glastonbury, Jan. 1, 1833, by Rev. Samuel H. Riddell — 3 — 119

Earle, m. Mary L. **SELLEW**, b. of Glastonbury, Aug. 20, 1837, by Rev. Samuel H. Riddell	3	141
Guy, m. Emma **GAINES**, b. of Glastonbury, Dec. 9, 1830, by Rev. S. H. Riddell	3	112
Martha Ann, m. Henry **TALLCOTT**, b. of Glastonbury, Oct. 18, 1837, by Rev. James A. Smith	3	146
William, m. Eliza **HOUSE**, Apr. 5, 1826, by Rev. Caleb Burge	3	87
William Henry, late of Glastonbury, now of New York City, ae 29, m. Dorothy **HOUSE**, ae 20, Nov. 2, 1832, by Rev. James Milnor, of New York City. Witnesses Earl Samson, Elias W. Hale & Ann Hale	3	118

SANFORD, Caleb S., of New York, m. Ellen M. **HUBBARD**, of Glastonbury, July 28, [1842], by Richard Livesey — 3 — 168

Caleb S., of Verona, N.Y., m. Ellen M. **HUBBARD**, of Glastonbury, [   ], by R. Livesey — 3 — 172

SAUNDERS, Charles R., of Marlborough, m. Eveline **WELDON**, of Glastonbury, Sept. 23, 1824, by Rev. Jacob Allen — 3 — 79

Elizabeth, L., of Glastonbury, m. John McTURNER, of Mansfield, Sept. 25, 1843, by Rev. G. Huntington Nichols — 3 — 173

Lorina, m. Oliver **TAYLOR**, b. of Glastonbury, Nov. 26, 1829, by

	Vol.	Page
SAUNDERS (cont.),		
Rev. Samuel H. Riddell	3	104
Louisa, of Glastonbury, m. W. Henry **TAYLOR**, of Mereden, May 2, 1838, by Warren G. Jones	3	145
Marinda M., m. Lucius **ALGER**, b. of Glastonbury, Nov. 27, 1845, by Elder Jeremiah Stocking	3	188
W[illia]m, Jr., m. Betsey T. **GLAZIER**, b. of Glastonbury, [ ], by Rev. Warren G. Jones. Recorded Jan. 6, 1840	3	153
SAVAGE, Esther, m. Stephen **GOODRICH**, b. of Portland, July 4, 1842, by George H. Nichols	3	167
Rachel, d. Capt. Thomas, m. William **GOODRICH**, s. Capt. Ephraim, Apr. 4, 1728	1	69
Ralph B., of Middletown, m. Sarah A. **STRICTLAND**, of Glastonbury, May 15, 1843, by Rev. Warren G. Jones	3	172
SCHNELL, Maria, m. Johan **KOSTENBATHER**, b. of Glastonbury, Aug. 13, 1854, by James A. Smith	3	239
SCHWERCKARD, George, of Glastonbury, m. Mary **STORVER**, of Germany, Aug. 29, 1852, by Roderick F. Fowler, J. P.	3	227
SCOTT, SCOT, Anne, d. Thomas & Ruth, b. Dec. 14, 1780	2	111
Ebenezer, s. Thomas & Marce, b. July 19, 1712	1	1
Ebenezer, s. Thomas, m. Mary **WICKHAM**, d. Jonathan, Nov. 5, 1740	2	48
Elizabeth, d. Thomas & Marcy, b. July 30, 1717	1	1
Elizabeth, d. Thomas, m. Thomas **BUCK**, May 4, 1738	1	83
Hope, d. Thomas & Ruth, b. May 6, 1788; d. May 25, 1790	2	111
Joseph, s. Moses & Abigail, b. Aug. 25, 1755	1	78
Joseph, s. Moses, m. Phebe **KENEY**, of New London, Jan. 9, 1783	2	29
Joseph, s. [Joseph & Phebe], b. Dec. 3, 1783	2	29
Joseph, Sr., d. July 15, 1829	2	29
Lucy, Mrs., m. John **TREAT**, b. of Glastonbury, Feb. 10, 1831, by Heman Perry	3	111
Marcy, wid. Thomas, d. Sept. 24, 1753	1	1
Martha, d. Ebenezer & Mary, b. Jan. 2, 1747	2	48
Martha, d. Ebenezer, m. Ephraim **BAKER**, s. John, of Glossester, R. I., Mar. 27, 1770	2	18
Mary, d. Ebenezer & Mary, b. Mar. 21, 1744	2	48
Mary, d. Thomas & Ruth, b. June 18, 1779	2	111
Moses, s. Thomas & Mercy, b. Sept. 8, 1714	1	1
Moses, s. Thomas, m. Abigail **COULTS**, Oct. 8, 1745, by Roger Wolcott, J. P.	1	78
Moses, s. Moses & Abigail, b. Jan. 17, 1748/9	1	78
Prudence, d. Ebenezer & Mary, b. Apr. 20, 1749	2	48
Prudence, d. Ebenezer & Mary, d. Jan. 31, 1771	2	48
Rachel, b. Ebenezer & Mary, b.Aug. 1, 1741	2	48
Rocksalana, d. Moses & Abigail, b. Oct. 9, 1747; d. Dec. 31, 1749	1	78
Ruth, d. Thomas & Ruth, b. Aug. 8, 1786	2	111
Ruth, w. Thomas, d. Dec. 5, 1809	2	111
Solomon, s. [Moses] & Abigail, b. June 11, 1759	1	78

GLASTONBURY VITAL RECORDS 227

	Vol.	Page
SCOTT, SCOT (cont.),		
Thomas, d. Oct. 3, 1747	1	1
Thomas, s. Moses & Abigail, b. June 1, 1751; d. Sept. 11, 1751	1	78
Thomas, s. Moses & Abigail, b. Nov. 21, 1753	1	78
Thomas, s. Moses, m. Ruth Brooks **FOX**, d. Eliphalet, Aug. 4, 1778	2	111
Thomas, m. Marce **GOODALE**, June 3, [ ], by Mr. Stevens	1	1
William, m. Ester **WILSON**, b. of Glastonbury, Oct. 26, 1851, by Rev. Emerson Davis	3	222
Zebulon, s. Thomas & Marce, b. Apr. 14, 1710	1	1
SCOVILL Wealthy Ann, of Haddam, m. Edward **HOLLISTER**, of Glastonbury, Nov. 26, 1846, by Rev. Warren G. Jones	3	195
SCRANTON, David, of Cheshire, m. Elizabeth **GRANNIS**, of Glastonbury, Apr. 19, 1826, by Jermiah Stocking, J. P.	3	88
SELLEW, SELEW, SELLOW, Albertus Houston, s. [Roland & Nancy Ann], b. Aug. 21, 1841	2	215
Angeline, [d. Lucy Ann, b.]	2	5
Ann Eliza, [d. Thomas, 2nd & Lucy], b. [ ]	2	5
Ann Eliza, of Glastonbury, m. George **CRITTENDEN**, of Chatham, Nov. 19, 1832, by Rev. Samuel H. Riddell	3	119
Anna, d. Philip & Elizabeth, b. Feb. 15, 1768; m. Asa **BIGELOW**, [ ]	2	5
Anson **ROBINS**, [s. Thomas, 2nd & Lucy], b. [ ]	2	5
Asa, s. [John & Sarah], b. June 4, 1778	2	150
Ashbel, s. [John & Sarah], b. Aug. 31, 1787	2	150
Bersheba, d. Philip & Elizabeth, b. Apr. 20, 1776; m. Elisha **LORD**, of Marlborough, [ ]; d. June 17, 1853, ae 77	2	5
Caroline, [d. James & Mabel], b. [ ]	2	5
Charles Webster, [s. James & Mabel], b. [ ]	2	5
Chauncey, s. Philip & Elizabeth, b. Nov. 21, 1783; d. Aug. 19, 1805, ae 21 y. 8 m. 28 d.	2	5
Chauncey, [d. James & Mabel], b. [ ]	2	5
Chauncey, [d.] [ ], ae about 24	2	5
Dorrothy, d. Philip & Elizabeth, b. Oct. 24, 1779; m. [ ] **TIBBELLS**, of Tyringham, Mass.* *("Virginia" written in brackets)	2	5
Edgar Kibbe, s. [Roland & Nancy Ann], b. Jan. 17, 1840	2	215
Edward, [s. Eleazer & Penelope], b. [ ]	2	5
Eleazer, s. Philip & Elizabeth, b. Oct. 8, 1785; m. Penelope **SMITH**, [ ]	2	5
Elizabeth, [d. Eleazer & Penelope], b. [ ]	2	5
Elizabeth Smith, w. Philip, d. Nov. 11, 1825, ae 79	2	5
Ellen E., m. Christopher C. **HOLMES**, b. of Glastonbury, Mar. 19, 1837, by Rev. Jacob Allen	3	139
Enos, [s. Samuel & Lucy], b. [ ]	2	5
Ermina, d. [Roland & Nancy Ann], b. Mar. 9, 1848	2	215
Eunicia, d. [Roland & Nancy Ann], b. June 27, 1844	2	215
Frederick, [s. Eleazer & Penelope], b. [ ]	2	5
George, s. [John & Sarah], b. July 27, 1773	2	150

	Vol.	Page

SELLEW, SELEW, SELLOW (cont.),

	Vol.	Page
Gertrude, d. [Roland & Nancy Ann], b. May 5, 1850	2	215
Hannah, d. Philip & Elizabeth, b. Aug. 10, 1769; m. Joseph **KILBORN**, [ ]; d. Jan. 23, 1826, ae 57	2	5
Hannah, d. Philip & Elizabeth (**SMITH**), b. Aug. 10, 1769; m. Joseph **KILBORN**, s. Joseph (brother of Abraham & grandson of Abraham) & Mary (**TUDOR**, d. Samue, of Windsor), Apr. 4, 1793	2	159
Hannah M., [d. James & Mabel], b. [ ]	2	5
Hannah S., [d. Samuel & Lucy], b. [ ]	2	5
Harriet, [d. Eleazer & Penelope], b. [ ]	2	5
Henry, [s. James & Mabel], b. [ ]	2	5
James, s. Philip & Elizabeth, b. Apr. 19, 1778; m. Mabel **BENTON**, of Hartford, [ ]	2	5
James H., [s. James & Mabel], b. [ ]	2	5
Jerusha, [d. Eleazer & Penelope], b. [ ]	2	5
Jerusha, of Glastonbury, m. Nathan **DEXTER**, of Coventry, Apr. 7, 1846, by James A. Smith	3	189
John, s. John, of Martins Vinard, (Martha's Vineyard), b. Oct. 14, 1745; m. Sarah **SMITH**, d. Manoah, of Glastonbury, Oct. 19, 1769	2	150
John, s. [John & Sarah], b. Oct. 22, 1771; d. Feb. 12, 1772	2	150
John, 2nd, s. [John & Sarah], b. June 9, 1780	2	150
John, 2nd, s. [John & Sarah], d. Feb. 18, 1807	2	150
John L. of Glastonbury, m. Delia M. **HILLS**, of East Hartford, Dec. 14, 1845, by Rev. James A. Smith	3	186
Julia Ann, of Glastonbury, m. Solomon S. **FLAGG**, of Hartford, June 13, 1826, by Rev. Jacob Allen	3	89
Julia Ann, [d. James & Mabel], b. [ ]	2	5
Julia Ann, [d. Eleazer & Penelope], b. [ ]	2	5
Lovinia, of Glastonbury, m. John **FLAGG**, of Hartford, Sept. 21, 1836, by Rev. Samuel H. Riddell	3	137
Lavinia, [d. James & Mabel], b. [ ]	2	5
Lucy, d. [John & Sarah], b. July 14, 1775	2	150
Lucy, w. Samuel, d. Sept. 12, 1831	2	5
Lucy Ann, [had d. Angeline, b.]	2	5
Malla, d. [John & Sarah], b. Mar. 14, 1793	2	150
Mary Bulkeley, [d. Thomas, 2nd & Lucy], b. [ ]	2	5
Mary L., m. Earle **SAMSON**, b. of Glastonbury, Aug. 20, 1837, by Rev. Samuel H. Riddell	3	141
Mercy, d. Philip & Elizabeth, b. Aug. 19, 1787	2	5
Mercy, b. Aug. 19, 1787	2	5
Nancy, twin with Sally, d. [John & Sarah], b. Nov. 10, 1784	2	150
Oliver Smith, [s. Thomas, 2nd & Lucy], b. [ ]	2	5
Osman, [s. Samuel & Lucy], b. [ ]	2	5
Philip, s. John, of Marthas Vineyard(?), m. Elizabeth **SMITH**, d. Jeduthan, of Glassenbury, Apr. 2, 1767	2	5
Phillip, m. Hannah **WELLES**, b. of Glastonbury, June 5, 1828, by Rev. Samuel H. Riddell	3	99

	Vol.	Page
SELLEW, SELEW, SELLOW (cont.),		
Philip, d. June 12, 1828, ae 85	2	5
Phillip Hamilton, [s. Thomas, 2nd & Lucy], b. [ ]	2	5
Ralph, [s. Samuel & Lucy], b.[ ]	2	5
Roland, s. Ebenezer* & Penelopy, b. Sept. 12, 1812; m. Nancy Ann **KIBBE**, d. Velirus & Eunice, of Somers, Dec. 27, 1838 *(In pencil "Eleazer")	2	215
Roland, [s. Eleazer & Penelope], b. [ ]	2	5
Russell, s. [John & Sarah], b. Mar. 18, 1790	2	150
Sally, twin with Nancy, d. [John & Sarah], b. Nov. 10, 1784	2	150
Samuel, s. Philip & Elizabeth, b. Jan. 25, 1773; m. Lucy **GIBSON**, of Middletown, N.H., [ ]; d. Aug. 22, 1828	2	5
Sarah S., of Glastonbury, m. James M. **GREENFIELD**, of Enfield, May 5, 1841, by Rev. James A. Smith	3	161
Sarah Smith, [d. Thomas, 2nd & Lucy], b. [ ]	2	5
Sidney, [s. Eleazer & Penelope], b. [ ]	2	5
Theodore Rodolphus, s. [Roland & Nancy Ann], b. Mar. 7, 1846	2	215
Thomas, s. Philip & Elizabeth, b. May 7, 1771; d. July 27, 1773, ae 2 y. 2 m. 20 d.	2	5
Thomas, s. Philip & Elizabeth, d. July 27, 1773	2	5
Thomas, 2nd, s. Philip & Elizabeth, b. Dec. 6, 1774; m. Lucy **LORD**, [ ]	2	5
Timothy G., [s. Samuel & Lucy], b. [ ]	2	5
Wallace, of Glastonbury, m. Harriet A. **DERBY**, of Chatham, Apr. 30, 1850, by Rev. Benjamin C. Phelps	3	215
William, s. Philip & Elizabeth, b. Jan. 14, 1782; d. Oct. 15, 1805, at Mortineco, ae 23 y. 9 m. 1 d.	2	5
W[illia]m, [d.], ae about 24	2	5
W[illia]m, s. Samuel & Lucy], b. [ ]	2	5
William Roland, s. [Roland & Nancy Ann], b. Feb. 4, 1853	2	215
SERAN, Andrew, of Guilford, m. Sarah **FREEMAN**, of Glastonbury, June 19, 1822, by Rev. W[illia]m Lockwood	3	69
SHADWICK, Mary, m. Lester W. **DENNING**, May 21, 1815	2	191
SHARLOCK, Sarah, m. Zebadiah **FOX**, s. Richard, Nov. 19, 1730; d. Apr. 5, 1732	1	75
SHEFFIELD, Coddington, see Currington **SHEFFIELD**	3	143
Currington*, m. Cynthia **BIDWELL**, Nov. 30, 1837, by Rev. Warren G. Jones *("Coddington")	3	143
Harriet, m. David R. **CHAPMAN**, b. of Glastonbury, Nov. 19, 1840, by Rev. H. Fosbush	3	159
Mary, of Glastonbury, m. Elnathan **BURDETT**, of Stonington, Oct. 24, 1824, by George Merrick, J. P.	3	80
Thankfull, of Glastonbury, m Aaron **BELDEN**, of Canton, July 10, 1832, by Henry Dayton, J. P.	3	116
SHELTON, Ann d. Joseph, of Stratford, m. William **WELLES**, s. Thomas, of Glassenbury, May 9, 1750	1	94
Elizabeth, d. Joseph, of Stratford, m. Ebenezer **PLUMMER**, of Glassenbury, Sept. 24, 1754	1	81
SHEPARD, David, of Chatham, m. Betsey Maria **TAYLOR**, of Glas-		

	Vol.	Page

SHEPARD (cont.),
| tonbury, Mar. 14, 1832, by Rev. Samuel H. Riddell | 3 | 115 |
| Nelson, of Portland, m. Elizabeth C. **TRYON**, of Glastonbury, Nov. 20, 1844, by Rev. George Huntington Nichols. Int. Pub. | 3 | 180 |

SHERMAN, Celinda, m. Butler **RICHMOND**, b. of Glastonbury, Oct. 24, 1852, by Jeremiah Stocking, Elder | 3 | 228 |
Deming, of Marlborough, m. Harriet **WIER**, of Glastonbury, Oct. 24, 1852, by Jeremiah Stocking, Elder	3	228
Edwin, of Glastonbury, m. Caroline M. **MINER**, of East Hartford, Dec. 23, 1849, by James A. Smith	3	213
Melissa, of Marlborough, m. Perry Green **BATES**, of Providence, R. I., Sept. 19, 1852, by Rev. A. B. Chapin, of So. Glastonbury	3	236

SHIPMAN, Abigail, d. Stephen & Mary, b. Dec. [ ], 1731 | 1 | 47 |
Ann M., of Montrose, Pa., m. Harmon S. **SNOW**, of New Haven, May 29, 1841, by Rev. Warren G. Jones	3	161
Charles, s. [Stephen, Jr. & Eunice], b. Aug. 27 1793	2	174
Charles, m. Eliza **CADWELL**, b. of Glastonbury, Apr., 28, 1844, by Rev. Aaron Snow, of Eastbury	3	170
Cloaie, d. Jonathan & Abigail, b. Dec. 6, 1749	1	125
Clarissa, d. John, m. Samuel **HOLLISTER**, s. Gideon, Mar. 28, 1799	2	110
Daniel, s. Stephen & Mary, b. Mar. 13, 1733/4	1	47
David, twin with Jonathan, s. Stephen & Mary, b. July 28, 1723; d. Dec. 3, 1723	1	47
David. s. Stephen & Mary, b. Aug. 6, 1725	1	47
Elizabeth, of Glastonbury, m. John H. **HANCHET**, of Canaan, Nov. 2, 1845, by Rev. Warren G. Jones	3	186
Eunice, d. [Stephen, Jr. & Eunice], b. Jan. 18, 1796	2	174
Frederick, s. Jonathan & Abigail, b. Dec. 4, 1751	1	125
Hannah, d. Stephen & Mary, b. Jan. 6, 1729/30; d. Jan. 1, 1747	1	47
Hannah, d. [Stephen, Jr. & Mary], b. Feb. 20, 1747; d. Apr. 11, 1749	1	47
James Maddison, s. [Stephen, Jr. & Eunice], b. Apr. 26, 1808	2	174
John, s. [Stephen, Jr. & Mary], b. June 25, 1752	1	47
Jonathan, twin with David, s. Stephen & Mary, b. July 28, 1723	1	47
Jonathan, m. Abigail **FOX**, Dec. 8, 1748	1	125
Mary, d. Stephen & Mary, b. Feb. 1, 1727/8	1	47
Mary, d. Stephen, Jr. & Mary, b. Mar. 28, 1744; d. Apr. 12, 1749	1	47
Mary, w. Stephen, d. Jan. 14, 1747	1	47
Mary, d. [Stephen, Jr. & Mary], b. May 2, 1755	1	47
Ruben, s. [Stephen, Jr. & Mary], b. Mar. 30, 1757	1	47
Ruben, s. Stephen, Jr. & Eunice, b. July 31, 1791	2	174
Sarah A., m. Erastus **DICKINSON**, b. of Glastonbury, Dec. 23, 1834, by Jeremiah Stocking, Elder	3	129
Stephen, s. William, m. Mary **POLLETT***, d. Thomas, Nov. 1, 1720 *(In pencil "**PELLETT**"?)	1	47
Stephen, s. Stephen & Mary, b. Sept. 8, 1721	1	47
Stephen, Jr., m. Mary **DYKES**, d. John, of Hartford, Sept. 20,		

	Vol.	Page
SHIPMAN (cont.),		
1743	1	47
Stephen, d. Jan. 28, 1747	1	47
Stephen, s. [Stephen, Jr. & Mary], b. Feb. 20, 1750	1	47
Stephen, Jr., b. Feb. 20, 1750; m. Eunice **RAY**, d. Gideon & Eunice, of Beverly, Mass., Aug. 4, 1790	2	174
Stephen, s. [Stephen, Jr. & Eunice], b. Sept. 3, 1798	2	174
W[illia]m, m. Lucy A. **JONES**, b. of Glastonbury, Dec. 24, [1843], by G. H. Nichols	3	175
William Henry, s. [Stephen, Jr. & Eunice], b. Aug. 28, 1804	2	174
SHIRTLIFF, Flavel P., s. Jonathan, Jr. & Catharine, b. Aug. 26, 1818	2	166
SHUMWAY, Amelia, of Glastonbury, m. George **WILSON**, of Chatham, Sept. 6, 1846, by Elder Jeremiah Stocking	3	193
Marcus, of [ ] Cty. of Tolland, m. Adaline **WEIR**, of Glastonbury, Nov. 27, 1828, by Rev. Jacob Allen	3	100
[**SILLS**], [see under **CILLS**]		
SIMBO, Lilis, m. Neptune **OLIVER**, June 28, 1778	2	1
Rosetta, colored, had s. Leonard **TUDOR**, b. July 16, 1782; also s. Erastus, b. Mar. 29, 1785	2	0
SIMONS, SYMONS, Edwin, of Vernon, m. Nancy G. **WHITE**, of Ellington, Apr. 19, 1843, by James A. Smith	3	169
Prudence, m. Andrew **HALE**, May 26, 1825, by Jay W. Fairchild	3	84
SKINNER, Abraham, s. Abraham, of Colchester, m. Phebe **DICKINSON**, d. Thomas, of Glastonbury, Jan. 26, 1726/7	1	29
Abraham, s. Abraham & Phebe, b. Dec. 22, 1731	1	29
Benjamin, m. Deborah **DICKINSON**, May 11, 1732	1	56
Benjamin, s. Benjamin & Deborah, b. Jan. 22, 1733/4	1	56
Deborah, d. Benjamin & Deborah, b. Feb. 5, 1735/6	1	56
Jemima, d. Dea. Benjamin, of Hebron, m. Jesse **STRONG**, s. Eleazur, of Glassenbury, Apr. 16, 1750	1	96
Phebe, d. Abraham & Phebe, b. Dec. 5, 1727	1	29
Rebecca, d. Abram & Phebe, b. Sept. 28, 1739	1	29
Sarah, d. Abraham & Phebe, b. June 12, 1734	1	29
Thomas, s. Abraham & Phebe, b. Oct. 30 1736	1	29
Zerviah, d. Abraham & Phebe, b. Nov. 6, 1729	1	29
SLOCUMB, Charles, of Foxboro, Mass., m. Lora V. **GRISWOLD**, of Enfield, Conn., Nov. 16, 1848, by Rev. James A. Smith	3	210
SMITH, Abigail, w. Richard, d. July 27, 1752	1	102
Abigail, d. Benjamin & Anna, b. Mar. 12, 1756	2	115
Abigail M., m. David **WELDON**, Feb. 12, 1854, by Aaron Snow	3	238
Abraham, s. Richard & Abigail, b. May 13, 1733; d. June 14, [1733]	1	102
Abraham, 2nd, s. Richard & Abigail, b. June 4, 1734	1	102
Achsah, d. Richard & Abigail, b. May 20, 1751	1	102
Achsah, 11th child [Richard & Abigail], d. Jan. 21, 1759 N. S., ae 7 y. 7 m. 20 d.	1	102
Ac[h]sah, m. Jared **DeWOLF**, b. of Glastonbury, Jan. 1, 1822, by Rev Caleb Burge	3	66
Alfred, of Granby, m. Harriet A. **GAINES**, of Glastonbury, Mar.		

	Vol.	Page

SMITH (cont.),

	Vol.	Page
1, 1854, by James A. Smith	3	237
Almira, m. David **WYLLIS**, b. of Glastonbury, Apr. 1, 1827, by George Merrick, J. P.	3	93
Amelia, d. Benjamin & Anna, b. Aug. 15, 1771	2	115
Amelia, d. Jedediah & Marcy, b. July 1, 1808	2	152
Amos, s. Benony, b. June 10, 1749	1	91
Anna, d. Benjamin & Anna, b. Aug. 14, 1763	2	115
Anne M., of Glastonbury, m. L. H. **ARMSTRONG**, of Newark, N. J., Apr. 2, 1851, by Frederick W. Chapman	3	220
Asa, s. Isaac & Ruth, b. Feb. 8, 1761	2	66
Asaph, s. Richard & Abigail, b. May 7, 1745	1	102
Aurora, d. Thomas & Pegge, b. June 8, 1773	2	7
Axa, d. Isaac & Ruth, b. Apr. 17, 1763	2	66
Benjamin, s. Richard & Abigail, b. Sept. 6, 1731	1	102
Benjamin, s. Benoni, b. May 25, 1734	1	91
Benjamin, s. Richard, m. Anna **TRYON**, d. Joseph, Jan. 30, 1755	2	115
Benjamin, s. Benjamin & Anna, b. Nov. 6, 1774	2	115
Coddington, of Salem, m. Eliza Ann **STATE**, of Glastonbury, Sept. 8, 1833, by Rev. Tho[ma]s J. Davis	3	122
Daniel, s. Daniel, late of Warwick, R. I. & Mary, b. Jan. 25, 1744	1	34
David, s. John & Suesanna, b. July 13, 1740	1	71
Densa, d. Samuel & Mary, b. Jan. 5, 1780	2	47
Dinah, d. Samuell & Jane, b. Oct. 28, 1697	1	5
Dinah, m. Joseph **BREWER**, May 29, 1727	1	80
Dorothy, m. Edward **BOARDMAN**, Jan. 30, 1726	1	18
Dorothy, d. John & Suesannah, b. Jan. 3, 1743/4	1	71
Dorothy, d. Manoah, m. Josiah **BENTON**, Jr., s. Josiah, Nov. 23, 1769	2	45
Elihu, s. Richard & Abigail, b. Apr. 15, 1740	1	102
Elihu, 6th s. [Richard & Abigail], d. Dec. 13, 1758 N. S., ae 18 y. 7 m. 17 d.	1	102
Elihu, s. Benjamin & Anna, b. June 4, 1760	2	115
Elihu, s. Benjamin, m. Miriam **FOX**, d. Hosea, Sept. [ ], 1781	2	133
Elihu, of Glastonbury, m. Sophronia **PORTER**, of East Hartford, Mar. 10, 1824, by Rev. Jacob Allen	3	78
Elijah, s. Joseph & Sarah, b. Nov. 8, 1738	1	65
Elisha, s. Benony, b. Sept. 25, 1738	1	91
Eliza, d. Jedediah & Marcy, b. Oct. 8, 1804	2	152
Eliza, of Glastonbury, m. W[illia]m **PRATT**, of Hartford, July 9, 1829, by Rev. Samuel H. Riddell	3	102
Elizabeth, d. Joseph, Jr. & Sarah, b. Jan. 25, 1729/30	1	65
Elizabeth, d. Jeduthan, of Glassenbury, m. Philip **SELEW**, s. John, of Marthas Vineyard(?), Apr. 2, 1767	2	5
Elizabeth M., m. Leman **JONES**, b. of Glastonbury, Apr. 30, 1837, by Elder Thomas Jones, of Marlborough	3	141
Elizur, s. Isaac & Ruth, b. Feb. 12, 1765	2	66
Enos, s. Elihu & Miriam, b. Mar. 17, 1786	2	133
Esther, d. John & Suesanna, b. Apr. 21, 1737	1	71

	Vol.	Page
SMITH (cont.),		
Esther, d. Benjamin & Anna, b. Feb. 6, 1769	2	115
Fanny, had d. Lucinda, b. Apr. 23, 1803 also d. Penelope, b. Feb. 4, 1805	2	27
Fanny, m. Noah **TRYON**, Oct. 6, 1805	2	27
George, of Rocky Hill, m. Laura **BUCKLEY**, of Glastonbury, Sept. 22, 1847, by Rev. G. H. Deshon	3	200
Gurshom, of Glasinbury, m. Hannah **JUDD**, d. Benieman, of Farmington, May 4, 1710	1	17
Gurshom, s. Gurshom & Hannah, b. Apr. 5, 1714	1	17
Gurshom, s. Gurshom & Hannah, d. Dec. 17, 1728	1	17
Gurshom, s. John & Susanna, b. July 21, 1735	1	71
Guy, s. Elihu & Miriam, b. Mar. 9, 1784	2	133
Hannah, d. Gurshom & Hannah, b. June 24, 1711	1	17
Hannah, d. Francis & Hannah, now of Glasinbury, b. Mar. 6, 1713/14	1	30
Hannah, d. Gershom, m. Richard **RISLEY**, s. Samuel, b. of Glassenbury, Sept. 24, 1729	1	55
Hannah, d. Isaac & Ruth, b. May 6, 1771	2	66
Hannah, d. Jedediah & Mercy, b. Aug. 24, 1792; d. Sept. 4, 1792	2	152
Henry, m. Eliza N. **PHELPS**, b. of Glastonbury, Dec. 24, 1849, by James A. Smith	3	213
Henry R., of Vernon, m. Mary D. **POST**, of So. Glastonbury, Feb. 25, 1843, by Rev. Warren G. Jones	3	169
Imley, m. Getlantha **FOX**, May 21, 1826, by Samuel F. Jones, J. P.	3	92
Irene, d. Richard & Abigail, b. Mar. 18, 1742	1	102
Isaac, s. Richard & Abigail, b. Dec. 16, 1735	1	102
Isaac, s. Richard, m. Ruth **HOLLISTER**, Nov. 14, 1758	2	66
Israel, s. Richard & Abigail, b. Dec. 17, 1737	1	102
Jane, d. Samuel & Jane, b. Sept. 18, 1681	1	5
Jane, d. Samuel & Jane, d. Jan. 24, 1682	1	5
Jedediah, s. Jeduthan, decd., m. Marcy **TREAT**, d. Elisha, May 28, 1788	2	152
Jeduthan, f. of Tho[ma]s, d. Nov. 20, 1781, ae 73	2	7
Jeduthan, s. Jedediah & Mercy, b. July 2, 1789	2	152
Jeduthan, [s. Jedediah & Mercy], d. Oct. 16, 1791	2	152
[Jeduthan], his w. [ ] & mother of Thomas, d. Dec. 17, 1798, ae 72	2	7
Jehu, s. Elihu & Miriam, b. May 8, 1788	2	133
Jemima, d. Isaac & Ruth, b. June 8, 1775; d. Sept. 20, 1777	2	66
Jenette, d. Elihu & Miriam, b. May 6, 1790	2	133
John, s. Joseph & Sarah, b. July 1, 1704	1	27
John, s. Joseph, m. Susanna **COUCH**, d. Simon, Feb. 17, 1730/1	1	71
Jonathan, s. Joseph, Jr. & Sarah, b. Jan. 15, 1731/2; d. Jan. [ ], 1732/3	1	65
Jonathan, 2nd, s. Joseph & Sarah, b. Jan. 23, 1733/4	1	65
Jonathan, d. July 9, 1809	1	65
Joseph, s. Samuell & Jane, b. July 31, 1695	1	5

SMITH (cont.)

	Vol.	Page
Joseph, m. Sarah **HOUS[E]**, b. of Glastenbury, Jan. 2, 1695/6	1	27
Joseph, s. Joseph & Sarah, b. Nov. 22, 1699	1	27
Joseph, Jr., s. Joseph, m. Sarah **COLFAX**, Mar. 4, 1728/9	1	65
Joseph, Elder, m. Hannah **STEVENS**, wid. [of Timothy], Oct. 9, 1750	1	58
Joseph, s. Joseph & Sarah, d. May 19, 1772	1	27
Julia, d. Jedediah & Marcy, b. Sept. 30, 1806	2	152
Julia, m. Horace **TALCOTT**, b. of Glastonbury, Dec. 24, 1827, by Rev. Samuel H. Riddell	3	96
Julia, of Glastonbury, m. Luk[e] A. **RISLEY**, of East Hartford, Oct. 17, 1851, by Rev. Benjamin C. Phelps	3	226
Julia Evalina, d. Zephaniah H. & Hannah H., b. May 27, 1792	2	124
Laura M., of Glastonbury, m. George W. **PERKINS**, of Mansfield, Oct. 5, 1845, by James A. Smith	3	184
Lucinda, d. Fanny, b. Apr. 23, 1803	2	27
Lucy, d. Benoni, b. Apr. 30, 1736	1	91
Lucy M., of So. Glastonbury, m. John D. **PARMELEE**, of Mereden, May 19, 1852, by Rev. David Bradbury	3	227
Lydia, d. Elijah, m. Lemuel **PEAS[E]**, s. Samuel, Jan. 1, 1761	2	62
Marcy, d. Jedediah & Mercy, b. Dec. 3, 1795; d. Jan. 20, 1796	2	152
Marcy, d. Jedediah & Marcy, b. May 2, 1797	2	152
Mary, d. Samuel & Jane, b. Jan. 18, 1682	1	5
Mary, d. William, of Wethersfield, m. Richard **FOX**, of Glasenbury, Mar. 2, 1713/14	1	34
Mary, d. Samuel & Mary, b. Oct. 15, 1777	2	47
Mary, d. Israel, m. Dorotheas **TREAT**, s. Dorotheas, Feb. 24, 1789	2	134
Mary, d. Moses, of East Hartford, m. Abraham **KILBORN**, s. Joseph, June 7, 1789	2	159
Mary, m. William **PRATT**, Oct. 10, 1826, by Jay W. Fairchild	3	91
Mary Ann, m. William D. **RISLEY**, Nov. 24, 1836, by Rev. George May	3	138
Matilda, of Glastonbury, m. Sylvester **DURAND**, of New York, Nov. 26, 1835, by Rev. Samuel H. Riddell	3	134
Milla, m. Jared **WELLES**, b. of Glastonbury, Feb. 27, 1823	2	218
Milla, m. Jared **WILLIS***, b. of Glastonbury, Feb. 27, 1823, by Rev. Caleb Burge *(probably "**WELLES**")	3	72
Miriam, d. Elihu & Miriam, b. July 17, 1782	2	133
Olive, d. Samuel, of East Hartford, m. Jehiel **HALE**, s. Theodore, July 4, 1798	2	122
Olive, m. W[illia]m **PEASE**, b. of Glastonbury, Nov. 27, 1828, by H. Brownson	3	101
Penelope, d. W[illia]m & Jerusha, b. May 5, 1788	2	116
Penelope, d. Fanny, b. Feb. 4, 1805	2	27
Penelope, m. Eleazer **SELLEW**, [ ]	2	5
Phila, d. Jedediah & Mercy, b. Jan. 2, 1791	2	152
Phila, of Glastonbury, m. John **BISSELL**, of East Windsor, Apr. 30, 1829, by Rev. Samuel H. Riddell	3	102
Philomela, d. Thomas & Margaret, b. Feb. 21, 1770; d. July 7,		

	Vol.	Page
SMITH (cont.),		
1773	2	7
Pheneas, of Washington, m. Harriet **TAYLOR**, of Glastonbury, Aug. 6, 1842, by Rev. Warren G. Jones	3	167
Rachil, d. Samuel & Jane, b. Mar. 14, 1689/10	1	5
Rachel, d. Joseph (scoller(?)), m. John **CASE**, s. John, Jan. 28, 1762	2	40
Rachel, d. Noah, m. William **HOLMES**, s. Charles, Mar. 3, 1799	2	139
Rhoda, m. Russell **HAYES**, Jr., May 18, 1825, by Jay W. Fairchild	3	84
Richard, 1st, s. Samuell & Jane, b. May 18, 1685; d. Jan. 29, 1686	1	5
Richard, 2nd, s. Samuel & Jane, b. July 22, 1687	1	5
Richard, 2nd, s. Samuel & Jane, d. July 19, 1703, in the 16th y. of his age	1	5
Richard, m. Abigail **CLARK**, Nov. 25, 1730	1	102
Richard, m. Hannah **BIDWELL**, 2nd w. May 2, 1754 N. S.	1	102
Richard, s. Benjamin & Anna, b. June 5, 1758	2	115
Richard, s. Joseph & Hannah, b. Dec. 8, 1760	1	58
Richard, s. Benjamin, m. Jenette **FOX**, d. Horace, Mar. 15, 1781	2	133
Richard, s. Samuel & Mary, b. July 7, 1782	2	47
Ruth, d. Isaac & Ruth, b. Aug. 4, 1768	2	66
Samuel, of Weathersfield, m. Jane **TUDOR**, of Winsur, Oct. 28, 1680	1	5
Samuel, s. Samuel & Jane, b. Feb. 20, 1692	1	5
Samuell, s. Benony, b. Jan. 1, 1740	1	91
Samuel, s. Joseph & Hannah, b. Jan. 19, 1753	1	58
Samuel, s. Joseph, m. Mary **RISLEY**, d. Job, b. of Glassenbury, Jan. 26, 1775	2	47
Samuel, s. Samuel & Mary, b. Jan. 14, 1776	2	47
Samuel, s. Richard & Abigail, b. June 14, [ ]; d. same day	1	102
Sarah, d. Joseph & Sarah, b. Aug. 20, 1701	1	27
Sarah, d. Joseph, Sr., m. Sam[ue]l **HALE**, s. John, decd., Feb. 14, 1728/9	1	46
Sarah, d. Benony, b. May 1, 1744	1	91
Sarah, d. Manoah, of Glastonbury, b. May 2, 1751; m. John **SELLEW**, s. John, of Martins Vinard (Martha's Vineyard), Oct. 19, 1769	2	150
Sarah, d. Benjamin & Anna, b. Mar. 18, 1778	2	115
Sarah, m. Henry **KINNEY**, May 1, 1861, at Newark, N. J., by E. W. Cobb, J. P. Witness Thomas Milby	3	243
Shubael, s. Jedediah & Mercy, b. Aug. 12, 1793	2	152
Sidney, s. Jedediah & Marcy, b. May 16, 1801	2	152
Sidney, m. Lovisa **HALE**, Sept. 18, 1823, by Rev. Caleb Burge	3	74
Sophia, d. Thomas & Margaret, b. Mar. 22, 1769	2	7
Susannah, d. Nathaniel, of Hartford, m. Thomas **HALE**, s. Thomas, of Glassenbury, Jan. 11, 1721/2	1	52
Susanna, d. John & Suesanna, b. Jan. 2, 1731/2	1	71
Suesanna, w. John, d. Jan. 21, 1743/4	1	71
Thomas, s. Jeduthan, of Glassenbury, m. Margaret **OLCOTT**, d. Capt. Josiah, of Hartford, June 15, 1768	2	7

	Vol.	Page
SMITH (cont.),		
Thomas, d. Aug. 18, 1773, ae 32	2	7
Thomas, s. Jedediah & Marcy, b. Oct. 8, 1799	2	152
Tirzah, d. Richard & Abigail, b. Sept. 26, 1743	1	102
William, s. Benjamin & Anna, b. Apr. 15, 1766	2	115
William, s. Lieut. Benjamin, m. Jerusha **WEBSTER**, d. John, decd., Jan. 1, 1788	2	116
W[illia]m, of Middletown (Westfield Soc.), m. Sally **CHAPMAN**, of Glastonbury, Dec. 24, 1826, by Charles Remington, Elder	3	92
Zephaniah, s. Isaac & Ruth, b. Aug. 21, 1759	2	66
SNOW, Aaron, m. Mary **TREAT**, b. of Eastbury, Nov. 5, 1843, by James A. Smith	3	174
Asa B., of Boston, Mass., m. Emily **CHURCH**, of Glastonbury, Sept. 25, 1834, by Rev. Samuel H. Riddell	3	130
Harmon S., of New Haven, m. Ann M. **SHIPMAN**, of Montrose, Pa., May 29, 1841, by Rev. Warren G. Jones	3	161
William A., of East Haddam, m. Cynthia C. **ACKLEY**, of Haddam, Feb. 20, 1845, by Rev. Aaron Snow	3	182
SNYDER, David, of Amsterdam, N. Y., m. Sophronia **HURLBUT**, of Glastonbury, Sept. 6, 1840, by Rev. Lozian Pierce	3	155
George, m. Charlotte W. **WHEAT**, Sept. 17, 1844, by Ella Dunham, Elder	3	179
SPARKS, Caroline, d. [Nathan], b. Sept. 6, 1812	2	184
Caroline H., of Glastonbury, m. Horace **ABBEY**, of Enfield, Mar. 29, 1837, by Jeremiah Stocking, Elder	3	140
Chauncey, s. [Nathan], b. Dec. 21, 1814	2	184
Edward, s. Nathan, b. Oct. 7, 1798	2	184
Elijah, m. Pamela **FOX**, b. of Glastonbury, May 1, 1826, by Rev. Jacob Allen	3	89
Emily M., of Glastonbury, m William **BRAINARD**, of Haddam, Oct. 5, 1830, by Jeremiah Stocking, J. P.	3	109
Esther, d. John, decd., of Hartford, m. Joseph **FOX**, s. Richard, Sr. of Glassenbury, Dec. 6, 1717	1	40
Harriet M., of Glastonbury, m. Marvin T. **NASH**, of Winchendon, Mass., Nov. 2, 1834, by Rev. Jacob Allen	3	128
Honora, d. [Nathan], b. June 3, 1802	2	184
Honoria, b. June 3, 1802	2	187
Honoria, m. David **ANDREWS**, 3rd, Dec. 30, 1819	2	187
Julia, d. [Nathan], b. Mar. 27, 1806	2	184
Julia, of Glastonbury, m. Elias **INGHAM**, of Marlborough, Dec. 25, 1827, by Jeremiah Stocking, J. P.	3	96
Lucinda, d. [Nathan], b. July 18, 1818	2	184
Lucinda, of Glastonbury, m. Mark E. **PERKINS**, of Bristol, Mar. 29, 1837, by Jeremiah Stocking, Elder	3	140
Maria A., m. David Q. **CURTIS**, b. of Glastonbury, Mar. 22, 1840, by Elder Jeremiah Stocking	3	154
Mary Ann, d. [Nathan], b. Aug. 18, 1810	2	184
Mary Ann, m. Osman T. **CURTIS**, b. of Glastonbury, Jan. 1, 1840, by Elder Jermiah Stocking	3	153

	Vol.	Page
SPARKS (cont.),		
Ruth, d. Thomas, m. Elizur **LOVELAND**, s. Lot, May 17, 1758	2	73
Sarah, d. Thomas, m. Samuel **BIDWELL**, s. Nathaniell, Nov. 7, 1751	1	125
Susanna, d. John, b. July 31, 1730	2	42
Susanna, d. John, m. Samuel **RICE**, s. John, Aug. 24, 1757	2	42
William, m. Emeline **WADSWORTH**, b. of Glastonbury, Apr. 6, 1825, by Jeremiah Stocking, J. P.	3	83
William C., s. [Nathan], b. Mar. 17, 1804	2	184
William C., of Glastonbury, m. Mary M. **BUCK**, of Manchester, Jan. 4, 1852, by Charles Morse	3	223
SPENCER, Hannah, w. Samuel, d. Nov. 3, 1749	1	92
John L., of Hartford, m. Mary F. **FOSTER**, of Glastonbury, Nov. 25, 1847, by Rev. James A. Smith	3	206
Nathaniel M., of Chatham, m. Julia **WEIR**, of Glastonbury, June 27, 1830, by Heman Perry	3	108
Norman W, of Manchester, m. Harriet **HUBBARD**, of Glastonbury, May 20, 1846, by James A. Smith	3	189
Thomas S., m. Lucy R. **DICKINSON**, b. of Glastonbury, Sept. 29, 1833, by George Merrick, J. P.	3	123
STAG, Humphrey H., of Hebron, m. Mary Blake **FINLEY**, of Glastonbury, Oct. 8, 1845, by Rev. Charles Nichols	3	184
STANDISH, Austin, of Glastonbury, m. Obedience **HOTCHKISS**, of New Haven, Apr. 11, 1824, by Jeremiah Stocking, J. P.	3	82
Emily, m. Silvester G. **LOVELAND**, b. of Glastonbury, Oct. 18, 1827, by Rev. Jacob Allen	3	95
Loisa, of Glastonbury, m. J. Welles **GRISWOLD**, of Wethersfield, Sept. 4, 1850, by Rev. Warren G. Jones	3	217
Simeon, of Glastonbury, m. Phily **WOOD**, of Manchester, June 8, 1845, by Rev. Aaron Snow, of Eastbury	3	183
STANTON, Carodon, of East Windsor, m. Clarissa **BEEBE**, of Glastonbury, [ ], by George Merrick, J. P. Recorded Aug. 28, 1827	3	94
STAPLES, Shubael, of Brooklyn, m. James[sic] **VALENTINE**, Nov. 25, 1838, by James A. Smith	3	148
STATE, Eliza Ann, of Glastonbury, m.Coddington **SMITH**, of Salem, Sept. 8, 1833, by Rev. Tho[ma]s J. Davis	3	122
STAUGLE, Maria Rosina, of Germany, now of Glastonbury, m. Gabriel **FLAD**, Sept. 25, 1854, by Rev. James A. Smith	3	239
[**STEARN**], [see under **STREEN**]		
STEDMAN, Lydia, d. Scipeo & Rosetta, b. May 18, 1788	2	1
Maria, m. Robert **RUSSELL**, Nov. 26, 1846, by Ralph Crane, J. P.	3	193
Tip, s. Scipeo & Rosetta, b. Feb. 2, 1787	2	1
Zebulon, s. Scipeo & Rosetta, b. May 8, 1790	2	1
STEEL, Sarah R., of Tolland, m. Charles A. **LEE**, of Glastonbury, Mar. 16, 1829, by Jermiah Stocking, J. P.	3	101
STEVENS, STEAVENS, Alanson Braman, s. [Samuel & Elizabeth], b. [ ]	2	197
Allice, d. Benjamin & Dorothy, b. Dec. 23, 1738	1	75

	Vol.	Page
STEVENS, STEAVENS (cont.),		
Alice, d. Benjamin, m. Matthew **MILLER**, s. William, Mar. 5, 1761	2	85
Andrew, m. Mary Ann **DAYTON**, b. of Glastonbury, Aug. 28, 1834, by Rev. Thomas J. Davis	3	127
Ann, d. Thomas & Mary, b. Oct. 26, 1775	2	32
Anne, d. William & Ann, b. Nov. 14, 1781	2	98
Asa, s. Elijah & Rachel, b. May 17, 1789	1	41
Asahel, s. Elijah & Rachel, b. Apr. 1, 1785	1	41
Ashbel, s. Joseph & Jerusha, b. June 5, 1761	1	74
Benjamin, s. Timothy & Alice, b. Mar. [ ], 1713/14	1	11
Benjamin, s. Rev. Timothy, decd., m. Dorothy **OLMSTEAD**, d. Nehemiah, of Hartford, Feb. 2, 1737/8	1	75
Benjamin, s. William & Ann, b. Dec. 31, 1779	2	98
Betsey, of Glastonbury, m. Levi **GOODRICH**, of Chatham, Aug. 15, 1824, by Jeremiah Stocking, J. P.	3	79
Betsey Miranda, d. [Samuel & Elizabeth], b. [ ]	2	197
Betsey Merander, of Glastonbury, m. Mervin **HILL**, of Manchester, Nov. 6, 1831, by Rev. Jacob Allen	3	113
Chauncey, m. Elmina **TRYON**, b. of Glastonbury, Oct. 24, 1841, by Rev. W. B. Ashley	3	164
Clarissa, d. [James & Honor], b. Mar. 3. 1801	2	93
Daniel, s. [Joseph & Mehetable], b. Feb. 25, 1806	2	194
David, s. Joseph & Jerusha, b. Oct. 10, 1750	1	74
David, s. Elisha & Rebecca, b. Sept. 13, 1774	2	25
Delight Audelia, d. [Samuel & Elizabeth], b. [ ]	2	197
Dency, d. George & Jerusha, b. Feb. 14, 1784	2	91
Densey, m. David **TRYON**, s. Elizur & Lucy, [ ] [Seven children by this marriage]	2	78
Dolly, d. William & Ann, b. June 8, 1788	2	98
Elijah, s. Joseph & Jerusha, b. Nov. 15, 1744	1	74
Elijah, s. Joseph, m. Mary **GOSLIN**, d. Timothy, decd., July 24, 1769	1	41
Elijah, s. Elijah & Mary, b. Nov. 28, 1769	1	41
Elijah, m. wid. Rachel **STRONG**, June 6, 1784	1	41
Elisha, s. Joseph & Jerusha, b. Oct. 1, 1748	1	74
Elisha, s. Joseph, of Glassenbury, m. Rebecca **MILLER**, d. Elijah, of Middletown, Feb. 26, 1772	2	25
Elisha, s. Elisha & Rebecca, b. Feb. 17, 1773	2	25
Elizur, s. Timothy & Mary, b. Dec. 6, 1774	2	27
Elizur Nelson, s. [Samuel & Elizabeth], b. [ ]	2	197
Epaphras, s. William & Ann, b. Mar. 24, 1786	2	98
Esther, d. Elijah & Mary, b. May 11, 1777	1	41
Eunice, w. Timothy, d. June 16, 1698	1	11
Eunice, d. Timothy & Alice, b. Sept. 14, 1704; d. Sept 19, 1704	1	11
Galor, s. Timothy & Mary, b. Nov. 7, 1770	2	27
George, s. Benjamin, m. Jerusha **GOODRICH**, d. Elisha, Feb. 6, 1783	2	91
Hannah, wid. [of Timothy], m. Elder Joseph **SMITH**, Oct. 9, 1750	1	58

GLASTONBURY VITAL RECORDS 239

	Vol.	Page
STEVENS, STEAVENS (cont.),		
Hannah, d. Timothy & Mary, b. Nov. 8, 1769	2	27
Horace, s. [James & Honor], b. June 23, 1793	2	93
Horace, s. [James & Honor], d. Feb. 17, 1797	2	93
Horace, s. [James & Honor], b. Oct. 27, 1798	2	93
Hulda, d. John & Hulda, b. Jan. 19, 1765	2	16
Ira Manley, s. [Samuel & Elizabeth], b. [ ]	2	197
James, s. Joseph & Jerusha, b. Aug. 10, 1757	1	74
James, s. Joseph & Jerusha, m. Honor **TALCOTT**, d. Joseph & Sarah, Dec. 8, 1784	2	93
Jerusha, twin with Mary, d. Joseph & Jerusha, b. Mar 16, 1740/1	1	74
Jerusha, d. Joseph & Jerusha, b. Jan. 10, 1754	1	74
Jerusha, d. Elijah & Mary, b. Sept. 24, 1778	1	41
Jerusha, w. Joseph, d. Sept. 21, 1793	1	74
Jerusha, d. [James & Honor], b. May 26, 1804	2	93
Jim, s. James & Honor, b. Sept. 27, 1785	2	93
John, s. Timothy & Eunice, b. June 4, 1698; d. June 27, [1698]	1	11
John, s. Timothy & Alice, b. Sept. 13, 1702	1	11
John, s. Timothy & Alice, d. Aug. 30, 1717	1	11
John, s. Joseph & Jerusha, b. Sept. 14, 1737	1	74
John, s. Joseph, of Glassenbury, m. Hulda **WILLCOX**, d. Elisha, of Middletown, Nov. 9, 1761	2	16
John, s. John & Hulda, b. Nov. 16, 1762; d. Dec. 7, 1762	2	16
John, s. John & Hulda, b. Jan. 31, 1769	2	16
John, s. [James & Honor], b. Aug. 14, 1790	2	93
John H., m. Emeline N. **McLEAN**, b. of So. Glastonbury, Oct. 7, 1850, by Rev. Daniel Dorchester	3	217
Jonathan, s. Joseph & Jerusha, b. Oct. 4, 1752	1	74
Joseph, s. Timothy & Alice, b. Aug. 15, 1711	1	11
Joseph, s. Rev. Timothy, decd., m. Mary **TREAT**, d. Capt. Thomas, decd., Jan. 1, 1732/3	1	74
Joseph, s. Joseph & Mary, b. Oct. 29, 1733	1	74
Joseph, m. 2nd w. Jerusha **STOW**, d. Lieut. Thomas, of Middletown, Oct. 14, 1736	1	74
Joseph, s. Thomas & Mary, b. July 9, 1767	2	32
Joseph, m. Mehetable **HALE**, Dec. 31, 1795	2	194
Joseph, d. Nov. 16, 1801	1	74
Joseph, m. Clarissa **STRATTON**, b. of Glastonbury, Jan. 15, 1826, by Rev. Hector Humphries	3	87
Julia Ann, m. John Edwards **TRYON**, b. of Glastonbury, Dec. 11, 1850, by Rev. A. B. Chapin	3	218
Laura, d. George & Jerusha, b. Mar. 20, 1786	2	91
Lucy, d. [James & Honor], b. June 8, 1795	2	93
Lucy Leonard, m. William Henry **CHAPMAN**, July 6, 1854, by Rev. A. B. Chapin, of So. Glastonbury	3	238
Martha, d. Timothy & Alice, b. Sept. 6, 1705	1	11
Martha, d. Timothy & Martha, b. Sept. 20, 1746[sic]	1	58
Mary, w. Joseph, d. Feb. 12, 1734/5	1	74
Mary, twin with Jerusha, d. Joseph & Jerusha, b. Mar. 16, 1740/1	1	74

STEVENS, STEAVENS (cont.),

	Vol.	Page
Mary, d. Joseph & Jerusha, b. Sept. 1, 1746	1	74
Mary, d. Thomas & Mary, b. Jan. 6, 1770	2	32
Mary, d. Timothy & Mary, b. Feb. 26, 1771	2	27
Mary, d. Thomas & Mary, d. Feb. 4, 1778	2	32
Mary, d. Thomas & Mary, b. Dec. 13, 1779	2	32
Mary, w. Elijah, d. July 22, 1782	1	41
Mary, w. Dea. Thomas, d. Dec. 13, 1815	2	32
Mary, m. Dudley **HOUSE**, Nov. 1, 1837, by Rev. Warren G. Jones	3	142
Oren, s. George & Jerusha, b. Mar. 16, 1793	2	91
Peter, s. Joseph & Jerusha, b. May 6, 1759	1	74
Phebe Alvira, d. [Samuel & Elizabeth], b. [ ]	2	197
Prudence, m. Henry **HOUSE**, June 28, 1826, by Jay. W. Fairchild	3	89
Rebecca, d. Elijah & Mary, b. Apr. 25, 1781	1	41
Rebeckah, d. Elijah, m. George **ANDREWS**, s. Joseph, July 4, 1802	2	158
Reuben, m. Mary **WRIGHT**, Mar. 1, 1827, by Jay W. Fairchild	3	92
Roxcey, d. Timothy & Mary, b. Feb. 13, 1777	2	27
Ruth, d. Thomas & Mary, b. Nov. 14, 1764	2	32
Salla, d. [Timothy & Mary], b. Oct. 28, 1783	2	27
Sally, d. [James & Honor], b. Aug. 5, 1787	2	93
Samuel, s. Joseph & Jerusha, b. Nov. 1, 1742	1	74
Samuel, s. [James & Honor], b. Apr. 28, 1806	2	93
Samuel, m. Govinia **DUTTON**, b. of Glastonbury, Oct. 11, 1835, by Rev. Jacob Allen	3	133
Samuel, s. Timothy & Mary, m. Elizabeth **GOODALE**, d. Avery & Elizabeth, [ ]	2	197
Samuel Orange, s. [Samuel & Elizabeth], b. [ ]	2	197
Sarah, d. [Timothy & Eunice], b. Mar. 19, 1696	1	11
Sarah, d. Timothy & Eunice, d. Sept. 25, 1717 (The date "Nov. 7, 1717" follows this entry)	1	11
Sarah, d. John & Hulda, b. July 24, 1773	2	16
Susy, d. William & Ann, b. Nov. 1, 1783	2	98
Thomas, s. Joseph & Jerusha, b. July 5, 1739	1	74
Thomas, s. Joseph, of Glassenbury, m. Mary **TRYON**, d. Joseph, of Glassenbury, Feb. 10, 1763	2	32
Thomas, s. Thomas & Mary, b. Oct. 13, 1772	2	32
Timothy, came to live in Glastonbury, Apr. 15 or 16, 1692	1	11
Timothy, s. Timothy, of Roxbury, m. Eunice **CHESTER**, d. John, of Weathersfield, May 17, 1694	1	11
Timothy, s. Timothy & Eunice, b. Mar. 23, 1695; d. Apr. 11, 1695	1	11
Timothy, s. Timothy, m. Alice **COOK**, d. Joseph, May 19, 1701	1	11
Timothy & Alice, had twins b. Sept. 8, 1707; d. [Sept. night following]	1	11
Timothy, s. Timothy & Alice, b. July 9, 1709	1	11
Timothy, Rev., d. Apr. 14, 1726	1	11
Timothy, m. Hannah **ORVIS**, Oct. 6, 1743	1	58
Timothy, s.Timothy & Hannah, b. Sept. 19, 1744	1	58
Timothy, elder, d. Feb. 3, 1745/6	1	58

	Vol.	Page
STEVENS, STEAVENS (cont.),		
Timothy, s. Timothy, m. Mary **WARE**, d. Joseph, Dec. 25, 1766	2	27
Timothy, s. Timothy & Mary, b. Sept. 29, 1779	2	27
Walter, s. George & Jerusha, b. Apr. 16, 1788	2	91
Walter, m. Betsey **BLISH**, b. of Glastonbury, Nov. 9, 1820, by W[illia]m Lockwood	3	61
William, s. Elijah & Mary, b. Aug. 1, 1774	1	41
William, s. Benjamin, m. Ann **HOLLISTER**, d. Joseph, Oct. 5, 1777	2	98
William, s. William & Ann, b. Feb. 5, 1778	2	98
William R., m. Hester **CHAPMAN**, b. of Glastonbury, Aug. 7, 1850, by Rev. James A. Smith	3	217
STEWART, Esther, of Glastonbury, m. Richard **BROWN**, of Hartford, Oct. 19, 1823, by Jeremiah Stocking, J. P.	3	75
Sophia, of Chatham, m. Israel **DOIGS**, of Middletown, Feb. 2, 1835, by Rev. Tho[ma]s J. Davis	3	129
STILES, Henry B., m. Helen G. **FREEMAN**, [ ], by Rev. William Jarvis. Recorded Aug. 14, 1848	3	208
Jemima, m. Amos **STRONGE**, s. Eleazer, Apr. 29, 1762	1	96
STILMAN, Anner, d. Nathaniel, of Wethersfield, m. Asa **TALLCOTT**, s. Capt. Samuel, of Glassenbury, Nov. 19, 1772	2	41
STOCKING, Abigail, w. Elisha, d. July 17, 1797	2	75
Ansel, s. George, Sr., decd., m. Prudence **CROSBY**, d. John, of Chatham, Jan. 31, 1786	2	55
Betsey, d. Ansel & Prudence, b. Oct. 26, 1786	2	55
Cene, d. [Elisha & Abigail], b. July 26, 1795	2	75
Chester, s. [Elisha & Abigail], b. Feb. 9, 1792	2	75
Elisha, s. George, decd., m. Abigail **RANNA**, d. Stephen, of Chatham, Mar. 15, 1789	2	75
Elisha, s. George, decd., m. Rebecca **GROVER**, d. Capt. Phinehas, decd., July 19, 1798	2	75
Emily, d. Ansel & Prudence, b. Dec. 3, 1791	2	55
Eunice, d. Ansel & Prudence, b. Aug. 28, 1793	2	55
George, Jr., s. George, of Glassenbury, m. Lois **HUBBARD**, d. Richard, of Middletown, Dec. [ ], 1771	2	55
George, s. George, Jr. & Lois, b. Apr. 21, 1778	2	55
Harriet, d. [Elisha & Abigail], b. Jan. 5, 1790	2	75
Harriet, d. Elisha, m. Stephen **BELL**, s. Aaron, Dec. 13, 1808	2	151
Harriet, d. Elisha & Abigail, d. Oct. 2, 1816	2	75
Howel, s. George, Jr. & Lois, b. Jan. 17, 1776	2	55
Ira, m. Malantha **GOODRICH**, b. of Glastonbury, Sept. 7, 1840, by Rev. Warren G. Jones	3	155
Jeremiah, Rev. of Glastonbury, m. wid. Abigail **ARMS**, of Chatham, May 11, 1829, by H. Brownson, V. D. M.	3	102
Lois, m. John **CONLEY**, July 12, 1780	2	117
Lucy, d. George, Jr. & Lois, b. July 11, 1772	2	55
Nancy, d. Ansel & Prudence, b. Nov. 11, 1788	2	55
Oliver, s. George, Jr. & Lois, b. Dec. 6, 1773	2	55
Sabin, m. Matilda **BUCK**, b. of Glastonbury, Oct. 31, 1834*, by		

242 BARBOUR COLLECTION

	Vol.	Page
STOCKING (cont.),		
Jeremiah Stocking, Elder *(Probably "1833")	3	124
Sabra, d. George, decd., m. John **STRONG**, s. John, Sept. 25, 1786	2	7
Sally, d. Ansel & Prudence, b. June 2, 1795	2	55
Servilla, m. Brazilla **BURT**, b. of Glastonbury, Jan. 21, 1822, by Jeremiah Stocking	3	66
Sophronius, m. Polly **MATSON**, July 30, 1816	2	180
STODDARD, Joseph, m. Caroline **FULLER**, of Glastonbury, [ ], by Rev. C. W. Turner. Recorded Mar. 20, 1845	3	182
STONE, Almira, of Glastonbury, m. David H. **BROWNSON**, of Cornwall, Feb. 23, 1834, by Charles Remington, Elder	3	125
STORVER, Mary, of Germany, m. George **SCHWERCKARD**, of Glastonbury, Aug. 29, 1852, by Roderick F. Fowler, J. P.	3	227
STOUGHTON, Horace K., of East Windsor, m. Hannah **KENNEY**, of Glastonbury, Sept. 9, 1842, by Richard Livesey, of Manchester	3	168
Horace R., of Elveroir(?), m. Hannah **KEENEY**, of Glastonbury, Sept. 9, [1842], by Richard Livesey	3	168
STOW, Jerusha, d. Lieut. Thomas, of Middletown, m. Joseph **STEVENS**, Oct. 14, 1736	1	74
STRATTON, Anna, d. William & Ruth, b. Apr. 29, 1789	2	113
Betsey Ann, d. [Samuel, 3rd & Mary], b. Aug. 26, 1804; d. Aug. 31, 1805	2	125
Clarissa, d. [Samuel, 3rd & Mary], b. Sept. 24, 1802	2	125
Clarissa, m. Joseph **STEVENS**, b. of Glastonbury, Jan. 15, 1826, by Rev. Hector Humphries	3	87
David, s. [William & Ruth], b. Nov. 6, 1795; d. 12th same month	2	113
Dolly, d. [Samuel, 3rd & Mary], b. Sept. 13, 1800	2	125
Dolly, of Glastonbury, m. Alva **MORGAN**, of Salem, Mar. 3, 1822, by Rev. Nathan B. Burgess	3	67
Eleanor, w. Samuell, 3rd, d. Dec. 1, 1784	2	125
Eleanor, d. Samuell, 3rd & Mary, b. Apr. 6, 1789	2	125
Electa, d. [Samuel, 3rd & Mary], b. Feb. 4, 1799	2	125
Eliza Ann, d. [Samuel, 3rd & Mary], b. July 5, 1806	2	125
Elizabeth, d. Samuell, m. Roswell **HOLLISTER**, s. Elijah, decd., [ ], 1788	2	157
Emilia, d. W[illia]m & Ruth, m. Elisha **KELLOGG**, s. Samuel & Hannah, late of Marlborough, Feb. 7, 1811	2	193
Emily, d. [William & Ruth], b. Apr. 24, 1791	2	113
George, s. [William & Ruth], b. June 28, 1802	2	113
Isaac, s. [William & Ruth], b. Mar. 8, 1793	2	113
Jabez, s. Samuel & Eleanor, b. Nov. 23, 1784	2	125
Jemima, m. Benjamin **ALFORD**, b. of Glastonbury, Oct. 10, 1833, by Rev. Samuel H. Riddell	3	124
Mary, wid., m. John **GOSLEE**, July 27, 1761	1	82
Mary, d. John, m. Amos **FOX**, s. Jonah, Jan. 8, 1878	2	130
Mary, d. Samuell, 3rd & Mary, b. Mar. 11, 1791	2	125
Mehetable, d. Samuel, 3rd & Mary, b. May 1, 1787	2	125
Pamela, d. Samuell, 3rd & Mary, b. Feb. 11, 1793	2	125

	Vol.	Page
STRATTON (cont.),		
Rebecca, d. John, decd., m. David **ANDREWS**, s. Charles, Oct. 19, 1775	2	71
Rebecca, d. Samuel, 3rd & Mary, b. Jan. 5, 1795; d. Feb. 25, 1797	2	125
Rebecca, d. Samuel, 3rd & Mary, b. Jan. 7, 1797	2	125
Ruth, d. [William & Ruth], b. June 25, 1797	2	113
Samuel, 3rd, s. Samuel, m. Eleanor **DICKINSON**, d. Nathaniel, of Berlin, Feb. 12, 1784	2	125
Samuel, 3rd, m. Mary **HOLLISTER**, d. Elijah, July 13, 1786	2	125
Samuel, 3rd, d. Sept. 8, 1807	2	125
William, s. Samuel, b. [ ], 1765; m. Ruth **GOODRICH**, d. Jeremiah, of Chatham, June 1, 1788	2	113
William, s. [William & Ruth], b. Aug. 9, 1799	2	113
William, d. Aug. 7, 1810, in his 45th y.	2	113
William, of Fitchburg, Mass. m. Alice **MILLER**, of Glastonbury, Apr. 15, 1814 [probably 1824], by Rev. Ashbel Steele	3	78
STREEN, Abigail, d. Patrick & Hannah, b. July 5, 1691	1	38
Daniel, s. Patrick & Hannah, b. Jan. 2, 1696/7	1	38
Deborah, d. Patrick & Hannah, b. Jan. 15, 1703/4	1	38
Ebenezer, s. Patrick & Hannah, b. Jan. 20, 1694/5	1	38
Elizabeth, d. Patrick & Hannah, b. Apr. 27, 1687	1	38
Hannah, d. Patrick & Hannah, b. Apr. 16, 1693	1	38
Hannah, w. Patrick, d. Mar. 28, 1738	1	38
Martha, d. Patrick & Hannah, b. May 14, 1709	1	38
Mary, d. Patrick & Hannah, b. June 7, 1707	1	38
Patrick, m. Hannah **NIEL**, Apr. 4, 1687	1	38
Patrick, d. Feb. 23, 1731	1	38
Sarah, d. Patrick & Hannah, b. July 20, 1701	1	38
Thankfull, d. Patrick & Hannah, b. Apr. 30, 1699	1	38
STRICKLAND, Alfred, s. Jona[than] & Polly, b. Dec. 3, 1802	2	162
Alfred R., m. Elizabeth M. **CURTIS**, b. of Glastonbury (Eastbury), Dec. 3, 1851, by Rev. Aaron Snow, of Eastbury	3	223
Andrew, s. Jonathan & Polly, b. Apr. 17, 1807	2	162
Andrew, m. Clarissa **TREAT**, b. of Glastonbury, Nov. 25, 1829, by Samuel H. Riddell	3	104
Andrew, m. Harriet **LOOMIS**, b. of Glastonbury, Mar. 25, 1832, by Rev. Jacob Allen	3	115
Aurilla, d. [Jonathan & Polly], b. Oct. 5, 1811	2	162
Aurelia, of Glastonbury, m. Charles **BUNCE**, Jr., of Manchester, Dec. 28, 1831, by Rev. Jacob Allen	3	114
Benieman, m. Elizabeth **LOVELAND**, b. of Glasinbury, Dec. 2, 1708	1	19
Benieman, s. Benieman & Elizabeth, b. Sept. 7, 1709	1	19
Clarinda, of Glastonbury, m. Elisha **JUSTIN**, of Ashford, Oct. 29, 1837, by Rev. David L. Ham	3	144
Clarissa C., m. Edward **GOSLEE**, b. of Eastbury, Nov. 11, 1850, by Rev. Aaron Snow	3	217
Elizabeth, d. John & Elizabeth, b. Dec. 12, 1705	1	21
Elizabeth, d. Benjamin & Elizabeth, b. Oct. 14, 1715	1	19

STRICKLAND (cont.),

	Vol.	Page
Elizabeth, d. Benjamin, m. Charles **ANDREWS**, s. Stephen, June 10, 1740	2	63
Elizabeth, d. Jonathan & Phebe, b. Nov. 17, 1744	1	86
Elizabeth, d. Jonathan, m. Benjamin **FOX**, s. Benjamin, Apr. 27, 1769	2	28
Easther, d. Benjamin & Elizabeth, b. May 16, 1719	1	19
Esther, d. Simeon, m. Asa **GOSLEE**, s. John, Feb. 20, 1783	2	114
Eunice, d. [Josiah & Abigail], b. Oct. 18, 1802	2	178
Eunice, m. Nathaniel H. **WETHERLY**, Sept. 19, 1819	2	178
Harriet, m. Jared **RISLEY**, b. of Glastonbury, Sept. 25, 1826, by Rev. Jacob Allen	3	90
Harvey Ware, s. [Jonathan & Polly], b. Dec. 13, 1804	2	162
Henry F., m. Mary E. **DOUGLASS**, b. of Glastonbury, Nov. 5, 1851, by Frederick W. Chapman	3	223
Honor, d. [Jonathan & Polly], b. Feb. 7, 1816	2	162
Jared, s. Stephen, 3rd & Rhoda, b. May 15, 1783	2	135
John, Jr., of Glastinbury, m. Elizabeth **DICKENS**, of Hartford, Mar. 8, 1705	1	21
John, s. John & Elizabeth, b. Apr. 8, 1709	1	21
John, Jr., d. Dec. 25, 1711	1	21
John, m. Samantha **TRYON**, b. of Glastonbury, May 1, 1831, by Rev. Samuel H. Riddell	3	112
Jonah, s. Benjamin & Elizabeth, b. Apr. 9, 1714	1	19
Jonathan, s. Benjamin & Elizabeth, b. May 5, 1711	1	19
Jonathan, m. Phebe **POST**, Sept. 21, 1738	1	86
Jonathan, s. Jonathan & Phebe, b. Sept. 11, 1740	1	86
Josiah, b. Oct. 3, 1779	2	178
Josiah, s. Stephen & Mary, m. Abigail **HURLBURT**, d. Josiah & Mabel, of Weathersfield, May 12, 1801	2	178
Laura, d. [Josiah & Abigail], b. Aug. 18, 1809	2	178
Louisa, d. Stephen, 3rd & Rhoda, b. May 21, 1785	2	135
Lovisa, m. Josiah **HOLLISTER**, b. of Glastonbury, Nov. 8, 1827, by Rev. Jacob Allen	3	95
Lucinda, of Glastonbury, m. Jacob **BORCE**, of Riga, N. Y., Oct. 24, 1834, by Rev. Samuel H. Riddell	3	130
Lucy, of Glastonbury, m. Paul **HARVEY**, of Colchester, Mar. 2, 1842, by Rev. W[illia]m B. Ashley	3	165
Lucy, m. Asa H. **MILLER**, b. of Glastonbury, Jan. 18, 1844, by G. H. Nichols	3	176
Margarett, of Glastonbury (Eastbury Parish), m. Daniel **WELCH**, Apr. 4, 1841, by Rev. James A. Smith	3	161
Mariah, of Glastonbury, m. Howell **WOODBRIDGE**, of Salem, Cty. of Penn., Apr. 9, 1834, by Jeremiah Stocking, J. P.	3	126
Martha, m. Aaron **KINNE**, Jan. 21, 1840, by Warren G. Jones	3	153
Marvin, s. [Jonathan & Polly], b. May 27, 1818	2	162
Mary, d. [Josiah & Abigail], b. Sept. 23, 1804	2	178
Mary, d. [Josiah & Abigail], d. July 31, 1818	2	178
Mary, 2nd, d. [Josiah & Abigail], b. Aug. 31, 1819	2	178

	Vol.	Page
STRICKLAND (cont.),		
Mary G., m. Henry S. **GILBERT**, M. D., b. of Glastonbury, July 17, 1851, by A. B. Chapin	3	221
Mercy B., m. Sylvester **CHAPMAN**, Oct. 21, 1830, by Rev. Hector Humphrey	3	110
Nancy T., m. Roland E. **HALE**, Sept. 15, 1841, by Rev. Warren G. Jones	3	164
Nehemiah, s. Benjamin & Elizabeth, b. Oct. 23, 1720	1	19
Octava, d. Jonathan & Polly, b. Mar. 11, 1809	2	162
Octavia, of Glastonbury, m. Newman **FRANCES**, of Wethersfield, Feb. 15, 1835, by Rev. David Bennett	3	129
Phebe, d. Jonathan & Phebe, b. Sept. 15, 1742	1	86
Phebe, d. Jonathan, of Glasenbury, m. John **WEST**, s. John, of Windham, Apr. 26, 1764	1	20
Rebeckah, m. Simon **COUTH**, b. of Glastonbury, Mar. 7, 1705	1	3
Rhoda H., m. Horace **HOLLESTER**, b. of Glastonbury, Jan. 1, 1845, by Rev. Aaron Snow	3	181
Samantha, of Glastonbury, m. Anson **GRISWOLD**, of Wethersfield, [ ], by Rev. Samuel Rockwell, of Plainfield. Recorded Oct. 19, 1836	3	136
Samuel, s. John, of Glassenbury, m. Sarah **PRYOR**, d. John, of Endfield, Dec. 4, 1717	1	48
Samuel, s. Samuel & Sarah, b. Nov. 9, 1718	1	48
Samuel & Sarah, had s. [ ], s. b. Feb. [ ], 1720/1	1	48
Sarah, d. Samuel & Sarah, b. Apr. 21, 1722	1	48
Sarah A., of Glastonbury, m. Ralph B. **SAVAGE**, of Middletown, May 15, 1843, by Rev. Warren G. Jones	3	172
Seth, s. Benjamin & Elizabeth, b. Nov. 12, 1712	1	19
Stephen, s. Benjamin & Elizabeth, b. Dec. 10, 1716	1	19
Stephen, 3rd, s. Lieut. Stephen, m. Rhoda **HOLLISTER**, d. Gideon, Jr., Nov. 2, 1780	2	135
Stephen, 4th, s. Stephen, 3rd & Rhoda, b. Apr. 19, 1781	2	135
Stephen, s. [Josiah & Abigail], b. Dec. 31, 1811	2	178
Stephen, 2nd, m. Lucinda **HUBBARD**, b. of Glastonbury, Oct. 25, 1826, by Rev. Jacob Allen	3	91
Stephen, 2nd, m. Elizabeth **GIBSON**, b. of Glastonbury, June 8, 1841, by Rev. W[illia]m Blish Ashley	3	160
Thompson, s. [Jonathan & Polly], b. Oct. 7, 1813	2	162
Thompson, m. Matilda **DICKENSON**, May 9, 1838, by Rev. Warren G. Jones	3	145
William, s. John & Elizabeth, b. Aug. 27, 1711	1	21
William, s. [Josiah & Abigail], b. Aug. 3, 1807	2	178
STRONG, STRONGE, Amos, s. Eleazer, m. Jemima **STILES**, Apr. 29, 1762	1	96
Amos, s. Amos & Jemima, b. Oct. 30, 1764	1	96
Ansel, s. [John & Sabra], b. Feb. 15, 1802	2	7
Eleazur, s. Amos & Jemima, b. Oct. 3, 1766	1	96
Elizabeth, d. Jesse & Jemima, b. July 6, 1764	1	96
Elmon, of Bolton, m. Charlotte **GOSLEE**, of Glastonbury, Dec.		

	Vol.	Page
STRONG, STRONGE (cont.),		
12, 1832, by Rev. Jacob Allen	3	119
Ephraim, s. Ebenezer, m. Clarissa **HALE**, d. Josiah, June 6, 1798	2	127
Eunice, d. Amos & Jemima, b. Mar. 8, 1769	1	96
Ezekiel, of Smithfield, N. Y., m. Cynthia **RICH**, of Glastonbury, Aug. 19, 1829, by Rev. Samuel H. Riddell	3	103
George Stocking, s. [John & Sabra], b. Apr. 10, 1800	2	7
Ira, s. [John & Sabra], b. Feb. 15, 1792	2	7
Jemima, d. Jesse & Jemima, b. Jan. 9, 1751	1	96
Jerusha, d. Amos & Jemima, b. Feb. 24, 1763	1	96
Jerusha, d. Amos & Jemima, d. Feb. 11, 1776	1	96
Jerusha, d. Amos & Jemima, b. May 5, 1777	1	96
Jesse, s. Eleazur, of Glassenbury, m. Jemima **SKINNER**, d. Dea. Benjamin, of Hebron, Apr. 16, 1750	1	96
John, s. John, m. Sabra **STOCKING**, d. George, decd., Sept. 25, 1786	2	7
John, s. [John & Sabra], b. Apr. 13, 1788	2	7
Lois, d. Jesse & Jemima, b. Aug. 4, 1759	1	96
Lovinia, d. Amos & Jemima, b. May 28, 1774	1	96
Lucy, d. [John & Sabra], b. June 12, 1796	2	7
Martha, d. Jesse & Jemima, b. Dec. 20, 1750	1	96
Mortimer, s. Ephraim & Clarissa, b. Mar. 29, 1799	2	127
Olive, d. Jesse & Jemima, b. May 5, 1761	1	96
Polly, d. [John & Sabra], b. Dec. 22, 1798	2	7
Rachel, wid., m. Elijah **STEVENS**, June 6, 1784	1	41
Roger, s. Amos & Jemima, b. Sept. 22, 1771	1	96
Ruth, w. Joseph, of Coventry, d. Feb. 24, 1768	1	96
Sabra, d. [John & Sabra], b. May 22, 1790	2	7
Samuel, s. Samuel G. & Abigail, b. Apr. 16, 1813; d. same day	2	162
Samuel G., s. Amos, of Hebron, m. Abigail **PHELPS**, d. Uzziel, of Hebron, May 3, 1812	2	162
Selden, s. [John & Sabra], b. June 16, 1794	2	7
STURGES, Ebenezer P., of Mansfield, O., m. Jerusha M. **HALE**, of Glastonbury, Sept. 15, 1834, by Rev. Samuel H. Riddell	3	130
Solomon, m. Lucy **HALE**, Aug. 14, 1823, by Jay H. Fairchild	3	74
SUMNER, John W., of Hebron, m. Mary **GLEASON**, of Glastonbury, Nov. 23, 1836, by Rev. Jacob Allen	3	137
Mary, of Hebron, d. Reuben, m. James **GOSLEE**, s. Timothy & Rhoda, Aug. 30, 1798	2	173
Polly, d. William, of Hebron, m. James **GOSLEE**, Oct. 2, 1831	2	173
SUSAN, Cynthia, d. [Daniel & Else], b. Feb. 26, 1792	2	12
Cynthia, d. [Daniel & Else], b. Oct. 27, 1813	2	12
Daniel, s. Hannah, m. Else **ANDERSON**, d. Sonny, May 16, 1791	2	12
Laurilla, d. [Daniel & Else], b. May 6, 1802; d. Oct. 4, 1815	2	12
Rue, d. [Daniel & Else], b. July 10, 1798	2	12
Sophia, d. [Daniel & Else], b. Dec. 22, 1795	2	12
Sophia, d. [Daniel & Else], b. June 27, 1816	2	12
SWEETLAND, Anna Hale, d. Samuel & Jerusha, b. Oct. 16, 1804	2	145
Egbert Welles, s. [Samuel & Jerusha], b. Feb. 8, 1809	2	145

	Vol.	Page

SWEETLAND (cont.),

Eleazur, s. [Samuel & Jerusha], b. Apr. 12, 1811; d. Apr. 13, 1811	2	145
Samuel, of Hebron, s. Aaron, m. Jerusha **HALE**, d. Josiah, Dec. 29, 1802	2	145
Samuel Eleazur, s. [Samuel & Jerusa], b. Apr. 7, 1813	2	145
SYPHAN, Henry, s. Asher & Lucy, b. Feb. 13, 1796	2	12
TALCOTT, TALCOT, TALLCOTT, TALCUT, TALLCUTT, Abby, m. Capt. Horace **HALE**, Nov. 29, 1823, by Rev. Caleb Burge	3	76
Abigail, d. Benjamin & Sarah, b. Oct. 10, 1715	1	12
Abigail, d. Benjamin & Sarah, d. Oct. 28, 1715	1	12
Abigail, d. Sam[ue]ll & Hannah, b. Aug. 21, 1738	1	59
Abigail, d. Dea. Nathaniel, m. Thomas **HOLLISTER**, s. Dea. Thomas, [ ]	2	19
Abigail Salina, d. [Asa & Fanny], b. Dec. 24, 1817	2	41
Abraham, s. Joseph & Sarah, b. Mar. 13, 1757	2	56
Adna, m. Eliza **WRIGHT**, Sept. 21, 1825, by Jay W. Fairchild	3	85
Amelia, d. Asa, m. William C. **HATCH**, Oct. 5, 1796, by Rev. W[illia]m Brown	2	143
Amelia, d. [Asa & Polly], b. Mar. 25, 1803	2	41
Amelia, of Glastonbury, m. David **HILLS**, of Hartford, Nov. 7, 1847, by James A. Smith	3	199
Anner, d. Asa & Anner, b. Aug. 1, 1774	2	41
Anner F., m. Oliver **HALE**, b. of Glastonbury, Mar. 31, 1831, by Rev. Samuel H. Riddell	3	112
Annar Francis, d. [Asa & Fanny], b. Oct. 4, 1812	2	41
Asa, s. Samuell & Hannah, b. Oct. 4, 1750	1	59
Asa, s. Capt. Samuel, of Glassenbury, m. Aner **STILMAN**, d. Nathaniel, of Wethersfield, Nov. 19, 1772	2	41
Asa, s. Asa & Annar, b. Oct. 9, 1778	2	41
Asa, s. Asa, decd. of Glassenbury, m. Polly **WHITE**, d. Thomas, of Bolton, May 11, 1802	2	41
Asa, s. [Asa & Polly], b. Aug. 7, 1807	2	41
Asa, m. Fanny **HILLS**, of East Hartford, Nov. 24, 1808	2	41
Asa, of Glastonbury, s. Asa & Polly **WHITE**, m. Polly **LORD**, of Bolton, Aug. [ ], 1827	2	221
Asa, m. Mariah **GROSSMER**, b. of Glastonbury, Mar. 30, 1831, by Rev. Samuel H. Riddell	3	112
Benieman, of Glasinbury, m. Sarah **HOLLISTER**, of Glasinbury, Jan. 5, 1868/9	1	12
Benieman, s. Benieman & Sarah, b. June 27, 1702	1	12
Benjamin, Dea., d. Nov. 12, 1727	1	12
Chester H., m. Mary **HALE**, b. of Glastonbury, Dec. 19, 1833, by Rev. Samuel H. Riddell	3	124
Chester Hills, s. [Asa & Fanny], b. Nov. 20, 1810	2	41
Comfort, m. John **LOVELAND**, Jan. 25, 1736	1	114
Daniel, s. Elizur & Ruth, b. May 8, 1743	1	12
Daniel, s. Elizur & Ruth, d. Feb. 12, 1747/8	1	13
Daniel, s. Elizur & Ruth, b. July 27, 1748; d. Dec. 3, 1751	1	13
Daniel Lord, s. Asa & Polly, b. Dec. 5, 1833	2	221

	Vol.	Page
TALCOTT, TALCOT, TALLCOTT, TALCUT, TALLCUTT (cont.),		
Eliza, [twin with Louisa, d. Asa & Fanny], b. Mar. 9, 1815	2	41
Elizabeth, d. Nathaniel & Elizabeth, b. Oct. 19, 1704	1	22
Elizabeth, d. Samuell & Hannah, b. Dec. 12, 1740; d. Feb. 27, 1740/1	1	59
Elizur, s. Benieman & Sarah, b. Dec. 31, 1709	1	12
Elizur, s. Dea. Benjamin, decd., m. Ruth **WRIGHT**, d. Daniel, Dec. 31, 1730	1	12
Elezur, s. Eleazur & Ruth, b. Aug. 27, 1738; d. Feb. 16, 1749/50	1	12
Elizur, s. Maj. Elizur & Ruth, b. Dec. 17, 1750	1	13
Elizur, s. Col. Elizur & Ruth of Glastonbury, m. Dorothy **LORD**, d. Epaphras & Lucy, of Marlbury, Sept. 15, 1774	2	77
Elizur, s. Elizur, Jr. & Dorothy, b. Feb. 1, 1780	2	77
Eunice, see Eunice **WADSWORTH**	1	94
Fanny, d. George & Vina, m. Samuel **BENTON**, s. Edward & Jerusha, Nov. 27, 1801	2	179
Fanny, w. Asa, d. Oct. 1, 1823	2	41
Gad, s. Sam[ue]l & Hannah, b. July 13, 1745	1	59
George, s. Elizur & Ruth, b. Nov. 30, 1745	1	12
George, s. Maj. Elizur & Ruth, d. Feb. 22, 1749/50	1	13
George, s. Maj. [Elizur] & Ruth, b. Sept. 30, 1755	1	13
George Lord, s. Elizur, Jr. & Dorothy, b. Jan. 3, 1784	2	77
Hannah, d. Benieman & Sarah, b. Oct. 16, 1706	1	12
Hannah, d. Benjamin, m. Benjamin **HALE**, Jan. 30, 1729	1	101
Hannah, d. Sam[ue]l & Hannah, b. July 10, 1736	1	59
Hannah, d. Samuell & Hannah, d. June 21, 1750	1	59
Harriet Sarah, d. [Jabez & Ruth], b. Sept. 4, 1798	2	109
Henry, m. Martha Ann **SAMSON**, b. of Glastonbury, Oct. 18, 1837, by Rev. James A. Smith	3	146
Honor, d. Joseph & Sarah, m. James **STEVENS**, s. Joseph & Jerusha, Dec. 8, 1784	2	93
Horace, m. Julia **SMITH**, b. of Glastonbury, Dec. 24, 1827, by Rev. Samuel H. Riddell	3	96
Horatio Goodrich, s. [Jabez & Ruth], b. Jan. 10, 1794	2	109
Isaac, s. Elezur & Ruth, b. Aug. 29, 1740	1	12
Isaac, s. Elizur, m. Sarah **GOODRICH**, d. Dea. David, Nov. 20, 1765	2	34
Isaac, s. Isaac & Sarah, b. Nov. 14, 1767	2	34
Jabez, s. Isaac & Sarah, b. June 28, 1766	2	34
Jabez, s. Isaac, m. Ruth **KIMBERLEY**, d. John, decd., Nov. 19, 1789	2	109
Jabez, s. [Jabez & Ruth], b. Sept. 13, 1790	2	109
Jane E., m. Charles **TAYLOR**, b. of Glastonbury, Oct. 9, 1852, by Rev. Henry Chase, of New York. Witnesses Elizabeth H. Chase and Harriet N. Seatle	3	228
John, s. Benieman & Sarah, b. Dec. 17, 1704	1	12
John, d. Aug. 25, 1745	1	38
John, s. Joseph & Sarah, b. Aug. 30, 1765	2	56
Jonathan, s. Joseph & Sarah, b. May 13, 1754	2	56

GLASTONBURY VITAL RECORDS 249

	Vol.	Page
TALCOTT, TALCOT, TALLCOTT, TALCUT, TALLCUTT (cont.),		
Jonathan, 2nd, of Rome, N. Y., m. Mary L. **HOUSE**, d. of Flavel, of Glastonbury, Sept. 29, 1846, by Rev. Aaron Snow	3	193
Joseph, s. Dea. Nathaniel, m. Sarah **KILBORN**, d. Abraham, b. of Glassenbury, Dec. 29, 1748	2	56
Joshua, s. Nathaniel & Elizabeth, b. June 15, 1711	1	22
Julia, of Glastonbury, m. John Seldon **CLAP[P]**, of Windsor, May 12, 1840, by James A. Smith	3	154
Leverett, of Hartford, m. Lucy **HOLLISTER**, of Glastonbury, Oct. 7, 1833, by Rev. Thomas J. Davis	3	123
Louisa, [twin with Eliza, d. Asa & Fanny], b. Mar. 9, 1815	2	41
Lucius Southmayd, s. [Jabez & Ruth], b. Jan. 6, 1805	2	109
Lucretia, d. [Nathaniell & Sarah], b. July 20, 1766	1	93
Lucy, d. John & Lucy, b. Nov. 4, 1736	1	38
Lucy, d. Elizur, Jr. & Dorothy, b. Nov. 2, 1775; d. Sept. 28, 1777	2	77
Lucy, 2nd, d. Elizur, Jr. & Dorothy, b. Dec. 26, 1777	2	77
Mary, d. Nathaniel & Elizabeth, b. Jan. 19, 1709	1	22
Mary, d. Joseph & Sarah, b. Dec. 12, 1751	2	56
Mary A., m. George L. **FORD**, b. of Glastonbury, Mar. 21, 1848, by Rev. Giles H. Deshon	3	207
Mary Ann, d. [Nathaniell & Sarah], b. Jan. 28, 1748	1	93
Mahitabell, d. Benjamin & Sarah, b. July 17, 1713	1	12
Mehetabell, d. Dea. Benjamin, decd., m. Hezekiah **WRIGHT**, s. James, on the Island, Nov. 29, 1733	1	79
Milla, d. Asa & Annar, b. Mar. 2, 1776	2	41
Nancy, d. [Oliver & Alice], b. Apr. 28, 1784	2	89
Nancy, d. Oliver, m. David **MILLER**, s. Capt. Abijah, decd., Apr. 15, 1801	2	145
Nathaniel, m. Elizabeth [ ], Mar. 18, 1703	1	22
Nath[anie]ll, s. Capt. Nath[anie]ll, m. Sarah **HALE**, d. Timothy, Mar. 9, 1747	1	93
Nathaniel, s. [Nathaniell & Sarah], b. Mar. 28, 1755	1	93
Nathaniel, Jr., s. Nathaniell, m. Penelope **HALE**, d. Capt. Jonathan, Feb. 26, 1784	2	35
Oliver, s. Joseph & Sarah, b. Nov. 29, 1759	2	56
Oliver, s. Joseph, m. Alice **MILLER**, d. Matthew, May 29, 1783	2	89
Oliver, m. Caroline B. **TREAT**, b. of Glastonbury, June 26, 1827, by Rev. Joseph Allen	3	94
Onner, d. Joseph & Sarah, b. Aug. 27, 1762	2	56
Pharma Julia, d. [Jabez & Ruth], b. Nov. 8, 1801	2	109
Polly, d. [Asa & Polly], b. Jan. 7, 1806	2	41
Polly, w. Asa, d. Apr. 14, 1808	2	41
Prudence, d. Elezur & Ruth, b. June 6, 1734; d. Oct. 7, 1752	1	12
Prudence, d. Maj. Elizur & Ruth, b. Dec. 2, 1757	1	13
Prudence, d. Elizur, Jr. & Dorothy, b. Nov. 4, 1781	2	77
Rachil, d. Nathaniel & Elizabeth, b. Oct. 6, 1706	1	22
Rachel, d. Elezur & Ruth, b. Aug. 1, 1736	1	12
Rachel, d. Maj. Eliz[u]r, m. Theodore **HALE**, Feb. 23, 1758	1	109
Rhoda, d. Isaac & Sarah, b. Mar. 14, 1769; d. Nov. 13, 1771	2	34

250 BARBOUR COLLECTION

	Vol.	Page
TALCOTT, TALCOT, TALLCOTT, TALCUT, TALLCUTT (cont.),		
Rhoda, d. Isaac & Sarah, b. Sept. 27, 1771	2	34
Roswell G., m. Jane E. **HILLS**, b. of Glastonbury, Nov. 25, 1840, by James A. Smith	3	156
Ruth, d. Elezur & Ruth, b. Oct. 17, 1731	1	12
Ruth, d. Elizur & Ruth, d. Sept. 10, 1747	1	13
Ruth, d. Maj. Elizur & Ruth, b. May 11, 1753	1	13
Ruth Anna, d. [Jabez & Ruth], b. [ ] 20, 1796	2	109
Sally, b. May 27, 1790, at Glastonbury; m. Russell C. **WELLES**, of Hebron, Feb. 9, 1805	2	176
Samuel, s. Benieman & Sarah, b. Feb. 12, 1707/8	1	12
Sam[ue]ll, s. Dea. Benjamin, decd., m. Hannah **MOSELEY**, d. Capt. Joseph, decd., Oct. 5, 1732	1	59
Samuel, s. Sam[ue]l & Hannah, b. July 23, 1733	1	59
Samuel, Capt., d. Sept. 26, 1768	1	59
Sarah, d. Benieman & Sarah, b. Oct. 30, 1699	1	12
Sarah, w. Lieut. Benjamin, d. Oct. 15, 1715	1	12
Sarah, d. Lieut. Benjamin, m. Jonathan **HALE**, s. Lieut. Sam[ue]ll, Nov. 28, 1717	1	39
Sarah, d. John & Lucy, b. Mar. 3, 1734/5	1	38
Sarah, d. Joseph & Sarah, b. Nov. 26, 1749	2	56
Sarah, d. Joseph, m. Edward **BENTON**, s. Josiah, Feb. 8, 1770	2	44
Sarah, d. [Nathaniell & Sarah], b. Nov. 18, 1770	1	93
Sarah, of Glastonbury, m. Alfred **BRAY**, of Hartford, Mar. 20, 1822, by Rev. C. Burge	3	68
Sidney, s. [Asa & Fanny], b. Sept. 2, 1820	2	41
Sophia, d. Asa & Annar, b. Oct. 1, 1780; d. Jan. 30, 1782	2	41
Southmayd Stillman, s. Asa & Annar, b. Jan. 21, 1784	2	41
Southmayd Stillman, s. [Asa & Polly], b. Aug. 7, 1804	2	41
Thomas Hyde Lord, s. Asa & Polly, b. May 14, 1829	2	221
Timothy, s. [Nathaniell & Sarah], b. June 12, 1761	1	93
Tracy, s. [Nathaniell & Sarah], b. Sept. 1, 1752	1	93
William, s. Sam[ue]ll & Hannah, b. June 8, 1742	1	59
TANNER, Patty, d. Ephraim & Huldah, of Warren, m. Dr. Ralph **CARTER**, s. Benjamin & Huldah, of Warren, June 16, 1817	2	169
TAYLOR, Adaline, of Glastonbury, m. James F. **BUCK**, of Chatham, Mar. 2, 1836, by Rev. Jacob Allen	3	135
Amos, s. John & Mary, b. Mar. 8, 1773	1	8
Azariah, 2nd, of Glastonbury, m. Mariva **KENNEY**, of Manchester, Jan. 6, 1828, by Jeremiah Stocking, J. P.	3	96
Benjamin, s. [Samuel & Sally], b. Jan. 18, 1799	2	197
Benjamin, of Hartford, m. Mary Ann **HALE**, of Glastonbury, Nov. 3, 1824, by Rev. Hector Humphrey	3	81
Betsey Ann, of Glastonbury, m. Lester F. **GIFFORD**, of Ellington, July 4, 1840, by Rev. William B. Ashley	3	155
Betsey Maria, of Glastonbury, m. David **SHEPARD**, of Chatham, Mar. 14, 1832, by Rev. Samuel H. Riddell	3	115
Celia Ann, m. Charles **POTTER**, b. of Glastonbury, July 6, 1851, by Rev. Warren Emerson	3	221

	Vol.	Page

TAYLOR (cont.),

	Vol.	Page
Charles, m. Jane E. **TALCOTT**, b. of Glastonbury, Oct. 9, 1852, by Rev. Henry Chase, of New York. Witnesses Elizabeth H. Chase & Harriet N. Seatle	3	228
Charlotte, of Glastonbury, m. William W. **ABBY**, of Portland, Aug. 7, 1849, by Rev. L. W. Blood	3	213
Cyrus, of Glastonbury, m. Pamelia **CHAPMAN**, of Chatham, Sept. 2, 1838, by Rev. Abijah C. Wheat	3	145
Deborah, d. John & Mary, b. June 17, 1764	1	8
Deborah, d. John, m. Samuel **RICE**, Jr., s. Samuel, Sr., Nov. 23, 1785	2	109
Edwin, s. [Samuel & Sally], b. Oct. 6, 1807	2	197
Edwin, of Hartford, m. Nancy Jane **KINNE**, of Glastonbury, Jan. 17, 1832, by Rev. Samuel R. Riddell	3	115
Elias, s. John & Mary, b. July 12, 1769	1	8
Eliza, d. [Samuel & Sally], b. Aug. 6, 1805	2	197
Eliza A., m. George **HUNT**, b. of Glastonbury, May 11, 1851, by Jeremiah Stocking, Elder	3	221
Elvira A., of Glastonbury, m. Daniel F. **HOPKINS**, of Chatham, Aug. 13, 1829, by Rev. W[illia]m Jarvis	3	103
Emeline, m. Warren **TRYON**, Oct. 30, 1837, by Rev. Warren G. Jones	3	142
Francis, s. [Samuel & Sally], b. Nov. 2, 1814	2	197
Frances E., m. Samuel **LORD**, b. of Glastonbury, Aug. 8, 1851, by Frederick W. Chapman	3	222
Gad, s. John & Mary, b. June 14, 1762	1	8
George, s. John & Mary, b. Aug. 15, 1756	1	8
George, s. John, m. Naomi **HOLLISTER**, d. Jonathan, Nov. 20, 1783	2	83
George, s. [Samuel & Sally], b. Apr. 26, 1803	2	197
George, m. Eunice **HARRIS**, b. of Glastonbury, July 2, 1834, by George Merrick, J. P.	3	126
Giles, s. John & Mary, b. July 29, 1766	1	8
Hannah, d. [Samuel & Sally], b. Feb. 14, 1810	2	197
Hannah, m. Edwin **MILLER**, b. of Glastonbury, Oct. 6, 1830, by Tho[ma]s C. Brownell, Bishop	3	125
Harriet, of Glastonbury, m. Pheneas **SMITH**, of Washington, Aug. 6, 1842, by Rev. Warren G. Jones	3	167
Henry, m. Nancy **WALTER**, b. of Glastonbury, Aug. 22, 1841, by Loren C. Cillines	3	161
John, m. Mary [ ], Mar. 27, 1750	1	8
John, s. John & Mary, b. Sept. 17, 1760	1	8
Jonathan, of Berlin, m. Fanny **HALE**, of Glastonbury, Aug. 25, 1844, by Rev. G. Huntington Nichols. Int. Pub.	3	178
Joseph P., s. [Samuel & Sally], b. Jan. 11, 1818	2	197
Lauretta, of Glastonbury, m. Myron **PECK**, of Salsbury, Jan. 1, 1833, by Rev. John E. Risley	3	119
Louisa, of Glastonbury, m. Henry C. **GOODRICH**, of Weathersfield, (Rocky Hill), Nov. 25, 1841, by Rev. W[illia]m B.		

TAYLOR (cont.),

	Vol.	Page
Ashley	3	165
Lucinda, of Glastonbury, m. Nathan S. **GORTON**, of Eastford, Dec. 14, 1847, by Rev. W. G. Jones	3	205
Lucy, of Glastonbury, m. Charles **CHURCHILL**, of Chatham, Jan. 29, 1822, by Rev. Caleb Burge	3	66
Martha, d. [Samuel & Sally], b. July 11, 1823	2	197
Martha, of Glastonbury, m. Henry S. **PARSONS**, of Hartford, June 6, 1844, by Rev. G. Huntington Nichols. Int. Pub.	3	178
Martha Ann, of South Glastonbury, m. Oscar L. **WHITE**, of Plymouth, Dec. 29, 1845, by Rev. Warren G. Jones	3	187
Mary, w. John, d. Mar. 20, 1773	1	8
Mary, d. [Samuel & Sally], b. Aug. 20, 1820	2	197
Mary Ann, m. Emesa **TRYON**, b. of Glastonbury, Apr. 26, 1833, by Rev. Samuel H. Riddell	3	121
Mary J., m. Albert N. **CURTIS**, b. of Glastonbury, Mar. 23, 1851, by Frederick W. Chapman	3	219
Mary Jane, of Glastonbury, m. Elias W. **HALE**, of Monroe, Pa., Sept. 7, 1854, by Rev. A. B. Chapin	3	239
Merit, m. Julinda **FOX**, b. of Glastonbury, Sept. 14, 1835, by Rev. Thomas J. Davis	3	132
Oliver, m. Lorina **SAUNDERS**, b. of Glastonbury, Nov. 26, 1829, by Rev. Samuel H. Riddell	3	104
Patience, d. John & Mary, b. Mar. 19, 1771	1	8
Rachel, m. Watson **GOODRICH**, b. of Glastonbury, Mar. 30, 1846, by Rev. Erastus Benton	3	188
Reuben, m. Lucretia **BOWERS**, Nov. 29, 1787	2	40
Ruth, d. John & Mary, b. Dec. 22, 1750	1	8
Sally A., d. [Samuel & Sally], b. May 15, 1812	2	197
Sally Ann, m. Gideon **KENNEY**, b. of Glastonbury, Feb. 5, 1834, by Thomas J. Davis	3	124
Samuel, m. Sally **PEMBERTON**, Apr. 16, 1798	2	197
Sarah, d. John, of Weathersfield, m. John **HODGE**, s. of Samuel, of Glassenbury, June 29, 1748	1	117
Selden, m. Emily **CHAPMAN**, b. of Glastonbury, [May] 16, [1852], by F. W. Chapman	3	226
Sophia, d. [Samuel & Sally], b. Mar. 7, 1801	2	197
Theodore, s. John & Mary, b., Sept. 2, 1758	1	8
W. Henry, of Mereden, m. Louisa **SAUNDERS**, of Glastonbury, May 2, 1838, by Warren G. Jones	3	145
William, s. John & Mary, b. Aug. 28, 1752	1	8

TEMPLE,
Sarah, d. Joseph & Susannah, b. Aug. 28, 1775; d. Oct. 3, 1776	1	62
Susannah, w. Joseph, d. Oct. 20, 1776	1	62

TENNANT, TENANT,
Abigail, m. William **DUTTON**, b. of Glastonbury, Aug. 8, 1830, by Jeremiah Stocking, J. P.	3	108
Azel, of Hartford, m. Maria **CHAPMAN**, of Glastonbury, Sept. 18, 1825, by Jeremiah Stocking, J. P.	3	85
Elvira, of Glastonbury, m. Araba **WESTLAND**, of New Haven,		

	Vol.	Page

TENNANT, TENANT (cont.),
    Apr. 3, 1842, by George Merrick, J. P. — 3, 166
    Harvey, of Chatham, m. Abigail **HARRIS**, of Glastonbury, Sept. 5, 1824, by Jeremiah Stocking, J. P. — 3, 79
TERRY, Harmon, of Enfield, m. Emeline **ELLIS**, of Glastonbury, Dec. 27, 1821, by Rev. Caleb Burge — 3, 66
THAYER, Henry, of Springfield, m. Orra **WRIGHT**, of Glastonbury, Oct. 24, 1839, by Rev. James A. Smith — 3, 152
THOMAS, Asa, m. Laura **GOODALE**, b. of Glastonbury, Sept. 18, 1830, by Rev. Jacob Allen — 3, 108
    Zilla Ann, m. Isaac **TUBBS**, s. Ezekiel, May 16, 1775 — 2, 68
THOMPSON, THOMSON, Ellen M., of Southington, m. George **LOVELAND**, of Glastonbury, May 11, 1853, by Aaron Snow — 3, 235
    George, of New Britain, m. Lucy C. **MINER**, of Glastonbury, Nov. 25, 1841, by Rev. Warren G. Jones — 3, 165
    Jared, of Springfield, Mass., m. Olive **ROSEWELL**, of Colchester, Oct. 23, 1825, by Jeremiah Stocking, J. P. — 3, 86
    Nancy R., of Plymouth, Mass., m. Amos **DEAN**, of Taunton, Aug. 30, 1814 — 2, 186
    Ruth, m. James **WETHERILL**, b. of Glastonbury, May 14, 1826, by Jeremiah Stocking, J. P. — 3, 88
    Sarah M., of So. Glastonbury, m. Elijah O. **CLARK**, of Marlborough, Feb. 2, 1853, by Rev. David Bradbury — 3, 231
    Sherman, of Mereden, m. Elizabeth **WOOSTER**, of Waterbury, May 2, 1847, by Rev. W. G. Jones — 3, 199
    William E., of Columbia, m. Lucy **HOUSE**, of Glastonbury, Sept. 2, 1832, by Rev. Hezekiah S. Randall — 3, 117
THRALL, George, m. Abigail **BRADLEY**, b. of Mereden, Sept. [ ], 1827, by George Merrick, J. P. — 3, 94
TIBBALS, G. Washington, [twin with LaFayette, s. [   ] & Dorothy], b. [   ] — 2, 5
    LaFayette, [twin with G. Washington, s. [   ] & Dorothy], b. [   ] — 2, 5
    ——, of Tyringham, Mass., m. Dorrothy **SELLEW**, d. Phillip & Elizabeth, [   ] — 2, 5
TILTON, Zeno, of Martha's Vineyard, Mass., m. Harriet **CLOSSON**, of Glastonbury, Sept. 25, 1853, by Frederick W. Chapman — 3, 234
TOMLINSON, James Francis, s. [Ransom & Pamela], b. Oct. 8, 1824 — 2, 196
    Jane, d. [Ransom & Pamela], b. Mar. 14, 1821 — 2, 196
    Ransom, s. W[illia]m & Huldah, of Derby, b. July 18, 1790; m. Pamela **FRANCIS**, d. James, Apr. 13, 1820 — 2, 196
TORBETT, Joseph W., of Wilmington, Del., m. Electa M. **WICKHAM**, of Glastonbury, Oct. 15, 1845, by James A. Smith — 3, 186
TORREY, J. N., of Ashford, m. Laura **KILBORN**, d. Abraham & Mary, [   ]. Had issue sons and daughter — 2, 159
TRACY, Calvin, of Coventry, m. Hannah H. **HOWS**, of Glastonbury, Sept. 22, 1847, by Aaron Snow — 3, 200
    Selden, of Coventry, m. Mary E. **DUNHAM**, of Glastonbury, May

	Vol.	Page

TRACY (cont.),
    5, 1842, by Rev. James A. Smith   3   166

[**TRAIN**], [see under **TRYON**]

TREAT, Abigail, d. Charles & Sarah, b. Nov. 27, 1739; bp. next sabbath after, by Rev. Ashbell Woodbridge   1   54
    Adeline L., m. John **GOODRICH**, b. of Glastonbury, Dec. 9, 1835, by Rev. Jacob Allen   3   134
    Anson, m. Mendina **HOUSE**, b. of Glastonbury, Mar. 19, 1845, by Jeremiah Stocking, Elder   3   182
    Borotheus*, twin with Dorothe, d. [Thomas & Dorathe], b. Aug. 28, 1704; bp. Sept. 3, [1704], by Rev. Timothy Stevens *(Probably "Dorotheus")   1   6
    Caroline B., m. Oliver **TALCOTT**, b. of Glastonbury, June 26, 1827, by Rev. Jacob Allen   3   94
    Catharine, d. Thomas & Mary, b. Sept. 16, 1738   1   51
    Catharine, d. Thomas, m. Timothy **EASTON**, Mar. [ ], 1767   2   74
    Chard, s. Charles & Dorothy, b. Mar. 30, 1781   2   129
    Charles, 2nd child [Thomas & Dorathe], b. Feb. 28, 1695/6; bp. Mar. 1, 1695/6, by Rev. Timothy Stevens   1   6
    Charles, s. Capt. Thomas, decd., of Glassenbury, m. Sarah **GARDINER**, d. John, of the Isle of Wight, Cty. of Suffolk, N. Y., Oct. 12, 1727   1   54
    Charles, s. Thomas & Mary, b. July 9, 1735   1   51
    Charles, s. Thomas & Mary, d. Sept. 28, 1741   1   51
    Charles, 2nd, s. Thomas & Mary, b. Nov. 15, 1742; d. Sept. 16, 1759, in English Army at Tyconderoga   1   51
    Charles, s. Jonathan & Ruth, b. June 1, 1759   1   119
    Charles, Capt., s. Jonathan, m. Dorothy **FOX**, d. William, Nov. 23, 1780   2   129
    Charles, Capt., m. wid. Hannah **CLARK** & d. Josiah **PELTON**, June 20, 1798   2   129
    Charles, Capt., m. wid. Phebe **HURLBURT** & d. Josiah **PELTON**, Jan. 5, 1800   2   129
    Charles, m. Matilda **COOLEY**, b. of Glastonbury, Apr. 20, 1828, by George Merrick, J. P.   3   98
    Charlot, m. Wait **HALE**, b. of Glastonbury, Nov. 4, 1834, by Rev. Jacob Allen   3   128
    Chauncey, s. Dorotheas & Mary, b. July 17, 1793   2   134
    Clarissa, d. Charles & Dorothy, b. Dec. 19, 1793   2   129
    Clarissa, m. Andrew **STRICTLAND**, b. of Glastonbury, Nov. 25, 1829, by Samuel H. Riddell   3   104
    David, s. Charles & Dorothy, b. Nov. 1, 1782   2   129
    Diana, d. Gershom, m. Justus **BLIN**, s. Justus, of Wethersfield, Feb. 4, 1796; d. Nov. 14, 1821, in the 45th y. of her age   2   39
    Dolle, d. Charles & Dorothy, b. Feb. 16, 1792; d. May 31, 1793   2   129
    Dorotheus, s. Dorotheus & Hannah, b. Dec. 18, 1754; bp. next Sabbath after, by Rev. Ashbell Woodbridge   1   73
    Dorotheas, s. Dorotheas, m. Mary **SMITH**, d. Israel, Feb. 24, 1789   2   134
    Dorotheus, m. wid. Hannah **BENTON**, [   ]   1   73

	Vol.	Page
TREAT (cont.),		
Dorotheus, see also Borotheus		
Dorothe, twin with Borotheus*, d. [Thomas & Dorathe], b. Aug. 28, 1704; bp. Sept. 3, [1704], by Rev. Timothy Stevens "(Probably "Dorotheus")	1	6
Dorothy, d. Charles & Sarah, b. Apr. 15, 1731; bp. next Sabbath after, by Rev. Ashbell Woodbridge	1	54
Dorothy, d. Thomas & Mary, b. June 18, 1731; bp. June 20, 1731, by Rev. Ashbell Woodbridge	1	51
Dorothy, d. Charles, m. Samuel **GOODRICH**, s. Thomas, b. of Glassenbury, May 27, 1751	2	53
Dorothy, w. Charles, d. Apr. 30, 1796; in the 35th y. of her age	2	129
Dyer, s. Dorotheas & Mary, b. Apr. 20, 1791	2	134
Edwin S., m. Nancy **BUCK**, b. of Glastonbury, Nov. 27, 1836, by Jeremiah Stocking, Elder	3	138
Edwin Stratton, s. Charles & Belinda, b. Mar. 26, [ ], m. Nancy **BUCK**, d. Benonia & Lucretia, Nov. 27, 1836	2	214
Elisha, s. Charles & Hannah, b. May 20, 1799	2	129
Elisha, m. Almira **WHEAT**, b. of Glastonbury, Apr. 11, 1827, by Jeremiah Stocking, J. P.	3	93
Erastus Buck, s. [Edwin Stratton & Nancy], b. Apr. 10, 1838	2	214
Eunice Altruda, m. Chancey **HODGE**, Mar. 31, 1850, by Rev. Aaron Snow	3	214
Fidelia, [w. L. Welles], d. July 25, 1836	2	173
Grace, twin with Gurshom, d. Thomas & Mary, b. Sept 15, 1740	1	51
Gurshom, twin with Grace, s. Thomas & Mary, b. Sept. 15, 1740	1	51
Hannah, w. Charles, d. May 20, 1799	2	129
Hannah, d. Charles & Phebe, b. Apr. 8, 1801	2	129
Hannah, m. Edmund **MATSON**, Jr., b. of Glastonbury, Feb. 14, 1822, by Rev. John H. Fowler	3	67
Hannah F., m. Willard E. **HOWE**, b. of Glastonbury, Oct. 5, 1853, by Aaron Snow	3	236
Harriet, of Glastonbury, m. John N. **LOOMIS**, of Hebron, Nov. 11, 1828, by Rev. Jacob Allen	3	100
Horace, Capt., d. Dec. 3, 1821, at Motanzas in the Island of Cuba	2	177
Horace B., m. Sarah A. **GLAZIER**, Nov. 2, 1839, by Rev. Warren G. Jones	3	152
Isack, 4th child [Thomas & Dorathe], b. Aug. 5, 1701; bp. Aug. 10, [1701], by Rev. Timothy Stevens	1	6
Isaac, s. Thomas, decd., m. Rebeckah **BULKLEY**, d. Capt. Edward, Dec. 10, 1730	1	73
Isaac, s. Jonathan & Ruth, b. Aug. 30, 1765	1	119
James, of Manchester, m. Phebe **PATTERSON**, of Glastonbury, Apr. 30, 1825, by Rev. Jacob Allen	3	84
James W., m. Hannah M. **GOSLEE**, b. of Glastonbury, Dec. 9, 1846, by Rev. Aaron Snow	3	194
Jane, m. Jonn B. **HOLMES**, Nov. 23, 1839, by Rev. Thomas Williams	3	152
Jared, s. Charles & Dorothy, b. Aug. 6, 1789	2	129

TREAT (cont.),

	Vol.	Page
John, s. Thomas & Mary, b. July 22, 1728; bp. July 28, 1728, by Rev. Daniel Stepney, of Wethersfield	1	51
John, m. Mrs. Lucy **SCOTT**, b. of Glastonbury, Feb. 10, 1831, by Heman Perry	3	111
John W., m. Emeline **FINLEY**, b. of Glastonbury, Apr. 20, 1852, by Aaron Snow	3	225
Jonathan, s. Charles & Sarah, b. Nov. 12, 1732; bp. next Sabbath after, by Rev. Ashbell Woodbridge	1	54
Jonathan, s. Charles, decd., m. Ruth **HOUSE**, d. John, of Glassenbury, Jan. 25, 1757	1	119
Jonathan, s. Jonathan & Ruth, b. July 6, 1762	1	119
Josephine M., of Glastonbury, m. Cornelius C. **ATHERTON**, of Manchester, Apr. 17, 1838, by Rev. R. W. Allen	3	144
L. Welles, m. Fidelia **GOSLEE**, d. James & Mary, [ ]	2	173
Leonard, s. Charles & Dorothy, b. May 1, 1787	2	129
Leonard W., m. Fedelia **GOSLEE**, b. of Glastonbury, Jan. 11, 1835, by Rev. Jacob Allen	3	129
Marcy, d. Elisha, m. Jedediah **SMITH**, s. Jeduthan, decd., May 28, 1788	2	152
Martha, d. Thomas & Mary, b. Feb. 5, 1736/7	1	51
Mary, 8th child [Thomas & Dorathe], b. Jan. 9, 1709/10; bp. Jan. 22, 1709/10, by Rev. Timothy Stevens	1	6
Mary, d. Thomas & Mary, b. Nov. 30, 1729; bp. Dec. 7, 1729, by Rev. Ashbell Woodbridge	1	51
Mary, d. Capt. Thomas, decd., m. Joseph **STEVENS**, s. Rev. Timothy, decd., Jan. 1, 1732/3	1	74
Mary, d. Isaac & Rebeckah, b. May 16, 1736; bp. same day, by Rev. Ashbell Woodbridge	1	73
Mary, m. Aaron **SNOW**, b. of Eastbury, Nov. 5, 1843, by James A. Smith	3	174
Peter, s. Thomas & Mary, b. May 20, 1727; bp. May 21, 1727, by Rev. Daniel Newell, at Middletown	1	51
Rachel, d. Charles & Sarah, b. Sept. 25, 1743; bp. Oct. 9, [1743], by Rev. Daniel Russell	1	54
Rachel, d. Jonathan & Ruth, b. Jan. 2, 1758; d. Apr. 11, 1758	1	119
Rachel, m. Grove Anson **TRYON**, b. of Glastonbury, Feb. 9, 1834, by Tho[ma]s J. Davis	3	124
Rebeckah, d. Isaac & Rebeckah, b. Dec. 13, 1733; bp. [Dec.] 16, [1733], by Rev. A. Woodbridge	1	73
Rebeckah, m. Joseph **HOLLESTER**, Oct. 2, 1751, O. S.	1	86
Rebecca, d. Isaac, m. Joseph **HOLLESTER**, Oct. 2, 1751	1	106
Richard, 1st child of Thomas & Dorathe, b. May 14, [1694]; bp. June 24, 1694, by Rev. Timothy Woodbridge, at Weathersfield	1	6
Ruth, d. Charles & Dorothy, b. Dec. 4, 1784	2	129
Ruth, d. Chester*, m. Ely **HOLLESTER**, s. Israel, [ ], 1802 *(In pencil "Charles")	2	199
Samuel C., m. Catharine M. **WEIR**, Dec. 31, 1843, by Rev. Aaron		

	Vol.	Page

TREAT (cont.),

Snow	3	175
Sarah, 7th child [Thomas & Dorathe], b. Jan. 21, 1706/7; bp. Jan. 26, [1706/7], by Rev. Timothy Stevens	1	6
Sarah, d. Charles & Sarah, b. Feb. 24, 1728/9; bp. Mar. 2, 1728/9, by Rev. Ashbell Woodbridge	1	54
Sarah, m. Joseph **TRYON**, Mar. 13, 1728/9	1	67
Sarah, d. Thomas & Mary, b. Sept. 21, 1733	1	51
Sarah, w. Charles, d. Apr. 2, 1744	1	54
Sarah, of Glastonbury, m. George **BREWER**, of East Hartford, Sept. 12, 1820, by Rev. David Ripley	3	61
Thomas, s. Richard, m. Dorathe **BUCKLEY**, d. Garshom, b. of Weathersfield, July 5, 1693, by Rev. Timothy Woodbridge, at Weathersfield	1	6
Thomas, 3rd child [Thomas & Dorathe], b. May 3, 1699; bp. Jan. 4, [1700], by Rev. Timothy Stevens	1	6
Thomas, Lieut., d. Jan. 17, 1712/13	1	6
Thomas, s. Capt. Thomas, of Glassenbury, m. Mary **HOPSON**, d. John, of Colchester, May 10, 1726	1	51
Thomas, s. Isaac & Rebeckah, b. Nov. 25, 1731; bp. [Nov.] 28, [1731], by Rev. A. Woodbridge	1	73
William, s. Charles & Dorothy, b. Mar. 27, 1796	2	129
TRIAL, Hannah, m. Edmund **MATSON**, Feb. 14, 1822	2	201
TROWBRIDGE, David, of Chatham, m. Mary **CHAPMAN**, of Glastonbury, Dec. 21, 1826, by George Merrick, J. P.	3	92
David S., m. Dorcas Ann **LANE**. Feb. 24, 1850, by Rev. Warren G. Jones	3	214
TRYON, TRAIN, TRIAN, [see also **TYRON**], Abell, s. Thomas & Abigail, b. Jan. 19, 1734/5	1	77
Agnes, d. Joseph & Ledy, b. Aug. 14, [1712]; d. Sept. 22, 1712	1	20
Ann I., of Glastonbury, m. Joseph E. **WILCOX**, of Middletown, Oct. 20, 1847, by Rev. G. H. Deshon	3	200
Anna, d. Joseph, m. Benjamin **SMITH**, s. Richard, Jan. 30, 1755	2	115
Benjamin, s. Benjamin, b. Oct. 10, 1749	2	115
Benjamin, of Glastonbury, m. Harriet **GAY**, of Manchester, Oct. 28, 1849, by Aaron Snow	3	213
Carolina, d. Elizur & Lucy, b. June 26, 1798; d. [ ], ae 11 m.	2	78
Clarissa, m. Joseph W. **HALE**, b. of Glastonbury, Feb. 17, 1841, by Rev. W[illia]m B. Ashley	3	158
Clary, d. Elizur & Lucy, b. Sept. 3, 1792	2	78
David, s. Elizur & Lucy, b. July 23, 1782; m. Densey **STEVENS**, [ ] [Seven children by this marriage]	2	78
Eliud, s. Thomas & Abigail, b. Jan. 28, 1740/1	1	77
Eliza, of Glastonbury, m. George **RUST**, of Northampton, Mass., Jan. 17, 1839, by Rev. Charles Nichols	3	150
Elizabeth, d. William, of Weathersfield, m. Joseph **HILL**, Jr., June 10, 1708	1	42
Elizabeth C., of Glastonbury, m. Nelson **SHEPARD**, of Portland,		

	Vol.	Page

TRYON, TRAIN, TRIAN, [see also **TYRON**] (cont.),

	Vol.	Page
Nov. 20, 1844, by Rev. George Huntington Nichols. Int. Pub.	3	180
Elizur, s. Noah, m. Lucy **KILBORN**, d. Joseph & Mary, Jan. 31, 1776	2	78
Elizur, s. Elizur & Lucy, b. Oct. 11, 1784; m. Lucinda **TRYON**, [ ] [Two children by this marriage]	2	78
Elmina, m. Chauncey **STEVENS**, b. of Glastonbury, Oct. 24, 1841, by Rev. W. B. Ashley	3	164
Emeline, of Glastonbury, m. Leonard **BIDWELL**, of Hartford, Sept. 22, 1833, by Rev. Tho[ma]s J. Davis	3	123
Emesa, m. Mary Ann **TAYLOR**, b. of Glastonbury, Apr. 26, 1833, by Rev. Samuel H. Riddell	3	121
Eveline, m. Josiah **TRYON**, b. of Glastonbury, Sept. 25, 1831, by Rev. Samuel H. Riddell	3	113
George, of Glastonbury, m. Mary **GAY**, of Hebron, May 20, 1841, by Elder Jeremiah Stocking	3	158
Grove Anson, s. Elizur & Lucy, b. July 4, 1795; m. Abigail **DUDLEY**, [ ] [Two children by this marriage]	2	78
Grove Anson, m. Rachel **TREAT**, b. of Glastonbury, Feb. 9, 1834, by Tho[ma]s J. Davis	3	124
Honor, of Glastonbury, m. George **RUSH**, of Hartford, Feb. 17, 1841, by Rev. Charles Nichols	3	158
Hulda, of Glastonbury, m. Michael **CLARK**, of Middletown, May 6, 1821, by Rev. W[illia]m Lockwood	3	64
Jemima, d. Elizur & Lucy, b. Oct. 10, 1779; m. Jeremiah **GOODRICH**, [ ]	2	78
Jemima, d. Elizur, m. Jeremiah **GOODRICH**, s. Jeremiah, of Chatham, Nov. 22, 1801	2	127
Jemima, d. Elizur & Lucy, m. Jeremiah **GOODRICH**, s. Jeremiah, of Chatham, Nov. 22, 1801	2	172
John Edwards, m. Julia Ann **STEVENS**, b. of Glastonbury, Dec. 11, 1850, by Rev. A. B. Chapin	3	218
Joseph, m. Lydia [ ], b. of Glasinbury, Dec. 5, 1697* *("1691"?)	1	20
Joseph, s. Joseph & Lydia, b. May 3, 1702	1	20
Joseph, m. Sarah **TREAT**, Mar. 13, 1728/9	1	67
Josiah, m. Eveline **TRYON**, b. of Glastonbury, Sept. 25, 1831, by Rev. Samuel H. Riddell	3	113
Juliet, of Glastonbury, m. Chauncey **RHODES**, of Weathersfield, Oct. 18, 1841, by Rev. W. B. Ashley	3	164
Lucinda, Mrs. of Glastonbury, m. Roswell **BROOKS**, of Chatham, May 12, 1839, by Rev. William B. Ashley	3	151
Lucinda, m. Elizur **TRYON**, s. Elizur & Lucy [ ] [Two children by this marriage.]	2	78
Lucy, d. Elizur & Lucy, b. Apr. 17, 1777; m. Daniel **CASWELL**, [ ]	2	78
Lydia, d. Joseph & Lydia, b. July 13, 1697	1	20
Mary, d. Joseph & Lydia, b. Oct. 5, 1694	1	20
Mary, d. Dr. Joseph, of Glassenbury, m. Benjamin **ABBY**, s. Sam-		

GLASTONBURY VITAL RECORDS 259

	Vol.	Page
TRYON, TRAIN, TRIAN, [see also TYRON] (cont.),		
uel, of Windham, Jan. 24, 1715/16	1	57
Mary, d. Joseph, m. Thomas STEVENS, s. Joseph, b. of Glassenbury, Feb. 10, 1763	2	32
Mary, d. Noah, decd., m. Elijah HOLLISTER, Jr., s. Elijah, Oct. 11, 1780	2	118
Mary Ann, of Louis Town, N. Y., m. Roswell HOLLISTER, of Glastonbury, Oct. 12, 1834, by Tev. Tho[ma]s J. Davis	3	128
Nancy, d. Elizur & Lucy, b. Oct. 11, 1789	2	78
Nathaniel, m. Eunice WELLES, b. of Glastonbury, Aug. 19, 1849, by Rev. Roger Albiston	3	214
Noah, s. Elizur & Lucy, b. Apr. 7, 1787; m. Elizabeth GOODRICH, [ ] [Five children by this marriage]	2	78
Noah, m. Fanny SMITH, Oct. 6, 1805	2	27
Noah, d. Sept. 27, 1807	2	27
Noah G., s. [Noah], b. Aug. 10, 1820	2	183
Oswell, m. Betsey Ann BIDWELL, b. of Glastonbury, Oct. 17, 1830, by Rev. Samuel H. Riddell	3	109
Penelope, of Glastonbury, m. Prescott BULKLEY, of Weathersfield, Sept. 15, 1822, by Rev. Caleb Burge	3	69
Polly, d. Noah & Fanny, b. Aug. 26, 1806	2	27
Polly, m. Hubbel HERLON(?), b. of Glastonbury, Mar. 7, 1822, by Rev. Nathan B. Burgess	3	68
Prudence, m. John COVELL, b. of Glastonbury, Dec. 11, 1842, by Elder Jeremiah Stocking	3	162
Rachel, d. Joseph & Lydia, b. Oct. 29, 1699	1	20
Ralph H., s. Noah, b. Mar. 18, 1818	2	183
Reuben, m. Harriet PELTON, Dec. 30, 1838, by Rev. Warren G. Jones	3	150
Samantha, m. John STRICTLAND, b. of Glastonbury, May 1, 1831, by Rev. Samuel H. Riddell	3	112
Sarah, d. Joseph & Sarah, b. July 13, 1730; bp. July 18, 1730, by Rev. A. Woodbridge	1	67
Sarah C., of Glastonbury, m. Frances RISLEY, of East Hartford, Dec. 11, 1842, by Elder Jeremiah Stocking	3	162
Sophronia, of Glastonbury, m. William W. ABBEY, of Chatham, Mar. 27, 1836, by Rev. Samuel H. Riddell	3	136
Thomas, s. Thomas & Abigail, b. Jan. 23, 1727/8	1	77
Timothy, s. Thomas & Abigail, b. Aug. 2, 1729	1	77
Warren, m. Emeline TAYLOR, Oct. 30, 1837, by Rev. Warren G. Jones	3	142
TUBBS, Anna, d. Isaac & Ann, b. Apr. 25, 1777	2	68
David, s. Isaac & Ann, b. Apr. 15, 1776	2	68
Isaac, s. Ezekiel, m. Zilla Ann THOMAS, May 16, 1775	2	68
Isaac, s. Isaac & Ann, b. Dec. 25, 1778	2	68
TUCKER, Anna, d. Benjamin & Anna, b. Apr. 29, 1781	2	106
Ashbel, s. Benjamin & Anna, b. Mar. 24, 1784	2	106
Benjamin, m. Anna FOX, d. Richard, Sept. 28, 1780	2	106
Benjamin, s. Benjamin & Anna, b. June 23, 1782	2	106

	Vol.	Page

TUCKER (cont.),

	Vol.	Page
David, of New Haven, m. Dolly E. **WILLIAMS**, of Glastonbury, Nov. 1, 1829, by Rev. Samuel H. Riddell	3	104
Lucinda, d. Benjamin & Anna, b. Mar. 9, 1786	2	106
Sally, of Glastonbury, m. Rev. Jehiel **ROBINS**, of Rocky Hill, June 8, 1841, by Rev. Warren G. Jones	3	164
TUDOR, Jane, of Winsur, m. Samuel **SMITH**, of Weathersfield, Oct. 28, 1680	1	5
Leonard, s. Rosetta **SIMBO**, colored, b. July 16, 1782	2	0
Mary, d. Samuel, of Windsor, m. Abraham **KILBORN**, Feb. 2, 1720/1	1	35
TULLEN, Polly, [d. Martin & Mary, of Royalton, Vt.], b. Nov. 9, 1786	2	170
Polly, d. Martin & Mary, of Royalton, Vt., m. Horatio **HOLLESTER**, s. John, Aug. 29, 1809	2	170
TURNER, George, of Bangor, Me., m. Mercy **HOUSE**, of Glastonbury, May 11, 1834, by Rev. Samuel H. Riddell	3	127
Lydia A., m. Alvin **HOUSE**, b. of Glastonbury, Jan. 7, 1839, by James A. Smith	3	149
Mercy W., of Glastonbury, m. Frederick M. **BARBER**, of Manchester, June 8, 1854, by Rev. James A. Smith	3	238
Welles, m. Isabel P. **BENTON**, b. of Glastonbury, Oct. 2, 1854, by Rev. James A. Smith	3	239
William, m. Elizabeth C. **RICHARDS**, b. of Glastonbury, Apr. 16, 1851, by Warren G. Jones	3	220
TYLER, Laura Ann, of Glastonbury, m. Samuel **SAMPLES**, of Marlborough, Mar. 1, 1846, by Aaron Snow	3	187
William, m. Martha E. **BUCKLEY**, of Glastonbury, [Dec.] 29, [1850], by Frederick W. Chapman	3	218
TYRON, [see also **TRYON**], Andrew*, m. Sophronia **COVILL**, b. of Glastonbury, Aug. 24, 1834, by Rev. Jacob Allen *("Andrew **TRYON**(?) or "**TYSON**"?)	3	127
UTLEY, Augustus, of Hartford, m. Julia E. **JONES**, of Glastonbury, Apr. 5, 1830, by Rev. Samuel H. Riddell	3	107
VALENTINE, Betsey, of Glastonbury, m. James **ROBBERTS**, of East Hartford, Oct. 29, 1823, by Solomon Cole, J. P.	3	76
James[sic], m. Shubael **STAPLES**, of Brooklyn, Nov. 25, 1838, by James A. Smith	3	148
Lucy, m. Hiram **PRICE**, b. of Glastonbury, Mar. 17, 1829, by Rev. Jacob Allen	3	101
Maria, of Glastonbury, m. Pierpoint S. **PORTER**, of Portland, June 22, 1845, by Rev. Ella Dunham	3	183
Samuel, of Glatonbury, m. Mary W. **HURLBUT**, of Mantuck, Oct. 18, 1840, by Jesse Baker	3	156
VERRY, Catharine, see Catharine **CHILD**	3	143
VIBBERT, VIBERT, Almena, m. James **WICKHAM**, b. of Glastonbury, Nov. 23, 1843, by Aaron Snow	3	174
Clarissa, m. Samuel M. **HAMILTON**, b. of Glastonbury, June 11, 1854, by Rev. James A. Smith	3	238
Harriet, of Glastonbury, m. Sidney **CASE**, of Hartford, Nov. 6,		

	Vol.	Page

VIBBERT, VIBERT (cont.),
   1838, by James A. Smith   3   148
  Jane Ann, m. Charles **WALKER**, b. of Glastonbury, Mar. [ ],
    1838, by George May   3   144
  Lydia A., of Glastonbury, m. George **WATTERS**, of Colchester,
    Apr. 5, 1847, by Rev. Giles H. Deshon   3   198
  Mary Ann., of Glastonbury, m. Amaziah **GAINES**, of Sheffield,
    Mass., Mar. 7, 1836, by Rev. Samuel H. Riddell   3   135
  Nancy Maria, of Glastonbury, m. Elijah **HOUSE**, of Manchester,
    Feb. 16, 1852, by James A. Smith   3   224
  Watson, m. Lidia A. **PATTEN**, b. of Glastonbury, Aug. 30, 1835, by
    Rev. James Shepard   3   132
VINING, Amanger C., m. Elizabeth **WRIGHT**, b. of Hartford, Dec. 31,
   1854, by Aaron Snow   3   241
WADDAMS, [see under **WADHAMS**]
WADE, Sarah A., of Lime, m. Henry D. **POLLY**, of So. Glastonbury,
   Jan. 29, 1843, by Warren G. Jones   3   169
WADHAMS, WADDAMS, Anna, d. Caleb, m. Levi **DUNHAM**, s.
   Isaac, of Hebron, June 24, 1779   2   138
  Charity, d. John & Charity, b. Aug. 1, 1729   1   32
  Charity, m. Charles **HOLLESTER**, Jr. Sept. 17, 1749   1   111
  Daniel, s. John & Charity, b. May 20, 1737   1   32
  Enos, s. John & Charity, b. Dec. 18, 1731   1   32
  John, s. John & Charity, b. Apr. 25, 1726   1   32
  Mary, m. Robert **WILKENSON**, Jan. 23, 1745/6   1   82
  Sarah, d. John & Charity, b. Nov. 9, 1734   1   32
WADSWORTH, Elizabeth, d. Capt. Thomas, of East Hartford, m. Amos
   HOLLISTER, s. Amos, decd., Jan. 10, 1788   2   146
  Emeline, m. William **SPARKS**, b. of Glastonbury, Apr. 6, 1825,
    by Jeremiah Stocking, J. P.   3   83
  Eunice, alias **TALCOTT**, d. Capt. John **TALCOTT**, of Windsor,
    m. William **WELLES**, s. Thomas, of Glastonbury, July 3,
    1766   1   94
  Hezekiah, of Hartford, m. Emeline **JONES**, of Glastonbury, Nov.
    7, 1830, by Rev. Jacob Allen   3   109
  Laura B., of Glastonbury, m. Walter **WOLCOTT**, of Hartford,
    Oct. 29, 1826, by Rev. Jacob Allen   3   91
WALBRIDGE, William, of Portland, m. Maria C. **McLEAN**, of So.
   Glastonbury, Mar. 27, 1842, by Rev. A. C. Wheat   3   166
WALEN, George, of Chatham, m. Loiza W. **GOODRICH**, of Glaston-
   bury, Mar. 10, 1828, by Jeremiah Stocking, J. P.   3   97
WALKER, Albert W., [s. Nathaniel & Polly], b. Aug. 27, 1836   2   219
  Charles, m. Jane Ann **VIBERT**, b. of Glastonbury, Mar. [ ], 1838,
    by George May   3   144
  Charles, m. Almira **HALING**, b. of Glastonbury, Mar. 22, 1843,
    by Rev. B. M. Walker   3   169
  Charles B., [s. Nathanial & Polly], b. Aug. 10, 1834; d. May 18,
    1866   2   219
  Elizabeth, [d. Nathaniel & Polly], b. Dec. 9, 1828; d. Aug. 18,

	Vol.	Page
WALKER (cont.),		
1856	2	219
Elizabeth, m. Jabez **GOODRICH**, b. of Glastonbury, Aug. 30, 1835, by Rev. James Shepard	3	132
Mary, m. Dudley **HODGE**, b. of Glastonbury, Nov. 29, 1827, by Jeremiah Stocking, J. P.	3	96
Mary L., [d. Nathaniel & Polly], b. Feb. 4, 1846	2	219
Nathaniel, b. Mar. 23, 1803; m. Polly **BROWN**, Feb. 6, 1828	2	219
Nathaniel, m. Polly **BROWN**, b. of Glastonbury, Feb. 6, 1828, by Rev. Jacob Allen	3	97
Noel, m. Mary Ann **HARRIS**, b. of Glastonbury, May 13, 1839, by George Merrick, J. P.	3	151
[Polly], [w. Nathaniel], d. Aug. 18, 1856	2	219
Sidney A., [s. Nathaniel & Polly], b. Feb. 14, 1831; d. Oct. 15, 1838	2	219
WALLES*, Mary, d. Thomas, m. David **HALE**, s. Capt. Jonathan, Feb. 8, 1753 *("**WELLES**"?)	1	108
WALTER, Nancy, m. Henry **TAYLOR**, b. of Glastonbury, Aug. 22, 1841, by Loren C. Cillines	3	161
WARD, Clarissa, d. [Thomas & Eunice], b. Apr. 13, 1788	2	216
Clarissa, m. Alexander **HENRY**, Nov. 17, 1819	2	175
Mary, of Glastonbury, m. Zachariah W. **COLE**, of Rochester, N. H., June 28, 1825, by Charles Remington, Elder	3	85
Thomas, m. Eunice **HODGE**, Nov. 14, 1787	2	216
WARE, [see also **WEIR**], Ann, d. Joseph & Ann, b. Nov. 12, 1769	2	24
Cinthya, d. Joseph & Ann, b. Jan 7, 1774	2	24
Daniel, s. Joseph & Lydia, b. Jan. 22, 1751	1	77
Elias, twin with Elizur, s. Jos[eph] & Lydia, b. May 26, 1755	1	77
Elizabeth, d. Joseph & Lydia, b. May 26, 1747	1	77
Elizur, twin with Elias, s. Jos[eph] & Lydia, b. May 26, 1755	1	77
Hannah, d. Joseph & Lydia, b. Oct. 9, 1753	1	77
Joseph, m. Lydia **FOX**, Apr. 8, 1742	1	77
Joseph, s. Joseph & Lydia, b. Jan. 29, 1749	1	77
Joseph, d. Oct. 3, 1762	1	77
Joseph, s. Joseph, of Glassenbury, m. Ann **LESTER**, d. Jonathan, of New London, Dec. 29, 1768	2	24
Lydia, d. Joseph & Ann, b. Nov. 11, 1771	2	24
Lydia, [w. Joseph], d. Jan. 25, 1772	1	77
Mary, d. Joseph & Lydia, b. May 23, 1743	1	77
Mary, d. Joseph, m. Timothy **STEVENS**, s. Timothy, Dec. 25, 1766	2	27
WARNER, Anson, of Barnardstown, Mass., m. Mary Ann **KILBORN**, of Glastonbury, May 24, 1829, by Rev. Jacob Allen	3	102
Anson, of Greenfield, Mass., m. Mary Ann **KILBORN**, d. Abraham & Elizabeth, [ ]. Had issue son and daughter	2	159
Eldredge, of Marlborough, m. Clarissa **HOLLISTER**, of Glastonbury, Jan. 27, 1831, by Jeremiah Stocking, J. P.	3	111
Elisha, of Glastonbury, m. Lucy **CHAPMAN**, of Chatham, Mar. 18, 1823, by George Merrick, J. P.	3	72

	Vol.	Page

WARNER (cont.),
Elizabeth, d. Daniel, decd., of East Haddam, m. Abraham **KILBORN**, Dec. 4, 1805 — 2, 159

George, m. Catharine **DORITY**, b. of Glastonbury, July 4, 1853, by Henry Dayton, J. P. — 3, 232

Hancey S., of Glastonbury, m. Chester **BIDWELL**, Jr., of Manchester, Apr. 20, 1853, by Aaron Snow — 3, 235

Horace, of Weathersfield, m. Abigail H. **HILLS**, of Glastonbury, Jan. 1, 1840, by James A. Smith — 3, 153

Lucy, m. Samuel **CHAPMAN**, b. of Glastonbury, Oct. 7, 1829, by Rev. Samuel H. Riddell — 3, 103

Marinda, m. Ansel **CHAPMAN**, Dec. 23, 1821, by Jeremiah Stocking, J. P. — 3, 66

Phelander, of So. Glastonbury, m. Harriet **WEBSTER**, of Harwington, June 16, 1850, by Rev. Daniel Dorchester, Jr. — 3, 216

Wealthy J., m. George S. **HOUSE**, b. of Glastonbury, Nov. 23, 1851, by Charles Morse — 3, 223

William H., of Marlborough, m. Jane **HART**, of Glastonbury, Oct. 30, 1853, by Frederick W. Chapman — 3, 234

WARREN, Elizabeth M., m. Ja[me]s **CLARK**, b. of Glastonbury, Jan. 14, 1844, by Rev. Warren G. Jones — 3, 176

Emily A., of East Hartford, m. Edw[ar]d M. **MINER**, of So. Glastonbury, Oct. 21, [1850], by Rev James A. Smith — 3, 218

Louisa A., m. Emory C. **HART**, b. of Glastonbury, Feb. 8, 1846, by Rev. Erastus Benton — 3, 187

Mary, wid. of Glastonbury, m. James **BURNHAM**, of Weathersfield, Oct. 9, 1831, by Rev. Jesse Baker — 3, 113

Polly, of Glasrtonbury, m. Avel **BOWER**, of East Windsor, Jan. 6, 1830, by Rev. Samuel H. Riddell — 3, 105

WATERMAN, George N., of East Hartford, m. Prudence **GOODRICH**, of Glastonbury, Feb. 1, 1852, by Rev. W. Emerson, of So. Glastonbury — 3, 224

Harriet, m. Elisha **WRIGHTLEY**, b. of Glastonbury, Dec. 13, 1821, by Rev. Nathan B. Burgess — 3, 65

Julia, m. Isiah **OLCOTT**, b. of Glastonbury, Jan. 22, 1831, by Rev. Samuel H. Riddell — 3, 111

WATERS, WATTERS, George, of Colchester, m. Lydia A. **VIBERT**, of Glastonbury, Apr. 5, 1847, by Rev. Giles H. Deshon — 3, 198

Gideon, s. Gideon & Lydia, b. July 14, 1760 — 1, 113
Joseph, s. Gideon & Lydia, b. Apr. 7, 1764 — 1, 113
Lydia, d. Gideon & Lydia, b. May 26, 1762 — 1, 113

WATROUS, Aretus, s. David & Eunice, b. Sept. 8, 1798 — 2, 15
Caty, d. David & Eunice, b. July 27, 1794 — 2, 15
Eunice, d. David & Eunice, b. Feb. 11, 1793 — 2, 15
Joseph, s. David & Eunice, b. Sept. 30, 1789 — 2, 15
Lucy, d. David & Eunice, b. Apr. 26, 1796 — 2, 15
Statira, d. David & Eunice, b. Oct. 5, 1800 — 2, 15
Worthy, s. David & Eunice, b. May 30, 1791 — 2, 15

WEATHERBY, Eunice, Mrs., m. William H. **WILLIAMS**, b. of Glas-

	Vol.	Page
WEATHERBY (cont.),		
tonbury, Oct. 11, 1829, by Heman Perry	3	104
WEATHERSFIELD, Samantha, of Glastonbury, m. Edmund A. G. Nash, of Middletown, Nov. 28, 1838, by Rev. Abijah C. Wheat	3	149
WEAVER, Humphrey, of Ashford, m. Louisa **BOWLS**, of Glastonbury, Apr. 6, 1823, by George Merrick, J. P.	3	73
Noel, m. Delia **WELLES**, of Glastonbury, Aug. 13, 1829, by Rev. W[illia]m Jarvis	3	102
WEBSTER, Asahel, s. Jonathan & Mabel, b. Mar. 12, 1733	1	16
Asiel, s. Jonathan & Mabel, b. Oct. 28, 1740	1	16
David, s. Jonathan & Esther, b. Jan. 29, 1720/1	1	28
David, s. Jonathan, m. Lydia **ANDREW**, d. Caleb, June 20, 1750	1	95
Dorcas, d. Jonathan & Esther, b. Feb. 13, 1716/17	1	28
Elizur, s. Jonathan & Mabel, b. Sept. 30, 1743	1	16
Ezekiel, s. Jonathan & Esther, b. June 11, 1712	1	28
Hannah, d. David & Lydia, b. July 10, 1751	1	95
Harriet, of Harwington, m. Phelander **WARNER**, of So. Glastonbury, June 16, 1850, by Rev. Daniel Dorchester, Jr.	3	216
Jemima, d. Jonathan & Esther (**JUDD**), b. Dec. 25, 1709	1	28
Jerusha, d. John, decd., m. William **SMITH**, s. Lieut. Benjamin, Jan. 1, 1788	2	116
John, s. Jonathan & Mabel, b. May 12, 1747	1	16
Jonathan, s. Jonathan, of Glasinbury, m. Mabel **RISLEY**, d. John, of Hartford, Feb. [ ], 1730	1	16
Jonathan, s. Jonathan & Mabel, b. Jan. 24, 1739	1	16
Joshua, s. Jonathan & Mabel, b. Apr. 16, 1750	1	16
Mabel, d. Jonathan & Mabel, b. July 29, 1735	1	16
Mary, d. Jonathan & Esther, b. Nov. 8, 1723	1	28
Mary, d. Jonathan & Mabel, b. May 8, 1745	1	16
Mahittabell, s. Jonathan & Esther, b. Oct. 20, 1714	1	28
Rhoda, m. Abner **MOSELEY**, b. of Glastonbury, Oct. 27, 1838, by James A. Smith	3	147
Sarah, d. Jonathan & Esther, b. Jan. 13, 1718/19	1	28
Stephen, s. Jonathan & Esther, b. June 11, 1728	1	28
Susanna, d. Jonathan & Mabel, b. July 1, 1730; d. Nov. 1, 1736	1	16
Susanna, d. Jonathan & Mabel, b. Sept. 21, 1737; d. Sept. 27, 1755	1	16
WEIR, WEIRS, WIER, WYAR, [see also **WARE**], Adaline, of Glastonbury, m. Marcus **SHUMWAY**, of [ ] Cty. of Tolland, Nov. 27, 1828, by Rev. Jacob Allen	3	100
Alanson, s. [Jeremiah & Elizabeth], b. Aug. 22, 1799	2	13
Alanson, m. Wealthy **ACKLEY**, b. of Glastonbury, Feb. 28, 1821, by Rev. Elisha B. Cooke, of East Hartford	3	64
Alanson, m. Emily **BELL**, b. of Glastonbury, Nov. 24, 1822, by Jeremiah Stocking, J. P.	3	70
Alanthy, m. Henry B. **JONES**, b. of Glastonbury, Sept. 20, 1835, by Rev. Jacob Allen	3	132
Amos, m. Agnes **HALING**, b. of Glastonbury, June 8, 1853, by Aaron Snow	3	235

	Vol.	Page
WEIR, WEIRS, WIER, WYAR, [see also **WARE**] (cont.),		
Anna, d. John & Dorothy, b. Apr. 7, 1773	2	58
Anna, of Eastbury, m. Charles **CHAMBERLAIN**, of Mansfield, Jan. 1, 1843, by Rev. Aaron Snow, of Eastbury	3	162
Aura, of Glastonbury, m. Witeman **BRAINARD**, of Middle Haddam, Aug. 20, 1828, by H. Brownson	3	101
Betsey, m. Thomas **WHEAT**, Mar. 6, 1822, by Samuel F. Jones, J. P.	3	67
Bissel, m. Fanny **WEIR**, b. of Glastonbury, Nov. 26, 1837, by Elder Jeremiah Stocking	3	143
Calista, m. Levi C. **ROBERTSON**, Nov. 26, 1846, by Rev. Lawton Cady	3	194
Calvin, s. [Jeremiah & Elizabeth], b. June 26, 1807	2	13
Catherine M., m. Samuel C. **TREAT**, Dec. 31, 1843, by Rev. Aaron Snow	3	175
Dorothy, d. John & Dorothy, b. Mar. 10, 1768; d. Jan. 21, 1773	2	58
Eliza, m. William S. **JONES**, b. Glastonbury, Feb. 13, 1823, by Rev. Jacob Allen	3	72
Elizabeth, d. John & Dorothy, b. July 10, 1766	2	58
Elizabeth, d. John, decd., m. Samuel **DELING***, Sept. 11, 1767 *(in pencil "**DEALING**")	2	65
Elizabeth, d. [Jeremiah & Elizabeth], b. Oct. 4, 1802	2	13
Fanny, d. [Jeremiah & Elizabeth], b. Mar. 3, 1813	2	13
Fanny, m. Bissel **WEIR**, b. of Glastonbury, Nov. 26, 1837, by Elder Jeremiah Stocking	3	143
George, m. Sophia **JONES**, b. of Glastonbury, June 7, 1840, by Rev. Abijah C. Wheat	3	155
Gibbard, s. John & Dorothy, b. Apr. 6, 1770	2	58
Griswold, m. Amanda **WICKHAM**, b. of Glastonbury, Mar. 23, 1837, by Jeremiah Stocking, Elder	3	140
Harmel, m. Clarissa **CURTICE**, [ ]	2	200
Harriet, of Glastonbury, m. Deming **SHERMAN**, of Marlborough, Oct. 24, 1852, by Jeremiah Stocking. Elder	3	228
Harvey, m. Mary **HALING**, Nov. 24, 1839, by Rev. Warren G. Jones	3	152
Henriette, d. [Harmel & Clarissa], b. Sept. 28, 1831	2	200
Henry O., m. Diantha C. **GOODALE**, b. of Glastonbury, May 10, 1846, by Elder Jeremiah Stocking	3	191
Israel, s. Nehemiah & Elizabeth, b. June 9, 1774	2	59
Jabish, m. Mrs. Almira **WRIGHT**, b. of Glastonbury, Apr. 24, 1853, by Rev. Samuel Fox	3	231
Jared A., m. Sarah E. **RIXFORD**, b. of Glastonbury, June 2, 1853, by Rev. Samuel Fox	3	232
Jeremiah, m. Elizabeth **FOX**, Oct. 4, 1795	2	13
Jeremiah C., s. [Jeremiah & Elizabeth], b. Dec. 26, 1796	2	13
Jeremiah C., m. Emily **MATSON**, Nov. 29, 1819	2	202
John, m. Dorothy **FOX**, d. Richard, Dec. 15, 1763	2	58
John, s. John & Dorothy, b. Jan. 30, 1772; d. same day	2	58
John, s. John & Dorothy, b. Mar. 25, 1776	2	58

WEIR, WEIRS, WIER, WYAR, [see also WARE] (cont.),

	Vol.	Page
Julia, of Glastonbury, m. Nathaniel M. SPENCER, of Chatham, June 27, 1830, by Heman Perry	3	108
Jullian, d. [Harmel & Clarissa], b. Oct. 2, 1833	2	200
Ketury, d. John & Dorothy, b. Oct. 7, 1764	2	58
Laura, m. William JONES, b. of Glastonbury, Jan. 18, 1841, by Elder Jeremiah Stocking	3	157
Laura Ann Tyler, d. [Harmel & Clarissa], b. [ ], 1815	2	200
Leva, m. Ira GOSLEE, b. of Glastonbury, Oct. 2, 1828, by Rev. Jacob Allen	3	100
Lorana, of Glastonbury, m. Joseph HOPKINS, of Stafford, Mar. 25, 1833, by Rev. J. E. Risley	3	121
Lorenzo, s. [Harmel & Clarissa], b. July 11, 1821	2	200
Lorenzo, m. Celia McLEAN, Mar. 31, 1845, by Rev. C. W. Turner	3	182
Lucinda, m. Albert F. RISLEY, b. of Glastonbury, Apr. 16, 1843, by Rev. B. M. Walker	3	172
Lucy, m. Edwin COVELL, b. of Glastonbury, May 1, 1833, by Jeremiah Stocking, Elder	3	122
Maria, m. Lyman HILLS, b. of Marlborough, Nov. 27, 1839, by Elder Jeremiah Stocking	3	153
Mary, d. [Harmel & Clarissa], Apr. 15, 1824	2	200
Mary, of Glastonbury, m. Leonard BEMONT, of East Hartford, Sept. 26, 1826, by Rev. Jacob Allen	3	90
Mary, of Glastonbury, m. George CHAMPLAIN, of Lebanon, Oct. 11, 1848, by Rev. Aaron Snow	3	210
Minerva, d. [Jeremiah & Elizabeth], b. July 13, 1816	2	13
Manerva*, of Glastonbury, m. Edwin B. ROOT, of Marlborough, Apr. 20, 1834, by Jeremiah Stocking, Elder *(Minerva)	3	126
Nehemiah, m. Elizabeth BELL, Apr. 11, 1771	2	59
Nehemiah, s. Nehemiah & Elizabeth, b. Apr. 7, 1772; d. Sept. 13, 1775	3	59
Nehemiah, s. Nehemiah & Elizabeth, b. Aug. 21, 1776	2	59
Nehemiah, m. Elizabeth WILLIAMS, Dec. 27, 1824, by Charles Remington, Elder	3	82
Nelson, s. [Harmel & Clarissa], b. Apr. 15, 1818	2	200
Phebe M., of Glastonbury, m. Chauncey COLEMAN, of Marlborough, Dec. 18, 1834, by Jeremiah Stocking, Elder	3	129
Polly, d. [Jeremiah & Elizabeth], b. Mar. 15, 1804	2	13
S[ ], s. [Jeremiah C. & Emily], b. June 2, 1823; d. Sept. 16, [ ]	2	202
Sam[ue]l (?) Ackley, s. [Jeremiah C.& Emily], b. Mar. 6, 1825	2	202
Sarah, d. Nehemiah & Elizabeth, b. Sept. 30, 1778	2	59
Sarah H., of Glastonbury, m. Aristantues BRAINARD, of Chatham, Dec. 6, 1821, by Rev. Leonard Bennett	3	69
Sophronia, m. Charles JONES, b. of Glastonbury, Dec. 6, 1835, by Jeremiah Stocking, Elder	3	135
Walter, s. John & Dorothy, b. Nov. 5, 1778	2	58
Wealthy, d. [Jeremiah C. & Emily], b. May 10, 1827	2	202

WEIR, WEIRS, WIER, WYAR, [see also WARE] (cont.),
Wealthy H., of Glastonbury, m. Franklin LEWIS, of Manchester,
    June 23, 1850, by Rev. Warren G. Jones   3   216
William W., s. [Jeremiah & Elizabeth], b. Apr. 23, 1810; d. [   ]   2   13
— Matson, s. [Jeremiah C. & Emily], b. Sept. 16, 1820   2   202
WEITZEL, WEZEL, Barabella (Betsey), m. Frederick CLACEING,
    b. of Glastonbury, Sept. 11, 1853, by Rev. James A. Smith   3   233
Bersey, see Barabella (Betsey) WEITZEL   3   233
Daniel, m. Catharine ABENDEN, b. of Glastonbury, Apr. 9, 1854,
    by Rev. James A. Smith   3   237
WELCH, Daniel, m. Margarett STRICTLAND, of Glastonbury (East-
    bury Parish), Apr. 4, 1841, by Rev. James A. Smith   3   161
WELDON, Antony, s. James & Mary, b. Dec. 21, 1712   1   15
Asa, m. Jerusha DANIELS, b. of Glastonbury, Feb. 1, 1824, by
    Jeremiah Stocking, J. P.   3   77
Azariah, s. Peleg & Abigail, b. Feb. 5, 1767   2   76
David, m. Abigail M. SMITH, of Glastonbury, Feb. 12, 1854, by
    Aaron Snow   3   238
Ebenezer, m. Clarissa HILLS, b. of Glastonbury, Apr. 3, 1827, by
    Rev. Jacob Allen   3   93
Eunice, d. Peleg & Abigail, b. Mar. 25, 1770   2   76
Eveline, of Glastonbury, m. Charles R. SAUNDERS, of Marlborough,
    Sept. 23, 1824, by Rev. Jacob Allen   3   79
Experience, d. Peleg & Abigail, b. Oct. 4, 1762   2   76
James, of Glasinbury, m. Mary LAMBE, d. Samuel, of Springfield,
    Oct. 20, 1707   1   15
James, s. James & Mary, b. May 22, 1715   1   15
James, s. James & Mary, d. Sept. [   ], 1715   1   15
James, of Glasinbury, m. Experience LAMB, d. Samuel, of Glasin-
    bury, Oct. 27, 1726   1   15
James, s. Peleg & Abigail, b. Nov. 18, 1775   2   76
John, s. James & Mary, b. Nov. 21, 1716   1   15
Justice, s. Peleg & Abigail, b. Oct. 8, 1766   2   76
Lucy, d. Peleg & Abigail, b. May 25, 1764   2   76
Mary, d. James & Mary, b. Sept. 18, 1710   1   15
Parmela, of Marlborough, m. Jonathan RILEY, of Glastonbury,
    May 19, 1822, by Jeremiah Stocking, J. P.   3   69
Peleg, s. James, m. Abigail FOX, d. Joseph, Apr. 28, 1761   2   76
Roxana, of Glastonbury, m. Walter RYAN, of Boston, Mass., Jan.
    8, 1824, by Rev. Jacob Allen   3   77
Sarah, d. Peleg & Abigail, b. Nov. 1, 1772   2   76
Sarah, d. Peleg, m. John HOLDEN, Jr., s. John, May 8, 1794   2   14
WELLES, WELLS, WEELL, Abigail, d. Ephraim, of Colchester, m.
    John MORLEY, s. Ebenezer, Nov. 6, 1755   1   126
Abigail, d. [Joseph & Lucy], b. Feb. 20, 1817   2   163
Adelia, of Middletown, m. Edwin MILLER, of Glastonbury, May
    22, 1842, by George H. Nichols   3   167
Albert, [s. Jared & Milla], b. Apr. 27, 1830   2   218
Alsop, s. [Gurdon & Polly], b. Sept. 8, 1806   2   189
Amanda, d. Gurdon & Polly, b. Nov. 27, 1803   2   189

WELLES, WELLS, WEELL (cont.),

	Vol.	Page
Amanda, m. Loring **GARDINER**, b. of Glastonbury, Sept. 3, 1823, by Rev. Caleb Burge	3	74
Andrew J., [s. Jared & Milla], b. Mar. 22, 1828	2	218
Ann, d. William & Ann, b. Mar. 4, 1750/1	1	94
Ann, w. William, d. May 26, 1762	1	94
Anna Maria, d. [Thaddeus & Emily Maria], b. June 27, 1835	2	212
Anne, d. William, m. Josiah **HALE**, s. Benjamin, May 30, 1771	2	22
Anne, w. Samuel, d. Jan. 11, 1816	2	96
Asa H., of Pompey, N.Y., m. Harriet **BENTON**, of Glastonbury, Jan. 3, 1830, by Rev. Samuel H. Riddell	3	105
Ashbel, s. Jno & Jerusha, b. Apr. 27, 1763	1	107
Betsey, d. William & Lucy, b. Mar. 22, 1785	2	97
Betsey, d. William, m. Horace **REED**, Oct. 23, 1803	2	150
Betsey Ann, d. John & Mehetable, b. Feb. 8, 1785	2	46
Betsey Ann, d. John, m. Thomas **HUBBARD**, Sept. 20, 1801	2	84
Catharine, d. [Jonathan & Catharine], b. Mar. 18, 1778	1	107
Catharine, wid. Jonathan, d. Mar. 11, 1818, in 81st y. of her age	1	110
Catharine J., m. Frederick **WELLES**, b. of Glastonbury, Dec. 9, 1844, by James A. Smith	3	196
Celia, [d. Jared & Milla], b. July 5, 1834	2	218
Charles, m. Cynthia **LOVELAND**, b. of Glastonbury, Jan. 12, 1834, by Jeremiah Stocking, Elder	3	124
Chauncey, s. Samuel & Anne, b. [ ]; d. [ ]	2	96
Clarissa, d. [Joseph & Lucy], b. Oct. 29, 1813	2	163
Daniel, s. Jno & Jerusha, b. Apr. 7, 1760; d. Apr. 10, 1760	1	107
Delia, twin with Edwin, s. [Joseph & Lucy], b. Aug. 17, 1805	2	163
Delia, m. Noel **WEAVER**, Aug. 13, 1829, by Rev. W[illia]m Jarvis	3	102
Dorrence, s. Gurdon & Polly, b. May 3, 1799	2	189
Dorrence, m. Amelia **GOODRICH**, b. of Glastonbury, Oct. 13, 1824, by Rev. Smith Miles, of Chatham	3	80
Edward Thaddeus, s. [Thaddeus & Emily Maria], b. Jan. 2, 1847	2	212
Edwin, twin with Delia, s. [Joseph & Lucy], b. Aug. 17, 1805	2	163
Elijah, s. Samuel & Lucy, b. Oct. 9, 1763	2	80
Elijah, [s. Jared & Milla], b. Apr. 26, 1826	2	218
Elijah, m. Nancy B. **ROOT**, b. of Glastonbury, Aug. 17, 1854, by Rev. A. B. Chapin, of Glastonbury	3	239
Elisha, s. William & Eunice, b. May 14, 1772	1	94
Elisha, s. William, decd., m. Jane **DUTCHER**, of Canaan, Oct. 21, 1792	2	118
Elizabeth, d. Thomas & Martha, b. Nov. 15, 1722	1	60
Elizabeth, d. Col. Thomas, m. Jonathan **HALE**, s. Capt. Jonathan, Jan. 18, 1743/4	1	89
Elizabeth, d. Samuel & Lucy, b. Aug. 26, 1753; d. Sept. 8, 1753	2	80
Elizabeth, 2nd, d. Samuel & Lucy, b. May 19, 1761; d. Oct. 14, 1775	2	80
Elizabeth, d. Jonathan & Catharine, b. Sept. 2, 1767	1	107
Elizabeth, [twin with Joseph, d. Joseph & Lucy], b. Aug. 17, 1815;		

	Vol.	Page

WELLES, WELLS, WEELL (cont.),

	Vol.	Page
d. Apr. 7, 1816	2	163
Elizabeth, d. [Joseph & Lucy], b. Sept. 2, 1820; d. Mar. 7, 1821	2	163
Elizabeth, [d. Jared & Milla], b. July 6, 1832	2	218
Emily Sophia, d. [Thaddeus & Emily Maria], b. Aug. 31, 1839	2	212
Eunice, d. William & Eunice, b. July 27, 1767	1	94
Eunice, d. William, decd., m. Dr. Abner **MOSELEY**, s. Capt. Joseph, Nov. 14, 1792	2	161
Eunice, wid. W[illia]m, d. Apr. 22, 1807	1	94
Eunice, of East Hampton, m. Amos **LUCAS**, of Glastonbury, Feb. 15, 1845, by Ella Dunham, Elder	3	181
Eunice, m. Nathaniel **TRYON**, b. of Glastonbury, Aug. 19, 1849, by Rev. Roger Albiston	3	214
Frederick, m. Catharine J. **WELLES**, b. of Glastonbury, Dec. 9, 1844, by James A. Smith	3	196
George, s. John & Jerusha, b. Feb. 13, 1756	1	107
George Howel, s. [Henry W. & Sila], b. Feb. 17, 1814	2	164
Gideon, s. Samuel & Anne, b. July 1, 1802	2	96
Gurdon, s. Jonathan & Catharine, b. July 29, 1770; d. May 26, 1773	1	107
Gurdon, 2nd, s. Jonathan & Catharine, b. July 20, 1773	1	107
Hannah, d. John & Hannah, of Eastbury, b. June 17, 1773	2	28
Hannah, d. Solomon m. Elizur **HALE**, Jr., s. Dr. Elizur, June 8, 1775	2	87
Hannah, d. Dec. 5, 1818	2	96
Hannah, m. Philip **SELLEW**, b. of Glastonbury, June 5, 1828, by Rev. Samuel H. Riddell	3	99
Hector, of Harwington, m. Elenor **DICKENSON**, of Hartford, Mar. 3, 1844, by Elder Jeremiah Stocking	3	177
Helen Elizabeth, d. [Thaddaus & Emily Maria], b. May 15, 1837	2	212
Henry, s. [Elisha & Jane], b. July 31, 1799	2	118
Henry Carton, s. [Henry W. & Sila], b. May 18, 1821	2	164
Henry Titus, s. [Jonathan & Jerusha], b. Apr. 3, 1821	2	165
Henry Titus, m. Jerusha **LORD**, b. of Glastonbury, May 3, 1853, by Rev. A. B. Chapin, of So. Glastonbury	3	237
Henry W., b. Jan. 14, 1776, at Hebron; m. Sila **WELLES**, Sept. 10, 1806, at Hebron	2	164
Henry W., d. May 21, 1825	2	164
Horace, s. John & Mehetable, b. Nov. 2, 1782	2	46
Horace, s. John & Mehetable, d. Aug. 26, 1798, at Boston	2	46
Horace Reed, s. [Russell C. & Sally], b. Mar. 4, 1820	2	176
Isaac, s. Jno & Jerusha, b. Apr. 17, 1761	1	107
James, s. [Joseph & Lucy], b. July 15, 1812	2	163
James Howard, s. [Thaddeus & Emily Maria], b. June 28, 1853	2	212
Jane Elizabeth, d. [Joseph & Lucy], b. July 17, 1823	2	163
Jared, m. Milla **SMITH**, b. of Glastonbury, Feb. 27, 1823	2	218
Jared, [s. Jared & Milla], b. Dec. 24, 1836	2	218
Jerusha, d. Jno & Jerusha, b. Oct. 21, 1757	1	107
Jerusha, w. William, d. Apr. 20, 1765	1	94

WELLES, WELLS, WEELL (cont.),

	Vol.	Page
Jerusha, w. John, d. Aug. 15, 1778	1	107
Jerusha, d. John & Mehetable, b. Oct. 15, 1780	2	46
Jerusha, d. John, decd. & Mehetabele, m. Jonathan **WELLES**, s. Jonathan & Catharine, decd., Dec. 10, 1818, at Boston	2	165
John, s. Thomas & Martha, b. Aug. 11, 1729	1	60
John, s. Thomas, m. Jerusha **EDWARDS**, d. Samuel, of Hartford, Mar. 7, 1753	1	107
John, s. John & Jerusha, b. Sept. 2, 1754	1	107
John, d. Apr. 16, 1764	1	107
John, s. John, decd., m. Mehetable **GOODRICH**, d. William, Jr., decd., Nov. 24, 1773	2	46
John, d. June 9, 1802, in the 48th y. of his age	2	46
John Alfred, s. [Henry W. & Sila], b. July 16, 1818	2	164
John Edwards, s. John & Mehetable, b. Mar. 29, 1778	2	46
John Edwards, s. John & Mehetabl, d. Aug. 17, 1797, at Havannah	2	46
Jonathan, s. Thomas & Martha, b. Aug. 9, 1732	1	60
Jonathan, s. Thomas, m. Katharine **SALTONSTALL**, d. Capt. Roswell, of Branford, Dec. 14, 1758	1	107
Jonathan, s. Jonathan & Catharine, b. Dec. 28, 1763	1	107
Jonathan, d. Jan. 27, 1792, in the 60th y. of his age	1	110
Jonathan, s. Jonathan & Catharine, decd., m. Jerusha **WELLES**, d. John, decd. & Mehetabele, Dec. 10, 1818, at Boston	2	165
Joseph, s. Samuel & Lucy, b. Nov. 9, 1756	2	80
Joseph, s. William & Ann, b. Jan. 4, 1762	1	94
Joseph, s. William, d. Aug. 1, 1762	1	94
Joseph, s. Capt. Joseph & Susannah, b. Mar. 31, 1784; m. Lucy **HOUSE**, d. Samuel, Jan. 23, 1805	2	163
Joseph, [twin with Elizabeth, s. Joseph & Lucy], b. Aug. 17, 1815; d. Aug. 22, 1815	2	163
Joseph House, s. [Joseph & Lucy], b. Oct. 19, 1818	2	163
Katharine, m. Col. Elisha **HALE**, b. of Glastonbury, June 29, 1820, by Rev. William Lockwood	3	60
L. Philicia, of Glastonbury, m. Frederick **GOODRICH**, of Rocky Hill, Mar. 15, 1843, by Rev. George H. Nichols	3	169
Laura, d. [Elisha & Jane], b. Sept. 6, 1795	2	118
Louisa Maria, d. [Henry W. & Sila], b. Nov. 30, 1809	2	164
Lucy, d. Samuel & Lucy, b. Mar. 3, 1766	2	80
Lucy, d. Capt. Samuel, m. William **WELLES**, s. William, decd., Feb. 5, 1784	2	97
Lucy, w. William, d. Apr. 8, 1785	2	97
Lucy, d. [Joseph & Lucy], b. Apr. 8, 1807	2	163
Lucy, [d. Jared & Milla], b. Sept. 21, 1842	2	218
Lida, d. Ephriam, m. Benjamin **HODGE**, s. Samuel, of Glassenbury, Nov. 21, 1751	2	23
Maria, d. [Joseph & Lucy], b. July 4, 1810	2	163
Martha, d. William & Ann, b. Aug. 12, 1759	1	94
Martha, w. Thomas, d. July 3, 1763	1	60

GLASTONBURY VITAL RECORDS

	Vol.	Page
WELLES, WELLS, WEELL (cont.),		
Martha, d. William, decd., m. Benjamin HALE, Jr., s. Capt. Timothy, b. of Glastonbury, Dec. 23, 1783	2	11
Mary, d. Thomas & Martha, b. Feb. 19, 1718/19	1	60
Mary, d. Thomas & Martha, d. Apr. 22, 1733	1	60
Mary, d. Thomas & Martha, b. Mar. 30, 1735; d. June 7, 1814, in the 80th y. of her age	1	60
Mary*, d. Thomas, m. David HALE, s. Capt. Jonathan, Feb. 8, 1753 *("Mary WALLES" in Arnold Copy)	1	108
Mary, d. William & Ann, b. Aug. 14, 1757	1	94
Mary, d. Jonathan & Catharine, b. Oct. 9, 1759	1	107
Mary, d. William, m. John HOLLESTER, s. Elijah, Dec. 6, 1781	2	88
Mary Ann, d. [Russell C. & Sally], b. Sept. 25, 1806; d. June 20, 1810	2	176
Mary Ann, d. [Russell C. & Sally], b. July 4, 1815	2	176
Mary Ann, of Glastonbury, m. Russell C. GILBERT, of Mayfield, N. Y., Sept. 24, 1838, by Rev. Abijah C. Wheat	3	147
Mary Jane, d. [Thaddeus & Emily Maria], b. Apr. 16, 1851	2	212
Mary Jerusha, d. [Henry W. & Sila], b. Dec. 21, 1811	2	164
Melissa M., of Portland, m. Samuel H. WRISLEY, of Hebron, Jan. 18, 1846, by Rev. Giles H. Deshon	3	194
Nancy, of Glastonbury, m. Joseph E. GOODRICH, of Chatham, May 14, 1834, by Rev. Samuel H. Riddell	3	127
Oliver, s. Samuel, Jr. & Anne, b. Jan. 27, 1784	2	96
Oliver, [s. Samuel, Jr. & Anne], d. May 24, 1838, ae 54 y.	2	96
Osmond, s. [Elisha & Jane], b. Jan. 2, 1794	2	118
Randolph House, s. [Russell C. & Sally], b. Oct. 22, 1810	2	176
Robert Gideon, s. [Thaddeus & Emily Maria], b. Dec. 3, 1842	2	212
Roland Talcott, s. [Russell C. & Sally], b. Aug. 25, 1808	2	176
Roswell, s. Jonathan & Catharine, b. Aug. 20, 1761	1	107
Roswell Saltonstall, s. [Jonathan & Jerusha], b. Jan. 15, 1820; d. Sept. 17, 1822	2	165
Russell C., b. Mar. 26, 1780, at Hebron; m. Sally TALCOTT, Feb. 9, 1805	2	176
Russell C., d. Jan. 16, 1823	2	176
Ruth, d. Thomas & Martha, b. Apr. 4, 1717	1	60
Ruth, d. Capt. Thomas, m. Isaac MOSELEY, s. Capt. Joseph, decd., Jan. 3, 1738/9	1	66
Ruth, wid. Capt. Samuel, d. Mar. 31, 1742	1	14
Ruth, d. Samuel & Lucy, b. Mar. 24, 1769	2	80
Samuel, s. Capt. Samuel & Ruth (RICE), b. Dec. 24, 1689	1	14
Samuel, Capt., d. Aug. 28, 1731	1	14
Samuel, s. Thaddeus & Elizabeth, m. Lucy KILBORN, d. Abraham & Elizabeth, Aug. [ ], 1752	2	80
Samuel, s. Samuel & Lucy, b. Oct. 6, 1754	2	80
Samuel, Jr., s. Capt. Samuel, m. Anne HALE, d. Gideon, May 2, 1782	2	96
Samuel, Jr., s. Samuel & Anne, b. Sept. 24, 1797	2	96
Samuel, d. Dec. 29, 1800	2	80

BARBOUR COLLECTION

	Vol.	Page
WELLES, WELLS, WEELL (cont.),		
Samuel, m. Hannah **HALE**, d. Gideon, decd., Oct. 8, 1816	2	96
Samuel, Jr., [s. Samuel & Anne], d. Apr. [ ], 1818	2	96
Samuel, s. [Joseph & Lucy], b. Feb. 20, 1821	2	163
Samuel, d. Nov. 12, 1834, ae 80	2	96
Samuel Kellogg, s. [Thaddeus & Emily Maria], b. Dec. 15, 1840	2	212
Sarah, d. Thomas & Martha, b. Mar. 27, 1727	1	60
Sarah, d. Jonathan & Catharine, b. Aug. 24, 1765	1	107
Sarah, d. Solomon, of Weathersfield, m. Rev. John **EELLS**, of Glassenbury, s. Rev. Nathaniel, of Stonington, Dec. 24, 1776	1	116
Sarah Ann, d. [Russell C. & Sally], b. Feb. 27, 1818	2	176
Sila, b. Mar. 9, 1789, at Hebron; m. Henry W. **WELLES**, Sept. 10, 1806, at Hebron	2	164
Sila Ann, d. [Henry W. & Sila], b. Sept. 20, 1815	2	164
Silas, s. Capt. Samuel & Ruth, b. Mar. 21, 1699/1700	1	14
Silas, s. Samuel & Lucy, b. May 13, 1771; d. May 27, 1771	2	80
Silas, s. John & Mehetable, b. May 28, 1774	2	46
Silas, s. John & Mehetable, b. Sept. 24, 1775	2	46
Silas, s. John & Mehitabel, d. Nov. [ ], 1791	2	46
Susannah, d. [Joseph & Lucy], b. Sept. 29, 1808	2	163
Thaddeus, s. Capt. Samuel & Ruth, b. May 27, 1695	1	14
Thadeus, s. Samuel & Lucy, b. Nov. 20, 1758	2	80
Thaddeus, s. Samuel & Anne, b. Feb. 23, 1806	2	96
Thaddeus, s. Samuel & Anna **HALE**, b. Feb. 23, 1806; m. Emily Maria **KELLOGG**, d. Elisha & Emily (**STRATTON**), Sept. 8, 1834	2	212
Thaddeus, m. Emily M. **KELLOGG**, b. of Glastonbury, Sept. 8, 1834, by Rev. Thomas J. Davis	3	128
Thomas, s. Capt. Samuel [& Ruth], b. Feb. 14, 1692	1	14
Thosma, s. Capt. Samuel, of Glassenbury, m. Martha **PITKIN**, d. William, of Hartford, Dec. 28, 1715	1	60
Thomas, s. Thomas & Martha, b. Nov. 23, 1720	1	60
Thomas, s. Thomas & Martha, d. May 1, 1733	1	60
Thomas, s. William & Ann, b. Sept. 1, 1752	1	94
Thomas, d. May 14, 1767	1	60
Thomas, s. [Jonathan & Jerusha], b. Aug. 1, 1825; d. Jan. 25, 1826	2	165
Truman D., m. Abby **GOODRICH**, Jan. 31, 1838, by Rev. D. L. Denens	3	144
Truman Dayton, s. [Russell C. & Sally], b. Jan. 20, 1813	2	176
Wait, s. John & Hannah, b. Jan. 30, 1776; d. May 21, 1777	2	28
Walter, s. John & Mehitable, b. May 28, 1788	2	46
William, s. Thomas & Martha, b. Mar. 3, 1724/5	1	60
William, s. Thomas, of Glassenbury, m. Ann **SHELTON**, d. Joseph, of Stratford, May 9, 1750	1	94
William, s. William & Ann, b. Nov. 22, 1754	1	94
William, s. Thomas, of Glastonbury, m. Jerusha **MERICK**, d. Rev. Jonathan, of Branford, Nov. 27, 1764	1	94
William, s. Thomas, m. Eunice **WADSWORTH** alias **TALCOTT**, d. Capt. John **TALCOTT**, of Windsor, July 3, 1766	1	94

	Vol.	Page
WELLES, WELLS, WEELL (cont.),		
William, d. Apr. 12, 1778	1	94
William, s. William, decd., m. Lucy **WELLES**, d. Capt. Samuel, Feb. 5, 1784	2	97
William, s. [Elisha & Jane], b. June 10, 1797	2	118
William, [s. Jared & Milla], b. Sept. 19, 1824	2	218
WEST, Anne, d. John & Phebe, b. Feb. 17, 1772	1	20
John, s. John, of Windham, m. Phebe **STRICTLAND**, d. Jonathan, of Glassenbury, Apr. 26, 1764	1	20
John, s. John & Phebe, b. Apr. 15, 1770	1	20
Lucretia, d. John & Phebe, b. Dec. 6, 1766	1	20
Mary, of Glastonbury, m. Charles R. **CRANE**, of East Windsor, Oct. 5, 1842, by Rev. Aaron Snow, of Eastbury	3	168
Phebe, d. John & Phebe, b. Aug. 24, 1765	1	20
Phebe, d. John & Phebe, d. Mar. 23, 1768	1	20
Phebe, d. John & Phebe, b. Oct. 1, 1768	1	20
WESTLAND, Araba, of New Haven, m. Elvira **TENANT**, of Glastonbury, Apr. 3, 1842, by George Merrick, J. P.	3	166
WESTON, Ruth, d. Joshua, of Middletown, m. Demick **MORLEY**, s. John, of Glastonbury, Dec. 15, 1774	2	103
WETHERELL, WETHERIL, WETHERILL, Ansel, m. Mary A. **RICH**, b. of Glastonbury, Nov. 27, 1823, by Rev. Caleb Burge	3	75
James, m. Ruth **THOMPSON**, b. of Glastonbury, May 14, 1826, by Jeremiah Stocking, J. P.	3	88
Mary, of Glastonbury, m. Erastus **PERKINS**, of Vernon, Oct. 5, 1845, by Rev. Warren G. Jones	3	185
WETHERLY, Nathaniel H., m. Eunice **STRICTLAND**, Sept. 19, 1819; d. Dec. 20, 1821	2	178
WHEAT, Almira, m. Elisha **TREAT**, b. of Glastonbury, Apr. 11, 1827, by Jeremiah Stocking, J. P.	3	93
Charlotte W., m. George **SNYDER**, Sept. 17, 1844, by Ella Dunham, Elder	3	179
Sophia, of Glastonbury, m. James **HILLIARD**, of Chatham, Sept. 11, 1828, by Rev. Samuel H. Riddell	3	100
Thomas, m. Betsey **WEIR**, Mar. 6, 1822, by Samuel F. Jones, J. P.	3	67
WHEELER, Adeline, m. Lemuel **PARKS**, b. of Stonington, Aug. 20, 1826, by George Merrick, J. P.	3	90
Azariah P., of East Haddam, m. Jane **PEASE**, of Glastonbury, June 20, 1841, by Rev. Henry Forbush	3	160
WHEELOCK, Elizabeth, of East Hartford, m. Franklin **PEBBLES**, of Glastonbury, Oct. 24, [1837], by Rev. Elias C. Scott	3	143
WHINCHESTER, [see under **WINCHESTER**]		
WHITE, David, Dr. of Torrington, m. Almira **GOODALE**, of Glastonbury, Nov. 24, 1827, by Rev. Hector Humphreys	3	95
Eleazer S., of Hebron, m. Alma **HURLBURT**, of Glastonbury, Mar. 21, 1830, by Rev. Jacob Allen	3	106
Electa, d. [James & Eunice], b. May 31, 1794	2	173
Eunice, d. James & Eunice, b. June 13, 1792	2	173

BARBOUR COLLECTION

WHITE (cont.),

	Vol.	Page
Irene, d. [James & Eunice], b. Feb. 9, 1796	2	173
John, of Hartford, m. Deanna M. **BLINN**, of Glastonbury, Mar. 3, 1847, by Rev. Giles H. Deshon	3	197
Lucy C., of Hartford, m. John **BAKER**, of Stafford Springs, May 1, 1849, by James A. Smith	3	211
Malinda, of New Boston, N. H., m. Lewis **WOODMAN**, of Glastonbury, Dec. 23, 1822, by Rev. Caleb Burge	3	70
Martha, d. [James & Eunice], b. Nov. 17, 1804	2	173
Mary, d. Joseph, of Middletown, m. Joseph **HOLLISTER**, Jr., s. Joseph, Dec. 28, 1721	1	72
Mary, d. Joseph, m. Thomas **LOVELAND**, 3rd, Nov. 26, 1747	1	71
Mary, m. Daniel **BIDWELL**, Feb. 5, 1823, by Isaac Dwinel	3	72
Nancy G. of Ellington, m. Edwin **SYMONS**, of Vernon, Apr. 19, 1843, by James A. Smith	3	169
Orrin, Dr., m. Elizabeth Ann **POST**, b. of Hebron, Sept. 22, 1833, by Rev. Tho[ma]s J. Davis	3	122
Oscar L., of Plymouth, m. Martha Ann **TAYLOR**, of South Glastonbury, Dec. 29, 1845, by Rev. Warren G. Jones	3	187
Polly, d. [James & Eunice], b. July 31, 1797	2	173
Polly, d. Thomas, of Bolton, m. Asa **TALLCOTT**, s. Asa, decd., of Glassenbury, May 11, 1802	2	41
Stephen, of Portland, m. Sarah **RISLEY**, of Glastonbury, Nov. 24, 1844, by Ella Dunham, Elder	3	180
Susannah, d. Henry, of Deerfield, m. John **FOX**, s. Richard, of Glassenbury, Dec. 15, 1709	1	38
W[illia]m, s. [James & Eunice], b. Mar. 11, 1799	2	173
WHITING, Samuel, of West Hartford, m. Sophia **KILBORN**, d. Ens. Joseph, Nov. 6, 1816	2	159
WHITNEY, Elizabeth Mary, d. Col. Nathan, of New Haven, m. Elisha **HALE**, s. Capt. Jonathan, May 15, 1782	2	108
WICKHAM, Almira, m. Charles C. **HOLMES**, b. of Glastonbury, Feb. 2, 1841, by Elder Jeremiah Stocking	3	157
Amanda, m. Griswold **WEIR**, b. of Glastonbury, Mar. 23, 1837, by Jeremiah Stocking, Elder	3	140
Asa, s. [Hezekiah, Jr. & Lucretia], b. Jan. 17, 1790	2	65
Biell, d. John & Susannah, b. May 3, 1719	1	35
David, b. Feb. 17, 1714	1	83
David, s. Jonathan, of Glassenbury, m. Phebee **COLE**, d. John, of East Haven, Nov. 4, 1736	1	83
David, s. David & Phebe, b. Aug. 26, 1737	1	83
Electa M., of Glastonbury, m. Joseph W. **TORBETT**, of Wilmington, Del., Oct. 15, 1845, by James A. Smith	3	186
Elizabeth, m. Thomas **MORLY**, b. of Glasinbury, Nov. 9, 1708	1	28
Hezekiah, Jr., s. Hezekiah, m. Lucretia **MILLER**, d. John, Nov. 28, 1782	2	65
Hezekiah, s. [Hezekiah, Jr. & Lucretia], b. Jan. 1, 1788	2	65
Hezekiah, d. Oct. 2, 1800	2	65
Hezekiah, m. Betsey **BUEL**, [ ]	2	65

	Vol.	Page
WICKHAM (cont.),		
James, m. Almena **VIBERT**, b. of Glastonbury, Nov. 23, 1843, by Aaron Snow	3	174
John, s. William, Sr., of Glastonbury, m. Susannah **POLLETT***, d. Thomas, of Concord, Feb. 20, 1715/16 *(In pencil "**PELLETT**"?)	1	35
John, s. Hezekiah & Betsey, b. May 12, 1801	2	65
Jonathan, s. David & Phebe, b. July 26, 1739	1	83
Joseph, s. [Hezekiah, Jr. & Lucretia], b. June 12, 1786	2	65
Lucretia, d. [Hezekiah, Jr. & Lucretia], b. Sept. 27, 1791	2	65
Lucretia, w. Hezekiah, d. Aug. 1, 1796	2	65
Lucretia Ann, of Glastonbury, m. Addison M. **HILLES**, of East Hartford, Nov. 23, 1843, by Rev. Aaron Snow, of Eastbury	3	174
Lucy, d. [Hezekiah, Jr. & Lucretia], b. May 9, 1793	2	65
Margery, d. John & Susannah, b. Nov. 19, 1716	1	35
Mary, d. Jonathan, m. Ebenezer **SCOTT**, s. Thomas, Nov. 5, 1740	2	48
Nelly, of [Glastonbury], m. Samuel **HARRISON**, of Wethersfield, Nov. 2, 1828, by [ ]	3	100
Ruth, d. David & Phebe, b. Nov. 27, 1742	1	83
Susannah, wid., m. Ebenezer **MORLEY**, Feb. 17, 1725/6	1	49
Thankfull, d. David & Phebe, b. Mar. 31, 1746	1	83
William, Jr., m. Abigail **POLLETT***, d. Thomas, May 21, 1718 *(In pencil "**PELLETT**"?)	1	40
WIEBLER, John, m. Sophey **OBERFIELD**, of Leibenfield Zestenbury, Germany, Nov. 27, 1853, by Rev. James A. Smith	3	235
WIER, [see under **WEIR**]		
WILCOX, WILLCOX, Elizabeth, wid., m. Joseph **ANDREWS**, s. Daniel, Dec. 13, 1733, by Thomas Welles, J. P.	1	77
Hulda, d. Elisha, of Middletown, m. John **STEVENS**, s. Joseph, of Glassenbury, Nov. 9, 1761	2	16
Joseph E., of Middletown, m. Ann I. **TRYON**, of Glastonbury, Oct. 20, 1847, by Rev. G. H. Deshon	3	200
WILKENSON, Charity, d. Robert & Mary, b. Sept. 20, 1746	1	82
Robert, m. Mary **WADDAMS**, Jan. 23, 1745/6	1	82
WILLIAMS, Ann T., of So. Glastonbury, m. Dr. R. H. **ROBBINS**, Aug. 13, 1848, by Rev. L. W. Blood	3	208
Avery H., m. Clarissa **MERRIAM**, b. of Glastonbury, June 30, 1833, by Rev. Samuel H. Riddell	3	122
Avery H., of Glastonbury, m. Harriet Matilda **EVINGTON**, of Mansfield, Aug. 14, 1836, by Rev. Samuel H. Riddell	3	137
Catharine, of Glastonbury, m. Oliver **RIPLEY**, of Hartford, Apr. 26, 1829, by Solomon Cole, J. P.	3	102
Charles, 2nd, m. Betsey **DERBY**, b. of Glastonbury, [Nov.]13, 1821, by Rev. Nathan Burgess	3	65
Clarissa A., m. David C. **COOK**, b. of Glastonbury, Nov. 2, 1843, by Rev. Warren G. Jones	3	173
David, s. Samuel & Susanna, b. Oct. 14, 1741	1	115
Delight, d. [Solomon & Jerusha], b. Aug. 25, 1774	2	68
Delight, d. [Solomon & Jerusha], b. Aug. 25, 1774	2	70

WILLIAMS (cont.),

	Vol.	Page
Delight, of Glastonbury, m. Ezra J. **JONES**, of Ellington, Nov. 29, 1827, by George Merrick, J. P.	3	95
Dolly E., of Glastonbury, m. David **TUCKER**, of New Haven, Nov. 1, 1829, by Rev. Samuel H. Riddell	3	104
Elihu, s. Samuel & Susanna, b. Dec. 27, 1754	1	115
Elizabeth, d. [Solomon & Jerusha], b. Apr. 4, 1772; d. Sept. 28, 1776	2	68
Elizabeth, d. [Solomon & Jerusha], b. Apr. 4, 1772; d. Sept. 28, 1776	2	70
Elizabeth, d. [Solomon & Jerusha], b. Nov. 29, 1777; d. Jan. 18, 1778	2	68
Elizabeth, d. [Solomon & Jerusha], b. Nov. 29, 1777; d. Jan. 18, 1778	2	70
Elizabeth, d. [Solomon & Jerusha], b. Apr. 12, 1779	2	68
Elizabeth, d. [Solomon & Jerusha], b. Apr. 12, 1779	2	70
Elizabeth, m. Nehemiah **WEIRS**, Dec. 27, 1824, by Charles Remington, Elder	3	82
Eunice O., of Glastonbury, m. Roderick H. **ROBBINS**, of Wethersfield, Feb. 18, 1839, by Rev. Abijah C. Wheat	3	150
Fanny, m. Nathaniel **PORTER**, Jr., b. of Glastonbury, Oct. 12, 1828, by Rev. Jacob Allen	3	100
George, m. Maryetta **FOX**, b. of Glastonbury, Jan. 16, 1833, by Rev. Samuel H. Riddell	3	121
Harriet, of Glastonbury, m. Charles D. **HOLLIS**, of Hartford, Dec. 31, 1843, by Rev. James A. Smith	3	175
James B., of Manchester, m. Jerusha M. **HUBBARD**, of Glastonbury, Sept. 24, 1845, by Rev. James A. Smith	3	184
Jerusha, d. Solomon & Jerusha, b. Feb. 14, 1764; d. Oct. 29, 1766	2	68
Jerusha, d. Solomon & Jerusha, b. Feb. 14, 1764; d. Oct. 29, 1766	2	70
Jerusha, d. Solomon & Jerusha, b. Aug. 4, 1769	2	68
Jerusha, d. Solomon & Jerusha, b. Aug. 4, 1769	2	70
John, s. Samuel & Susanna, b. June 3, 1739	1	115
John, of Providence, R. I., m. Mary Jane **MINER**, of Glastonbury, Sept. 8, 1850, by Rev. Warren G. Jones	3	217
Cazia, of Weathersfield, m. John **LOVELAND**, of Glasinbury, June 10, 1708	1	9
Lucy, d. Samuel & Susanna, b. June 8, 1744	1	115
Lucy, of So. Glastonbury, m. Otis S. **KELSEY**, of Middletown, Sept. 3, 1848, by Rev. Warren G. Jones	3	209
Mary, d. John & Anne, b. Jan. 3, 1765	2	7
Mary, d. John, m. Peter **FERRIS**, s. Victo, Dec. 29, 1784	2	104
Mary, m. James R. **HUNT**, b. of Glastonbury, May 4, 1843, by Rev. James A. Smith	3	172
Prudence, d. Samuel & Susanna, b. Oct. 21, 1747	1	115
Prudence, d. Samuel, decd., m. Joseph **ANDREWS**, Aug. 8, 1790	2	50
Reuben, m. Mary **BENJAMIN**, b. of East Hartford, Dec. 30, 1823, by Solomon Cole, J. P.	3	77
Samuel, s. Samuel, of Weathersfield, m. Susanna **FOX**, d. John,		

	Vol.	Page
WILLIAMS (cont.),		
Jan. 17, 1733	1	115
Samuel, s. Samuel & Susanna, b. July 18, 1734	1	115
Samuel, s. [Solomon & Jerusha], b. Feb. 28, 1782	2	68
Samuel, s. [Solomon & Jerusha], b. Feb. 28, 1782	2	70
Solomon, s. Samuel [& Susanna], b. Apr. 22, 1737	1	115
Solomon, s. Samuel, of Glassenbury, m. Jerusha **COLE**, d. Ebenezer, of Chatham, May 19, 1763	2	68
Solomon, s. Samuel, of Glastenbury, m. Jerusha **COLE**, d. Ebenezer, of Chatham, May 19, 1763	2	70
Solomon, s. Solomon & Jerusha, b. July 12, 1766	2	68
Solomon, s. Solomon & Jerusha, b. July 12, 1766	2	70
Solomon, d. Feb. 16, 1782	2	68
Solomon, d. Feb. 16, 1782	2	70
William H., m. Mrs. Eunice **WEATHERBY**, b. of Glastonbury, Oct. 11, 1829, by Heman Perry	3	104
WILLIS, [see also **WYLLIS**], Frederick, m. Mary **McLEAN**, b. of Glastonbury, Jan. 1, 1832, by Jeremiah Stocking, Elder	3	114
Jared*, m. Milla **SMITH**, b. of Glastonbury, Feb. 27, 1823, by Rev. Caleb Burge *("Jared **WELLES**"?)	3	72
Nancy, m. Seth **JONES**, b. of Glastonbury, Sept. 9, 1832, by Rev. John E. Risley	3	117
WILSON, Ester, m. William **SCOTT**, b. of Glastonbury, Oct. 26, 1851, by Rev. Emerson Davis	3	222
George, of Chatham, m. Amelia **SHUMWAY** of Glastonbury, Sept. 6, 1846, by Elder Jeremiah Stocking	3	193
John W., m. Mary Ann **KELLY**, b. of Hartford, Nov. 18, 1838, by Rev. William B. Ashley	3	148
WINCHESTER, WHINCHESTER, John, of Hebron, m. Honor **COVEL**, of Glastonbury, Jan. 27, 1830, by Rev. Charles Nichols	3	106
John, m. Julia **LOVELAND**, b. of Glastonbury, Feb. 18, 1852, by Rev. Charles Morse	3	225
WING, Aaron, s. Stephen & Sarah, b. July 12, 1780	2	17
Alfred, s. Stephen & Sarah, b. Nov. 24, 1785	2	17
Elisha, s. Stephen & Sarah, b. Nov. 8, 1777	2	17
Stephen, m. Sarah **PIKE**, Mar. 5, 1772	2	17
Stephen, s. Stephen & Sarah, b. Dec. 13, 1782	2	17
WOLCOTT, Walter, of Hartford, m. Laura B. **WADSWORTH**, of Glastonbury, Oct. 29, 1826, by Rev. Jacob Allen	3	91
WOLF, Nathan D., m. Abigail M. **GOODALE**, b. of Glastonbury, Sept. 17, 1835, by Rev. Samuel H. Riddell	3	133
WOOD, Mary, d. Dyer, of Hartford, m. Timothy **MORLEY**, s. Thomas, of Glassenbury, Apr. 25, 1751	2	49
Nathaniel, of New York State, m. Electa **CASWELL**, of Glastonbury, Nov. 12, 1820, by W[illia]m Lockwood	3	62
Phily, of Manchester, m. Simeon **STANDISH**, of Glastonbury, June 8, 1845, by Rev. Aaron Snow, of Eastbury	3	183
Reviller Pliney, of West Springfield, m. Roxanna H. **DUNHAM**,		

	Vol.	Page
WOOD (cont.),		
of Glastonbury, June 8, 1845, by Ella Dunham, Elder	3	183
Sarah, b. Mar. 2, 1794; m. Hals[e]y **BUCK**, Aug. 24, 1814	2	185
Susannah, m. Jonah **FOX**, s. Abraham, Mar. 7, 1754	2	72
Timothy, of East Hartford, m. Phila **ANDREWS**, of Manchester, May 26, 1829, by Samuel F. Jones, J. P.	3	102
WOODBRIDGE, Anne, d. Theodore & Esther, b. Sept. 13, 1784	2	84
Ashbel, Rev., of Glassenbury, m. Mrs. Jerusha **EDWARDS**, of Hartford, Nov. 17, 1737	1	118
Ashbel, s. Rev. Ashbel & Jerusha, b. Oct. 1, 1738	1	118
Elizabeth, d. Rev. Ashbel & Jerusha, b. Oct. 1, 1741; d. Oct. 19, 1743	1	118
Elizabeth, d. Rev. Ashbel & Jerusha, b. Aug. 17, 1751	1	118
Ho[w]el[l], s. Rev. Ashbel & Jerusha, b. Mar. 17, 1746	1	118
Howell, Col., s. Rev. Ashbel, m. Mary **PLUMMER**, d. Ebenezer, Nov. 26, 1778	2	86
Howell, of Salem, Cty. of Green, Penn., m. Mariah **STRICTLAND**, of Glastonbury, Apr. 9, 1834, by Jeremiah Stocking, J. P.	3	126
Joseph, s. Howell & Mary, b. Mar. 27, 1780	2	86
Mary, d. Howell & Mary, b. Aug. 20, 1782	2	86
Samuel, s. Rev. Ashbel & Jerusha, b. Jan. 22, 1740	1	118
Sarah, d. Howell & Mary, b. Sept. 3, 1784	2	86
Sarah, d. Col. Howell & Mary, both decd., m. Pardon **BROWN**, s. Abraham & Abigail, of Tiverton, R. I., Sept. 13, 1802	2	105
Theodore, s. Rev. Ashbel & Jerusha, b. Jan. 10, 1747/8	1	118
Theodore, Maj., s. Rev. Ashbell, m. Esther **PLUMMER**, d. Ebenezer, Nov. 13, 1783	2	84
Timothy, s. Rev. Ashbel & Jerusha, b. Mar. 15, 1744	1	118
William, s. Rev. Ashbel & Jerusha, b. Feb. 2, 1749/50; d. Mar. 2, 1749/50	1	118
William, s. Rev. Ashbel & Jerusha, b. Sept. 14, 1755	1	118
WOODMAN, Lewis, of Glastonbury, m. Malinda **WHITE**, of New Boston, N. H., Dec. 23, 1822, by Rev. Caleb Burge	3	70
WOODRUFF, Abijah, of Hartford, m. Laura **CLARK**, of Glastonbury, Jan. 30, 1839, by Rev. William B. Ashley	3	150
WOODWORTH, Elizabeth, of Glastonbury, m. Benjamin G. **BURNHAM**, of East Hartford, Dec. 8, 1829, by Rev. Samuel H. Riddell	3	105
WOOSTER, Elizabeth, of Waterbury, m. Sherman **THOMPSON**, of Mereden, May 2, 1847, by Rev. W. G. Jones	3	199
WORTHINGTON, Elizabeth, m. Israel **FOOT**, s. Israel, Mar. 17, 1782	2	123
WRIGHT, Abigail, d. Hezekiah & Mahitable, b. Dec. 18, 1740	1	79
Almira, m. Henry **WRIGHT**, of Glastonbury, Sept. 30, 1830, by Rev. Samuel H. Riddell	3	109
Almira, Mrs., m. Jabish **WIER**, b. of Glastonbury, Apr. 24, 1853, by Rev. Samuel Fox	3	231
Amelia, of Glastonbury, m. David W. **PRATT**, of Vernon, Oct. 5, 1836, by Rev. Samuel H. Riddell	3	137

GLASTONBURY VITAL RECORDS 279

	Vol.	Page
WRIGHT (cont.),		
Benjamin G., of Berlin, m. Prudence **HUBBARD**, of Glastonbury, Apr. 27, 1839, by James A. Smith	3	150
Clarissa, [d. Isaac & Sarah], b. May 25, 1795	2	154
Clarissa, m. Chester **JONES**, Aug. 16, 1826, by Jay W. Fairchild	3	90
Cronelia A., m. Edward **HOLLISTER**, b. of Glastonbury, Dec. 25, 1854, by Aaron Snow	3	240
Daniel, m. Eliner **BENTON**, d. Edward, of Wethersfield, Aug. 24, 1705	1	30
Daniel, s. James, of Wethersfield, m. Eunice **LOOMIS**, d. James, of Bolton, Aug. 31, 1726	1	53
Daniel, s. Daniel, Jr. & Eunice, b. Apr. 15, 1733	1	53
David, s. Hezekiah & Mahetable, b. Dec. 12, 1745	1	79
David, s. [Isaac & Sarah], b. July 17, 1784	2	154
Delia, m. Osman **HOUSE**, b. of Glastonbury, May 4, 1830, by Rev. Samuel H. Riddell	3	107
Eli, of Glastonbury, m. Lucy **FINLEY**, of Marlborough, Apr. 10, 1828, by Rev. Samuel H. Riddell	3	98
Elihue, s. Daniel, Jr. & Eunice, b. May 9, 1737	1	53
Eliza, m. Adna **TALCOTT**, Sept. 21, 1825, by Jay W. Fairchild	3	85
Elizabeth, [d. Isaac & Sarah], b. June 23, 1808	2	154
Elizabeth, m. Amanger C. **VINING**, b. of Hartford, Dec. 31, 1854, by Aaron Snow	3	241
Emily, m. Austin **GOODALE**, Aug. 16, 1826, by Jay W. Fairchil[d]	3	89
Eunice, d. Daniel, Jr. & Eunice, b. July 4, 1729	1	53
Florenda, d. Samuel, m. John **FINLEY**, Jr., of Hebron, s. John, Mar. 24, 1802	2	144
George, of Glastonbury, m. Harriet **POTTER**, of Glastonbury, Apr. 25, 1837, by Jesse Baker	3	140
Harriet N., of Glastonbury, m. William B. **CORBIN**, of Henrickton, N. Y., Aug. 13, 1841, by Francis L. Wright	3	160
Henry, m. Almira **WRIGHT**, b. of Glastonbury, Sept. 30, 1830, by Rev. Samuel H. Riddell	3	109
Hezekiah, s. James, on the Island, m. Mehetabell **TALLCOTT**, d. Dea. Benjamin, decd., Nov. 29, 1733	1	79
Hezekiah, s. Hezekiah & Mahitabel, b. July 8, 1744	1	79
Isaac, s. Hezekiah & Mahitabel, b. July 25, 1753	1	79
Isaac, s. Hezekiah, m. Sarah **GOODRICH**, Apr. 3, 1783	2	154
Isaac, [s. Isaac & Sarah], b. Jan. 26, 1798; m. Sally **JENY**(?), of Enfield, Nov. 22, 182[ ]	2	154
James, s. Daniel, Jr. & Eunice, b. July 15, 1730	1	53
Jared, [s. Isaac & Sarah], b. May 26, 1804	2	154
Josiah, s. Hezekiah & Mahitobell, b. Nov. 4, 1738	1	79
Kitty, [d. Isaac & Sarah], b. Aug. 18, 1788	2	154
Laura, of Glastonbury, m. William **HALE**, of Chatham, May 12, 1833, by Rev. Jacob Allen	3	122
Laura, d. Leonard, m. Matthew **MILLER**, s. William & Esther, [ ]	2	85

280 BARBOUR COLLECTION

	Vol.	Page
WRIGHT (cont.),		
Leonard, of Glastonbury, m. Mary **CLARKE**, of Lyme, Jan. 12, 1851, by James A. Smith	3	219
Lucy N., of Glastonbury, m. George **COMSTOCK**, of New London, Dec. 18, 1853, by Rev. Samuel Fox	3	236
Mary, m. Reuben **STEVENS**, Mar. 1, 1827, by Jay W. Fairchild	3	92
Mahetable, d. Hezekiah & Mahitabell, b. Oct. 28, 1742	1	79
Mehitable, d. Hezekiah, m. William **BROOKS**, s. Sampson, of Ormskirk, England, Sept. 18, 1780	2	113
Mindwell, d. Daniel, Jr. & Eunice, b. Jan. 22, 1731/2	1	53
Nancy, [d. Isaac & Sarah], b. June 10, 1800	2	154
Nancy, of Glastonbury, m. Austin **HILLS**, of East Hartford, Aug. 30, 1820, by Jay W. Fairchild	3	61
Orra, of Glastonbury, m. Henry **THAYER**, of Springfield, Oct. 24, 1839, by Rev. James A. Smith	3	152
Rachel, m. David **HODGE**, b. of Glastonbury, Jan. 13, 1823, by Jeremiah Stocking, J. P.	3	72
Rebecca, [d. Isaac & Sarah], b. Nov. 21, 1792	2	154
Ruth, d. Daniel & Eliner, b. June 5, 1711	1	30
Ruth, d. Daniel, m. Elizur **TALLCOTT**, s. Dea. Benjamin, decd., Dec. 31, 1730	1	12
Ruth, [d. Isaac & Sarah], b. Nov. 12, 1790	2	154
Sally, [d. Isaac & Sarah], b. June 25, 1786	2	154
Samuell, s. Hezekiah & Mahitobell, b. Mar. 18, 1736/7	1	79
Sarah, d. Hezekiah & Mahitabel, b. Oct. 1, 1748	1	79
Sarah Ann, of Glastonbury, m. William Dennison **PETERS**, of Coventry, Sept. 2, 1838, by Rev. James A. Smith	3	146
Sophia, [d. Isaac & Sarah], b. Mar. 28, 1802	2	154
WRIGHTLEY, Elisha, m. Harriet **WATERMAN**, b. of Glastonbury, Dec. 13, 1821, by Rev. Nathan B. Burgess	3	65
WRISLER*, Harriet E., of Glastonbury, m. Henry **ENO**, of Windsor, Oct. 6, 1847, by Rev. John C. Goodrich *("**WRISLEE**"?)	3	204
WRISLEY, WRISLEE, [see also **RISLEY**], Amanda, of Glastonbury, m. William E. **GRAHAM**, of Windsor, Nov. 29, 1849, by James A. Smith	3	213
Clarissa, of Glastonbury, m. William **JAMES**, of Hartford, Mar. 10, 1823, by Rev. Caleb Burge	3	73
George, 2nd, m. Electa **HOUSE**, b. of Glastonbury, Nov. 23, 1834, by Rev. Jacob Allen	3	128
John B., of Glastonbury, m. Mary **FOX**, of East Hartford, May 7, 1849, by Rev. Benjamin C. Phelps, of East Hartford	3	212
Mary J., of Glastonbury, m. Joseph P. **JALIP**, of Glastonbury, May 7, 1849, by Rev. Benjamin C. Phelps, of East Hartford	3	212
Samuel H., of Hebron, m. Melissa M. **WELLES**, of Portland, Jan. 18, 1846, by Rev. Giles H. Deshon	3	194
Winthrop, m. Emeline **HOUSE**, Dec. 27, 1846, by Rev. Lawton Cady	3	196
WRISTLE, Lydia, of Conway, Mass., m. John **NEUSE**, of Glastonbury, Jan. 26, 1809	2	203

GLASTONBURY VITAL RECORDS 281

	Vol.	Page
WYAR, [see under **WEIR & WARE**]		
WYLLIS, [see also **WILLIS**], David, m. Almira **SMITH**, b. of Glastonbury, Apr. 1, 1827, by George Merrick, J. P.	3	93
NO SURNAME		
Abiiah, of Weathersfield, m. John **HOLLISTER**, of Glasinbury, [ ]	1	24
Ann, m. Joseph **HOLISTER**, Nov. 27, 1694	1	23
Dorothe, m. Thomas **HOLLISTER**, [ ]	1	25
Elizabeth, m. Nathaniel **TALCUT**, Mar. 18, 1703	1	22
Lilly, m. Anthony **EDER**, negro, Oct. 14, 1787	2	3
Lucinda, m. Asa **GOSLEE**, Jr., s. Asa, [ ]	2	174
Lydia, m. Joseph **TRIAN**, b. of Glasinbury, Dec. 5, 1697	1	20
Malinda, b. Aug. 26, 1806; m. Arnold **KEENEY**, s. Stephen, Sept. 15, 1824	2	204
Mary, m. John **TAYLOR**, Mar. 27, 1750	1	8
Prudence, m. John **GOODRICH**, June 7, 1752	1	112
Samson & Sarah, colored, had d. Ruth, b. March 1, 1761; s. John, b. Feb. 5, 1764; s. Isaac, b. Mar. 5, 1767 & Nabbo, b. Nov. 20, 1768	2	0
Samson & Sarah, colored, had d. Sarah, b. May 19, 1770; s. Lamson, b. March 19, 1772; d. Lucy, b. Feb. 22, 1774; s. Joseph, b. Sept. 2, 1776; d. Sarah, b. Jan. 26, 1779	2	0
Tammy, m. Peter **FOSTER**, negro, [ ]	2	3

www.ingramcontent.com/pod-product-compliance
Lightning Source LLC
Chambersburg PA
CBHW050840230426
43667CB00012B/2085